应用型本科市场营销专业精品系列教材

销售管理实务

主　编　钟晶灵　张冰洁
参　编　刘　洋　马自强

北京理工大学出版社
BEIJING INSTITUTE OF TECHNOLOGY PRESS

内 容 简 介

销售管理作为提高销售效率和企业盈利的手段之一,已被很多企业重视,但销售管理实务作为一门应用型课程,还没有统一的体系。本书立足于普通高等院校应用型本科市场营销人才培养的目标,突出学生职业能力的培养,以销售经理的岗位职责(销售规划、客户管理、团队管理、指导销售)为编写脉络,包括四篇(知己篇:销售规划管理实务;知彼篇:销售对象管理实务;养兵篇:销售人员管理实务;实战篇:销售过程管理实务),具体从销售管理认知、销售组织构建、销售计划制订、销售区域管理、客户关系管理、客户服务管理、中间商客户管理、销售人员的招募与培训、销售人员的激励、销售人员的考评与薪酬、销售准备、销售过程指导十二章内容来讲述。

本书可作为应用型本科院校市场营销专业及工商管理类专业的教学用书,也可作为企业销售管理人员的培训用书。

版权专有 侵权必究

图书在版编目(CIP)数据

销售管理实务/钟晶灵,张冰洁主编. —北京:北京理工大学出版社,2018.1(2023.2重印)
ISBN 978-7-5682-5249-2

Ⅰ.①销⋯ Ⅱ.①钟⋯ ②张⋯ Ⅲ.①销售管理—高等学校—教材 Ⅳ.①F713.3

中国版本图书馆 CIP 数据核字(2018)第 014114 号

出版发行 /	北京理工大学出版社有限责任公司
社　　址 /	北京市海淀区中关村南大街5号
邮　　编 /	100081
电　　话 /	(010)68914775(总编室)
	(010)82562903(教材售后服务热线)
	(010)68944723(其他图书服务热线)
网　　址 /	http://www.bitpress.com.cn
经　　销 /	全国各地新华书店
印　　刷 /	北京紫瑞利印刷有限公司
开　　本 /	787毫米×1092毫米 1/16
印　　张 /	22
字　　数 /	549千字
版　　次 /	2018年1月第1版 2023年2月第5次印刷
定　　价 /	55.00元

责任编辑 / 江　立
文案编辑 / 赵　轩
责任校对 / 周瑞红
责任印制 / 施胜娟

图书出现印装质量问题,请拨打售后服务热线,本社负责调换

前　言

21世纪，销售活动越来越被企业重视，销售培训市场迅速发展，对销售管理的研究也在不断深入，各高校相继开设了销售管理课程。为满足市场需求，国内出版了众多版本的销售管理教材，大致分为"学院型""实战型""译著类"教材，但是针对应用型本科高校学生的教材不多。应用型本科高校以培养适应生产、建设、管理、服务一线需要的高技术应用型人才为目标。相对于传统的本科教材，应用型本科教材应突出应用性和实践性；相对于高职教材，应用型本科教材应满足本科层次教学的理论需求。

本书在思想观念上，以培养应用型市场销售管理人才为目标设计教材结构与内容，很好地把握了销售管理是建立在市场营销学、行为科学和现代管理理论基础之上的应用科学的特点，重点研究销售管理活动过程中的规律、理念和技能。

在体系结构上，本书充分发挥销售管理基本原理的统领作用，以销售经理的职责与功能为主线，从销售规划管理实务、销售对象管理实务、销售人员管理实务和销售过程管理实务对销售管理实务工作的各环节进行详细论述，充分体现理论的指导价值。

在编写形式上，凸显销售管理实训环节的训练，注重知识的延展性、案例的趣味性、内容的可读性，以激发学生的学习兴趣。各章通过引例展开教学内容，有效地调动学习者的学习兴趣及参与销售管理活动的积极性，各章内容中穿插"情景体验"等以增强本书的实用性，每章都有本章小结、本章习题来检验学生的学习效果，为学习者自主学习提供了必要条件，提高了学习者销售管理的实操能力。

本书知己篇是"销售规划管理实务"。销售经理的首要任务应该是对企业的销售业务通盘考虑，进行销售业务规划，这部分主要从销售管理认识、销售组织构建、销售计划制订、销售区域管理予以阐述，包括第1～4章。

本书知彼篇是"销售对象管理实务"。销售经理的重要任务就是帮助销售团队成员实现与客户的价值互换，完成企业的销售任务，这部分主要从客户关系管理、客户服务管理、中间商客户管理等方面来进行讲述，包括第5～7章。

本书养兵篇是"销售人员管理实务"。销售经理要完成企业的销售任务，必须有一支精良的销售队伍，建设、培训、激励销售队伍成为重中之重，这部分主要从销售人员的招募与培训、销售人员的激励、销售人员的考评与薪酬等方面来阐述，包括第8~10章。

本书实战篇是"销售过程管理实务"。销售经理有了一支精锐的队伍，就必须亲自带领他们进行实际的销售，提高他们的销售技巧和销售能力，这部分主要从销售准备、销售过程指导等方面来讲授，包括第11、12章。

本书的编写依托于钟晶灵负责的2016年度广东财经大学华商学院"创新强校工程""市场营销专业建设的研究与实践"项目。其中，第1、2、3、4、11、12章由钟晶灵编写，第5、6、7、8、9、10章由张冰洁编写。本书编写过程中，参考了大量国内外有关的研究成果，在此，对相关的专家、学者表示衷心的感谢。

由于编写时间有限，书中难免存在不足之处，恳请广大读者批评指正。

编　者

目 录

知己篇 销售规划管理实务

第1章 销售管理认知 (2)
- 1.1 销售概述 (4)
  - 1.1.1 销售的含义与特征 (4)
  - 1.1.2 销售人员的作用与职责 (5)
  - 1.1.3 销售发展的新方式 (7)
- 1.2 销售管理与营销管理 (9)
  - 1.2.1 销售与营销 (9)
  - 1.2.2 销售管理与营销管理的关系 (11)
  - 1.2.3 销售管理的职能 (13)
- 1.3 销售伦理与道德 (14)
  - 1.3.1 销售人员的伦理与道德问题 (14)
  - 1.3.2 销售经理的伦理和道德问题 (17)
- 1.4 从销售人员到销售经理的转变 (18)
  - 1.4.1 销售经理自我成长中的观念误区 (19)
  - 1.4.2 销售经理在团队管理中的典型定位 (20)
  - 1.4.3 销售经理的团队管理原则 (21)
  - 1.4.4 适应角色变化,转变工作观念 (21)
  - 1.4.5 不断学习,增强管理技能 (22)

第2章 销售组织构建 (25)
- 2.1 认识销售组织 (26)
  - 2.1.1 销售组织的功能与特点 (26)
  - 2.1.2 选择销售组织类型 (28)
- 2.2 构建销售组织 (32)
  - 2.2.1 构建销售组织的原则 (32)
  - 2.2.2 构建销售组织的影响因素 (35)
  - 2.2.3 构建销售组织的程序 (36)

2.3 销售组织职能……………………………………………………………………(38)
　2.3.1 销售组织的主要功能………………………………………………………(38)
　2.3.2 销售组织的主要职责………………………………………………………(39)
2.4 销售活动分析……………………………………………………………………(41)
　2.4.1 销售活动分析的程序………………………………………………………(41)
　2.4.2 销售活动分析的内容………………………………………………………(41)
2.5 销售组织完善与改进……………………………………………………………(46)
　2.5.1 及时改进销售组织…………………………………………………………(46)
　2.5.2 销售组织企业文化建设……………………………………………………(47)

第3章　销售计划制订……………………………………………………………(52)

3.1 销售预测…………………………………………………………………………(54)
　3.1.1 销售预测的过程……………………………………………………………(54)
　3.1.2 销售预测的方法……………………………………………………………(55)
3.2 制定销售目标……………………………………………………………………(61)
　3.2.1 销售目标的内容……………………………………………………………(61)
　3.2.2 销售目标的制定方法………………………………………………………(61)
　3.2.3 销售目标管理流程…………………………………………………………(65)
3.3 分配销售配额……………………………………………………………………(69)
　3.3.1 销售配额的类型……………………………………………………………(70)
　3.3.2 分配销售配额的方法………………………………………………………(72)
　3.3.3 销售配额的确定方法………………………………………………………(74)
　3.3.4 分配销售配额的工作程序…………………………………………………(76)
3.4 编制销售预算……………………………………………………………………(77)
　3.4.1 销售预算的编制过程………………………………………………………(77)
　3.4.2 确定销售预算的方法………………………………………………………(78)
　3.4.3 销售费用管理………………………………………………………………(80)
3.5 制订销售计划……………………………………………………………………(82)
　3.5.1 销售计划的内容和制订依据………………………………………………(82)
　3.5.2 销售计划的制订程序………………………………………………………(83)

第4章　销售区域管理……………………………………………………………(87)

4.1 认识销售区域……………………………………………………………………(89)
　4.1.1 销售区域的含义及设立意义………………………………………………(89)
　4.1.2 销售区域的分类……………………………………………………………(90)
4.2 设计销售区域……………………………………………………………………(91)
　4.2.1 设计销售区域的原则………………………………………………………(91)
　4.2.2 设计销售区域的步骤………………………………………………………(92)
4.3 销售区域战略管理………………………………………………………………(96)
　4.3.1 销售区域战略管理的概念…………………………………………………(96)
　4.3.2 销售区域战略管理…………………………………………………………(96)
　4.3.3 开发销售区域………………………………………………………………(98)
4.4 销售终端管理……………………………………………………………………(101)

4.4.1 销售终端货品管理的常见问题	(101)
4.4.2 销售终端货品管理的主要内容	(101)
4.5 销售区域窜货管理	(103)
4.5.1 窜货的主要表现形式	(104)
4.5.2 窜货的成因	(105)
4.5.3 治理窜货的对策	(106)

知彼篇 销售对象管理实务

第5章 客户关系管理	(112)
5.1 客户关系管理概述	(113)
5.1.1 客户关系管理的含义	(114)
5.1.2 客户关系管理的提出	(115)
5.1.3 客户关系管理的原则和作用	(115)
5.2 客户分级管理	(117)
5.2.1 客户组合的确定	(118)
5.2.2 客户分析	(118)
5.2.3 客户的筛选	(121)
5.2.4 重点客户管理	(122)
5.3 客户信用管理	(126)
5.3.1 确定客户资信	(126)
5.3.2 制定信用政策	(129)
5.3.3 应收账款管理	(130)

第6章 客户服务管理	(135)
6.1 客户服务概述	(136)
6.1.1 客户服务的含义与作用	(136)
6.1.2 客户服务的分类	(137)
6.2 客户服务的内容	(138)
6.2.1 售前服务	(138)
6.2.2 售中服务	(140)
6.2.3 售后服务	(141)
6.3 服务质量管理	(144)
6.3.1 服务质量的概念	(144)
6.3.2 服务质量维度	(145)
6.3.3 客户感知服务质量	(146)
6.3.4 提高服务质量的方法	(149)
6.3.5 提高服务质量的策略	(150)
6.4 客户投诉管理	(151)
6.4.1 客户投诉处理的目的	(151)
6.4.2 客户投诉的内容	(152)
6.4.3 处理客户投诉的策略	(152)

6.4.4 客户投诉处理的程序 …………………………………………………… (153)
　　6.4.5 有效处理客户投诉的要点 ………………………………………… (154)

第 7 章　中间商客户管理 …………………………………………………… (157)
　7.1 销售渠道成员管理 …………………………………………………… (158)
　　7.1.1 认识销售渠道 ……………………………………………………… (158)
　　7.1.2 渠道模式的选择 …………………………………………………… (164)
　　7.1.3 渠道系统的设计 …………………………………………………… (165)
　　7.1.4 渠道整合 …………………………………………………………… (166)
　7.2 销售渠道管理 ………………………………………………………… (168)
　　7.2.1 渠道成员 …………………………………………………………… (168)
　　7.2.2 激励渠道成员 ……………………………………………………… (171)
　　7.2.3 评估渠道成员 ……………………………………………………… (173)
　7.3 经销商管理 …………………………………………………………… (175)
　　7.3.1 认识经销商 ………………………………………………………… (175)
　　7.3.2 管理经销商 ………………………………………………………… (175)
　7.4 代理商管理 …………………………………………………………… (179)
　　7.4.1 认识代理商 ………………………………………………………… (179)
　　7.4.2 管理代理商的方法 ………………………………………………… (182)

养兵篇　销售人员管理实务

第 8 章　销售人员的招募与培训 …………………………………………… (186)
　8.1 销售人员的招募 ……………………………………………………… (187)
　　8.1.1 确定销售人员的需求数量 ………………………………………… (187)
　　8.1.2 招募销售人员的途径 ……………………………………………… (189)
　　8.1.3 销售人员的招募原则 ……………………………………………… (191)
　　8.1.4 招募的工作要点 …………………………………………………… (192)
　8.2 销售人员的甄选 ……………………………………………………… (193)
　　8.2.1 甄选的程序 ………………………………………………………… (193)
　　8.2.2 销售人员的测试方法 ……………………………………………… (195)
　8.3 销售人员的培训 ……………………………………………………… (199)
　　8.3.1 培训需求分析 ……………………………………………………… (200)
　　8.3.2 培训计划的制订 …………………………………………………… (202)
　　8.3.3 培训计划的实施 …………………………………………………… (209)
　　8.3.4 培训效果的评估 …………………………………………………… (210)

第 9 章　销售人员的激励 …………………………………………………… (215)
　9.1 激励的相关概念 ……………………………………………………… (216)
　　9.1.1 激励的含义 ………………………………………………………… (216)
　　9.1.2 激励的过程 ………………………………………………………… (217)
　　9.1.3 了解销售人员的期望 ……………………………………………… (217)

9.1.4 激励的作用 ………………………………………………………………… (220)
9.2 激励的方式与原则 …………………………………………………………… (222)
9.2.1 激励的方式 ………………………………………………………………… (222)
9.2.2 激励的原则 ………………………………………………………………… (225)
9.3 销售人员的激励方式 ………………………………………………………… (226)
9.3.1 影响销售人员工作状态的八大要素 ……………………………………… (227)
9.3.2 激励问题成员的方法 ……………………………………………………… (228)
9.3.3 激励明星销售人员的方法 ………………………………………………… (228)
9.3.4 激励老化销售人员的方法 ………………………………………………… (229)

第10章 销售人员的考评与薪酬 …………………………………………………… (234)
10.1 销售人员业绩考评 …………………………………………………………… (235)
10.1.1 销售绩效考评概述 ………………………………………………………… (235)
10.1.2 销售人员绩效考评的程序 ………………………………………………… (238)
10.1.3 销售人员绩效考核应注意的问题 ………………………………………… (248)
10.2 销售人员的薪酬管理 ………………………………………………………… (250)
10.2.1 建立薪酬制度 ……………………………………………………………… (250)
10.2.2 确定薪酬水准 ……………………………………………………………… (256)
10.2.3 选择薪酬制度的方法 ……………………………………………………… (257)
10.2.4 薪酬制度的实施及考察 …………………………………………………… (258)
10.2.5 薪酬管理发展趋势 ………………………………………………………… (260)

实战篇 销售过程管理实务

第11章 销售准备 …………………………………………………………………… (264)
11.1 自我礼仪准备 ………………………………………………………………… (266)
11.1.1 成功销售人员的外在特征 ………………………………………………… (266)
11.1.2 成功销售人员的内在特质 ………………………………………………… (268)
11.2 产品信息研究 ………………………………………………………………… (270)
11.2.1 分析产品或服务 …………………………………………………………… (270)
11.2.2 掌握产品或服务相关政策 ………………………………………………… (270)
11.2.3 将产品或服务销售给自己 ………………………………………………… (270)
11.3 寻找潜在客户 ………………………………………………………………… (270)
11.3.1 寻找潜在客户的原则 ……………………………………………………… (271)
11.3.2 寻找潜在客户的方法 ……………………………………………………… (271)
11.4 审查客户资格 ………………………………………………………………… (278)
11.4.1 审查客户购买力 …………………………………………………………… (278)
11.4.2 审查客户购买需求 ………………………………………………………… (279)
11.4.3 审查客户购买决策权 ……………………………………………………… (280)
11.5 准备客户资料 ………………………………………………………………… (281)
11.5.1 对个体准客户的背景调查 ………………………………………………… (282)
11.5.2 对团体或组织购买者的背景调查 ………………………………………… (282)

11.5.3 对老客户的背景调查 ······(283)
11.6 拟订拜访计划 ······(283)
11.6.1 制订销售访问计划 ······(283)
11.6.2 科学分配时间 ······(284)
11.6.3 确定拜访频率 ······(285)
11.7 销售模式介绍 ······(286)
11.7.1 爱达销售模式 ······(286)
11.7.2 迪伯达销售模式 ······(290)
11.7.3 埃德帕销售模式 ······(293)
11.7.4 吉姆销售模式 ······(294)

第12章 销售过程指导 ······(296)
12.1 约见客户 ······(298)
12.1.1 约见客户的作用 ······(298)
12.1.2 约见客户的内容 ······(299)
12.1.3 约见客户的方式 ······(301)
12.2 接近客户 ······(303)
12.2.1 接近客户的任务 ······(303)
12.2.2 接近客户的基本策略 ······(304)
12.2.3 接近客户的方法 ······(304)
12.3 销售展示 ······(311)
12.3.1 销售展示的基本步骤 ······(311)
12.3.2 销售陈述的常用方法 ······(312)
12.3.3 销售演示法的类型 ······(314)
12.4 处理客户异议 ······(315)
12.4.1 客户异议产生的原因 ······(315)
12.4.2 客户异议的类型 ······(318)
12.4.3 处理客户异议的技术 ······(320)
12.4.4 处理客户异议的方法 ······(322)
12.5 促成交易 ······(326)
12.5.1 识别成交障碍 ······(326)
12.5.2 促成交易的基本策略 ······(327)
12.5.3 促成交易的方法 ······(330)
12.6 售后跟踪 ······(335)
12.6.1 维护商誉 ······(335)
12.6.2 收回货款 ······(335)
12.6.3 销售跟踪 ······(338)

参考文献 ······(341)

知己篇

销售规划管理实务

第1章

销售管理认知

★ 学习目标

通过本章的学习，认识销售和销售管理在企业经营中的作用，理解销售和销售管理的含义，了解销售职业以及销售发展的新趋势，掌握销售管理与营销管理的联系和区别，学会从销售人员向销售经理转变。

★ 教学要求

注重通过理论讲授销售管理与营销管理的区别和联系；采用启发式、探讨式教学，加强课堂案例讨论，注重对销售管理案例的总结。

★ 导入案例

销售经理是怎样炼成的

大学毕业后，在两年时间里，我从一个普通业务员成长为一个知名企业的省级销售经理，其间充满了酸甜苦辣，也有很多可以分享的成长启示。

一、悟

首先，做业务一定要有"悟"性。悟是一种能力，是对事物发展规律、人性、做业务的内在规律等的准确把握，它也是学习能力、观察能力、思考能力、领会能力、判断能力的综合体现。具体对业务人员而言，就是在没有人教你的情况下也要能明白工作中为人处事的规则，况且在从事业务中，很多潜规则更是没有人会去教你的。正如习武一样，拳师只能把招式传给你，不能把他的功夫传你。培训也一样，最奥妙的东西不是从言传身教中来的，而是靠意会与体悟，做到举一反三、推陈出新。

"悟"对于刚进入市场的人特别重要，你的悟性决定了你适应新环境的能力，也决定了你是否能尽快独立操作市场。公司培训到的内容要深深体会，没有培训到的或不适合培训但在工作中又必须使用的内容，则要靠自己去体悟。

二、琢磨

做业务要学会"琢磨",也就是要学会思考。行走在市场第一线,会遇到很多新情况、新问题,如何有效发现问题并找到解决问题的切入点,就需要琢磨。

刚做业务主管时,有个业务员每次从市场上回来,都能一一说出经销商反映的问题。我往往会再追问:"出现这些问题,你想过解决的方法没有?"他说,他也不知道怎么办。作为一名业务员,尤其是一名优秀的业务员,必须是一名全能医生,不仅要学会诊脉即发现市场问题,更要学会提供治疗方案即能解决市场问题;不仅要发现问题的表象,更要看到表象后面的利益本质;不仅要解决问题本身,更要解决问题的根源。实际工作中,公司提供的资源往往有限,在条件一定的情况下,就需要把个人的主观能动性发挥到极致,要学会独立思考、综合判断、做出结论。特别是与经销商打交道,是斗智斗勇的过程,一定要想得比对方多而且远。

这里的核心就是如何找到利益结合点,同时找到对方的弱点强势攻破。在这种情况下,缜密的思考、准确的分析和表达就非常重要,业务员的"琢磨能力"也就在这里体现出来。

三、铸霸气

做业务要有适当的霸气,那就是"该怎么办就怎么办",不要瞻前顾后。该怎么办,即我们的工作要符合市场规律、公司战略和当地实际;就怎么办,就是要坚决执行,当你认为这样做正确时,就应义无反顾地坚持和执行。

"霸气"的前提,是作为一名公司的业务人员,始终要站在"公司利益高于一切""公司荣誉比个人得失更重要"的立场去思考和解决问题。在方法上,不饮鸩止渴,不杀鸡取卵,要一切从实际出发,实事求是地处理问题,要把销量和市场建设有机统一起来;在执行上,要求做到、做好。作为一个片区的业务员,就有权利和责任把自己片区的工作做好,不受他人干扰;同时,要有充足的理由去说服上级领导接受我们的建议,把我们个人的思想上升为公司的意志。再者,要求经销商执行必须不折不扣,事关品牌在本区域发展的原则问题,业务员不应该含糊和妥协。另外,在与各个方面的沟通中,业务人员要有良好的口头和书面表达能力。

四、主动出击

做业务,要始终明白"等待永远没有结果",在现实工作过程中,条件总是有限的。一位企业总裁曾讲到:公司的产品质量最好、价格最便宜、服务最好,就不需要再去招聘业务员了,只要点钞机和搬运工就可以了。

在一线工作,总有不少人抱怨:公司的产品有问题,市场竞争太激烈,竞争对手又有了好的政策和推广活动,自己公司的人不配合工作,促销品没有到,公司宣传车安排不过来,等等。面对工作中的这些客观情况,我们是等、靠、要,还是在既有条件下主动出击把工作做到最好呢?托词有千万个,但我们要永远坚持"不为失败找借口,只为成功找方法"的信条。

五、敢于担责任

做业务要有"我的地盘我做主"、敢于承担责任的勇气和能力。每个业务员都有自己的片区,在自己管理的片区,不应该事事都去找经理。作为一个片区的负责人,要负起管理和经营好自己片区的责任,不断提高独立操作能力,而能否承担责任也是一个业务员成熟与否的重要标志。业务员不仅是一个商人,更要是一个企业家,像对待自己的孩子一样去呵护和培育品牌在自己辖区的健康成长。

——左平东:《销售与市场·成长版》,2010年09期,有删减

> ★ 引导任务

谈谈你所理解的销售和销售管理工作？

随着全球一体化和市场经济高度发展，现代企业的销售活动不能只是通过个体的努力就能完成，而必须从市场营销战略的大视野出发，通过整合关系销售、系统销售、团队销售、全球化销售才能取得较好的效果。因此，组建和培养出一大批优秀的销售队伍并加强对销售活动的管理，已成为现代企业营销管理的重要内容，销售管理已经成为营销管理的一项非常重要的工作。

有许多人将"销售"和"市场营销"视为同义词，实际上，销售只是市场营销的组成部分之一。销售到底是什么呢？销售本身是一种引导，是一种认同。一个客户之所以要向你买产品而不向别人买，是因为在你的引导下他认同你的人的同时也认同了你的产品。销售是自我完善，不断改变自我性格并朝最正确方向升华的过程。销售是太极，推、拉有度，四两拨千斤。销售的最高境界是：不销而销，圆融自在。

1.1 销售概述

1.1.1 销售的含义与特征

1. 销售的含义

关于销售的含义，市场营销领域没有统一的定义。有人认为，销售就是把企业生产和经营的产品或服务出售给消费者（客户）的活动。也有人认为，销售是以正式、付费的方式，借助销售人员，面向个体或群体，对公司的某些方面所进行的展示。即使在一个企业内部，由于所处岗位的不同，对销售的理解也有所不同。对销售业务员而言，销售是战术问题，销售的目标是提高销售量或销售额，并尽量提高一次性回收率；对销售经理来说，销售既是战略问题，也是战术问题，目的在于开拓市场、守住市场，提高市场占有率；但对公司总经理而言，销售是战略问题，目的在于通过销售实现企业的价值，并创造盈利和信誉，树立企业品牌形象。但我们认为，最简单地说，销售就是出售商品或服务。具体地说，销售就是企业通过销售人员说服和诱导潜在客户购买某种商品或服务，从而实现企业营销目标的活动过程，它既包括出售产品和服务，也包括销售信息的发布等。

本书认为，销售就是企业将生产或经营的产品或服务出售给消费者（客户）的活动过程，是买卖双方在一定的社会经济环境下达成的一种契约或协议。也可以理解为，销售是销售人员通过与潜在客户之间的信息沟通，说服客户购买某种产品或服务的过程。

2. 销售的特征

与其他活动相比，销售活动具有以下基本特征：

（1）销售的核心是说服。销售是一切以说服销售对象接受某种观点或采取某种行动为主要特征的活动过程。

（2）销售活动具有双重性。销售活动实现的是双赢的局面，即销售人员卖出商品，客户在获取商品的过程中满足自己的需求。

（3）销售活动具有三要素。销售活动必不可少的三个要素是销售人员、销售对象和销售商品。

（4）销售不同于推销。推销是一种"推"的策略，客户在销售活动中一般处于被动地位。而科学的销售概念不仅包括"推"的策略，而且包括"拉"的策略。

（5）销售不同于交换。交换是一种以满足基本需要为动机的物与物的交易行为。而企业销售则是出于一种发展动机，通过销售产品和服务来获得利润。

（6）销售不同于营销。营销活动贯穿于企业所有的经营活动，美国著名营销学家菲利普·科特勒把营销定义为"个人和集体通过创造、交换产品和价值，从而满足个人或集体的需要和欲望的一种社会和管理的过程"。营销的出发点是市场（需求），营销以满足消费者的需要为中心，营销采用的是整体营销手段。而销售的出发点是企业（产品），销售以售卖企业现有产品为中心，侧重于促销技巧。总之，销售仅是市场营销活动一部分。菲利普·科特勒指出："销售不是市场营销最重要部分，销售只是'市场营销冰山'尖端。"

★情景体验1-1

某大百货商店老板曾多次拒绝接见一位服饰销售人员，原因是该店多年来经营另一家公司的服饰品，老板认为没有理由改变这固有的合作关系。后来这位服饰销售人员在一次拜访时，首先递给老板一张便笺，上面写着："你能否给我十分钟就一个经营问题提一点建议？"这张便笺引起了老板的好奇心，销售人员被老板请进门来。他拿出一种新式领带给老板看，并要求老板为这种产品报一个公道的价格。老板仔细地检查了每一件产品，然后做出了认真的答复。

1.1.2 销售人员的作用与职责

★情景体验1-2

某企业是一家高档汽车的配套生产厂家，专门生产高级汽车的钣金泥子。可是因质量达不到标准，市场销售受阻，已生产的几吨泥子不得不在仓库睡觉，眼看几十万元的资金就要打水漂了。后来，在苦苦销售中终于柳暗花明——销售人员在一个偶然的机会中得知，高档家具制造厂正急需这样的产品。原来，他们正在使用的普通泥子喷漆后容易脱落，而高级的钣金腻子又太贵，这样该厂生产的这种钣金泥子正好符合他们的需要。很快，该企业不仅销完了全部库存，而且发现了一个新的巨大的市场。于是，该企业就这样歪打正着，很快摆脱经营困境，迎来了新的曙光。

——资料来源：根据《每日经济新闻》相关资料改编

1. 销售人员的作用

随着现代通信手段日益发达，特别是电子商务的兴起和迅猛发展，有人认为销售人员的作用正在减弱。但是国外企业和我国工商企业的实践表明，人员销售与其他促销手段相比仍然具有不可替代的作用。其作用主要表现在以下几方面：

（1）销售人员是决定企业运营的关键。企业如果不能将产品最终销售出去，就不能实现自己的经济效益。而负责直接销售的人员工作成效如何，就成了企业运营的关键，直接关系到企业经营的成败。

(2) 销售人员是买卖关系的桥梁。销售人员在联系业务的过程中,通过面对面接触,能与客户建立融洽的友谊关系,在争取客户的信任、赢得其消费偏爱并说服客户实施购买行动方面,可取得显著成效。

(3) 销售人员是应对竞争的利器。激烈的市场竞争使企业提供给市场的商品很容易被复制,因而,商品之间的同质化趋势明显,许多商品对消费者来说,很难分辨其差别。在这种情况下,训练有素的销售员凭借给客户提供优良的服务和灵活运用恰当的销售技巧能够创造突出的销售业绩,从而赢得竞争的主动权。

(4) 销售人员是信息传递的使者。销售人员在工作过程中,通过介绍和展示销售品把有关信息传递给目标客户,同时又能够及时了解和反馈客户对销售品的意见和建议,起到信息双向沟通的作用。

2. 销售人员的职责

(1) 收集信息资料。首先在销售实施前要注意收集信息。俗话说:"兵马未动,粮草先行。"销售员在开展销售活动之前,必须先学会当"情报员"和"侦察兵",事先收集足够的信息资料,才能做到"知彼知己、百战不殆"。具体包括本企业产品的性能和特征、产品的销售情况、竞争对手情况、市场环境状况及其变化趋势等。总之,销售人员掌握的相关信息越多,销售成功的把握就越大。其次,在销售过程中,同样要重视信息的收集,包括客户对销售产品的态度和意见,潜在商机的捕捉和分析等,通过把这些信息及时反馈给企业相关部门,必要时调整企业的经营策略,从而有利于更好地做好商品的销售工作。

(2) 制订销售计划。掌握了必需的信息资料后,销售员应该做好销售前的准备工作,制订一个合适的销售计划。主要内容包括明确访问对象、选定访问路线、安排访问时间、拟订面谈方案等。

(3) 成功销售商品。促成交易成功是销售员的重要职责。销售人员要善于在分析销售对象的基础上,运用适当的方法引起目标客户的注意和兴趣,恰当地向客户展示商品,学会用例证增强说服力,善于妥善处理客户的异议,能够敏锐地捕捉到成交信号,争取销售成功。

(4) 做好售后服务。产品销售出去了,并不是意味着万事大吉了。高明的销售员都十分重视售后与客户保持经常联系,并及时提供相关服务。这样做至少有两大好处:一是能及时发现客户在使用商品的过程中可能存在的问题并妥善处置,减少客户抱怨与投诉;二是通过提供优质的售后服务,可以提高客户服务的满意率,在客户中树立良好的口碑,从而有利于进一步扩大客户资源,为以后的销售工作铺平道路。

★情景体验1-3

一对年轻夫妇,住在广州市天河区。他们都受过高等教育。有两个孩子,一个九岁,一个五岁。夫妇二人非常关心孩子的教育,并决心要让他们接受最好的教育。

随着孩子的长大,王夫人意识到该是让他们看一些百科读物的时候了。一天,当她翻阅一本杂志时,一则有关百科读物的广告吸引了她,于是她打电话给当地的代理商,问是否能见面谈一谈,以下是二人的面谈实录。

王夫人:请告诉我你们这套百科全书有哪些优点?

销售人员：首先请您看看我带的这套样书。正如你所见到的，本书的装帧是一流的，整套五十卷都是这种真皮套封烫金字的装帧，摆在您的书架上，那感觉一定好极了。

王夫人：我能想象得出，你能给我讲讲其中的内容吗？

销售人员：当然可以，本书内容编排按字母排序，这样便于您很容易地查找资料。每幅图片都很漂亮逼真。

王夫人：我看得出，不过我更感兴趣的是……

销售员：我知道您想说什么。本书内容包罗万象，有了这套书您就如同有了一套地图集，而且附有详尽的地形图，这对你们这些年龄的人来说一定很有好处。

王夫人：我要为我的孩子着想。

销售人员：当然！我完全理解。由于我公司为此书特别配有带锁的玻璃门书箱，这样您的小天使就无法玩弄它们，在上面涂抹了。而且，您知道，这的确是一笔很有价值的投资。即使以后想卖出也绝不会赔钱的。何况时间越长收藏价值越大。此外，它还是一件很漂亮的室内装饰品，那个精美的小书箱就算我们赠送的。现在我可以填您的订单了吗？

王夫人：哦，我得考虑考虑。你是否留下其中的某部分，比如文学部分，以便让我进一步了解其中的内容呢？

销售人员：我真的没有带文学部分来，不过我想告诉您我公司本周内有一次特别的优惠售书活动，我希望您有好运。

王夫人：我恐怕不需要了。

销售人员：我们明天再谈好吗？这套书可是给您丈夫的一件很好的礼物。

王夫人：哦，不必了，我们已经没兴趣了，多谢。

销售人员：谢谢，再见，如果您改变主意请给我打电话。

王夫人：再见。

1.1.3 销售发展的新方式

21世纪是以数字化、虚拟化、网络化为主导的互联网经济进一步发展的时代，给企业生产和销售活动带来的新挑战，任何一个企业只有与时俱进，不断创新，才能确保其销售活动充满生机和蓬勃发展。因此，企业销售运作方式也有了新的发展。

1. 从传统渠道到多渠道销售

当今企业竞争激烈，为了开发新客户和维系老客户，降低成本，扩大市场份额，许多公司使用了多渠道销售，重构了企业销售的运作方式。公司可以使用直销，也可使用分销，还可以使用电话、电视、互联网、新媒体等方式进行销售。

2. 从交易销售到复合关系销售

所谓复合关系销售，是指通过与客户建立不同性质的关系而进行的销售。由于使用多重分销渠道，许多公司在现有（或潜在）客户关系的基础上细分市场。这种关系既可以是一次性交易，也可以是公司与客户发展密切的长远关系（关系销售），甚至是合伙关系（合作式销售）。在交易销售中，销售人员强调的是产品、质量与价格。通常，这种销售涉及不复杂且每次交易额低的产品。在关系销售中，销售人员深入了解客户的公司和业务，帮助客户识别问题，与客户一起合作找到双方互利的解决方法。在合作式销售中，公司形成战略联盟。这些关系因对客户承诺及服务成本的不同而不同。图1-1能够说明这一点，交易销售的承诺和销售成本最小，而合作式销售的承诺和成本最高。因此，许多公司采用不同的关系战略为不同的客户服务。

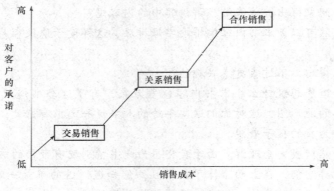

图1-1　复合关系销售

3. 从单一推销到系统销售

目前，客户都希望供应商能为其解决各种各样的实际问题，而不只是向他提供产品。系统销售就是公司回应客户需要解决问题而采用的一种销售战略，包括帮助解决客户的产品、服务和相关专门技术的一揽子方案，即一个系统。正因如此，当前我国不少公司纷纷开始设立系统工程部，并认为系统销售比销售单个产品更能有效地满足客户需求。销售商不但能通过提供附加值来使其供给差异化，而且可以增加客户转换至新供应商的障碍。因此，过去直接向最终客户销售的许多公司现在开始向增值再销者销售，或者努力成为系统整合商。

4. 从个人销售到团队销售

"单枪匹马""超级明星"式的销售人员的重要性在许多公司的销售组织中的地位正在下降，由于客户现在开始寻求问题的整合解决方案，使购买过程变得更加复杂。这使许多客户都成立了购买中心。因此，购买决策不再由个人决定，而是由从战略角度考虑的采购专家组来决定。因为采购专家组成员具有多种技术和管理职能，所以单个销售人员很难满足所有成员的要求。因此，不少销售商采用团队销售战略来组织销售。销售队伍由一个或多个销售人员及其他专家组成，比如设计工程师、财务专家、客户服务代表、质量控制工程师等，他们每人都能为客户解决不同的问题，提出最好的方案。团队销售法特别适合采用系统销售战略的公司或企业。团队销售也将成为销售活动未来发展的趋势。

5. 从管理销售到领导销售

许多公司的销售组织都是官僚等级、金字塔结构的，各级别销售经理直接监督下一级，同时对上一级管理层直接负责，以此来实现管理控制。销售管理者作为"老板"管理着销售人员，销售人员要向他们汇报，对他们负责。他们要对销售人员实施不同程度的控制，以使销售人员实现预期的销售成果。这种方式在非常稳定的市场环境下可以很好地发挥作用，但是许多销售组织认为这种方式在一个迅速变化的环境下使得销售管理者和销售人员很难负起责任。于是开始寻求销售组织的改革，目标是尽量使销售组织的层级结构"扁平化"。扁平化的销售组织授予销售人员在现场进行更多决策的权利，这就改变了销售管理者的角色和他们与销售人员的关系。对于一个销售管理者来说，基本的趋势就是"领导得多而管理得少"。对于"领导"的重视意味着一个销售管理者的任务应该是多评价销售人员和更多地帮助销售人员很好地工作而较少控制，帮助销售人员成长为销售管理者。同时销售管理者应该不断努力做到"少投入、多产出"，在销售管理的全过程中强调销售效率。

6. 从本地销售到全球销售

现代的市场是全球性的市场，众多企业产品的生产和销售越来越成为世界性的生产与销售。有的企业已经以某种方式进入了国际市场，将来会更加国际化。这种全球化发展的趋势使众多企业生产和经营面对的是国际市场而不仅仅是某个地区，即使是那些只在国内或仅仅在国内的一个地区进行销售活动的企业，也可能与来自不同国家的企业竞争。利用国际供应商、寻求国际合作伙伴的合作，为来自不同国家的客户服务，而不管这些客户在哪里，所有的这些情况都要求销售组织实现从本地到全球销售的扩张。

★ 情景体验1-4

销售思维训练

1. 在现代销售环境里，你认为一位优秀的销售人员应该是
   a. 善于聊天的人。b. 能说会道的人。c. 满脸微笑的人。
   d. 知识渊博的人。e. 讨人喜欢的人。f. 精于世故的人。
   g. 帮助客户解决问题的人。h. 喜欢旅游活动的人。
   i. 不怕困难的人。

2. 你按响准客户办公室的门铃后，听到室内有人走动，这时你应该
   a. 站在原处不动，等待主人开门。b. 高声叫喊起来，催促主人开门。
   c. 埋头看小说，等待主人开门。d. 继续按门铃，直到主人开门。
   e. 在门外徘徊，等待主人开门。f. 后退两步，等待主人开门。
   g. 用手指轻叩门板，催促主人开门。h. 在门外吸烟，等待主人开门。
   i. 站在门外主人开门时看不到的地方，等候主人开门。

3. 你知道准客户一定在办公室里。你按响门铃之后，室内没有任何动静……你又一次按响门铃，室内仍然没有人走动……你再一次按响门铃，然后
   a. 继续按门铃。b. 高声叫喊。c. 改用手指叩门。
   d. 守候在门口不走。e. 大骂主人，决心不再登门拜访。
   f. 用拳头猛击门板。g. 悄悄离去，改日再登门拜访。
   h. 通过有关知情人进一步了解这位准客户的有关情况，另拟接近方案。
   i. 先在旁边躲起来，等主人出门时再上前质问为何不闭门不开。

1.2 销售管理与营销管理

1.2.1 销售与营销

销售是一种市场交易行为，是买卖双方在一定的社会经济环境下达成的一种契约或协议。对于卖方而言，销售就是出售自己生产或购入的产品。对服务性企业来说，销售就是出

售所提供的服务。销售不同于营销。菲利普·科特勒认为，营销就是个人和团体通过创造并同他人进行交换产品和价值，以取得其所需或所想的一个社会及管理过程。

销售更多的情况下是指企业在目前的事业基础上让客户购买自己的产品及服务。销售观念认为组织必须积极从事销售和促销的努力，如培训技巧良好的销售人员、设计销售激励制度、建立良好的销售人员管理制度等，才能完成企业今日的业绩，赚取"今天的报酬"。

相对应，营销观念更多考虑的是企业如何建立一套体系，对应环境的变化及客户的需求变动。营销的中心思考点在于持续满足客户变动的需求，以获取"明天的报酬"。企业通过销售积累了今日的报酬，但不能确保能获得明天的报酬。不断摸索、探求、追求持续的增长，这是营销要扮演的角色。如果企业要追求持续经营，那么，只有做好营销才能使企业完成持续经营的目标。营销与销售的差异如图 1-2 所示。

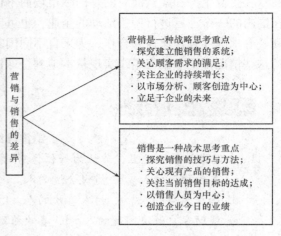

图 1-2　营销与销售的差异

从销售与营销 4Ps 角度来分析：

1967 年，菲利普·科特勒在其《营销管理：分析、规划与控制》第一版进一步确认了以 4Ps 为核心的营销组合方法，即

产品（Product）：注重开发的功能，要求产品有独特的卖点，把产品的功能诉求放在第一位。

价格（Price）：根据不同的市场定位，制定不同的价格策略，产品的定价依据是企业的品牌战略，注重品牌的含金量。

分销（Place）：企业并不直接面对消费者，而是注重经销商的培育和销售网络的建立，企业与消费者的联系是通过分销商来进行的。

促销（Promotion）：企业注重销售行为的改变来刺激消费者，以短期的行为（如让利、买一送一、营造现场气氛等）促成消费的增长，吸引其他品牌的消费者或引导提前消费来促进销售的增长。

首先，营销与推销是包含与被包含的关系。如图 1-3 所示，按照美国营销学家麦卡锡的 4Ps 营销组合理论，产品策略、价格策略、渠道策略、促销策略是企业营销策划的重要内容。而人员推销仅仅是促销策略的四个主要手段之一。可见，营销的内涵比推销要广泛得多，营销包含推销。

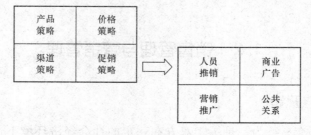

图 1-3　营销组合与推销组合关系图

其次，营销与推销之间又彼此联系、相互作用和影响。一方面，整体营销策划是推销顺利实现的基础和条件；另一方面，推销又是企业促销策划的重要工具，是实现企业营销目标的重要手段之一。

1.2.2 销售管理与营销管理的关系

1. 销售管理的内涵

销售管理是企业营销战略管理的重要组成部分。但关于什么是销售管理，中外专家和学者的看法至今仍然不一致。西方学者一般认为销售管理就是对销售人员的管理。菲利普·科特勒认为，销售管理就是对销售队伍的目标、战略、结构、规模和报酬等进行设计和控制。美国学者约瑟夫·P·瓦卡罗认为，销售管理就是解决销售过程中出现的问题，销售经理应该是一个知识渊博、经验丰富的管理者。拉尔夫·W·杰克逊和罗伯特·D·希里奇在《销售管理》一书中做了这样的表述：销售管理是对人员销售活动的计划、指挥和监督。美国学者威廉·J·斯坦顿和罗珊·斯潘茹在《销售队伍管理》中是这样表述的："我们将销售管理定义为组织营销计划的人员销售管理。"美国资深销售管理专家查尔斯·M·富特雷尔教授认为："销售管理是一个通过计划、配置、训练、领导和控制组织资源以达到销售目标的有效方式。"

我国学者李先国等认为，销售管理就是管理直接实现销售收入的过程。我国还有一些学者认为，销售管理就是对所有销售活动的综合管理。综观中外学者对销售管理所作的不同定义，结合我国企业销售管理的实践经验，本书认为，销售管理是销售经理（或主管）对企业销售人员及其活动进行计划、组织、培训、指导、激励与评估，从而实现企业目标的活动过程。

2. 销售管理与营销管理的联系和区别

大多数人对销售的了解，仅限于其作为营销的一种智能，甚至拘泥于彼得·德鲁克所谓的"营销的目的在于使销售成为多余"。但这种理想的状态远远无法实现社会对销售作为一种经济活动和职业的要求，销售还是营销活动中必不可少的一部分。图 1-4 和图 1-5 分别展示了销售导向型公司和营销导向型公司的组织结构。从营销战略的角度看，销售和销售管理在企业扮演的角色更是至关重要。

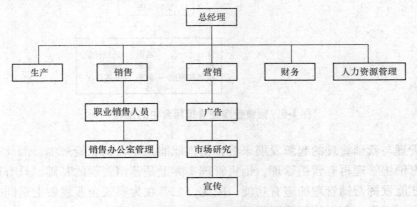

图 1-4　销售导向型公司的组织结构

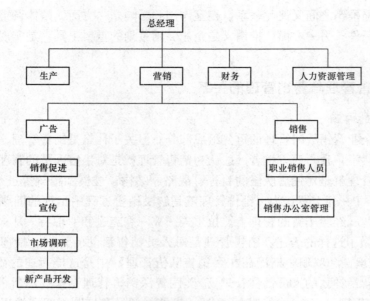

图 1-5 营销导向型公司的组织结构

营销管理是一个内涵比销售管理更广的概念。现代企业的市场营销活动包括市场营销调研、细分市场、确定目标市场、产品开发、定价、分销、促销以及售后服务等诸多环节，销售仅是市场营销互动的一部分。图 1-6 描述了销售管理与营销组合的关系。

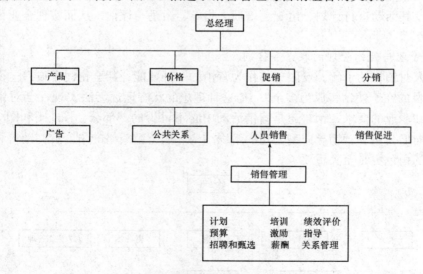

图 1-6 销售管理在营销组合中的位置

从销售管理与营销管理的起源发展来看，销售职能先于营销职能产生。因此，从历史起源来说，先有销售管理再有营销管理。销售管理实际上是营销管理的基础。只有进行有效的销售管理，才能发挥营销管理的应有功能。因此，二者在为实现企业发展上是同一的，所以有的企业在实际工作中有时将其等同来看。

从现代营销观念的角度来看，销售管理应服从于营销管理。企业决不可将二者混淆。企业的销售活动是营销活动的一部分，因为销售战略应服从于营销战略。企业在制定销售战略时应首先制定营销战略。

营销战略是企业及经营单位期望在目标市场上实现其目标时所遵循的主要原则，它包括两个方面的基本内容，即市场营销组合和市场营销预算与控制。市场营销组合是企业为了进入目标市场、满足客户需求，加以整合、协调使用的可控制因素，一般包括产品、价格、分销、促销；市场营销预算与控制是指营销资源在各种营销手段、各个市场营销环节之间进行分配的过程。

销售战略是指企业为谋求竞争优势，在市场分析的基础上，对企业的销售观念、销售计划、销售目标和销售策略等做出长远的、系统的及全面的规划。

企业销售战略针对销售活动而制定，有一定的独立性，但是企业销售战略毕竟是企业营销战略的一个有机组成部分，必须在营销战略的指导下进行，并且要体现出营销战略的核心价值、战略目标以及基本使命，同时销售部门也只有将企业的营销战略的基本要点具体化、生动化，制定出销售的具体战略目标与步骤，才有助于企业营销目标的实现。

1.2.3 销售管理的职能

销售管理是销售经理的基本职责，销售管理的主要职能具体可以归纳为：

1. 制订销售计划

根据本区域内各目标客户群的需求分析及公司年度销售计划，分解并制定本区域销售人员具体的销售目标；组织下属执行销售政策及策略，指导下属的销售业务技能，检查、监督销售计划的完成情况，出现偏差及时纠正，保证实现本区域的市场占有率和销售目标。

2. 销售回款管理

指导下属收集信息、评估客户资信及对公司的重要程度，审批客户资信额度，并随时跟踪资信使用情况，确保其处于正常范围；每月分析下属的应收账反馈信息，指导下属提高回款技能，确保货款顺利回收。

3. 销售费用控制

根据公司的销售费用管理规定及销售部门的费用预算指标，组织下属严格按照费用预算指标完成销售任务，审核销售折扣，审核、控制并不断降低销售费用，保证完成公司的销售费用控制指标。

4. 销售过程指导

根据公司业务发展战略及销售部门的经营目标，配合市场部门组织实施本区域市场开发计划及具体的实施方案，促进公司及产品品牌的提升；了解客户需求动态，指导下属挖掘潜在客户，并对客户开发情况进行跟踪，以实现公司市场占有率不断增长的目的。

5. 客户关系管理

根据公司业务的发展需要，通过组织安排所辖区域各客户群客户到公司考察、参观交流等方式建立顺畅的客户沟通渠道；负责拜访本区域的重要客户，监督、检查销售员对客户的定期访问情况，随时了解客户要求；及时处理客户异议和投诉，以提高客户满意度，建立长期、良好、稳固的区域客户关系。

6. 做好售后服务

依据公司的售后服务规定及产品特点，通过与客户服务、技术等相关部门沟通，协助组织、协调所辖区域的到货、产品安装、技术支持、售后维修等工作，共同实现售后服务目标。

7. 销售信息管理

根据公司业务发展需要及区域市场特点，组织下属收集本区域的产品市场行情变化及重点竞争对手的销售策略、市场策略等信息，并对市场信息进行分析、预测并制定对策，及时向相关部门提供建议；对客户档案、交易记录等进行综合分析；保证销售信息的及时性、准确性和完整性，为销售、采购、生产等决策的制定提供支持。

8. 销售团队建设

根据公司的长远发展需要和规章制度，组织对下属员工的招聘、培训、工作任务分配及业务指导等，制定下属的考核目标并定期沟通绩效评估结果，提出改进建议，帮助下属员工提高工作业绩，增强团队凝聚力和合作精神，以建立一支高效的销售团队，支持销售目标的达成。

1.3 销售伦理与道德

★情景体验 1-5

假如你是一名销售经理，你所在的公司是制造混凝土砌块的。你的销售人员刘强与A公司谈了一笔价值300万元的订单，由于A公司一再要求降低价格，因此，这笔订单一直未能签字。前天，刘强已经开始了自己的休假。

今天，新到岗的销售人员梁冬接到A公司的电话，希望尽快谈妥价格签订协议。由于联系不到刘强，因此，梁冬做了一个小时的准备工作，做好了签字文件和工作流程单，并在流程单上的销售人员一栏中签了自己的名字。这意味着最终签名的人可以获得3万元的佣金收入。梁冬的理由是：刘强并没有真正完成这笔订单；客户决定签单的时候，刘强并不在现场；真正完成工作的是我。

1.3.1 销售人员的伦理与道德问题

在销售职业中，除了销售经理要考虑自己的行为是否符合道德和法律规范外，销售人员也必须时刻注意这一点。人们一般认为，道德行为标准应以合法为基础。其实不然，与大多数违法行为是不道德的行为不同，许多不道德的行为并非违法行为。因为恰当的道德行为存在于法律水平面之上，法律仅仅规定了社会可接受行为的一般最低标准。可见，道德的恰当性与合法性不必吻合。例如，通过儿童节目促销产品，促使儿童让他们的父母来买这种产品。不管这种做法是否道德，由于它利用儿童容易受骗的天性，因此易引起激烈的争论。但有一点是毋庸置疑的，那就是：不道德和违法两者之间存在的差异不仅涉及一个人的意图，也包括一个人的行为。

1. 关于送礼

在销售工作中，销售人员向客户赠送礼品或让客户参加业务招待项目对他们来说不属于道德问题，然而，他们却有可能受到指责从而背上坏名声，因为这一领域发生问题的可能性比其他领域大得多。

尽管销售经理在言辞中会把这些礼品的重要性降低，他们会说没打算用礼品买通客户，而这样做仅仅是对忠诚度的回报。可是受到的批评和指责依然存在，因为尽管购买者不会因一件礼品而被买通，但他可能因此而感觉对销售人员应负担一定的责任。沃尔特·凯奇尔曾经说过，这样做的问题是，礼品具有一种潜力来选择关系并使之更复杂化，一旦这种关系不再作为向客户提供正确价格表现出的良好价值的基础，这一关系就要发生动摇。

促使企业进行礼品馈赠的一个原因是他们觉得客户希望得到礼品。因此，目前不少企业的采购部门已日益对接受礼品进行了限制。比如，沃尔玛公司，就不允许自己的采购人员接受任何礼品，否则不仅自己受到惩罚，而且卖方企业的所有订单将被取消，企业的名字也将从本已获许的卖方名单中消失。所以，销售人员应对他们客户采购部门的规章制度十分熟悉。

对销售人员而言，涉及送礼和招待的一个很重要的问题是，如何画出一条界线并明确在什么程度上送礼就是贿赂。在一个企业或采购方看来是无关紧要的礼品而在其他企业看来可能是一件大事。因此，任何一个企业对此都不会置之不理。

2. 夸大宣传与误导

夸大宣传与误导之间没有清楚的界限。例如，如果销售人员说："拥有这辆车会很了不起。"这种声明是夸大宣传。然而，如果销售人员说："一位老寡妇曾拥有这种车，她仅在星期天开着这辆车去教堂。"如果这辆车曾被其他任何一个人所有，在某些国家该销售人员会因为说话误导而被判有罪。

在我国销售职业中，销售人员夸大宣传和误导也同样属于不道德，而且违反了法律的规定，情节严重的须负法律责任。

因此，销售人员在展示过程中的演说要遵守以下规则：

（1）销售人员要精通商品的性能和缺陷。

（2）销售人员要强调重要的标准，并指导客户更好地理解如何做出合理的选择。

（3）销售人员必须仔细精确地陈述产品的性能和效果参数。

（4）销售人员必须分辨有关产品事实和观点陈述之间的差异，以及何时以大众语言赞扬这种产品。

（5）销售人员需要熟悉有关价格差别，保证与其他有关方面的法律政策相吻合。

（6）销售人员必须认识到自己是企业的代理人，自己在销售中做出的声明有可能在法律上构成对企业的约束。

（7）销售人员在制作、安排广告等工作中，都要遵守法律规范，既要讲究艺术性，又要做到真实。

3. 违反竞争

在市场经济条件下，销售人员要面临激烈的竞争，为了达成交易，他们会别出心裁地从事某些违法行为。

其一是价格差别，对同类客户给出不同的价格。这听起来很简单，但许多特例使这一问题变得复杂了。例如，销量很大，降低了成本，因而导致售价大大降低，因此，企业允许向大批量购买这种产品的客户提供折扣，企业也允许向某一特定大客户提供不同的价格。又如，有时给合伙人一种价格而给一般公众另一种价格。这在表面上看起来是合乎情理的，但事实上属于不道德范畴。

其二是搭售，即客户要买某种特定产品就必须同时购买另一种客户不愿购买的产品，否则，销售人员就拒绝出售。

其三是排他性交易，即厂方要求中间商只能出售厂商自己的产品，而不允许销售其他厂商的产品。这种行为如果构成了对交易的约束，那就是一种违法的行为。

其四是地域限制，即要求在指定区域内销售自己生产的某一产品，而不允许跨区域销售，从而形成区域封锁。总而言之，如果能够证明这种建立地域限制的做法弱化了竞争并限制了交易，就应认定是非法的行为。

搭售、排他性交易、地域限制等都属于不正当竞争，目前我国已在反不正当竞争法中明确规定为是不允许做出的行为，但迄今为止，由于销售人员法制意识淡薄，加之执法力度不够强，因此在销售实践中时常出现此类事件。

★情景体验1-6

今天早晨，你收到另一家公司的一名员工给你寄来的公司计划和新产品样本，这名员工对他的公司非常不满，而他所在的公司正是你的竞争对手。你会怎么做？

a. 把这些东西扔到一边。

b. 把样品送到本公司的开发部门进行分析。

c. 关注对手正在采取的措施。

d. 给纪律监察委员会打电话。

4. 谎报费用

销售是一个昂贵的过程，但销售开支可以得到补偿，因为销售是劝说客户购买产品而获得更多产业的过程。销售人员经常拥有企业的一个费用账户。企业的费用政策必须遵守一条规则：既不能过分奢侈，又要保证销售人员的公平报酬。过分奢侈会导致很高的销售成本。如果销售人员得到的报酬不公平，销售人员在费用开支上就会不老实。尽管填写费用单据经常被视为"创意性写作"，绝大多数销售人员还是竭尽全力在费用方面做一本精确的账。为了努力降低销售管理费用，企业通过增加书面工作迫使销售人员在填写费用账户时更准确。

5. 滥用公司时间和资源

由于销售人员的工作环境大都在公司外面，其主要工作是针对客户的，因此难以对他们进行有效的监管，滥用公司时间和资源也就不足为奇了，比如工作时间坐在旅馆里休息，而不去拜访客户，这会降低工作效率，对于被支付了工资的公司销售人员而言，他们并没有尽职尽责。滥用公司时间还包括兼职做一份以上的其他工作。滥用公司资源包括公司配备的公车私用等情况。对于销售竞赛，销售人员也会有一定的机会牺牲公司和客户的利益以谋取私人的利益。比如将客户的订单搁置一段时间，等到销售竞赛开始才拿出来，而将推迟发货的原因归结于公司、道路或是物流。为了赢得奖品，向客户销售他们不需要的产品，或将这些产品与客户需要的产品一起搭售，这些都是不道德的行为。

★情景体验1-7

在一次销售部门的碰头会上,你发现公司一直在向客户收取过多的费用。上级主管人员说,如果返还这些费用将会给公司的利润带来严重影响。你所在的公司采取监事会制度,但是目光短浅的委员会没有注意到这个问题。上司告诉你,没有人会发现这个问题,他们会采取适当的措施纠正这个问题,以避免类似事件的再次发生。你会怎么做?

备选项:
a. 直接与监事会成员取得联系。
b. 采取匿名形式或其他形式把这件事情公布于众。
c. 什么也不说,让老板自己去处理这个问题。
d. 与老板共同制订一个计划纠正公司出现的错误,采取价格折扣的方式向客户返还多收取的费用,同时可以让公司避免不必要的损失。

1.3.2 销售经理的伦理和道德问题

通过不断的社会调查可知,企业道德基调和标准是由经理建立的,只要他们有健康的价值观并在决策中展示这种价值观,一套道德体系和行为准则在企业中就会很有效。

1. 擅自改变销售区域的配置

销售经理的一个主要职责就是开发和改变销售地域,特别是当某些地区的人口组合发生巨变时。尽管乍听起来地域决策似乎与道德问题关系不大,但确实对销售人员有重大影响。比如,有一个销售人员在发展销售区域方面很有成效,但企业在未征得他本人同意的情况下,告知他该销售区域给了另一个销售人员,而且他必须到另一地区去另起炉灶。此时,这位销售人员觉得企业只是在利用他,把他视为工具而已,而不是在关心他。长此以往,这类故事会在企业乃至行业内迅速传播开来,从而严重打击销售人员的工作积极性,最终给企业销售带来消极的影响。

但是,有经验的销售经理可以采取众多措施来弱化地域决策对销售人员的影响。具体措施是:

(1) 制定一项特定的改变领地决策和对主要客户重新分配的政策,一旦雇用了销售人员,就及时告知这些政策。
(2) 在最初考虑这种方案时,就要让有关的销售人员加入决策过程中来。
(3) 涉及人员变动的决策时,要使这种变动的时间计划与年度安排相吻合。
(4) 尽可能确保该销售人员的新销售区域与改变以前的一样有潜力。
(5) 不要轻易改变方案或数字,其他因素和销售定额底线同样重要。

★情景体验1-8

你的公司最近雇用了一名新的销售经理,他的职位与你完全相同。尽管你非常不喜欢他的为人,而且认为它可能会成为你在工作上的竞争对手。你的一位朋友恰好非常熟悉这个人。你从朋友那里发现,你的竞争对手并没有像他在简历中所说的那样曾经在哈佛大学读过书,实际上他根本就没有上过大学。而你知道,正是他在哈佛大学读过书的背景让他得到了这份工作。你会怎么做？

  a. 向上级主管人员揭露这个谎言。
  b. 不指名道姓，请教人力资源部门主管人员应该如何处理这件事情。
  c. 什么也不说。公司显然不会发现这个问题，但谎言总有一天会大白于天下。
  d. 直接告诉这个人，让他自己决定应该怎么办。

  2. 处理问题型销售人员

在一个企业，如果销售人员长期患病或者有其他陋习，或正经历着个人感情问题，这都向销售经理展示了一个个困难的局面。因为销售经理往往不明白其缘由，以及如何应付。更何况一些销售经理认为自己不是社会公益工作者，因此不想卷入此类事件中。在他们看来，如果这个销售人员不能治好病或戒掉某些恶习，那么最好的办法就是让其离职。因此，不到情况恶化时就不会采取相应的行动。事实上，销售经理的这种消极态度和行为，对企业而言，付出的代价是很高的。因为失去了一个曾是无形资产的销售人员就如同支付了极高的成本。多数研究也表明，使某个老员工恢复正常工作要比雇用和训练一名新员工的成本低得多。如果销售经理想不到这一点，可以说，这位销售经理就是在浪费公司的金钱。

为了让销售经理帮助有问题的员工，我们列出下面一些措施：

（1）努力了解员工以及他们在不同场合的行为和反应倾向。
（2）注意员工行为和业绩的突变，特别是当他们旷工时间急剧增加时。
（3）练习良好的聆听意见的技巧。
（4）花些时间与行为上有变化的员工在一起，试着了解原因。
（5）如果某种行为不断持续，并怀疑该员工有某些陋习，就应直接要求其改正。
（6）对正生病或经历严重个人问题的员工，在其恢复的过程中应该暂且减轻其负担。
（7）尽量对员工的隐私保密。
（8）要对员工表示出极大的情感支持。

★情景体验1-9

你所在部门的一名销售人员最近在个人生活中连续遭受了两次打击。她的丈夫向他提出了离婚，她的母亲又去世了。尽管你非常同情她，但是这件事使她在工作中一蹶不振。你向自己的老板提交了一份报告，但是由于报告数据极其不准确，因而遭到了上司的批评，而这份报告正是根据她所提供的数据完成的。经理要求你对这件事做出解释。你会怎么做？

  a. 向上司表示道歉，并更正相应的数据。
  b. 告诉老板，这些数据是由你的同事提供的，她应该对此负最终责任。
  c. 告诉你的老板，你的同事出了问题，她需要大家的帮助。
  d. 告诉你的老板，由于自己的工作压力太大，因此没有时间对报告中的数据仔细检查。

1.4 从销售人员到销售经理的转变

销售职业化是指销售人员利用诚实的、非操纵性的战术来满足客户和企业双方的长期需求。销售人员成为销售经理或销售总监，必须做好相关方面的转变。

销售经理作为企业销售部门的负责人，其作用巨大，一名优秀的销售经理对于企业销售组织是非常重要的。拿破仑曾经说过："一头狮子带领着一群绵羊肯定能够打败一只绵羊带领的一群狮子。"在企业销售组织当中，销售经理既是一名销售人员，但与销售人员有很大的区别；同时又是一名管理者，需要承担销售部门具体的销售管理工作。对销售经理而言，销售管理工作是最重要的，他担负着企业高层与一线销售人员（客户）的桥梁沟通任务，需要协调、监控多名销售人员按照企业要求去执行销售工作，为销售目标而努力，同时要保证解决客户的问题，满足客户的需要。

★ 情景体验1-10

某化工公司是生产销售卫生面材的，销售经理谢先生在与客户的接触中发现客户经常抱怨几件事：①该材料在生产线上加工时，对员工的技术要求较高，拉力太大或太小都会影响最终产品的质量，同时在调试的过程中也增加了材料的浪费；②售出的材料质量不稳定；③经常发生交货不准时的现象。面对这些问题，谢经理组织了一次部门会议，征求各销售人员的意见。销售人员王某认为，这几个问题都不是本部门所能解决的，最多只能把情况反映上去。张某认为，应该直接与生产部、技术部和运输部联系，以取得相关部门的支持。其他几个销售人员也认为这不是销售部的责任。作为销售经理，你应该如何去做呢？

谢经理在仔细考虑之后，决定以书面报告的形式直接向总经理汇报。总经理李先生在看到报告后，立即把营销副总经理郑先生找来，要他负责解决这些问题。郑副总看了报告后把谢经理找来，首先责备为什么不向他报告，后又指示销售经理与相关部门直接联系以解决这些问题。

谢经理根据郑副总的指示先后与储运部、生产部、供应部、财务部、技术部、质管部进行联系，得到如下答复：

储运部："因为没有成品，生产跟不上，找生产部门。"

生产部："原材料供应不及时，影响生产进度，找供应部门。"

供应部："没有足够的资金，找财务部。"

财务部："因为销售部回款不力，应收款占用大量资金。"

技术部："可以为客户提供技术支持。"

质管部："质量控制太严，更无法交货。"

问题绕了一圈，又回到谢经理这里，可谢经理也有话说："不就是这些问题，客户才不按期付款的呀！"谢经理现在该怎么做呢？

1.4.1 销售经理自我成长中的观念误区

在规划组建、管理控制、评价激励销售队伍中，销售经理要花很大的精力，如果方法不当，往往会感到力不从心。90%以上的销售经理都是从一线的销售人员中提拔上来的，而且这些销售经理都曾经是公司的销售精英，但是销售人员和销售经理的要求有很大区别，业绩突出的销售人员，未必能做好销售经理。

（1）感受漂移。感受漂移是指销售经理把作为销售人员时的一些感觉带到管理岗位上。做销售时，把客户搞定，拿下订单，超越竞争对手等都要有冲击力，要有一种特立独行的感觉，但是这种感觉不能够带到管理岗位上。如果把作为销售人员时的一些感觉带到管理岗位上，管理就会缺乏连续性和稳健性。

（2）过多感性。很多一线的销售人员，自己做销售时是以目标为导向，但是做经理时变成了以感性为导向。销售经理觉得谁听话，能够顺从自己的意思，谁就是好的下属。在管理中投入太多的感性因素，不仅会伤害直接的受益人，而且伤害自己。

（3）依赖自我。有很多销售经理常常有这样一种毛病：他们过多地依赖自我，任何事情都亲自动手。从表面上看，这种依赖自我的表现是经理负责的表现，其实是经理不太相信自己的下属，不敢放手让下属独立完成工作。销售经理绝大部分是销售精英，尽管他们的业务做得很好，但是，销售经理个人的精力总是有限的，如果事必躬亲，结果未必如他所愿，甚至会更糟糕，而且下属的能力如果没有机会得到锻炼，这对销售团队的成长是不利的。

（4）评价失误。有的销售经理常常对下属的评价产生失误。评价销售团队的成员主要应从效率效能的管控方式上进行判断，主要看销售人员的业绩和对整个销售团队的绩效贡献。销售经理特别要小心溜须拍马并喜欢看领导脸色做事的下属人员，不能因为这种人能够逢迎上司而给出很高的评价，而对那些木讷寡言而勤于做事的下属视而不见。

（5）沟通不利。与人沟通是一种艺术，需要很高的技巧，尤其是领导与下属之间的沟通，更要讲究技巧。良言亦须善道，如果领导对下属的沟通方式不恰当，下属畏惧领导的权威，表面上不敢说什么，但心里可能非常生气，也许在工作上会与领导不配合。

（6）目标错位。有一些销售经理常常发生目标错位，对自己的定位不准确，甚至进行错误的角色定位。在做销售人员时，常常盼望自己能成为销售经理，觉得当上经理，就可以实现自己的人生价值，可以对下属发号施令，颐指气使。其实，当上经理后，责任更重，做人应该更加谦逊，自己并没有什么自我感觉良好的事情，只有自己的下属都感觉良好，自己才能有好的感觉，自己要笑在最后。

（7）缺乏程序和方法。有些销售经理在管理中缺乏程序和方法，管理随心所欲，结果一团糟。管理是一门实践性很强的学科，并不是任何人都可以成为成功的领导。销售经理应侧重销售团队的系统规划、管理控制和激励评价，依照一定的程序和方法才能做好工作。

1.4.2 销售经理在团队管理中的典型定位

在销售队伍管理当中，一名好的销售经理主要有以下6种较好的定位，这些定位一般可以避免以上7种误区。

（1）规划者。一名好的销售经理，首先应该是一名规划者。需要规划整个销售部门中每个员工的工作目标、工作方案、关键流程，还要规划部门的岗位设置、考核体系、激励评价方式等。作为一名普通的销售人员，这些工作是不会有的，这也是销售经理与下属员工不同的角色定位。

（2）教练员。销售经理的职责包括选拔聘用新人、管理控制业务团队、分析市场形势、制定销售目标和销售策略、观察下属的工作、与下属沟通、培养训练下属等，这些职责是一名教练员的工作，因此，教练员也是销售经理的一个重要定位。

（3）好家长。一名好的销售经理，在团队管理中应当是一名好家长，尤其是在外地办事机构的销售经理更应该如此。在外地工作的销售人员四处奔波，遭受的挫折打击很多，非常需要关爱体贴。如果销售经理能够在生活、家庭、工作上无微不至地关心自己的下属,则下属一定会非常感激,这是销售经理对下属销售人员非常好的一种激励措施。

（4）大法官。在团队管理中,销售经理的一个重要角色是大法官。销售经理要敢于正确地评判下属的工作。销售人员工作做得不好时,要敢于指出来,并要求其改正。有的销售经理喜欢做好人,对下属的工作失误或违纪行为睁一只眼闭一只眼。不敢评判下属的领导不是一个好领导,有令不行,对销售团队和个人的发展都是有害的。

（5）精神领袖。在团队管理中,销售经理的另一个重要角色是精神领袖,销售经理是整个销售团队的主心骨。在市场动荡、竞争对手的攻势很强、团队内部困难重重、下属人心浮动时,销售经理要作为精神领袖站出来,与下属谈公司的发展前景和公司困难的原因,鼓舞士气,让下属重新振作起来。销售经理绝对不能与下属一起发牢骚,怨天尤人,即使内心如焚,表面上也要处乱不惊,领导的情绪对下属的影响非常大。

（6）业务精英。在刚刚组建的销售团队中,销售经理还应该是业务精英,能力要让下属折服,使下属有一个学习的榜样,这对销售团队的成长是非常有利的。但是,应该注意的是,随着销售团队的成熟,销售经理的业务精英角色应该逐渐淡化。因为在成熟的销售团队中,销售经理的个人表现太突出,下属销售人员一直工作在经理的光环里,亦步亦趋,只知仿效经理的工作,这样会扼杀下属的创造性,对销售业绩的提高和团队的成长都不利。

1.4.3　销售经理的团队管理原则

（1）慈不养兵,情不立事。在管理活动中,越是理性平和的管理行为,越能产生长远的工作绩效。如果销售经理感情用事,管理的结果往往会适得其反。对下属的评价要客观中肯,不能根据个人感情来评价下属员工。

（2）距离是管理运作的空间。距离产生美,销售经理要与下属保持一定的距离。如果与下属关系太密切,很多管理运作手段和行为定位都很难做好。

（3）业绩为先,能力为基础。销售经理在评价下属时要以业绩为先,能力为基础。应该将销售人员的业绩放在评价标准的第一位,如果一名销售人员的业绩很糟糕,即使其他方面表现很突出,在考核时也不能被认可。

（4）把握部门目标,抛弃个人好恶。每个人都会对他人产生好恶,这种心理很正常,但作为销售经理应该尽量克制自己的好恶心理,要从公司需求的角度摆正自己的心理。对本部门业绩的完成有价值的人,或者对公司的长远发展有价值的人,永远是销售经理欢迎的人。

1.4.4　适应角色变化,转变工作观念

销售人员是具体完成销售工作的一线执行者,负责具体销售工作的实施,销售人员在销售过程中的作用是：与客户建立长久的友好关系；解决客户存在的问题；款待客户；与渠道客户合作；管理信息；计划访问；填写访问报告；展示产品；参加会议；招募和培养新销售人员；接受订单等。而对销售经理来说,就必须在自己的头脑中建立一个总体性的概念,认识到计划和决策对组织目标、组织利益的影响,更多地关注组织利益而非个人利益,要与时俱进,密切关注互联网经济时代销售管理发展的新理念、新观念。熟悉"互联网+"框架下新的商业模式,带领团队做出更好的成绩。销售经理的职责更多的是对下属的工作进行指

导和管理,并且为销售人员的工作创造条件,提供必要的资源,引导和协调他人的销售活动以实现本组织的销售目标。

1.4.5 不断学习,增强管理技能

优秀的销售经理不是天生的,而是后天的个人努力以及企业培养出来的。一名优秀的销售经理,一定要具备如下三方面的能力:整合企业、市场部资源的能力;管理和激励下属的能力;与客户谈判以及斡旋的能力。销售经理只有具备了这些能力,才能在企业、下属与客户之间左右逢源,游刃有余,从而取得彼此间的共同信任,让自己拥有更大的发展平台以及更好的职业前景。

1. 整合企业资源的能力

懂得如何根据企业给自己下达的销售目标,合理争取公司对自己以及区域的支持,比如,人力支持、培训支持、政策支持以及其他诸如物流、研发等方面的支持。销售经理要想达到以上目标,需做好如下工作:一是根据责权利对等的原则,通过不断刷新自己的销售目标,来争取上司以及公司对自己更多的支持。二是与产、供、销、财等相关部门处好关系,确保企业的各项支持工作能够及时、到位,这也是不让自己的业务在关键时刻"掉链子"的前提。三是与上司以及各部门保持一种双向、互动的良性沟通关系,它可以是定期的,也可以是主动邀约的,通过建立内部沟通机制,从而让自己能够赢得更多、更广泛的支持。

2. 整合市场资源的能力

能够根据企业对自己的期望目标,充分地调动和调配市场的多方资源,而不是单纯以"等靠要"做市场,从而赢得企业对自己的信任,也让客户对自己"掌舵"市场积极支持。应注意以下两点:一是让市场自生资源。即资源不是企业"自生"出来的,而是由市场提供的。通过高价位、高促销、产品差异化,可以合理实现资源取之于市场、用之于市场的目标。二是借力使力,充分利用客户资源。能够依靠独特的市场操作模式,增大市场操作空间,吸引客户拿出资源做市场,从而使大家有钱的出钱,没钱的出力,没钱又没力的出智慧。借此,能够更好地掌控市场。

销售经理只有具备了如上整合资源的能力,才能更好地树立自己的威信,不断增强自己操作市场的专业度、职业度,从而达到取悦客户、走红企业,更好地达成销售目标的目的。

3. 管理和激励下属的能力

人都有被赞美、被肯定的内心渴望,而对于批评和惩戒却是抵制与拒绝的。因此,销售经理在管理团队过程中要学会多表扬、少批评,并注意表扬和批评的技巧与方法。第一,表扬要在公开场合。越隆重越好,如果有领导在场,则效果会更好。第二,关起门来批评。与表扬相反,批评尽量要避开公众场合,对于犯了错误,确需批评才能改正的,可以把当事人叫到办公室,关起门来批评,从而能够最大限度地维护下级的自尊,让下属不至于太丢面子而对自己丧失信心。第三,变批评为表扬。即先肯定,再指出缺陷与期望的方式,让下属在理解中自感惭愧,从而达到不是批评胜似批评的效果。

善于树典型。在激励下属时,销售经理要善于通过树立典型的方式,达到激励先进、鞭策后进的目的。这里的典型,包括两方面:一是正面典型,要进行宣扬,让其他人都去学习;二是做得不好的,要通过介绍失败案例的现身说法的方式,让其他人引以为戒,从而达到对做得不好的个人以及他人警戒的目的。

合理运用正负激励。所谓正负激励，就是奖励和处罚相结合，以此来实现激励、激发团队人员积极性、主动性的目的。正激励，就是要对业绩优秀的进行重奖，从正面影响他人。比如，可以通过发放奖金、奖励旅游或提供进修机会等，让优异者更优秀，让后进者也变得优秀。负激励，就是通过对不达标的个人进行经济处罚，通过让其受到损失的方式，达到惊醒和激发的目的。比如，通过罚款、扣奖金等方式，可以让业绩不达标者受到损失，从而激发其内在动力，更好地迎头赶上。

4. 与客户谈判以及斡旋的能力

客户是销售团队业绩产生的根本，销售经理虽然不直接操作市场、管理客户，但也要通过自己的方式，达到影响和带动客户更好地销售产品的目的。销售经理作为团队的"幕后老板"和作战指挥员，只有更好地斡旋客户，间接管理客户，掌控客户的目的才会实现。它包括如下几个方面：

（1）压。作为销售经理，要善于压货。通过给销售人员压货，间接地给客户压货，可以激发销售团队以及客户挑战自我的意识，从而挖掘销售潜力，更好地完成企业下达的销售目标。合理压货、善于压货、科学压货，是优秀销售经理的基本功。

（2）疏。光把产品压给客户还不行，销售经理一定要动员下属，让他们直接到市场一线，帮助客户把产品分销到下游渠道，最终把产品予以消化，实现从价格到价值的转变。光压不疏，是愚蠢的做法，因此，如何在实现成功压货后，快速地让产品高速流动起来，快速下沉到下游渠道，便是销售经理必须关注的问题。疏的能力是对销售经理的最大考验。

（3）诱。所谓诱，就是不断地要给客户以及下级展示企业未来的光辉前景，以及与企业、与自己合作的种种好处。通过不断地抛出"诱饵"，把灿烂的"前景"与"钱景"展示给他们看，从而提升他们对于企业与团队的忠诚度，增强对企业、对团队的凝聚力和向心力，催发他们的工作激情，让销售目标更好地实现。

（4）吓。以情动之，以利诱之，还不够。对于优秀的销售经理来讲，通过间接而不断地对客户予以"威吓"，有时也可以达到激励、激发的效果。比如，对于只会要政策做市场的客户，可以发出"不换思路，就换人"的"最后通牒"；对于懒惰的客户，可以通过建立终端档案，严密掌控下游渠道的方式，不断对其进行间接"威胁"，改变其一些不好的市场做法。

本章小结

销售和销售管理是企业经营活动的重要内容，企业的投资只有通过销售活动才能收回。销售是企业通过销售人员的说服和诱导潜在客户购买某种商品或服务，从而实现企业营销目标并满足客户需求的活动过程。销售自古就有，销售是对国家、企业、个人和客户均有好处。

销售管理是企业营销战略管理的重要组成部分。它是指对企业销售活动所作的规划、指导、协调、控制以及销售绩效的评估，其重点是对销售人员的管理。

本章案例

从事销售和销售管理必须遵守应有的职业道德与法律，这将给公司或企业带来许多的收益。当代的道德思想主要有两个流派，一个是目的论，另一个是道义论。这两个流派的根本区别在于：道义论聚集于个人的特定行为，而目的论是以行为的结果为核心。

销售职业化是指销售人员利用诚实的、非操纵性的战术来满足客户和企业双方的长期需求。销售人员成为销售经理或销售总监，必须做好相关方面的转变。

本章习题

一、复习思考题

1. 解释下列名词：销售、系统销售、复合关系销售。
2. 什么是销售管理？销售管理在企业经营中有何重要作用？
3. 销售是怎样形成的？销售观念经历了哪些演变的过程？
4. 销售管理和营销管理有何联系和区别？
5. 从事销售职业应当遵守和处理好哪些方面的道德与法律问题？

二、实训题

实训项目：销售管理者访谈。

实训目标：

1. 结合实际，加深对销售管理的感性认识与理解。
2. 初步认识和自觉养成销售管理者应具备的素质与能力。

实训内容与要求：

1. 以小组为单位分别走访某一传统企业或互联网企业的销售部门，并对销售经理进行访谈，了解其职业经历、目前工作职责和胜任工作应具备的素质与能力。
2. 在调查访问之前，每组需根据课程所学知识经过讨论制定调查访问的提纲，包括调研的主要问题和具体安排。
3. 调研之后以小组为单位写出调研报告，内容包括：

（1）被调研企业的基本情况，包括企业性质、经营项目和规模等。

（2）销售部经理工作职能、胜任该工作所必需的管理技能以及所采用的管理方法等情况，并做到适当予以解析。

（3）访谈中哪些是你印象最深刻的管理职责和管理素质？

（4）分析"互联网+"与传统企业的融合对销售经理在观念、职责以及管理沟通等方面带来的冲击及应对措施。

第 2 章

销售组织构建

★ 学习目标

通过本章的学习，认识和了解销售组织的概念及职能；理解构建销售组织的原则；掌握四种常见销售组织的类型和优缺点，并能根据企业销售管理实际情况建立科学、合理、高效的销售组织，进而不断加以完善与改进。

★ 教学要求

注重通过理论讲授销售组织的概念和特点，四种常见销售组织的类型和优缺点及其适应范围；采用启发式、探讨式教学讨论如何构建销售组织，注重通过案例教学来认知销售组织内部成员的职能以及如何实现销售组织的完善。

★ 导入案例

以历史的眼光来做组织

在讨论互联网时代组织架构话题之前，我们先回答一个问题：为什么互联网创业会这么火？实际上最关键的原因，还是在于做土匪、成英雄的机会。所以，讲组织进化，必须将组织置入中国的商业历史、商业环境。因为中国的商业没有历史，管理没有历史，所以我们无法套用西方的任何组织理论和模型。

德鲁克的计划、组织、控制、执行的管理体系，在中国真正践行的企业不多。土匪、英雄是中国式组织与个人的主流形态。

海尔近年提出"三无"理念：管理无领导、企业无边界、供应链无尺度。海尔每个人都有一张英文名片，名片上的职位是 interface。这个词语我把它理解为"界面"。界面意味着什么呢？过去意味着你把下面的人管好就行，如果你是区域经理，把区域市场管好就可以。但是界面是要承担资源流动的责任，就是你要把外面最好的资源流动进来，把里面最好的资源激活起来。

张瑞敏对于组织与管理的贡献，就在于他以历史的眼光来做组织，搞管理。所以我们看海尔的组织变革，看海尔转型小微、创新小微的变革，其实都是围绕着"组织与个人"这个命题而变革。在当下，我们无法改变缺乏历史、缺乏积淀的中国企业管理文化与惯性。因此，组织与个体其实需要围绕着土匪、英雄或者一堆臭皮匠来重构关系。

如果企业拥有的是土匪式个体，那么组织形式必须学习梁山聚义或者座山雕的模式；如果企业用的是英雄式个体，那么要打英雄牌。

组织变化导致的管控模式变化，流程与规程的变化以及同事关系的变化，成为当下的主流。如果企业家无法敏锐地感知、洞察这一点，就很难适应互联网时代急剧变化的产业和市场。

在旧的组织架构中，个人服务于组织。而新一轮组织改革，应改为组织服务于个人。以个人为中心的组织结构和相互关系，有利于个人充分发挥其积极性、主动性和创造力，至少不会让个人成为旧组织中的复写纸，而是新组织中的复印机或微型反馈系统。

德鲁克强调："个人发展得越好，组织也会取得更多的成就，反之亦然。"可见，组织成员与组织之间是互利互惠、相辅相成的依存关系。互联网时代，组织与个体的关系重构，可能是企业成长的核心命题。

组织重构，一定要在旧的躯体上进行，甚至另起炉灶再造一个新组织。

一是进行关系改造，组织服务于个体；

二是进行权力改造，组织权小，个体自主权大；

三是进行利益改造，组织利小，个体利大。

同时，组织重构的核心，我认为不仅仅是激活，激活只是表面工作，更多的是需要解放——从组织形式、组织职能上释放个体的创造力、生产力。

——何足奇：《销售与市场·管理版》，2016年06期

★ 引导任务

谈谈构建销售组织的一些看法和思路？

根据市场竞争的要求和企业销售管理实际，建立科学、合理、高效的销售组织，并对企业销售系统的机构及人员进行严密组织，是保证公司销售计划能贯彻执行的基本条件，是企业销售工作顺利进行的保障，是开展销售管理工作的基础，是支撑企业销售目标的平台。

2.1 认识销售组织

2.1.1 销售组织的功能与特点

1. 销售组织的功能

销售组织就是企业销售系统的组织，它是企业为了实现销售目标而将具有销售能力的人、事、物、信息、资金等各种要素进行整合而构成的有机结合体。

当一群人在一个团队内为一个共同目标而努力时，就会产生组织的需求，为了发挥最高

效率并达到销售目标，必须组织一个强有力的销售队伍，这是对销售管理者的要求。一般来说，销售队伍的组成比例是2∶6∶2。第一个"2"是指优秀销售人员，他们能完成整个销售额的50%；"6"是指一般销售人员，他们能完成整个销售额的40%；后一个"2"是指剩余的销售人员，他们只能完成整个销售额的10%。

销售组织有四个重要的概念：分工、协调、授权、团队。

无论何种形式的市场营销组织，每个业务单位能否完成自己的使命，很大程度上依赖于合理而有效的销售组织。在正确的市场定位和营销策略的指导下，销售组织对搞好销售管理、实现企业营销战略目标、调动营销人员的积极性、扩大市场占有率、提高销售效率，都具有十分重要的意义。销售组织的功能主要有以下三个方面：

（1）完成营销战略目标。每个企业都有自己明确的营销战略目标，最终完成这一目标的直接承担者便是处在一线的销售组织。通常情况下，销售组织的建立，其依据首先就是企业的营销战略目标，根据战略目标确定销售组织的机构和规模。因此，销售组织的一切活动都应该以营销战略目标为中心，以营销战略目标为标准，检验销售组织的效能也应该以实现营销战略目标为出发点。销售组织的机构是否健全，层次结构是否合理，职权的划分是否恰当，都应该以是否符合企业营销战略目标为依据。销售组织完成营销战略目标的功能，又是衡量销售组织效应的尺度，一个高效能的销售组织，能够以最快的速度、最少的消耗实现营销战略目标。销售组织的管理者，能否充分发挥和利用销售组织的这一功能，就在于能否使每一个营销人员充分认识到自己所进行的工作对于实现企业整体目标的重要性，从而使每个营销人员都通过自己的努力工作，完成每一笔销售业务，并把个人的工作目标与销售组织的整体目标联结起来，实现个体行为与组织行为的同步发展。

（2）收集和传递营销信息。由于销售组织是企业为了完成商品销售任务而建立起来的内外信息交流系统，它的组织成员代表企业直接与市场和客户发生联系，因而具有收集和传播信息的功能。企业在营销人员销售商品的过程中收集市场信息，反馈客户意见，在这些基础上调整和完善销售战略，了解和分析企业的经营效果。

（3）导向企业行为。销售组织处于企业与市场之间的交界点，因此，企业适应环境的程度，完全取决于销售组织对环境反应的灵敏度。销售组织通过营销人员和客户准确及时地了解市场，把握消费需求和竞争者的动态，并通过综合归纳和分析判断，提出正确的销售方案和营销策略。在此基础上，形成企业整体营销战略，作为指导企业各部门行为的准则。企业的各个环节、各个部门和各个系统必须协调一致，为完成共同的营销战略目标而共同努力。如果有任何一方面协调不好，都会影响到企业营销战略目标的实现。同样，如果销售组织所反馈的市场信息不真实或者滞后，又会误导或迟缓企业的营销决策，使企业遭受损失，严重时甚至还危及企业的生存和发展。销售组织导向企业行为的功能，也是现代销售组织最具特色的功能，是现代销售组织与传统销售组织存在区别的重要标志。

2. 销售组织的特点

一般而言，销售组织具有系统性、适应性和灵活性的特点。

企业销售组织各环节、各部门之间的系统协调，是保证企业对市场变化做出快速反应的重要前提。销售组织管理的目的就在于使销售组织内部保持有序运行状态，使来自市场的信息能迅速反馈到高层决策者，并使高层决策的调整意图及时传达到一线的营销人员，形成一种简捷、快速、高效的决策和反馈程序，从而保证企业能够随时对市场的变化做出反应。

市场瞬息万变,企业要适应市场的变化,就必须具有灵活应变的能力,这种能力集中表现在企业销售组织对市场信息反应的灵敏度上。多变的消费环境要求企业必须加强对销售组织的管理。虽然消费是多样性的,但特定的消费又是有规律可循的,只要能从多变的市场背景中发现消费动向,抓住市场机会,就有可能获得成功。

随着科学技术的迅速发展和电子计算机技术在销售业务中的大量应用,企业发展规模的不断扩大,以及国内市场与国际市场的逐渐接轨、相互融合,企业的经营范围将冲破地区和国家的界限,面向全国市场和国际市场,很多企业的销售组织也将日益完善,向不断扩展的市场空间延伸,销售组织内部的分工也越来越细。尤其是随着互联网技术的发展及应用,销售组织虚拟化的趋向越来越明显。这种虚拟并不是淘汰销售组织,只是在物理存在状态下会出现一些新的形态、新的特点。

2.1.2 选择销售组织类型

销售部门组织形式的选择受到企业规模、所属行业、人力资源、财务状况、产品特性、消费者及竞争对手分析等因素的影响,企业应根据自身的实力及发展规划,精心"排兵布阵"、量力而行,用最少的管理成本获得最大的经济效益。常用的销售组织模式有职能结构型销售组织、区域结构型销售组织、产品结构型销售组织和客户结构型销售组织。

1. 职能结构型销售组织

这是最古老也最常见的市场营销组织形式。它强调市场营销各种职能(如销售、广告和研究等)的重要性。职能结构型销售组织把销售职能当成市场营销的重点,而广告、产品管理和研究职能则处于次要地位。当企业只有一种或几种产品,或者企业产品的市场营销方式大体相同时,按照市场营销职能设置组织结构比较有效。但是,随着产品品种的增多和市场的扩大,这种组织形式就暴露出发展不平衡和难以协调的问题。既然没有一个部门能对某产品的整个市场营销活动负全部责任,那么,各部门就强调各自的重要性,以便争取到更多的预算和决策权,致使市场营销总经理无法进行协调。如图 2-1 所示。

图 2-1 职能结构型销售组织

这种模式的优点是:

(1) 贯彻了专业分工的要求,有利于在人力利用上提高效率,有利于培养销售专家。

(2) 分工明确,职责分明,便于落实各类人员对各类工作成果的责任。

(3) 集中管理、统一指挥,有利于维护领导对指挥和控制活动的权力和威信。

这种模式的缺点是：

（1）由于这种模式管理费用大，因此，经济实力小的企业不宜采用。

（2）指示命令系统复杂，如果各职能组织间失调，就会发生混乱。

（3）责任不明确，销售活动缺乏灵活性，因为没有一个职能组织为具体的产品或市场负责，每个职能组织都力求获得与其他职能组织对等的地位。

这种模式的适用企业：

（1）企业所经营的产品需要提供大量的售后服务工作，而售前、售中和售后服务工作所需的工作技能又有所不同。

（2）销售工作可以按销售内容进行分解。销售人员不可能擅长所有的销售活动，但有可能是某一类销售活动的专家。

基于这种思路有些企业采用职能型组织模式。

2. 区域结构型销售组织

按地区划分销售区域是最常见的销售组织模式之一。相邻销售区域的销售人员由同一名销售经理来领导，而销售经理向更高一级的销售主管负责。如果一个企业的市场营销活动面向全国，那么它会按照行政地理区域，如华东、华北、东北、西北、西南、华南、华中等大区来设置其市场营销机构，也可以按省来划分。机构设置一般包括一名负责全国销售业务的销售经理，若干名区域销售经理、地区销售经理和地方销售经理。为了使整个市场营销活动更为有效，区域结构型销售组织通常都与其他类型的组织结合起来使用。如图2-2所示。

图2-2 区域结构型销售组织

这种模式的优点是：

（1）管理幅度与管理层次相对增加，便于高层管理者授权，充分调动各级营销部门的积极性，地区经理权力相对集中，决策速度快。

（2）发挥该地区部门熟悉该地区情况的优势，销售人员与当地客户及渠道客户容易建立关系网络，发展特定市场。

（3）地域集中，费用低。

（4）人员集中，容易管理。

这种模式的缺点是：

（1）各地区的销售部门自成体系，容易造成人力资源浪费，地区销售经理权力较大，不容易协调与统一，地区销售经理更多地考虑本地区的利益。

（2）销售人员从事所有的销售活动，技术上不够专业，不能适应种类多、技术含量高的产品销售活动。

这种模式的适用企业：

（1）企业所经营的产品单一或相类似。

（2）产品性能不太复杂。

(3) 面对的客户数量众多，客户分布的地域广阔与分散。

由于我国地域辽阔，各地区差别极大，大部分企业都采用地区性销售组织模式，各地区经理负责该地区所有产品的销售。有的企业还会设置大区经理、片区经理（如省级经理）、区域经理（如市级经理）、销售主管等中间管理层级。在按区域规划组织设计时，企业还要考虑以下几个主要因素：

(1) 地区销售规模和销售潜力。区域划分可以按销售潜力或销售工作负荷加以界定。每种划分方法都会遇到效率和成本的两难困境。如果某个地区的销售规模足够大，设置分公司或办事处等区域销售组织所带来的效益超过所产生的成本，就可以考虑设置分公司或办事处。当然，如果企业发展战略或营销战略要求，也可暂时不追求短期的经营效果而考虑企业的长远发展。

(2) 销售评估。具有同等销售潜力的地区给每个销售人员提供了获得相同收入的机会，也给销售管理的评估工作提供了标准。但是，由于各地区的客户密度不同，所以具有相同销售潜力的地区因为面积大小的不同而可能有很大的差别。被分派到大城市的销售人员用较小的努力就可获得较高的销售业绩，而被分到地域广阔而购买潜力较小地区的销售人员在付出同样努力的情况下只能取得较小的销售业绩，或付出较大的努力才能取得相同的业绩，这就要求企业考虑销售评估这个因素。类似的因素还有企业先开发销售区域与后开发区域的差别。

(3) 地区区隔和市场形状。一般企业都会按照行政区划来进行区域市场的划分，但也有些企业的区域市场是按城市远近来划分，或根据每个区域的客户密度、工作量或销售潜力规模、最小旅行时间等指标组合来划分。

3. 产品结构型销售组织

产品结构型销售组织是指按照不同商品或不同商品群组建的销售组织，比如 A 商品销售部、B 商品销售部、C 商品销售部等。但在一些情况下，其基层组织会按地区来划分。

在企业所生产的各产品差异很大，产品品种很多，以致在按职能设置的市场销售组织无法处理的情况下，建立产品经理组织制度是适宜的。其基本做法是：由一名产品市场销售经理负责，下设几个产品线经理，产品线经理之下再设几个具体的产品经理负责各具体产品。如图 2-3 所示。

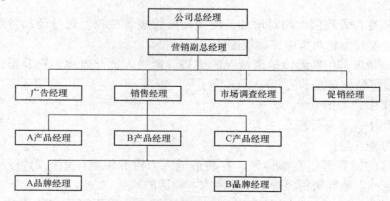

图 2-3　产品结构型销售组织

这种模式的优点是：

(1) 产品经理能够将产品营销组合的各要素较好地协调起来，更加贴近现实，能对市场上出现的问题迅速做出反应。

（2）容易实现销售计划，便于进行着眼于追求利润的商品管理，而且易于进行生产与销售之间的调整。

（3）由于各个产品项目都有专人负责，较小的品种或品牌也不致遭忽视。

（4）销售队伍与相关的生产线相联系，便于熟悉与产品相关的技术、销售技巧，以及产品的使用、维护、保养，有利于培养销售专家，也有利于年轻经理经受锻炼。

这种模式的缺点是：

（1）在产品型组织中，各个产品经理相互独立，他们会为保持各自产品的利益而发生摩擦，事实上，有些产品可能面临着被收缩和淘汰的境地。产品经理只能成为本产品的专家，很难成为职能专家。

（2）产品经理未必能获得足够的权威，以保证他们有效地履行职责。这就要求他们得靠劝说的方法取得广告部门、销售部门、生产部门和其他部门的配合与支持。

（3）由于权责划分不清楚，下级可能会得到多方面的指令。例如，产品广告经理在制定广告战略时接受产品市场营销经理的指导，而在预算和媒体选择上则受制于广告协调者。

（4）由于地域重叠，造成工作重复，容易出现多名销售人员服务一个客户的情况，这种管理形式的费用常常高出预算。

（5）产品经理任职期限较短。

这种模式的适用企业：

（1）企业经营的产品种类较多，且产品性能差异很大。

（2）产品比较复杂。

（3）客户分属不同的行业，行业差异大。

根据不同的特点，产品型组织模式可以演化成按产品品牌划分的组织模式。一些生产多种产品且每种产品又采用不同品牌的企业往往会采用按不同品牌来管理产品的销售组织。

采用按品牌划分的销售组织模式的企业一般是由一位品牌经理负责一组类似而又同属于一个品牌的产品营销与销售工作。品牌经理除了负责该品牌的销售工作之外，往往还需要负责该品牌的产品推广、广告、产品开发等工作。这种销售组织模式对于产品品种众多且产品品牌对产品销售又非常重要的行业来说是一种很好的模式，如家用日化行业。

4. 客户结构型销售组织

对不同的客户销售相同的产品，由于客户的需求不同，销售人员所需要掌握的知识也不同。企业采取按客户类型来规划与设计组织模式，便于销售人员集中精力服务各种类型的客户，从而成为服务某类客户的专家。如图2-4所示。

图2-4 客户结构型销售组织

这种模式的优点是：

（1）专人负责重要客户，能更好地服务客户和满足客户需要，有利于建立与客户的紧密联系。
（2）可以减少销售渠道的摩擦。
（3）易于加强销售的深度和广度，培养战略合作伙伴关系。
（4）易于开展信息活动，为新产品开发提供思路。

这种模式的缺点是：
（1）企业的商品政策和市场政策由于受销售对象的牵制而缺乏连贯性。
（2）销售人员需要熟悉所有产品，培训费用高。
（3）重要消费者或大客户减少带来的威胁较大，且不同销售对象之间无法进行商业活动。
（4）销售区域重叠，造成工作重复，销售费用高。
（5）销售人员由于负责众多的商品，负担加重，销售人员离职也会带来较多负面影响。

这种模式的适用企业：
（1）产品的销售量集中在一些采购量大的主要客户上。
（2）客户的经销网点分散，但采购集中，如连锁超市。

按照客户类型组织销售力量是营销观念和市场细分的自然延伸，当销售人员专门服务某一类客户时，他就有可能深入了解这些客户的需求，从而使销售经理可以针对客户的需求对销售人员进行有关专业知识的培训。只有某类客户达到足够规模时，采取客户型销售组织模式才有意义。

按行业来进行划分也是一类按客户类型划分的销售组织模式，如胶卷行业可以分为普通胶卷、工业用胶卷和医用胶卷、军用胶卷三大行业。这三个行业对胶卷的需求大不一样，销售方法也不一样，必须按行业类型来进行划分。

总之，无论企业采用哪种类型的销售组织形式，都必须根据企业的特性、对客户的服务、企业的产品与市场的组合而定。上述四种形式的销售组织各有利弊，企业可以根据实际情况选择一种适合自己的销售组织形式，也可以是四种形式的综合，并随着公司内外环境的变化而不断变化组织结构。

★情景体验2-1

L公司是总部位于广州的一家专门研发、生产、销售UPS（不间断电源，将其串联在计算机或其他电气设备上，当突然断电时能自动持续供电一段时间）产品的公司。该公司的UPS产品一共有三大系列，共计几十种型号。①小卫士系列，低端的小功率产品，主要用在家用电器或电脑上。②门神系列，中档产品，价格从数千元到数万元不等，主要采购方是企业，用在机房或信息中心做配套设备。③金刚系列，高端的大功率产品，单台价格都在10万元以上，客户群包括银行、通信公司、电力企业等。

2.2　构建销售组织

2.2.1　构建销售组织的原则

企业销售组织机构的规模及形式直接关系到为客户提供优良服务的能力和水平，是企业对外展开经营活动的主要窗口。同时，就企业内部来看，组织机构的形式直接影响到每一位销售人员在组织中所扮演的角色及销售人员之间的相互协作与联系，影响到销售人员在企业中的能力发挥。

企业在进行销售组织构建时应体现以下原则：

1. 客户导向原则

在设计销售组织时，销售经理必须首先关注市场，考虑以满足市场需求、服务消费者为基础，建立一支面向市场的销售队伍。

2. 精简高效原则

销售组织庞大臃肿，必然造成协调困难、反应迟钝，而且会加大管理成本，所以必须精简机构。精简就是指部门、人员、管理层次能减则减，办事程序和规章制度力求简单明了。精简有效的原则是指组织机构的设置，在完成任务、目标的前提下，应当力求做到紧凑精干，机构越简单越好，管理层次和人员越少越好。

企业追求效益，而效率是实现效益的一个有效途径。高效率的销售组织不一定能保证效益回报，因此，在进行销售组织设计时，除了满足客户的需要之外，还要考虑销售组织的成本问题。销售组织太小，可能影响到为客户提供优良服务的效率和能力；销售组织太大，一方面会增加经营成本，另一方面会降低工作效率。

3. 统一指挥原则

统一指挥原则指的是组织中任何成员只能接受一个上司的领导。统一命令是组织工作的一条重要原则，甚至是一项基本原则。组织内部的分工越细、越深入，统一命令原则对于保证组织目标实现的作用越重要。只有坚持这条原则，才能防止政出多门、遇事相互扯皮、推诿，才能保证有效地统一和协调各方面的力量、各部门的活动。

在组织设计中要根据一个下级只能服从一个上级领导的原则，将管理的各个职务形成一条连续的等级链，一级管一级，防止越级指挥。在多级指挥体系中，应当坚持逐级指挥，形成连续的指挥链。一般情况下，不能为图省事或显示个人权威，越级指挥。越级指挥一方面会影响下级领导者的威信和积极性，另一方面，也会使下级的下属左右为难，无所适从。同样道理，除非特殊情况，一般也应杜绝越级请示和汇报，明确规定组织机构中每个职务之间的责任、权利关系，禁止越级指挥或越权指挥。在同一层次领导班子中，必须明确主辅关系，正职领导副职。在每一组织层次中，应严格规定正职与副职领导者的职责和职权，正职领导者对组织的工作全面负责，副职领导者负责某一局部的工作。正副职之间如果发生意见分歧，正职拥有最终决定权，副职不得自作主张，擅自发号施令。在组织实践中，在管理的体制上，要实行各级行政主管负责制，确定由一个人全面负责，统一指挥，以避免出现多头领导和无人指挥现象，以保证统一指挥原则的贯彻。

4. 管理幅度合理原则

所谓管理幅度，是指一名主管人员直接指挥的下级人员的人数。有效管理幅度是指主管人员直接指挥下级人员的恰当数量。

销售组织设立多少个层次，每一个层次每个主管或负责人下属多少人，这就是销售组织设计的管理跨度与幅度问题。这两个问题彼此相关，如果销售队伍规模既定，那么管理幅度越大，管理层次就越小，需要的管理人员也就越少。销售组织设计是一个动态的发展过程，管理跨度与幅度静态来看可能是不均衡的或是不合理的，正是因为这种即期的不合理才有可能实现长期的合理化和优化。

对于如何设计销售组织的管理跨度与幅度，目前尚没有完全一致的看法。管理层次越少，销售经理就越能接近销售人员，就越能接近所服务的客户和市场，就有利于销售经理和销售人员之间的沟通，就有利于企业与客户之间的沟通，也就方便销售经理更有效地管理销售人员，也就能使企业更有效地服务客户。但是，扁平的组织结构实际上也限制了沟通和控制，因为管理层次少，管理幅度就大，沟通控制也不会像想象中那么好。如果从成本角度进行分析，虽然管理幅度较大，但由于管理人员数量较少，管理成本就相对要低，但是相对应这种过大的管理体制会造成管理质量的下降，从而导致工作效率和效益的下降。

要决定销售经理应该管多少个销售人员，应设立几个销售管理层次，需要考虑很多因素，如企业所在的行业及习惯、销售队伍的整体素质和经验、企业客户的类型、竞争的需要、企业发展的阶段、产品销售的复杂程度等。相对而言，当销售工作复杂，每个销售人员的表现对企业利润的影响很大，销售人员报酬高且具有职业化特点时，管理幅度就可小一些，而管理层次应该大一些。换句话说，管理工作越困难越重要，就应该给销售人员更多的支持和监控。在销售组织的较高层次，管理幅度通常要小一些，以便高层次的经理人员能有更多时间从事分析和决策。管理层次越高，工作越复杂，所需要提供的组织也就越多。

从现实经验判断，销售管理人员越强，管理幅度可宽一些，相应企业对销售管理的监控就困难一些。每一位经理或主管所能用于管理其下属的时间和精力都是有限的，通常每一位经理管理 8~10 位销售人员较为合适。

5. 权责对等原则

实际上，管理理论早就提出了权责对等的原则，即强调有多大责任，就应有多大权力。实践证明，责权不一致会对企业发展产生极大危害。有权无责或权大于责，容易产生瞎指挥、滥用权力的官僚主义；有责无权或责大于权则会挫伤销售部门、人员的积极性。责权一致要求销售组织设计、构建时，首先必须明确每一个岗位的任务、责任，事情干好干坏都能找到责任者；同时还必须赋予完成任务和承担责任者所需要的权力，并使二者一致，防止责权分离而破坏销售组织的效能。

销售组织中每个部门和岗位都必须完成规定的工作。而为了从事一定的活动，都需要利用一定的人力、物力或财力等资源。因此，为了保证"事事有人做""事事都能正确地做"，不仅要明确各个部门的任务和责任，而且在销售组织设计、构造中，要规定相应的取得和使用必需的人力、物力、财力以及信息等工作条件的权力。没有明确的权力或权力的应用范围小于工作的要求，则可能使责任无法履行，任务无法完成。当然，对等的权责也意味着赋予某个部门或岗位的权力不能超过其应负的职责。权力大于工作的要求，虽然可以保证任务的完成，但会导致不负责任地滥用，甚至会危及销售组织系统的运行。

6. 分工协调原则

企业销售组织面临的经营事务繁杂，适当的明确分工，设置若干部门分头管理，并加强协调与配合，会收到事半功倍的效果。但对销售活动进行专业化分工时必须回答下列问题：什么是最好的分工形式？销售组织是按产品、客户、地区还是按销售职能来划分？设计销售组织要根据实际情况来寻找最优的模式，因此，最好的选择是综合考虑各种因素来进行决定。在实践中，应用分工协调原则必须注意两点：一是分工要适当，不是越细越好。分工过细，工作环节增加而引起工作流程的延长，造成协调的困难，从而会抵消分工带来的好处。

一般地，分工宜简不宜繁，一个机构能办的事，就不设多个机构。二是必须加强协调和配合。销售组织作为一个系统，由于分工所形成的各子系统、各个层次和环节，只有紧密联系，密切配合，增强整体目标意识，才能保证销售组织整体系统的统一性。分工带来的高效率能否充分发挥，关键取决于各部分的协调程度。在实际工作中会出现这样一种情况，有些销售工作非常简单直接，如果再进行专业化分工并不能为企业带来收益，这就说明专业化分工到达了临界点。当前，随着客户需求的提高及一揽子购买的特点，许多客户要求企业只有一个销售人员与其打交道，由这一个销售人员提供所有的整体解决方案。在企业与客户交互的界面上，综合化是发展趋势之一，而在企业内部，分工协作则是必需的，因此，对外出口要集中，内部要形成团队支撑对外的服务。

尽管因事设岗、因岗设人看起来简单，但许多企业在具体操作上仍然存在许多问题。企业要为一定的销售活动设计某个岗位，而不应过多地考虑现任人员的能力和其他一些非客观因素。企业一旦设计出理想的销售组织模式，就要根据岗位的需要进行招聘、选拔、培训销售人员，使他们达到岗位职能的要求。当然，完全避免因人设岗、因岗设事在许多企业也很难做到，但需要遵循原则。

销售组织作为一个团队，决不能因为专业化分工而导致工作协调困难。要做到销售工作的协调一致，需要对下列三个方面给予关注：第一，销售活动与客户需求要保持一致；第二，销售活动与企业其他部门的活动要保持协调；第三，销售组织内部各项活动要保持协调一致。经验告诉我们，销售经理能力水平的高低直接决定了销售团队的能力发挥。

2.2.2 构建销售组织的影响因素

在实践中，企业销售组织结构是各不相同的。销售商品特征、销售方式、商品销售范围、商品销售渠道、市场环境变化都将对企业销售组织构造产生影响。

1. 商品特征

不同的商品具有不同的销售特征，应采用不同的销售组织。因此，在建立销售组织时，首先要考虑该商品的性质和特征。商品究竟是生产资料还是消费资料，是专用品还是一般商品，都会影响销售组织的设计。产品技术复杂，产品之间联系少或数量众多时，按产品专门化组成销售组织较为合适。如果商品少、重点性强，采用按地区建立组织较为合适。

2. 销售方式

企业生产的产品不会自动跑向市场，消费者也不是从企业仓库里购买产品，因此当企业生产出产品之后，就必须考虑通过利用什么样的销售方式，把产品从企业转移到消费者面前。由于销售方式不同，销售组织的构造也就不同。企业是通过广告销售还是人员销售产品，对企业销售组织的要求不同。例如，通过广告销售产品的企业，其销售人员较少，则销售组织简单；若是通过人员销售，就需要更多的销售人员，其销售组织结构较复杂。企业是通过中间商销售产品还是直接销售产品，其销售组织也不一样。此外，企业的售后服务政策也会影响企业的销售组织结构。

3. 商品销售范围

在最简单的销售组织中，各个销售人员被派到不同地区，在该地区全权代理公司业务。商品销售的区域范围影响着销售组织的结构。区域由一些较小的单元组成，如市或县，它们组合在一起就形成了具有一定销售潜力或工作负荷的销售区域。不同的企业，不同的商品，销售范围也就有很大的差异。可以是全球性销售、国际某些地区销售、全国性销售、国内某些地区销售,也可以是本地区销售。商品销售范围不同就应有不同的销售组织。

4. 商品销售渠道

商品销售渠道由各中间商组成。中间商包括批发商、零售商、代理商和经纪人。其中,后两类中间商并不对商品拥有所有权,但他们参与了商品交易活动,因此也可作为商品销售渠道成员。企业可以选择的商品销售渠道有三种基本类型:一是广泛性分销策略,指通过尽可能多的中间商或分销点来销售产品;二是选择性分销策略,指在同一目标市场有选择地使用一个或几个中间商;三是独家分销策略,指制造商在某一地区市场只选择一家批发商或零售商经营其产品。介于销售渠道的差别,就应有不同的销售组织。比如渠道宽且行业性强,就应按客户对象或商品建立销售组织。

5. 市场环境变化

销售组织作为一个开放系统,一定会与所处环境进行物质与信息交流,因而在构建销售组织时一定要考虑外部环境的影响,使其与之相平衡。然而,市场环境是处于变化之中的。企业的外部环境变化将导致企业营销战略管理模式改变,随之而来的是实现销售目标的形式和方法也需要调整,这必然影响销售组织结构发生变革。

2.2.3 构建销售组织的程序

1. 确立目标,细分工作

销售组织构建无论有多重要,归根结底也只是手段,而不是目的,它是为实现企业的任务、目标服务的。这也是销售组织结构存在的根本理由。这就要求销售组织构建既不能根据长官意志,因事设人,也不能以上下对口为据,随意地增减机构。部门、岗位的设置及责权的划分,只能根据企业发展目标的需要来决定。衡量企业销售组织构建是否合理,既不是看它是否借鉴了国外先进企业的做法,也不是看它精简了多少机构,而是看它对企业任务和目标的贡献。也就是说,衡量企业组织结构的最终标准不是别的,而是看其能否促进企业任务和目标的实现。销售组织存在的必要性是因为企业需要依赖销售组织部门来完成企业既定的销售目标,这是进行销售组织设计的即期目标。如果企业的销售目标无须自己内部部门完成,则不必探讨销售组织,也不必谈及销售组织设计。销售组织设计的长期目标是销售组织的发展能与企业的发展相适应,销售组织能在未来支撑企业发展目标的实现。

企业经营的目的是通过创造满意的客户来获得利润回报。在创造、发掘新客户的同时,企业必须维持和加强与现有客户的关系,这样企业才能继续存在和持续发展。要达成这一个目标,企业需要建立一个高效的销售组织,一个能够满足客户需求的销售组织,一个能发掘客户需求的销售组织。要实现这一点,就要求销售组织内部分工协作,各司其职。

2. 进行销售岗位分析,组成相关部门

人们在研究现有组织的改进时,往往是从自上而下地重新划分各个部门的职责来进行,但是,设计、构建一个合理的组织结构需要从最基层开始,也就是说,组织设计、构建是自下而上的。

岗位分析是销售组织设计、构建的最基础工作,其在目标活动逐步分解的基础上设计和确定销售组织内从事具体管理工作所需的职务类别与数量,分析每个岗位的人员应负的责任、应具备的素质要求。

根据各个岗位所从事的工作内容的性质以及职务间的相互关系，依照一定的原则，可以将各个岗位组合成被称为"部门"的管理单位。组织活动的特点、环境和条件不同，组成部门所依据的标准也不同。对同一销售组织来说，在不同时期、不同背景下，组成部门的标准也可能会不断调整。

3. 按照销售岗位配置人员

岗位分析和部门组成是根据工作要求来进行的。在此基础上，还要根据组织内外能够获取的现有人力资源，对初步设计的部门和岗位进行调整，并平衡各部门、各岗位的工作量，以使组织机构合理。人员配备是在组织设计的基础上进行的，人员需要量的确定主要以设计的岗位数量和类型为依据。岗位类型提出需要什么样的人，岗位数量则明确每种类型的岗位需要多少人。

4. 明确职权关系

如果再次分析的结果证明初步设计是合理的，那么接下来便是根据各自工作的性质和内容，规定各岗位、部门之间的职责、权限以及义务关系，使各岗位、部门形成一个严密的网络。并明确地指出组织内各岗位、部门的工作内容、职责与权力、与组织中其他部门和职务的关系，要求担任该项职务者所必须拥有的基本素质、技术知识、工作经验、处理问题的能力等条件。

★情景体验2-2

实例说明：陈经理的成功

A公司是某名牌计算机在我国北方地区的最大代理商，它主要通过门市部和二级代理商两种渠道进行销售。首先，该公司在北京有两个非常不错的门市部，通过门市部直接销售给个人和家庭。其次，该公司发展了覆盖整个华北地区的众多二级代理商，通过他们进行销售。

2015年年初，公司聘请陈先生任家用计算机即PC销售部的销售经理。陈先生以前从事的是个人寿险方面的行销工作，表现非常不错。上任后，他就把保险行销那套管理模式带过来了，采取了以下管理措施：

◆强调早晚例会。即早晨八点半要开早会，晚上五点半要开夕会，不管什么原因，早晚的例会一定要开。早会宣布一天的工作、解决各方面的问题，然后具体布置一天的工作，之后销售队伍分头行动，该打电话就打电话，该去门市部就去门市部，该盯竞争对手则去盯着……

◆严格地计件提奖。也就是销售员这个月完成多少销量就给销售人员多少报酬，销售出去多少就拿多少提成，如果超指标则有超指标奖励。

◆实行末位淘汰。用陈经理的话叫作"第一个月红灯，第二个月走人"。也就是说，第一个月没有完成任务，就要亮红灯，提出口头警告；第二个月如果还是没有完成任务，那就叫他走人。

◆超额有重奖。针对超额完成销售任务的情况，陈经理定了一些奖励标准。例如超额120%以上，奖励将大大超出正常计件提奖的范围。

2015年年末，在陈经理任职不到一年的时间里，A公司的家用计算机销售部的业绩非常出色——在所有该品牌计算机的北方地区代理商中，销售部出货量是最大的，同时还为公司赢得了许多相关的资源。

实例说明：陈经理的失败

2016年，A公司所代理品牌的厂商对市场策略进行了调整，决定将战略方向放在商用机上。该厂商瞄准了4个大的行业：教育、金融、电信、政府采购。针对厂商市场策略的调整，A公司也进行了相应调整。他们撤换了原来负责商用机销售工作的经理，由原来负责家用计算机销售的陈经理出任商用机销售部经理。很自然，陈经理又把他原来的那套管理模式移植到了新部门。上任以后，他采取了一些同以前类似的改革措施：

◆采取强势激励措施，降低商用机销售部原来的底薪，提高提成比例。

◆严格执行早会和夕会制度。

◆对整个过程进行严格的控制与管理。要求每一名下属都认真填写各种管理控制表单、日志、周计划等。

显然，这时候该公司的销售对象已经发生了很大变化，销售模式也与以往不同——以前PC机的销售是通过门市部销售给个人，或者是销售给二级代理商，进行二级销售；而现在则要带着计算机直接面对终端客户，而且不是某一个人，而是一个组织、一个机构。结果这次改革措施的推行效果与他想象的有很大差距。

从2016年春天起以上措施开始实行，到半年后为止，出现了以下几种不良结果：

◆有的业务代表开始蒙骗客户，过分夸大公司的承诺。

◆员工之间开始互相拆台。

◆业务尖子开始离职。

◆整个队伍的业绩水平没有像预期的那样增长，甚至还略有下降。

9月份的时候，陈经理只能离开这个岗位，离开这家公司。

——秦毅，《如何系统规划销售组织与业务》，有适当改动

2.3 销售组织职能

2.3.1 销售组织的主要功能

1. 营销调研

营销调研是成功策划的前提，是企业销售部门策划和管理人员的主要任务之一，但其完成过程大多与销售人员的工作是紧密相联的，如很多第一手资料来自销售活动，销售人员对市场的感受比较可靠。

2. 市场预测

销售活动中的市场预测是指企业销售部门对产品在未来一定时期内市场销路或市场潜在需求的估计和测算。企业要对自身的经营业务做出长远规划，必须在营销研究与分析的基础上，通过对现有的和过去的销售资料的分析，估计企业某种商品在未来一定时期内可能的销售量及其变化趋势，从而做出准确的销售决策。市场预测的内容有：

（1）市场需求。即在一定的市场环境下，企业使用一定的销售费用，某一客户群在某

一时期内可能购买某一产品的总数量。市场需求受市场环境和企业销售费用的影响,在既定的市场环境下,销售费用与市场可能需求成正比关系。

(2) 市场潜量。市场潜量即市场需求的最高限量。在一定的市场环境下,市场需求会随销售费用的增加而增加,但当市场需求到达一定量时,不再随销售费用的增加而增加,这时的市场需求便是市场潜量。

(3) 销售潜量。销售潜量是指企业在销售费用不断增加的情况下可能获得的最高销售量。因为市场上其他竞争者也拥有一定数量的客户。销售潜量的预测,对企业调整销售费用预算,选择销售策略有着十分重要的意义。

3. 制订销售计划和战略销售规划

对企业销售活动进行全面、有效的规划和控制,是销售部门管理的中心内容,因而制订销售计划和战略销售规划是销售组织的主要工作任务,也是企业市场营销战略策划的核心内容。

由于企业的产品和组织机构不尽相同,销售计划的内容也有区别。但是,任何企业的销售计划都应反映以下三个问题:企业现在处在什么地位?企业要走向何处?企业如何到达目的地?围绕解决这三个问题,销售计划的基本内容就应包括分析现状、确定销售目标和制订战略规划三个方面。企业销售部门在制订中短期计划(一般以季度、月或日)的基础上,还要从较长时期(1年以上)的角度去制订战略销售规划,即企业的长期营销计划。战略销售规划虽然在编制程序和主要内容方面与年度销售计划相差不大,但战略销售规划需要考虑更多的因素。例如,未知因素以及客观环境的变化,企业的目标、政策,较长时期的投资和资本回收期以及可能达到的利润率等。

4. 策划传播计划

随着信息传播技术的进步,营销传播已成为一种普遍的社会经济现象。除了复杂的工业产品和特种专用产品外,绝大多数商品或劳务销售都或多或少地借助广告进行销售。可以说,随着市场的扩大和消费频率的加快,有些产品的广告销售正在逐渐替代人员销售而居于主导地位。因此,广告宣传的策划和管理就成为企业销售部门的重要工作任务。

5. 制定产品价格策略

定价的最终目标是付清成本、创造利润,在这一宗旨下来确定价格目标,制定价格标准,建立提价、降价和折扣制度,研究价格竞争策略。

6. 组织人员推销业务

人员推销是销售部门经常性的主要的任务,包括访问客户、签订销(购)货合同、送货、追回货款、处理客户投诉和退款业务、协调客户与企业其他部门的关系、售后服务等。

7. 销售效益评估

销售效益评估是企业销售部门监督、检查、控制销售活动的有效手段,通过效益评估,了解各种销售策略的运用是否得当,费用开支是否合理,人员与任务定位是否科学。做到检查过去、评价当前、估计未来。销售效益评估的内容主要包括销售预算分析、销售成本分析、销售收益分析。

2.3.2 销售组织的主要职责

销售部门作为企业实现利润回报的执行部门,其主要职责有:

（1）实现既定的销售量目标。销售部门承担完成企业销售目标的任务，销售目标的实现是企业实现财务目标的前提与基础，也是实现企业发展目标的前提与基础。

（2）分销。产品分销的目标不应该与销售数量目标挂钩，但是，较高的销售目标实现一般得益于有效的分销。

（3）产品陈列与展示。产品陈列与展示是消费品企业的传统销售职能，通过零售店销售的一些工业品企业在销售中也需要有效的产品陈列与展示。

（4）客户电话拜访。如果企业有比较稳定的客户消费群体或渠道客户，那么按照一定的规律进行电话拜访能产生丰厚的销售业绩与销售回报，而且客户电话拜访也是客户情感维系的需要。

（5）销售人员招募与培训。销售人员招募与培训即找到合适的人来担任销售岗位的工作，还要负责销售人员入职后的职业培训，这些是销售部门最基本的职责。

（6）销售业绩评估。企业必须通过销售目标、销售计划和销售费用三位一体的评估指标来评估销售人员的业绩和整个销售团队的业绩。常见的销售业绩评估指标有销售额、销售量、盈利能力、产品分销、客户拜访数量、产品展示等。

（7）销售会议与销售沟通。销售部门内部所进行的沟通、协调工作，有利于共享信息、共享成功的经验与失败的教训，有利于销售部门团队精神的建立。

（8）信用控制。通常由销售部门与财务部门共同承担信用控制职能，主要对渠道客户进行信用分析与控制。

（9）货款回收。在银行或信用条件比较发达的地区，货款回收通常体现为银行票据的回收，由财务部门直接接收负责。在一些比较落后的地区，则需要在销售人员拜访客户的同时完成现款的回收工作。

（10）客户服务与客户关心。最近几年，客户服务工作在销售管理中的作用越来越重要。客户要求是越来越高、越来越多，企业不仅只是向客户提供产品和服务来满足客户的期望，而且重在帮助客户解决问题。

（11）订单处理。销售组织内部、客户服务过程当中以及独立的分销部门内部都可能会有订单处理这项职能。尽管订单处理只是一个销售活动，但订单处理的速度、准确程度、订单管理等会影响客户感知的服务质量。

（12）销售活动记录。销售部门必须存有客户及自身活动的档案。许多企业有完好的客户记录体系，如完备的客户卡，销售人员在上面记载了客户的详细信息、销售历史信息等。

（13）销售预测。一般是由销售经理和市场部门共同完成销售预测工作，包括销售量、销售额预测，有时必须细化到按地区、按产品（甚至是产品型号）、按客户来预测销售量与销售额指标，当然，还要涵盖其他目标。

（14）价格政策制定。销售部门与市场部门紧密配合共同制定价格政策，并由销售部门予以贯彻实施。

（15）销售促销与销售竞赛。为了实现企业的战略目标，市场部门通常会策划许多促销活动，不过，销售部门在销售经理的领导下也会组织一些促销活动，但主要是针对销售人员的促销活动和销售竞赛。

（16）销售人员激励。销售经理有责任利用销售报酬和一些激励方法来刺激销售人员完成既定的销售任务目标（通常会在人力资源部门的协助下进行）。

（17）销售管理培训。除了对销售人员进行培训之外，还要对销售经理进行培训。销售管理培训的目的是应对企业未来发展的需要。

（18）其他职责。

2.4 销售活动分析

现代的商品市场瞬息万变，竞争非常激烈，企业要想在国内外市场竞争中取胜，并不断发展，就必须加强和改善经营管理，挖掘销售人员个人的潜力，推行现代科学管理。销售活动分析正是现代科学管理的重要一环。

2.4.1 销售活动分析的程序

1. 销售目标达成情况分析

将每月销售目标与每月实际销售对比，即达成率是多少。找出达成率低或没有完成销售目标的原因，必须在下个月进行改正；找出达成率非常高或超额完成销售目标的原因，之后在销售工作中不断复制改进。

2. 品类销售达成情况分析

取得每个月实际销售额中各个品类的实际销售数字，如A产品、B产品、C产品、D产品等本月实际销售是多少；每个品类的实际销售数字与每个品类的本月销售目标做对比，即品类达成率是多少。找出达成率低或没有完成销售目标的原因，必须在下个月进行改正；找出达成率非常高或超额完成销售目标的原因，之后在销售工作中不断复制改进。

3. 销售人员销售达成情况分析

按销售人员进行分析，每个销售人员的每个月销售目标与每月实际销售对比，即达成率是多少。找出达成率低或没有完成销售目标的原因，必须在下个月进行改正；找出达成率非常高或超额完成销售目标的原因，之后在销售工作中不断复制改进。

4. 销售人员品类销售情况分析

每个销售人员每个月实际销售额中各个品类的实际销售数字，如A产品、B产品、C产品、D产品等本月实际销售是多少；每个品类的实际销售数字与每个品类的本月销售目标做对比，即品类达成率是多少。找出达成率低或没有完成销售目标的原因，必须在下个月进行改正；找出达成率非常高或超额完成销售目标的原因，之后在销售工作中不断复制改进。

2.4.2 销售活动分析的内容

1. 市场占有率分析

市场占有率是指在一定的时期内，企业所生产的产品在其市场的销售量或销售额占同类产品销售量或销售额的比重。市场占有率分析是企业战略环境分析的一个非常重要的因素。市场占有率一般有上限、中线和下限。

不同市场占有率的战略意义如下：如果企业的市场占有率达到上限74%，不论其他企业的势力如何，你的企业都处于绝对的安全范围之内。达到该目标的企业一般应不会争夺这个范围以外的市场，因为剩下的市场中的客户一般是其他企业的忠实客户，通常难以争取到。如果企业的市场占有率达到42%，即市场占有率的中线，那么企业就可以从竞争中脱颖而出并处于优势地位。因此，该值表示企业处于相对安全的状态而且处于业界的领先者。如果企业的市场占有率达到26%，则说明企业有从势均力敌的竞争中脱颖而出的可能性。处于26%以下的企业则很容易受到攻击。如果企业与另一家企业在局部区域内进行一对一的竞争，只要企业的市场占有率是对手的3倍，那么对手就很难对你形成威胁。如果竞争发生在一个较大的局部区域内，有超过三家以上的企业一同竞争，那么只要有一家企业的市场占有率是其余企业的1.7倍，那么这家企业就处于绝对安全的范围内。

市场占有率分析的主要内容有：

（1）公司产品销售市场的地域分布情况，可将公司的销售市场划分为地区型、全国型和世界范围型。通过销售市场地域的范围能大致估计一个公司的经营能力和实力。

（2）公司产品在同类产品市场上的占有率。公司的市场占有率是利润之源。

市场占有率分析的指标有：

（1）全部市场占有率。以企业的销售额占全行业销售额的百分比来表示。使用这种测量方法必须作两项决策：第一是要以单位销售量或以销售额来表示市场占有率；第二是正确认定行业的范围，即明确本行业所应包括的产品、市场等。

（2）可达市场占有率。以其销售额占企业所服务市场的百分比来表示。所谓可达市场，就是企业产品最适合的市场，企业市场营销努力所及的市场。企业可能有近100%的可达市场占有率，却只有相对较小百分比的全部市场占有率。

（3）相对市场占有率（相对于三个最大竞争者）。以企业销售额对最大的三个竞争者的销售额总和的百分比来表示。如某企业有30%的市场占有率，其最大的三个竞争者的市场占有率分别为20%、10%、10%，则该企业的相对市场占有率是30/40 = 75%。一般情况下，相对市场占有率高于33%即被认为是强势的。

（4）相对市场占有率（相对于市场领导竞争者）。以企业销售额相对市场领导竞争者的销售额的百分比来表示。相对市场占有率超过100%，表明该企业是市场领导者；相对市场占有率等于100%，表明企业与市场领导竞争者同为市场领导者；相对市场占有率的增加，表明企业正接近市场领导竞争者。

如何进行市场占有率分析？

企业可从产品大类、客户类型、地区以及其他方面来考察市场占有率的变动情况。一种有效的分析方法是从客户渗透率C_p、客户忠诚度C_l、客户选择性C_s，以及价格选择性P_s四个因素分析。

所谓客户渗透率，是指从本企业购买某产品的客户占该产品所有客户的百分比。

所谓客户忠诚度，是指客户从本企业所购产品与其所购同种产品总量的百分比。

所谓客户选择性，是指本企业一般客户的购买量相对于其他企业一般客户的购买量的百分比。

所谓价格选择性，是指本企业平均价格同所有其他企业平均价格的百分比。

全部市场占有率T_{ms}就可表述为$T_{ms} = C_p \cdot P_s$，假设某企业在一段时期内市场占有率有所下降，则上述方程提供了四个可能的原因：

（1）企业失去了某些客户（较低的客户渗透率）；

（2）现有客户从本企业所购产品数量在其全部购买中所占比重下降（较低的客户忠诚度）；

（3）企业现有客户规模较小（较低的客户选择性）；

（4）企业的价格相对于竞争者产品价格显得过于脆弱，不堪一击（较低的价格选择性）。

经过调查，企业可以确定市场占有率改变的主要原因。假设在期初，客户渗透率是60%、客户忠诚度是50%、客户选择性是80%、价格选择性是125%。根据 Tms 计算方程式，企业的市场占有率是30%。

假设在期末，企业的市场占有率降为27%，在检查市场占有率要素时，发现客户渗透率为55%、客户忠诚度为50%、客户选择性为75%、价格选择性为130%。很明显，市场占有率下降的主要原因是失去了一些客户（客户渗透率下降），而这些客户一般都有高于平均的购买量（客户选择性下降）。这样，企业决策者就可集中力量对症下药了。

2. 总销售额分析

销售额分析就是通过对企业全部销售数据的研究和分析，比较和评估实际销售额与计划销售额之间的差距，为未来的销售工作提供指导。总销售额是企业所有客户、所有地区、所有产品销售额的总和。这一数据可以给我们展现一家企业的整体运营状况。然而，对于管理者而言，销售趋势比某一年的销售额更重要，一是企业近几年的销售趋势，二是企业在整个行业的市场占有率的变动趋势。

尽管销售额分析的方法在企业的各个分公司之间有所不同，但是所有的企业都会以客户销售发票或现金收据的方式收集销售数据，这些发票或收据是进行会计核算的主要凭证。销售管理部门把自己对销售额信息的要求传达给销售分析人员，并从企业内部和外部广泛收集销售数据，并进行适当的记录。销售管理人员可以通过销售额分析，对当前的销售业绩进行评价，找出实际销售额与计划销售额的差距，分析原因，并以此为基础制订企业未来的销售计划。

在实际工作中，销售额分析有两种：

（1）销售差异分析。企业销售差异分析，就是分析并确定不同因素对销售绩效的不同作用。例如，假设某企业年度计划要求第一季度销售4 000件产品，每件售价1元，即销售额4 000元。在第一季度结束时，只销售了3 000件，每件0.8元，即实际销售额2 400元。那么，销售绩效差异为1 600元，或者说完成了计划销售额的60%。显然，导致销售额差异的，有价格下降的原因，也有销售量下降的原因。问题是，销售绩效的降低有多少归因于价格下降，有多少归因于销售数量的下降。没有完成计划销售量是造成销售额差异的主要原因，企业需进一步分析销售量下降的原因。

（2）特定产品或地区销售差异分析。特定产品或地区销售差异分析，就是具体分析和确定未能达到计划销售额的特定产品、地区等。假设某企业在三个地区销售，其计划销售额分别为1 500万元、500万元和2 000万元，计划销售总额4 000万元；而实际销售额分别是1 400万元、525万元、1 075万元。就计划销售额而言，第一个地区有6.7%未完成额，第二个地区完成额105%，第三个地区有46%的未完成额。主要问题显然在第三个地区，要查明原因，加强对该地区销售工作的管理。

在企业的销售管理过程中，要经常进行销售额分析，以发现销售过程中存在的问题，奖优罚劣,保证企业销售目标的实现。

企业进行销售额分析,目的在于以下几个方面。

(1) 销售额分析是企业对销售计划执行情况的检查,是企业进行业绩考评的依据。有的企业制订了很好的销售计划,但是因为疏于管理,忽视了日常的检查与评估,有了问题也没有及时发现。到了计划期末,期初的计划指标已成为泡影,企业的各级经理及销售人员也就无可奈何了。进行销售额分析,就是要在销售管理过程中,及时发现问题,并分析和查找原因,及时采取措施,解决问题。销售额分析与评价的结果,也是对各级销售经理和销售人员进行绩效评估的基本依据。

(2) 分析企业各产品对企业的贡献程度。通过对各产品销售额的分析,可以得出企业所生产产品的市场占有率,市场占有率是反映产品市场竞争力的重要指标。同时,也可以通过对销售额的分析得出各种产品的市场增长率,市场增长率是衡量产品发展潜力的重要指标。根据市场增长率和相对市场占有率,大致可以了解产品对企业的贡献程度,企业据此可以对相应产品采取合适的销售策略。

(3) 分析本企业的经营状况。松下幸之助先生曾说:"衡量一个企业经营的好坏,主要是看其销售收入的增加和市场占有率的提高程度。"采用盈亏平衡点对本企业的销售额和经营成本进行分析,可以得出本企业的经营状况信息。若企业实际销售额高于盈亏平衡点的销售额,那么企业就有利可赚;若等于或低于盈亏平衡点的销售额,则企业处于保本或亏损状态。

(4) 对企业的客户进行分类。企业经营的目的是盈利,因此,它不会以同一标准对待所有客户。企业要将客户按客户价值分成不同的等级和层次,这样企业就能将有限的时间、精力、财力放在高价值的客户身上。根据20/80原则,20%的高价值客户创造的价值往往占企业利润的80%。只有找到这些最有价值的客户,提高他们的满意度,同时剔除负价值客户,企业才会永远充满生机和活力。

以某企业总销售额分析为例(表2-1)。

表2-1 某企业销售额分析

年度	企业销售额/万元	行业销售额/万元	企业市场占有率/%
2013	21	300	7
2014	22	320	6.9
2015	23	360	6.4
2016	25	390	6.4
2017	27	410	6.6

从表2-1可知,2013—2017年,企业的销售额呈逐年上升的趋势,5年上升了28.6%。但由于整个行业也持续增长且增长速度快于该企业,因此,该企业的市场占有率5年下降了5.7%,管理层须进一步分析企业市场单位下降的原因。

3. 地区销售额分析

只有总销售额的分析是不够的,它不能为企业管理层提供销售进程中的详尽资料,对管理层的价值有限，所以还需要按地区对销售额进行进一步的分析。首先，选择一个能准确、合理地反映每一地区销售业绩的市场指数，用以确定每一地区销售额应达到企业总销售额的百分比。如以零售额为指数，如果企业10%的零售额来自某一地区，那么企业10%的销售额也来自该地区。其次，确定企业在计划期间的实际销售总额。再次，以区域指数乘以总销售额。最后，比较实际地区销售额与计划销售额，计算销售额偏差，做出相应的改进。

以某企业五个地区销售分析为例（表2-2）。

表2-2 某企业五个地区销售额分析

地区	市场指数/%	销售目标/万元	实际销售/万元	实际市场指数/%	业绩完成率/%	销售额偏差/万元
A	27	3 645	2 700	20	74	-945
B	22	2 970	3 690	27.3	124	+720
C	15	2 025	2 484	18.4	123	+459
D	20	2 700	2 556	19	95	-144
E	16	2 160	2 100	15.3	97	-60
合计	100	13 500	13 530	100	100.2	30

表2-2中五个地区实际完成的总销售额是13 530万元，计划销售目标是13 500万元，企业计划销售目标如期完成。但是，五个地区的实际完成情况与计划出现了很大的偏差。其中，A区计划目标3 645万元，而实际完成2 700万元，完成率仅74%，销售额偏差为-945万元，市场指数计划27%，实际只为20%，实际业绩未达标；B区计划目标2 970万元，实际完成3 690万元，完成率124%，销售额偏差为+720万元，市场指数计划22%，实际销售占27.3%，实际业绩优于计划；C区计划目标2 025万元，实际完成2 484万元，完成率123%，销售额偏差为+459万元，市场指数计划为15%，实际为18.4%，实际业绩优于计划；D区计划目标2 700万元，实际完成2 556万元，完成率95%，销售额偏差为-144万元，市场指数计划20%，实际为19%，实际业绩未达标；E区计划目标2 160万元，实际完成2 100万元，完成率97%，销售额偏差为-60万元，市场指数计划16%，实际销售占15.3%，实际业绩未达标。总之，B、C两个地区的销售业绩优于计划，E、D两个地区的销售业绩略低于计划，A区的销售业绩明显低于计划目标。该企业的销售经理应将主要精力放在A区，重点关注B区和C区，了解它们成功的原因，分析其成功的经验是否适用于改善A区的状况。

4. 产品销售额分析

首先，将企业过去和现在的总销售额具体分解到单个产品或产品系列上。其次，如果可以获得每种产品系列的行业数据，就可以为企业提供一个标尺来衡量各种产品的销售业绩。如果产品A的销售下降了，而同期行业同类产品的销售也下降了相同的比例，则不必担忧。再次，进一步考察每一地区的每一系列产品的销售状况。销售经理据此确定各种产品在不同地区市场的强弱形势。如果产品A的销售下降了10%，但其所在地区的销售下降了 14%，销售经理要进一步找出出现偏差的原因，并与地区分析相对应，做出相应的改进。

以某企业 A、B 两个地区的产品销售分析为例（表 2-3）。

表 2-3　某企业 A、B 两个地区产品销售业绩分析　　　　　单位：万元

产品	A 地区			B 地区		
	目标	实际	偏差	目标	实际	偏差
滑雪板	1 629	1 710	+81	1 263	1 620	+357
滑雪裤	900	360	-540	765	1 080	+315
风雪衣	846	396	-450	720	630	-90
附件	270	234	-36	222	360	+138
合计	3 645	2 700	-945	2 970	3 690	+720

表 2-3 中，A 区的销售偏差为 -945 万元，其中滑雪裤和风雪衣合计比计划少销售了 990 万元，且完成率均未超过 50%，附件少销售 36 万元，滑雪板则超额完成了 81 万元，因此滑雪裤和风雪衣是 A 区的软肋，需要重点分析探讨出现该问题的原因，并采取相应措施。B 区超额完成计划目标，但风雪衣还差 90 万元未完成，其他产品中附件超额完成了 62%、滑雪裤超额完成了 41%、滑雪板超额完成了 28%。因此，既要分析查找风雪衣未完成计划目标的原因，也要分析其他产品为什么会超额完成计划目标，有哪些经验值得推广，根据原因分析提出改进销售的具体措施。综合分析 A 区和 B 区，可以发现风雪衣在两个区均未能完成计划目标，企业要深入调查其原因并制订解决方案。此外，A 区和 B 区的计划完成情况差别很大，也要分析原因，必要时需要重新调整销售计划。

2.5　销售组织完善与改进

2.5.1　及时改进销售组织

1. 促使销售组织与环境互动

企业营销管理战略是企业发展战略的重要组成部分，是由企业高层销售管理者为实现企业战略目标和任务而发现、分析、选择和利用市场机会的管理过程。销售组织的中层机构根据战略要求制定具体策略。下层机构从事具体的销售活动，通过规范的程序实现整体的运行控制。在环境状况相对稳定的情况下组织结构和运行模式一般情况下是相对稳定的。

20 世纪 90 年代以来，企业的销售环境的变化呈加速状态。从外部环境看，随着信息技术的发展，人类社会正步入知识经济时代。过去那种相对稳定状态条件下处事方法已经不适宜，变革成为时代发展的主旋律。以客户主导、竞争激烈、变化快速为特征的现代化企业营销环境展现在我们面前。以标准化产品为代表的"大量生产、大量消费"时代已经终结，取而代之的是日益个性化和多样化的客户需求，市场已细分到单个消费者，每一个消费者就

是一个微型化的市场，需要企业运用极限市场细分战略才能适应变化。应用技术能力的提高和市场信息的实时化，使市场进入障碍不断弱化。企业多元化经营，行业互相渗透，竞争变得异常激烈，并主要围绕技术、知识、信息、管理、形象、服务等无形因素进行，这必定加剧其可变性。

从企业内部看，从事销售活动的人员受教育程度越来越高，加上企业更加重视对人员的培训，使得销售人员素质有了较大程度的提高，加上现代观念的影响，必然促使他们自我发展意识的增强。由于他们与市场接触最直接也最密切，对环境变化最敏感，便于对实际发生的问题做出快速反应，因而组织加大对他们的授权变得十分必要。

新的环境条件使得企业的营销战略发生改变，由传统的战略制定与执行分离转向两者相互关联、互动互学。由高层管理者承担全部战略管理责任转向激发员工努力，上下层互动来共同完成战略构架。因此，销售组织的结构也会随之发生相应变革。

2. 保持销售组织不断完善和改进的准则

为了保证企业销售组织适应不断变化的环境条件，使组织能立足当前，着眼未来，以创造未来优势的战略观念来不断完善、调整和修炼自身，朝着适应创新、变革的方向发展，如下准则应予以重视。

（1）定期进行组织绩效评价，及时发现组织的缺陷和问题，并适时提出改进措施。

（2）学习和掌握预防性管理办法，首先要使得组织中每个成员都意识到任何问题和事故都会对大家产生危害。因此，应及时发现问题并尽快加以处理，避免造成大的损失，同时还应建立相应的工作程序，以利于问题的早期察觉和及时处理。

（3）努力提高组织的凝聚力，创造良好的工作氛围，使组织成员产生归属感，以激发其责任感和创新精神。

（4）在组织内部建立良好的批评与自我批评机制，广开言路。

（5）组织内部的信息沟通系统必须始终保持通畅。

（6）将关注客户、关注对手、关注将来作为组织战略研究的基本点，使组织的变革与创新更有针对性和成效。

2.5.2 销售组织企业文化建设

1. 销售组织中造成企业文化影响力弱化的主要因素

（1）销售组织中的单位和个人，长期远离企业本部工作，独立意识强，企业对其控制相对易弱化，企业文化的渗透易受影响。

（2）销售组织的单位和个人，长期与各种类型的客户群体交往，接触到各种不同群体的思想和文化意识，对本企业的思想和文化意识易产生干扰。

（3）销售组织的销售目标较明晰，能准确分解到各个单位或个人，并且定量考核易实现，这较容易使其产生"是因为我销售得好，才得到了金钱和荣誉"的观点，而忽视了组织内其他要素对他的支持，会出现与企业共同价值观偏移的情况。

2. 强化企业文化在销售组织中影响力的主要措施

（1）培养对企业总目标的共识。对企业总目标的共识是企业文化的要素之一。企业的总目标涵盖了企业的全部体系，是企业的理想追求。它将企业内部所有人的分散的物质利益与精神利益的追求凝聚在总目标之下，激发他们献出智慧和力量，以求得社会利益、企业利益与个人利益的辩证统一。因此,应努力培养销售组织中的每个成员对企业总目标的共识,使他们更加贴近企业整体,减少由于工作的地域差异造成的与企业整体的距离感,使他们能够脱离狭隘的小团体环境,以企业总目标的实现来体现自我价值,从事业成功中获得物质利益。

(2) 培养对企业价值的认同。企业是不同思想认识、不同需求、不同工作动机、不同信念、不同性格的复杂人群集合体。根据企业的总目标,在激励与调节、思想诱导与意见沟通、协调相互利益的基础上,逐步树立起一套激励与制约企业群体行为的共同价值观是非常重要的,它是企业文化的核心要素。一个群体只有形成共同的价值观,才可以激发员工的意志力、竞争力和创造力,形成群体的巨大合力,造就事业的成功。因此,销售组织要努力培养每个成员对企业价值观的理解、认识,最终达到认同,真正与企业文化的主体融为一体。

(3) 促进对企业共同行为准则的遵守。具有共同的行为准则是企业文化的具体要求。共同的行为准则主要包括职业道德与规章制度两个方面,其内容有成文的、不成文的。一个企业的工作程序、工作守则、规章制度一般是成文的,它是体现与保证企业共同行为的规范。职业道德是反映职工对企业、对社会应尽的责任和为了企业的利益与个人利益的协调,职工之间自觉树立的忠于职守、诚恳待人的观念。共同的行为准则的功能表现为维护企业的根本利益与企业形象不被破坏。培养对企业共同行为准则的遵守对销售组织尤为重要,因为销售组织的成员作为企业的代表与客户交往,销售人员的行为直接被看作企业的行为,如"诚信"为企业的共同行为准则,销售人员在实际工作中遵循这个准则,不仅能有效地维护企业形象,客观上还起能到传播企业文化、扩大企业影响的作用。

★情景体验 2-3

百年哈雷是如何让几代人都成为粉丝的?

——挖掘文化原动力 激发粉丝活动力

1983 年,哈雷摩托车成立了品牌社区性质的车友会——Harley Owners Group(哈雷车友团),将其粉丝聚于一堂,并被简称为铿锵有力的 HOG。今天,HOG 已经发展到 115 个国家,80 多万会员,在中国有数千位忠实粉丝。

从一开始,哈雷公司在理念上就设定:HOG 不仅是促销产品,更是"推销"一种生命存在的方式。HOG 绝不仅仅只是一个自然形成的品牌消费者聚集体。没错,品牌商在组织之初,就分析、调用了商品本身的所有人文内涵,所有 HOG 成员都认为:哈雷不仅仅是一部摩托车;它和它背后的故事几乎容纳了一切让男人肾上腺素狂飙的元素——自由、流浪、包容、狂野、财富虚荣、民族主义……但同时你要明白,HOG 也发扬了自己巨大的组织力和影响力。

忠粉特质的最初养成

1903 年,第一辆哈雷·戴维森摩托车诞生。根据官司言记载,它产自威斯康星州密尔沃基市的一个工棚,由威廉·哈雷和亚瑟·戴维森用杂七杂八的零件拼凑而成。

当这两个毛头小伙在工棚里挥汗如雨的时候,也许偶尔会做过百万富翁的白日梦,但肯定还没有疯狂到把哈雷和所谓的美国精神绑在一起。

直至"二战",情况发生了变化。美国人的"二战"英雄除了麦克阿瑟、艾森豪威尔和巴顿,还有一群定格在电影里的飞行员,他们也是一帮开着摩托车四处轰鸣的亡命徒,路的一端是空中决斗、死亡和勋章。

美国飞行员奠定了摩托车文化的全部基础。除了震耳欲聋的马达,哈雷骑士最重要的行头是黑色皮夹克,那是飞行员的专利。

"自由"的灌入与强化

所有的美国价值观,都在20世纪60年代经历了严重的动摇,或者干脆重塑,而哈雷摩托,真正地成了"在路上"的流浪者们的圣骑。

这一代哈雷骑士的偶像,显然出自1969年的影片《逍遥骑士》。长发、长须、长鬓角,身着花衬衫和黑皮夹克的男主角彼得,与朋友开着威风凛凛的哈雷摩托车穿越美国。

整部影片里,彼得都拉着一张冷酷麻木的长脸,开上哈雷的第一个动作,就是把手表扔了——标志着和一切社会习俗决裂。

直到这个镜头,"自由"这块闪闪发光的招牌终于钉上了哈雷文化,此前只有青春期的不负责任和放浪形骸。

依靠HOG度过"更年期"

时光荏苒,进入20世纪80年代,当年的飞车党都已老去,哈雷也需要更多的高学历、高收入群体加入,它怎么办?这时,随着汽车工业大发展和更多娱乐方式的勃兴,哈雷似乎不可避免地进入了"更年期"。哈雷如何才能面对社会环境如此巨大的变革?

它想起了"会员俱乐部"这种方式,这就是HOG诞生的背景。

值得称道的是,哈雷俱乐部的组织者从最开始起,就决心不仅仅是建立一个会员交流互动社区,而是决定建立一个"文化聚合体"——不仅仅是通过哈雷文化去吸引粉丝,而是要赞助、激发粉丝一起互动,发动意旨明确、特征鲜明、轰轰烈烈的文化运动。自然,这些活动也要借助社会事件的威力。

今天,所有熟悉哈雷的人都明白,正是1983年哈雷成立车友会HOG和1987年5月老兵节HOG组织的"滚雷行动"大游行,使哈雷在商业拓展和文化渲染上并行不悖。尤其是大游行活动,发展至今,规模越搞越大,在"9·11"之后,它甚至演变成了美国爱国主义大阅兵。

这些HOG的积极措施都在防止哈雷"变老"。甚至到今天,在各种哈雷庆典会场,人们开始看到了越来越多的女性车手——尽管为了驾驭大体量哈雷,这群女性客户的块头也不小,而且风吹日晒让她们满脸褶子,但比这更重要的是——她们同样抱有对独立、自由和梦想的追求。

如何让一个传统品牌通过粉丝团得到新生?

1. 放下自己,相信客户

传统品牌领导者经常谈到"口碑",但他们最不信的,却恰恰是客户能帮自己创造大规模的推广和大规模的销售。问题在于,他们没有给客户可以帮自己主动传播的内容和素材。

更核心的是,他们不认为客户在市场中占有主动性,也不相信基于人文和情感的交流,能激发客户"自发创造推广内容"的能量。

但是,时代已经变了!

2. 寻找人、产品和文化的融汇点

我们见过太多的"文化营销",但如果不是落实到与个人生命体验、族群文化精神对接的层面，都只能是放空炮，达不到人的心坎上。

无论多么传统或者多么偏僻的行业，都可以寻找到真正的人文感动点。这些感动点，必然处于人、产品和文化的融汇点上。你可以不像哈雷机车那样，成为美国文化的一个标志，却可以聚焦细分领域，制造或应用各式各样的亚文化分支。

粉丝，不会为商业疯狂，却会为人文买单。

3. 组织，组织，再组织

当你痛斥人们精神的空虚和心灵的孤独，就已经表明他们需要精神的填补和心灵的安慰。因此你必须主动去帮助粉丝建设交流、活动的家园。

有时你不需要通过其他渠道建设粉丝团。哈雷车友团各地区分支的主要建设者，是其当地的经销商——分销渠道，在卖货、周转和配送外，其实可以承担更多的品牌文化使命！

——邹浩川，《销售与市场·渠道版》，2013年10期

本章小结

销售组织就是企业销售系统的组织，它是企业内部从事销售工作的人、事、物、信息、资金的有机结合，通过统一协调行动完成企业既定的销售目标。它具有完成营销战略目标、收集和传递营销信息、导向企业行为等功能，并具有系统性、适应性和灵活性的特点。

本章案例

构建销售组织应当遵循客户导向、精简高效、统一指挥、管理幅度合理、权责对等、分工协调的原则。影响销售组织构建的因素有很多，概括起来主要有商品特征、销售方式、商品销售范围、商品销售渠道、市场环境变化等。

销售组织的构建应按照确立目标，细分工作；进行岗位分析，组成相关部门按照销售岗位配置人员、明确职权关系的程序进行。组建销售组织既可以采取职能结构型、区域结构型、产品结构型，也可以采取客户结构型或多种模式的综合。各种组织模式各有优点和不足，使用时务必结合实际，灵活运用。只有这样，才能更好地完成销售组织的应有职能。

销售组织在企业长期发展过程中，随着内、外部环境的变化而不断完善和改进。也只有这样，才能充分发挥销售组织的活力，更好地为企业的销售工作服务。

本章习题

一、复习思考题

1. 如何理解销售组织？
2. 分析销售组织的类型及其应用，你认为以后的发展趋势是什么？
3. 企业在进行销售组织构造时应遵循哪些原则？
4. 影响销售组织构造的因素有哪些？
5. 如何保持销售组织的不断完善和改进？

二、实训题

实训项目：模拟组建某一日化洗涤用品公司的销售组织，画出组织结构图并明确各岗位的职责。

实训目标：
1. 培养组织结构的初步设计能力。
2. 进一步加深对岗位的理解。

实训内容与要求：

运用所学知识，根据所设定的销售公司产品特点与业务需要，研究设置组织机构，画出组织结构图，并说明：
1. 销售公司建立的是何种组织结构形式？
2. 销售公司设置哪些机构或部门？
3. 各个部门或岗位的职责描述。

销售计划制订

★学习目标

通过本章的学习,认识和了解销售目标、销售计划、销售配额的含义及内容;掌握销售预测的定性和定量分析方法;理解销售目标与销售计划管理的流程;掌握销售目标与销售计划的确定方法;了解销售预测计划和销售预算的关系;掌握销售计划的撰写。

★教学要求

注重通过理论讲授销售目标、销售预测、销售配额、销售预算的方法;采用启发式、探讨式教学,加强课堂案例讨论,注重对销售计划制订的实践。

★导入案例

巨头销量下滑背后的玄机

2015年巨头的半年报惊人的一致,趋势明显:双汇营业额下降了3.27%,蒙牛集团收入减少了1.1%,康师傅营业额下降了11.52%,统一营业收入下降了2.9%……为什么巨头也会下滑?这些行业龙头驱动销量有机增长的手段不可谓不多:扩大销售区域、增加销售网点、开辟新销售渠道(电商、社群电商)、渠道下沉、深度分销、终端拦截、广告轰炸、明星大片、投放新产品、内部销售奖励、渠道促销压货,这些增量措施,行业龙头没有不曾用过的:有手段、有实力、有人手,为什么这些都不管用了?

既然不是营销手段没有用,那么下滑的原因只有一个:消费者购买龙头品牌的产品数量(含频次、单次购买量)下降了。也就是说,要么是消费者没钱了,要么就是消费者把钱花在了别的产品上。当下中国消费是购买力不足还是购买力转移,不用数字凭借常识也可以得出判断:消费者不再对目前的领导品牌忠诚,他们对于创新产品、特色产品的购买热情超乎想象。从日本带马桶盖回国还没散去,2016年国庆黄金周有40多万人次去了日本。

从消费电子产品到日用品到食品,海外代购形成一个产业,进口啤酒销量增长4倍,各

第3章 销售计划制订

种进口食品、海鲜销量暴增,消费者对优质产品的购买意愿空前强烈。

我认为,数量增长到了尽头是中国市场正在发生的"主流换挡"的基本现实,但不是这次巨头普遍下滑的核心原因。巨头销量下滑透露的玄机或信号只有一个:中国的行业龙头企业,如果还不从根本上改变漠视消费者健康权益的生产者思维,会首先被最具购买力的消费者抛弃!

工业化时代依靠"两高两低"(高广告、高促销、低成本、低品质)产品策略攻城略地的行业龙头品牌,在移动互联网时代、社交化时代和大数据时代,品牌垄断媒体给消费者洗脑的广告拜物教失灵了,依靠通路贿赂阻止中小企业成长的渠道霸权被瓦解了。消费者对产品的知情度、鉴别力、口碑传播力,让品牌洗脑、终端垄断的效能降低。

瘦死的骆驼比马大,但是小马驹在成长,创新的优质产品都是小黑马,它们更能获得最具购买力的消费者的青睐。请问:丧钟为谁而鸣?

——史贤龙:《销售与市场·管理版》,2015年12期

★引导任务

谈谈你所认为的巨头销量下滑背后的玄机。

销售计划是企业各项工作的基础。制订一个富有挑战性而又切实可行的销售计划对于企业经营目标的实现具有至关重要的作用。广义的销售计划是指销售管理者制订计划、执行计划和监督计划执行情况的全过程(图3-1)。狭义的销售计划是指销售管理者对将要开展的某项销售活动所做的谋划和具体安排。销售计划是指企业根据历史销售记录和已有的销售合同,综合考虑企业的发展和现实的市场情况制订的针对部门、人员的关于任何时间范围的销售指标(数量或金额),企业以此为龙头指导相应的生产计划、采购计划、财务计划等。

制订销售计划时,首先,要分析整个市场及预测市场需求,以掌握整个业界动态,再据此做出自己的销售预测。其次,根据销售预测、经营者、各部门主管以及一线负责人提供的销售额进行判断,决定下年度的销售收入目标额。为保证实施,还必须分配销售额。销售分配的中心在于"产品别"的分配,以此为轴,逐次决定"地域别"与"部门别"分配额,再进一步分配每一位销售员的销售额,最后再按月份分配,拟定每月份的目标额。然后,再依此拟订实施计划,并成立相应的销售组织和做出相应的人事安排。这一过程构成了销售计划体系。销售计划体系基本内容包括需求预测、销售预测、销售计划、决定目标额(包括按产品、地域、部门、销售人员分类等)、销售实施计划、预测销售费用、决定销售费用、分配销售费用等。

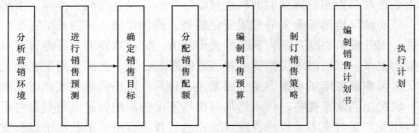

图3-1 销售计划的过程

3.1 销售预测

在销售计划管理中,销售预测是制订计划的基础和关键。销售预测即销售估算,是借助企业销售的历史资料和市场需求的变化情况,运用一定的科学预测方法,对产品在未来一定时期内的销售趋势进行预测和评价。销售预测是公司进行各项决策的前提和基础。

3.1.1 销售预测的过程

1. 确定预测目标,制订预测计划

预测目标和任务反映的是一定时期内市场预测工作要达到的水平和程度,是市场预测工作的第一步。预测目标的确定直接影响预测对象、范围、内容以及预测方法的选择等一系列工作的安排。预测目标不同,预测对象、范围、内容、方法都会不同,所以,预测目标应当详细具体,以便操作时能够具体实施。

为了保证预测目标的实现,预测计划一般包括:承担预测任务的组织、人员以及预测对象、范围、内容;预测准备工作;资料来源及其收集方法;预测方法的选择;预测结果的要求;预测工作的时间进度和经费预算等。

2. 收集和整理预测资料

一般来说,占有的相关资料越多,质量越高,预测得到的结果就会越准确。要扩大资料的来源,首先要注意从企业内部以及外部收集各种现成的相关二手资料。此外,也要注意一手资料的收集,一手资料能充分反映市场变化的实际情况,可以通过询问、观察、实验的方式收集有关的一手资料。

对收集到的各类资料,需要整理加工分析,把零散的资料整理成有条理的、系统的、有用的信息资料,资料的整理工作一般包括资料的解码、编辑、编码、录入和清理等。

3. 选择预测方法,初步分析判断

选择合适的预测方法是提高销售预测精确度的一个重要因素,有定性预测方法或定量预测方法,例如,对于产业市场而言,客户比较集中,可以让销售人员广泛深入地参与产品的销售预测工作,因为他们清楚地了解客户方面的所有变化。对于消费者市场而言,由于客户多而且分散,销售人员不可能深入了解所有客户,在这种情况下,企业可以主要依靠模型和趋势分析来进行预测,而销售人员的主要工作就是提供和核对分析所用的信息。

分析判断是指对调查和收集到的资料进行综合分析,经过判断、推理,由感性认识上升到理性认识,从而预测出市场未来的发展变化趋势。销售预测工作的成果主要是在分析判断过程中形成的,因此分析判断是销售预测的关键环节。分析判断的主要内容有:①分析市场供求之间的变动关系。市场供求关系受多种因素的影响,每一种因素发生变化,都会使供求力量发生变化,影响原有市场均衡。这些因素主要包括:市场需求的变化以及国家经济政策的变动趋势;居民生活水平提高、收入增加对市场需求的影响;进出口贸易对国内市场需求状况的影响;相关产品的成本、价格、款式、花色、技术含量、工艺水平以及竞争状况对市场需求的影响;互补产品的变化对市场需求的影响。②分析预测期内的产销关系。主要包括：市场需求情况分析，即分析预测期内市场需求商品的数量、结构、档次、规格、时间、地区分布等；社会生产能力分析，即分析预测期内社会生产规模、生产能力的提高程度、工艺水平的提高程度等；原材料供应状况分析等。③分析当前的消费心理、偏好、兴趣及其变化程度。

4. 分析预测误差

销售预测的精度或准确性通常会受到预测本身的影响，同时受到决策者反应的影响。预测依据的是历史和现实资料及对将来的假设。如果将来会有创新并会改变假设及周围环境，预测就会无法准确估计未来目标。因此，运用预测模型得到的预测值是否与实际值一致，就需要预测人员对预测误差进行分析评价，以确保预测的准确性。

5. 完成预测报告

根据预测结果编写预测报告，并送至有关部门作为管理决策的参考依据。报告应简明扼要。预测结果需要通过实践来检验。要及时对销售预测进行检查和评价，建立反馈机制。要定期收集检验情况，总结经验，不断提高预测水平。

3.1.2 销售预测的方法

由于采用的手段和分析方法不同，销售预测可分为定性预测法和定量预测法。定性预测法不需要高度的统计手法求算，而是以市场调查为基础，通过决策者的经验和价值判断进行预测，简单易行，适用基层企业。定量预测则是用各种变量构建的模型来表示需求和各种变量之间的关系。一般来说，量化程度较高的预测方法用于短期预测，而长期预测中往往采用定性分析，较少采用量化手段，因为一个好的长期的经营规划取决于对公司产品需求的预测，具体做法如下：

1. 定性预测方法

定性预测是根据已掌握的信息资料和直观材料，依靠具有丰富经验和分析能力的内行和专家，运用主观经验，对施工项目的材料消耗、市场行情及成本等，做出性质上和程度上的推断与估计，然后把各方面的意见进行综合，作为预测成本变化的主要依据。

定性预测在工程实践中被广泛使用，特别适用于对预测对象的数据资料（包括历史的和现实的）掌握不充分，或影响因素复杂（如难以用数字描述），或对主要影响因素难以进行数量分析等情况。

定性预测偏重于对市场行情的发展方向和施工中各种影响施工项目成本因素的分析，能发挥专家经验和主观能动性，比较灵活，而且简便易行，可以较快地提出预测结果。但是在进行定性预测时，也要尽可能地搜集数据，运用数学方法，其结果通常也是从数量上做出测算。定性预测方法主要有以下几种：

（1）部门主管集体讨论法。这种方法是将销售主管集体讨论的看法和预测结果与统计模型相结合，形成对需求的集体预测。主要应用于新产品的研制开发期预测及公司发展的中长期预测。虽然以个人经验为基础，不如统计数字令人信服，但因新产品无法依循时间序列分析预测未来，应用这种方法是凭着主管丰富的经验与敏锐的直觉预测市场，弥补了统计资料不足的遗憾。

（2）销售人员意见征集法。销售员最接近消费者和用户，对商品是否畅销比较了解，熟悉消费者对所销售商品规格、品种、式样的需求，所以在做年度销售计划时，可通过听取销售员的意见来预测市场需求。具体操作是：先让每个销售员对下年度的销售最高值、最可能值、最低值分别进行预测。提出书面意见，由管理部门计算出不同人员提供的概率值，然后再据此求出平均销售预测值（表3-1）。

表3-1 销售人员定性预测

销售员	预测项目	销售量/件	出现概率	销量×概率
A	最高销量	1 000	0.3	300
	最可能销量	800	0.5	400
	最低销量	500	0.2	100
	期望值			800
B	最高销量	1 000	0.2	200
	最可能销量	700	0.5	350
	最低销量	400	0.3	120
	期望值			670
C	最高销量	900	0.2	180
	最可能销量	600	0.6	360
	最低销量	400	0.2	80
	期望值			620

因为预测值源于市场，可靠性较大，能较实际地反映公司下年销售需求并且简单易行，所以公司采用这种方法做年度销售预测，至于销售员过高或低的预测偏差，预测中会相互抵消，总值仍较理想。另外，有些预测偏差可以预先识别并及时纠正。

（3）德尔菲法。1946年兰德公司首次用德尔菲法做经济预测，后来被广泛采用，它主要采用函询调查，依据系统程序由专家对所函询的问题独立判断，而后综合整理，匿名反馈回去，经过多次循环最后汇总成专家基本一致的看法，作为预测结果。这种方法具有广泛的代表性，较为可靠，但操作过程复杂、花费时间较长，一些公司只在做投资决策时应用。比如为买断一项专利技术产品——新型墙体保温材料，可用德尔菲法进行论证、分析，最终做出经营决策，具体实施过程如下：①组成十几人的专家小组，包括经销商、建筑师、开发商及市节能办、墙体办人员。②提出所要预测的问题及要求：产品性能优势、同类产品市场占有率、本产品市场预测及具体目标值等，并附所有背景材料，然后由上述人员做出书面答复。③每个专家根据已知材料提出本人预测意见并提出预测值。④将第一次判断意见汇总、列表、对比再发回去修改和判断，逐轮收集意见并为专家反馈信息，经过三四轮，直到各个专家不再改变自己的意见为止。⑤组织人员对专家意见进行综合处理，得出最终的预测结论，若该产品占有技术领先优势，适应节能保温政策要求，市场前景广阔，可以马上经营。

（4）消费者市场调查法。市场调查法是根据某种商品在市场上的供需情况的调查资料以及企业本身商品的市场占有率，来预测某一时期内本企业该商品的销售量的一种定性预测方法。

市场调查法通常可采取四种方式：一是全面调查，即对涉及同一商品的所有销售对象进行逐个了解，经综合整理后，探明该商品在未来一定时期内销售量的增减变动趋势；

二是重点调查,即通过对有关商品在某些重点销售单位历史销售情况的调查,经综合分析后,基本掌握未来一定时期内该商品销售变动的总体情况;三是典型调查,即有意识地选择具有代表性的销售单位(或用户等有关因素),进行系统、周密的调查,经分析综合后,总结出有关商品供需变化的一般规律,借以全面了解它们的销售情况;四是抽样调查,即按照随机原则,从有关商品的销售对象的总体中,抽出某个组成部分进行调查,经分析推断后,测算出有关商品的需求总量。这些方法的主要区别在于选取的调查样本不同。

市场调查一般可以从以下方面进行:

①调查商品所处的寿命周期。任何商品都有发生、发展和衰亡的过程,经济学界把这个过程叫作商品的寿命周期。它一般可分为试销、成长、成熟、饱和和衰退五个阶段,不同阶段的销售量各不相同,从而成为销售预测的一个重要内容。

②调查消费者的情况。摸清消费者的经济情况、个人爱好、风俗习惯以及对商品的需求等因素,据此分析未来一定时期的市场情况。

③调查市场竞争情况。了解经营同类商品企业的市场占有情况及它们采取的促销措施,以比较本企业经营该商品的优势、劣势及市场占有率。

④调查商品的采购渠道。了解同类商品生产厂家及其他进货渠道的分布情况,以及这些厂家生产经营商品的花色、品种、质量、包装、价格及运输等方面的情况,并确定各因素对销售量的影响。

⑤调查国内外和本地区的经济发展趋势。了解经济发展趋势对商品销售量的影响。

将上述五个方面的调查资料进行综合、整理、加工、计算,就可对某种商品在未来一定时期内的销售情况进行预测。

事实上,企业如果想在市场竞争中取胜,有效地把握未来是十分重要的。应用于市场营销中的销售预测方法很多,至于如何应用还应根据实际情况而定。

2. 定量预测方法

定量预测通常根据所采用的具体方法的不同,分为算术平均法、加权平均法、指数平滑法、回归直线法及二次曲线法等。

(1)算术平均法。算术平均法又称简单平均法,是直接将过去若干时期销售量的算术平均数作为销售量预测值的一种方法。这种方法的原理是同等地看待 n 期内的各期销售量对未来预测销售量的影响。计算公式为

$$预测期销售量 = \frac{过去各期销售量之和}{期数} = \frac{\sum_{i=1}^{n} x_i}{n}$$

【例3-1】A企业生产一种产品,2016年1—12月的销售量资料见表3-2。

表3-2 销售量资料　　　　　　　　　　　　　单位:千件

月份	1	2	3	4	5	6	7	8	9	10	11	12
销售量	25	23	26	29	24	28	30	27	25	29	32	32

要求:根据表3-2中的资料,用算术平均法预测2017年1月的销售量。

解：2017年1月预计销售量 $\bar{x} = \dfrac{\sum\limits_{i=1}^{n} x_i}{n}$

$= \dfrac{25+23+26+29+24+28+30+27+25+29+32+32}{12}$

$= \dfrac{330}{12}$

$= 27.5$（千件）

即该企业2017年1月的销售量预计为27.5千件。

用算术平均法预测销售量计算方法比较简单，但它未考虑不同时期销售量变动对预测期的影响程度，把各个时期的销售差异平均化。因此，这种方法只适用于各期销售量比较稳定，没有季节性变动的食品或日常用品等的预测。

（2）加权平均法。加权平均法是按事先确定的各期权数，对全部 n 期的销售量历史资料进行加权平均处理，以加权平均数作为销售量预测值的一种方法。这种方法是基于这样的考虑：在销售预测中，由于市场变化大，一般来说，离预测期越近的实际资料对其影响越大，离预测期越远的实际资料对其影响越小，故在权数的选取中，各期权数 w 数值的确定必须符合以预测期为基准的"近大远小"的原则。具体有两种方法：

①自然权数法：按时间序列确定各期的权数分别为 1，2，3，…，n。

②饱和权数法：要求各期权数之和为 1，具体各期的权数视情况而定，如期数为 3 时，权数可定为 0.1、0.3、0.6（0.1+0.3+0.6=1）。

计算公式为：

$$\text{预测期销售量 } \bar{x} = \dfrac{\sum \text{某期销售量} \times \text{该期权数}}{\text{各期权数之和}} = \dfrac{\sum\limits_{i=1}^{n} x_i w}{\sum\limits_{i=1}^{n} w}$$

【例3-2】沿用表3-2所示销售量资料。

要求：采用自然权数法确定的权数，按加权平均法预测2017年1月的销售量。

解：2017年1月预计销售量 $\bar{x} = \dfrac{\sum\limits_{i=1}^{n} x_i w}{\sum\limits_{i=1}^{n} w}$

$= \dfrac{25\times1+23\times2+26\times3+29\times4+24\times5+28\times6+}{1+2+3+4+5+6+7+8+9+10+11+12}$

$= \dfrac{30\times7+27\times8+25\times9+29\times10+32\times11+32\times12}{1+2+3+4+5+6+7+8+9+10+11+12}$

≈ 28.8（千件）

即该企业2017年1月的销售量预计为28.8千件。

加权平均法较算术平均法更为合理，计算较方便，实际中使用较多。

（3）指数平滑法。指数平滑法是利用平滑系数（加权因子）对本期的实际销售量和本期预量进行加权平均计算后作为预测期销售量的一种方法。这种方法实质上也是一种加权平均法，是以平滑系数 α 和 $(1-\alpha)$ 为权数进行加权。其计算公式如下：

$$F_t = \alpha A_{t-1} + (1-\alpha) F_{t-1}$$

式中 F_t——预测期销售量;

   α——平滑系数;

   A_{t-1}——上期销售量实际值;

   F_{t-1}——上期销售量预测值。

【例 3-3】 仍沿用表 3-2 所示销售量资料,设 α 为 0.3,2016 年 12 月的预测值为 30 千件。

要求:用指数平滑法预测 2017 年 1 月的销售量。

解:2017 年 1 月预计销售量 $F_t = 0.3 \times 32 + (1-0.3) \times 30 = 30.6$(千件)

即该企业 2017 年 1 月的销售量预计为 30.6 千件。

在用指数平滑法预测销售量时,关键是 α 值的选择,这是一个经验数据,取值范围通常在 0.3~0.7。α 的取值大小,决定了上期实际数和预测数对本期预测值的影响。α 的取值越大,上期实际数对本期预测值的影响越大;反之,上期预测数对本期预测值的影响越大。因此,进行近期预测或销量波动较大的预测时,应采用较大的平滑系数;进行长期预测或销量波动较小的预测时,应采用较小的平滑系数。

指数平滑法比较灵活,适用范围较广;但在选择平滑系数时,存在一定的主观随意性。

(4)回归直线法。回归直线法又称最小二乘法,是根据历史的销售量(y)与时间(x)的函数关系,利用最小二乘法原理建立回归分析模型 $y = a + bx$ 进行的销售预测。其中,a、b 称为回归系数。已知:

$$a = \frac{\sum y - b \sum x}{n}$$

$$b = \frac{\sum xy - \sum x \sum y}{n \sum x^2 - (\sum x)^2}$$

由于自变量 x 为时间变量,其数值呈单调递增,间隔相等,形成等差数列,所以可以对时间值进行修正,令 $\sum x = 0$,从而简化回归系数的计算方法。上述计算公式可简化为

$$a = \frac{\sum y}{n}$$

$$b = \frac{\sum xy}{\sum x^2}$$

实际计算中如何使 $\sum x = 0$,要考虑两种情况:一是 n 为奇数,则令 $(n+1)/2$ 期的 x 值为 0,以 1 为间隔,确定前后各期的 x 值。如 $n = 7$,则各期的 x 值依次为 -3、-2、-1、0、+1、+2、+3,则 $\sum x = 0$。二是 n 为偶数,则令第 $n/2$ 项和 $(n/2+1)$ 项分别为 -1 和 +1,以 2 为间隔,确定前后各期的 x 值。如 $n = 8$,则各期的 x 值依次为 -7、-5、-3、-1、+1、+3、+5、+7。这种方法也称为修正的时间序列回归分析法。

【例 3-4】 仍沿用表 3-2 所示销售量资料。

要求:用回归直线法预测 2017 年 1 月的销售量。

解：根据资料计算有关数据（表3-3）。

表3-3 有关数据计算

月份	x	y	xy	x^2
1	-11	25	-275	121
2	-9	23	-207	81
3	-7	26	-182	49
4	-5	29	-145	25
5	-3	24	-72	9
6	-1	28	-28	1
7	+1	30	+30	1
8	+3	27	+81	9
9	+5	25	+125	25
10	+7	29	+203	49
11	+9	32	+288	81
12	+11	32	+352	121
$n=12$	$\sum x=0$	$\sum y=330$	$\sum xy=170$	$\sum x^2=572$

将表3-3中的数据代入公式，得

$$a = \frac{\sum y}{n} = 330/12 = 27.5$$

$$b = \frac{\sum xy}{\sum x^2} = 170/572 \approx 0.30$$

则 $y = 27.5 + 0.30x$

因为2016年12月的 $x = +11$，则2017年1月的 $x = +13$

所为2017年1月预计销售量 $y = 27.5 + 0.30 \times 13 = 31.4$（千件）

即该企业2017年1月的销售量预计为31.4千件。

（5）二次曲线法。有时以过去较长时期的历史资料为基础进行分析，可以看到，一个指标的变动同另一个指标有密切的联系，但其有关数据的趋势线并不是一条直线，而是一条二次曲线，这时其方程为

$$y = a + bx + cx^2 \quad ①$$

为确定公式①中的 a、b、c 三项，可用以下的"简捷法"来说明。

先以总和 $\sum$ 的形式来表达公式①中的每一项：

$$\sum y = na + b\sum x + c\sum x^2 \quad ②$$

以 x 乘以②式：

$$\sum xy = a\sum x + b\sum x^2 + c\sum x^3 \quad ③$$

再以 x^2 乘以②式：

$$\sum x^2 y = a\sum x^2 + b\sum x^3 + c\sum x^4 \quad ④$$

依据公式②③④，可以解出公式①中的 a、b、c 的值。

3.2 制定销售目标

3.2.1 销售目标的内容

销售计划管理中，销售目标的制定非常重要。销售目标是对企业在一段时间内，在销售领域里应完成的任务的清晰简洁的书面陈述。销售目标应该清晰明了；销售目标应该是书面形式；销售目标应该明确结果；销售目标应该规定时间范围；销售目标应该可以衡量；销售目标必须与企业目标协调一致；销售目标应有挑战性，并可实现。

企业的销售目标应该包括四种目标：销售额目标、利润目标、销售费用目标和销售活动目标。

（1）销售额目标。销售额目标包括部门、地区、区域销售额，销售产品数量，销售收入和市场份额等。其中，销售收入目标可以采用具体数字的形式表示，也可以用总额的百分比的形式表示。如果销售收入目标使用了百分比的形式，在资金预算和评价财务影响时需要转化成数字的形式。

销售收入目标范例：①到 2018 年年底销售量达到 300 000 件商品。②到 2018 年 12 月 31 日销售收入增长 15%。

（2）利润目标。利润是每一个企业最关键的一部分。利润目标要求管理者既从销售额的角度估计实现企业目标需要的资源，又从成本的角度进行评价。对于新产品，应该在推出该产品之前分析产品的盈利能力。对于已有的产品，为了预测将来的利润水平，可以进行销售分析和成本分析，将销售预测与销售策略实施中的成本估算相结合，提供制定利润目标的基础。

利润目标范例：①到 2018 年 12 月 31 日产品利润达到 8 000 000 元。②到 2018 年年底毛利润实现 30%的增长。③到 2018 年 12 月 31 日新产品净利润为 3 000 000 元。

（3）销售费用目标。销售费用目标内容包括旅行费用、运输费用、招待费用、费用占净销售额的比例、各种损失等。

（4）销售活动目标。销售活动目标内容包括访问新客户数、管理推广活动、访问客户总数、商务洽谈等。

销售目标又可按地区、人员、时间段来分成各个子目标，在设定这些目标时，必须结合企业的销售策略，在此基础上调整产品结构并确定销售额，使目标具有可行性、挑战性和激励性。

销售活动目标范例：①到 2018 年 5 月 20 号公司将营业 18 周，那时应至少使 80%的客户意识到我们的存在。②当 2018 年 8 月 20 号进行下一次调查时，至少 80%的客户对公司的产品做出好评。

3.2.2 销售目标的制定方法

销售目标值往往是在销售预测的基础上，结合本公司的销售战略、行业特点、竞争对手的状况及企业的现状来制定的。销售目标的确定方法要尽量科学，其主要方法有以下几种：

1. 销售成长率确定法

销售成长率是计划年度的销售额与上年度的销售额的比率。其计算公式如下：

$$销售成长率 = \frac{计划年度的销售额}{上年度的销售额} \times 100\%$$

但若想求出较为准确的销售成长率，就须从过去几年的成长率着手，一般是利用趋势分析推定下年度的成长率，再求出平均成长率。此时所用的平均销售成长率并非以"成长率"除以"期数"（年数），因为每年的销售收入是以几何级数增加的，其平均销售成长率的求法如下：

$$平均销售成长率 = \sqrt[n]{\frac{今年销售额}{基年销售实绩}}$$

n 值的求法：以基年（基准年）为 0，然后计算当年相对于基年的第 n 年，如果是第 3 年，则 n 为 3。

有时，是以"经济成长率"或"业界成长率"来代替销售成长率。但是，无论采用什么方法，均需运用下列公式计算销售收入的目标值：

$$下年度的销售收入目标值 = 今年销售实绩 \times 销售成长率$$

2. 市场占有率确定法

市场占有率是企业销售额占业界总的销售额（需求量）的比率。其计算公式如下：

$$市场占有率 = \frac{本公司的产品销售收入}{本行业同类产品总销售收入} \times 100\%$$

使用这种方法，首先要通过需求预测求出整个行业同类产品总的销售收入。销售收入目标值的计算公式为

$$下年度的销售收入目标值 = 下年度整个行业总销售收入 \times 市场占有率目标值$$

3. 市场扩大率（或实质成长率）确定法

这是根据企业希望在市场的地位扩大多少来决定的销售收入目标值的方法。计算公式如下：

$$市场扩大率 = \frac{今年市场占有率}{去年市场占有率} \times 100\%$$

$$实质成长率 = \frac{本公司成长率}{业界成长率} \times 100\%$$

市场扩大率表示企业今年与去年市场占有率之比。实质成长率表示企业成长率与业界成长率之比。所以，当企业今年的销售额等于去年时，不一定能视为"维持原状"；只有当实质成长率为 100% 时，即业界成长率与企业成长率相等时，才算"维持现状"。因此，只有企业成长率高于业界成长率，才能称为"实质"的增长。如果企业成长率的减少幅度小于业界成长率的减少幅度，其实质成长率必然超过 100%，表示企业实绩的减少幅度小于整个业界。

市场扩大率原应根据市场占有率来计算，但由于此指标企业不易求得，所以常常通过掌握业界的成长率和企业的成长率，求得实质成长率；然后再据此推算市场扩大率。

因此，在确定下年度市场扩大率目标值，以及预测业界的成长率之后，再以下列公式求出销售收入的目标值。

$$下年度销售收入的目标 = 本年度销售实绩 \times 业界成长率预测值 \times 市场扩大率目标值$$

4. 盈亏平衡点确定法

销售收入等于销售成本时，就达到盈亏平衡。盈亏平衡时对应的销售收入公式推导如下：

$$利润 = 销售收入 - 成本$$

$$利润 = 销售收入 - 变动成本 - 固定成本$$

$$销售收入 = 变动成本 + 固定成本（利润为 0 时）$$

$$销售收入 - 变动成本 = 固定成本$$

变动成本总额随销售收入（或销售数量）的增减而变动，故可通过变动成本率计算每单位销售收入中变动成本的变化：

$$变动成本率 = \frac{变动成本}{销售收入} \times 100\%$$

$$销售收入（S） - 变动成本率（V）\times 销售收入（S） = 固定成本（F）$$

可利用上述公式导出下列盈亏平衡点公式：

$$销售收入（S）\times [1 - 变动成本率（V）] = 固定成本（F）$$

$$盈亏平衡点上的销售收入（S_0） = \frac{固定成本（F）}{1 - 变动成本率（V）}$$

在盈亏平衡分析中，成本的区分相当重要，采用的方法有经验法、高低点法、直线趋势法、五五法、个别法等。其中，实际工作中最常用的方法就是经验法。

所谓"经验法"，就是逐个检查各项成本项目，凭借各项目成本习性的认识经验，区分变动成本与固定成本的方法。如表3-4 所示，采用经验法将各成本项目粗分为变动成本与固定成本，然后用变动成本总额除以销售收入，求出变动成本率，进而计算出盈亏平衡点上的销售收入。

表3-4 成本分解表

项目	金额	分解标准		固定成本（F）	变动成本（V）
		区分	比例		
销售成本	250 000	V			250 000
广告宣传费	3 000	F : V	2 : 1	2 000	1 000
促销费用	2 500	V			2 500
工资	3 500	F		3 500	
折旧费用	1 000	F		1 000	

当企业要实现的目标利润为 P 时，根据目标利润确定销售收入目标值的计算公式如下：

$$实现目标利润的销售收入（S） = \frac{固定成本（F） + 目标利润（P）}{1 - 变动成本率（V）}$$

5. 经费倒算确定法

企业经营的各项活动，无法避免人事费、折旧费等营业费用的产生，至于利润，更是和企业的存亡攸关。企业的一切销售成本、营业费用、利润等均源自销售毛利，它们的关系甚为密切，因而介绍此种足以抵偿各种费用的销售收入计算法。下面从销售毛利率公式着手导出计算公式：

$$销售毛利率 = \frac{销售毛利}{销售收入} = \frac{销售收入 - 销售成本}{销售收入}$$

$$= 1 - 销售成本率$$

$$销售收入目标值 = \frac{销售毛利}{1 - 销售成本率}$$

$$= \frac{营业费用 + 营业利润}{销售毛利率}$$

上述方法主要以销售毛利率目标值为基准,然后计算销售收入目标值,但是,若想使该值更合乎实际,可按照产品及部门的毛利来计算销售收入目标值。其计算程序如下:

(1) 决定整个企业所需的毛利;
(2) 决定产品及部门的毛利贡献度;
(3) 分配产品及部门的毛利目标;
(4) 通过产品及部门预定的毛利率计算二者的销售收入目标值;
(5) 累计各产品及部门的销货收入目标值,其值是全公司的销售收入目标值。

表 3-5 中的毛利贡献度就等于毛利百分比,表示甲、乙、丙部门销售毛利所占的比例,也就是表示各产品或各部门对总毛利的贡献度。

所谓部门,若以汽车经销业而言,指的是销售部门、维修部门、零件部门等。表 3-5 显示该企业所需的毛利总额为 20 000,则销货收入目标总额为 90 000。

表 3-5 以毛利贡献度计算销售收入目标

部门	毛利贡献度 ①	所需毛利 ②	毛利目标 ③=①×②	预定的毛利率 ④	销售收入目标 ⑤=③÷④
甲部门	60%		12 000	20%	60 000
乙部门	25%		5 000	25%	20 000
丙部门	15%		3 000	30%	10 000
合计	100%	20 000	20 000	22.20%	90 000

6. 消费者购买力确定法

此法适合零售商采用,是估计企业营业范围内的消费者购买力,用以预测销售额的方法。使用此法,首先需要设定一个营业范围,并调查该范围内的人口数、户数、所得额及消费支出额,另外再调查该范围内的商店数及其平均购买力。

7. 基数确定法(人均销售收入计算法)

这是以销售效率或经营效率为基数求销货收入目标值的方法,其中最具代表性、比较简易的方法是:

$$销售收入目标值 = 每人平均销货收入 \times 人数$$

总计每人平均销售收入就是下年度的销售收入目标值。当然,以过去趋势作单纯的预测或以下年度增长率为基准来预测也可以。

8. 人均毛利计算法

这是以每人平均毛利额为基数,计算销售收入的方法。公式如下:

$$销售收入目标值 = 每人平均毛利 \times 人数 / 毛利率$$

9. 销售人员申报确定法

这是逐级累计第一线销售负责人的申报，借以计算企业销售收入目标值的方法。由于一线销售人员（如推销员、业务人员等）最了解销售情况，所以，通过他们估计而申报的销售收入最能反映当前状况，而且是最有可能实现的销售收入。当然，一线销售人员的总预测值和经营者的预测一致最为理想。当采用本法时，务必注意下列两点：

（1）申报时尽量避免过分保守或夸大。预估销售收入时，往往产生过分夸大或极端保守的情形。此时，应依自己的能力来申报"可能"实现的销售收入。身为一线领导者的业务经理务必使销售人员明白这一点。

（2）检查申报内容。一线销售经理除应避免过分夸大或保守外，尚须检查申报内容的市场符合性，观察申报内容是否符合过去趋势以及市场购买力，以便采用市场性的观点，调整好"由上往下分配式"与"由下往上分配式"，扮演桥梁的角色。

3.2.3 销售目标管理流程

目标管理（MBO）是美国管理学者彼得·德鲁克于1954年首先提出来的，现已被世界各国广泛应用。

所谓目标管理，是以制定和实现目标为中心，被管理者自主控制达标过程，管理者实行最终成果控制的一种现代管理思想与管理方法。

目标管理首先是一种现代哲学。目标管理彻底打破了管理就是对管理过程进行严格监督控制的观念，提倡管理者要通过科学的目标体系来进行激励和控制，而放手让被管理者自我控制，自觉、自愿、自主地去实现组织目标。它强调，事先通过目标进行预先控制；事后注重成果评价；事中，完全交由被管理者实行自我控制。目标管理的思想广泛应用于一切管理中，它是一种计划职能与控制职能融合的综合性方法，在许多具有可衡量的明确目标的基层管理中也被广泛采用。

销售目标管理是目标管理在销售工作中的应用，它以提高绩效为目的，应用行为科学原理，组织内上下级人员共同协商该下级销售人员责任范围，订立销售人员在一定时间内应完成的销售目标以及成果评价标准与优劣界限的尺度，以激发各级销售人员的潜力。

综上所述，可得出下列结论：

（1）销售目标管理是一种制度。
（2）销售目标管理以提高绩效为目的。
（3）销售目标管理以设立目标为手段。
（4）销售目标管理是行为科学的运用。
（5）销售目标管理是上下两级人员的共同合作。
（6）销售目标管理应规定期限、数值评价标准，以作为执行人员努力的方向。

销售目标管理主要是由目标设定、目标执行、目标追踪、目标修正、成果评价与奖惩五个环节构成的一个循环周期。

1. 目标设定

从销售总目标发展为各阶层销售目标的整个过程，可称为目标三角形，如图3-2所示。上端为整个公司的销售总目标，顺此而下，三角形逐渐扩大，以达成各连续阶层销售目标的制定。

图 3-2 目标三角形

每一上级的销售目标发展是其下级的销售目标,如某一部门内主管人员的销售目标,形成了主持该部门经理的销售目标。各部门销售经理连同其所属各级主管人员的销售目标之和等于该公司的销售总目标。销售目标设定可采用"由上而下"或"由下而上"两种形式。

(1) 由上而下。在设定销售的总目标、单位目标及个别目标的过程中,其程序显而易见是"由上而下"的。但是每一位主管在设定销售目标之前,通常均需与其直属主管磋商,然后拟妥销售目标草案,直属主管同意后才算正式定案。双方的协商应采取侧面双边沟通的方式,即直属主管以友善的态度,处于提供意见和指导的立场,来和部属订立难易适中并合乎经济原则的销售目标。因此,最后决定的销售目标反映出各级目标执行人与其直属主管的共同意见。最重要的是,目标执行人乐于接受此项期望的成果,并同意承担达成目标的责任。

(2) 由下而上。"由下而上"的销售目标设定程序,是指以个人为中心的目标管理制度,强调销售目标在制定、实施及检讨等的过程中,由部属以自我管理的方式保持完全的自主性。此种"由下而上"的目标设定程序固然能激发员工的创造力,使其获得工作上的满足感与挑战性,但因个人随心所欲制定的销售目标缺乏总目标的指引,因而无法结合群力而达成更高更远的长期目标。

由此可见,销售目标设定的程序应该是先"由上而下",将总目标分派成担负执行责任的单位目标及个别目标;然后"由下而上",从个别目标的达成开始,逐级累积为单位目标与总目标。合理的销售目标应是由上下双方相互沟通制定出来的。

2. 目标执行

销售目标管理的执行,在于销售人员要以积极、主动的态度来落实执行目标;另一方面销售主管要以授权、协助的心态加以支持。

销售目标管理已对每位销售人员的努力方向与进度有了明确的设定,因此上级应赋予销售人员充分职权,以供其自我控制,为完成"目标"而努力,切忌加以干涉或给予不必要的指示。在执行过程中,强调销售人员的自我控制,但是销售人员是否能"自我控制",主要看销售主管人员是否充分授权。"自我控制"并不是说销售主管可以袖手旁观,不加过问,而是采用"例外管理"的原则来从事销售管理活动。例如,当销售业务在正常的状况下进行时,销售主管就不必干预工作的进行;但当销售业务发生问题,与实际差异较大,或非销售人员的能力及权限所能解决时,销售主管应适时予以适当的指示或协助,以解决困难。

在目标的执行过程中,销售主管应信赖下属有执行目标的能力,原则上要求下属每月提出一次综合性报告,但也不要忽略经常性的沟通工作。目标的记录应用统一设计的目标卡加以填写,而每个月(或每周期)的执行记录,也使用标准文书表格完成,以利操作(表 3-6)。

第3章 销售计划制订

表 3-6 销售目标管理制度推行计划表

组别	编号	工作目标	工作要点	重要程度	备注

主管：　　　　　　　　　　　填写人：　　　　　　　　　　　填写时间：

销售目标管理制度的执行，着重于销售人员落实执行，并力求简化。销售目标虽由销售人员加以执行，但其责任仍需安排专人处理，公司要委任适当的管理人员负责督导执行目标管理的责任。单位的销售目标虽已有专人承担目标的执行绩效，但各级主管仍要负起督导、协助的责任。销售目标管理的执行，常采用分层负责、逐级执行的原则，逐级管理，逐级考评。例如，经理级目标由经理执行，并由总经理监督；经理级以下的基层单位及个人目标由其上一级主管视需要自行决定。这样即可构成健全的目标网，达成整体目标。

3. 目标追踪

在达成销售目标的过程中，销售人员应有效执行其自我设定的目标。目标追踪是为了衡量工作成果，改正偏差，确保达到目标。目标追踪是目标执行过程中不可缺少的工作，它不是监视销售人员的工作，也不是严厉的控制行动，而是协助销售人员解决困难，指导其步入工作正轨的手段。

由于订立销售目标时，有若干因素尚未考虑，或者未来的环境改变，使目标在实施时发生困难。为使期终的实施结果与销售目标不致相差太大，因此在每个阶段追踪检讨时予以修正，以维持销售目标的弹性。

一个企业或机构的整体销售目标若要实现，到期限终了时必须以原订目标加以衡量，对每一个管理者所应负责达成的成果予以考评。销售人员了解销售目标的存在，方能产生工作的意愿兴趣。因此销售目标管理的追踪是激发销售人员工作士气及创造轻松愉快的氛围的主要手段。

追踪目标执行状况，必须拥有"预计目标"与"实际达成"两项数据资料，方能有效追踪与检讨（图 3-3）。

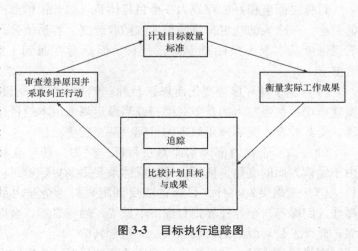

图 3-3 目标执行追踪图

销售目标的追踪应由销售人员定期将工作实际进度及检讨结果列于目标卡,呈送直属销售主管查核;或另行填写目标管理追踪卡(表3-7),由销售人员、直属主管、总经理室综合检讨,并呈送最高管理层审阅。

表 3-7　月份目标追踪单

目标与重要性/%	本月进度		累计进度		目标达成率	得分	自我考评（检讨与改进意见）	处理情形
	预定	实际	预定	实际				

上级主管：　　　　　　　　（签章）　　　　　　　目标执行人：　　　　　　　（签章）

若销售目标管理实施的时间(半年或一年)能与公司会计期间相互一致,则更方便目标的追踪与检讨。可将目标的执行成果与财务报表揭示的有关结果和状况(如盈余、销售业绩、费用、存货等)相互印证比较,即达到确实追踪与控制目标进度的目的。

销售主管欲追踪销售目标进度,与销售人员讨论目标的执行过程,可通过销售目标卡加以追踪。主管人员对于销售人员填制的追踪卡,应详加审阅;对于销售人员执行目标遭遇困难的原因,要深入研究,并提供解决的意见。若销售主管敷衍塞责,销售人员将对目标管理丧失信心与热情。

销售目标管理必须建立有效的报告制度,定期将有关的资料反馈给直属主管,以便对销售人员的工作进度及绩效做正确的追查与检讨,借以测知销售目标的达成是否有困难,以及是否有必要采取某些矫正措施。因此,定期的追踪与检讨,不但增加了上下主管之间意见交流的机会,还具有加强销售人员对目标承诺的作用,且由于直属主管对工作实况的了解与关怀,有利于销售人员受到激励,增强迈向达成目标的动力。

4. 目标修正

目标之间应相互依存成为一个目标体系。假若销售部门改变其目标,势必影响其他部门的目标,一个人的变更,将使很多人随着改变,容易使公司的目标体系遭受破坏。销售目标管理制度基本上不鼓励草率修正目标。但企业在遇到下列重大变化时,就有修正目标的必要。

(1)基于外界形势变化而修正目标。例如,当公司设定某商品的销售目标时,却意外发现市场存在强有力的竞争对手;或当设定降低成本的目标后,突遇石油危机,物价普遍上涨,受其波及,就需修正原来的目标,甚至变更目标。

(2)由于企业内部因素而修正目标。例如,资金或利润方面有显著的好转或恶化时,由于经营方面的变化,使得目标达成体系要重新再做检讨。

(3)遭遇突发事件,目标达成受到阻碍时。企业内部遭受的意外事故有水灾、火灾、爆炸、倒塌等,企业外界则有经济不景气、融资紧缩、金融风暴、石油危机、通货膨胀或紧缩;此外,公司股票的市场涨跌,亦包含其中。

在修正目标时,如发现会影响企业其他目标,或影响企业的利益,则须深入做综合性的检讨，再决定修正目标的程度。

当销售部门修正其目标，不致影响其他部门时，可不必照会其他部门，而由该部门经理自行决定修正，并呈报上级同意。在修正目标之后，需新设目标卡以代替旧目标卡。如果修正销售目标足以影响整个企业，应慎重考虑，以会议方式协商。

5. 成果评价与奖惩

成果评价一般实行销售人员自我评价和销售主管评价相结合，共同协商确认成果。目标成果评价的具体步骤：

（1）评定"达到程度"。一般采用实际成绩值与目标值之比，根据达到率分为 A、B、C 三级。

（2）评定"复杂困难程度"。复杂困难程度通过协调确认，也分为 A、B、C 三级。

（3）评定"努力程度"。根据对达标过程中的种种条件分析，将"努力程度"分为 A、B、C 三级。

（4）规定以上三要素在目标项内的比重，做出单项目标的初步评定值。

（5）针对达标过程中出现的非本人责任或经个人努力可以排除的不利条件，修正数值，得出各单项目标评定值。

（6）将各单项目标评定值分别乘以其在全部目标中的权数，得出单项目标的权重值，相加即可获得综合评价。再按 A、B、C 三等评定目标成果的等级。

各销售部门的目标成果也可用同样的方法进行评价。根据评价结果，对销售人员采取公平的赏罚，包括升职、加薪、分红、培训、带薪休假、表彰等多个方面，这是激励销售人员的一种有效方法，也是销售目标管理能够落到实处、严格执行的关键。

★情景体验3-1

某企业计划在2017年获得200万元利润，并且它的目标利润率是销售的10%，那么，销售收入目标值必须是2 000万元。如果企业产品的平均价格是50元，那么，它必须销售出40万单位的产品。如果它对整个行业的销售预计是530万单位，那么，它必须占有7.55%的市场份额。为了保持这个市场份额，企业必须建立一定的目标，例如消费者对品牌的知名度、分销范围等。因此，销售目标可以是：

①在2017年获得总销售收入2 000万元，比2016年提高9%；

②销售量为40万单位，它占有预期的市场份额为7.55%；

③经过该计划工作后，产品的消费者知名度从20%上升到40%；

④扩大10%的分销网点数目；

⑤打算实现50元的平均价格；

⑤销售利润率是10%，企业年获利200万元。

3.3 分配销售配额

销售配额是销售经理分配给销售人员在一定时期内完成的销售任务，是销售人员努力要实现的销售目标。

3.3.1 销售配额的类型

企业的销售配额通常有销售量配额、销售利润配额、销售活动配额、专业进步配额、综合配额（表3-8）。

表3-8 配额基本类型

销售量配额	销售利润配额	销售活动配额	专业进步配额
1. 金额	1. 销售总费用	1. 访问次数	1. 销售技巧
2. 数量	2. 区域（部门）销售费用	2. 新客户数量	2. 销售态度
3. 消费者类型	3. 总毛利	3. 新准客户数量	3. 销售准备
4. 消费者规模	4. 按消费者划分的毛利	4. 市场调研	4. 销售计划
5. 每种产品销售量	5. 按产品划分的毛利	5. 参加销售类会议	5. 产品知识
6. 客户平均销量	6. 净利润	6. 销售展示安排	6. 行业知识
		7. 服务电话	7. 消费者知识
		8. 收集情报	8. 竞争知识
		9. 汇报	9. 销售培训
		10. 消费者抱怨处理	

1. 销售量配额

销售量配额是最常用、最重要的销售配额。目前经常使用的设置销售量配额的方法是以当地过去的销售量、销售潜力和市场预测为基础，以销售成长率来确定当年的销售配额。如果当年期望的销售成长率为120%，每个销售人员的配额就是上年配额增加20%，也就是上年配额的120%。当然，仅以过去的销售量来设置销售量配额是不够的。销售经理在设置销售量配额时，必须综合考虑以下因素：

（1）区域市场状况，包括区域人口数量、当地收入状况及增长潜力等。

（2）竞争者地位，包括竞争者的类型、竞争者的市场占有率、竞争者的市场定位状况等。

（3）现有市场占有率，包括绝对市场占有率和相对市场占有率。

（4）市场覆盖的客户数量和质量，包括客户类型、客户数量、客户满意度和忠诚度等。

（5）过去的销售业绩。

（6）新产品推出的效果、价格政策及预期的经济条件。

2. 销售利润配额

销售量与利润相比，企业更加重视的是利润。销售利润配额包括费用配额和利润配额。

（1）费用配额。提高利润率的关键在于对销售费用的控制，费用配额规定了销售人员销售一定数量的产品所需的最高费用限额。

设置费用配额的目的是控制销售人员的费用水平，增加销售利润。所以销售经理在设置费用配额时，一定要注意以下问题：一方面，注意费用限制不能阻碍销售业绩的提高，必须保证销售人员有相对充足的经费来开发新的客户，维持销售业务的正常进行。另一方面，销售经理要注意将费用配额与销售量配额、销售人员的薪酬挂钩，通过一定的经济手段来鼓励销售人员节约费用开支。

（2）利润配额。利润是企业生存的前提，销售经理和销售人员必须创造能为企业带来利润的销售额。利润配额具体可分为毛利润配额和净利润配额两种类型。

【例3-5】某公司有两个销售地区（东部地区与西部地区），根据已知条件，确定每一个地区毛利润、净利润以及销售额与净利润的比例（表3-9）。并说明为什么西部地区的销售额/净利润比配额与东部地区的销售额/净利润比配额不同。

表3-9 两销售地区对比

项目	西部地区	东部地区
销售额	10 634 000	10 380 000
销售成本	8 507 200	8 304 000
毛利润		
销售费用	140 000	152 000
净利润		
销售额/净利润		

3. 销售活动配额

销售活动配额是用来指导销售人员其他销售活动的指标，主要包括：

（1）宣传企业及产品的活动。
（2）产品演示活动。
（3）吸引新客户并鼓励其成交。
（4）提供消费者服务、帮助和建议。
（5）拜访潜在客户。
（6）培养新的销售人员。
（7）投标次数。
（8）参加销售会议次数。

4. 专业进步配额

专业进步配额的确定主要是为了提高销售人员的素质和销售能力，在经营活动中主要反映销售人员的销售技巧、专业知识和熟练程度等。这些配额不易量化，只能作为定性指标，也很难设定和考核，一般用一些不可替代的相关指标界定，如与消费者的关系、客户满意度等。

5. 综合配额

综合配额是对销售量配额、销售利润配额、销售活动配额等综合而得出的配额，在销售经理讨论销售人员的业绩时，可以全面地反映销售工作的状况。

【例3-6】比较以下3名销售人员的年销售额（表3-10）。首先，确定实际销售额与销售配额之间的差异。然后计算每一名销售人员的绩效指数。根据你的计算结果可以得出什么结论？

表3-10 销售额对比

销售人员	销售配额	实际销售额
黄晓峰	1 200 000	1 300 000
李晓明	800 000	750 000
张旭红	1 050 000	1 100 000

3.3.2 分配销售配额的方法

销售量配额是最重要的销售配额，这里仅以销售量配额为例列举分配销售配额的方法。

如何才能确定公正、合理，而且具有挑战性和激励性的销售配额呢？企业通常以区域为基础来确定各区域的目标销量，然后把区域目标销量分解到每一个人。所以，确定区域销售配额是关键。通常，确定不同区域销售配额的方法有三种：目标市场占有率法、销售构成比法、市场指数法等。

1. 目标市场占有率法

目标市场占有率法是以目标市场占有率为基础确定销售配额的一种方法，具体步骤如下：

首先，确定各区域市场需求构成比（各区域市场容量占行业市场总量的百分比）和目标市场占有率（本企业在该区域市场上的目标占有率）。

其次，求出不同区域的市场构成比与目标市场占有率的乘积，即可得到区域实际占有率。

再次，把各"区域实际占有率"相加即可得到"企业实际占有率"，再以"区域实际占有率"除以"企业实际占有率"，计算出各"区域市场配额指数"。

最后，以"区域市场配额指数"为基准，把目标销售额或销量按区域进行分解。

根据目标市场占有率确定区域销售配额的方法见表 3-11。

表 3-11 根据目标市场占有率确定区域销售配额

区域	市场需求构成比	目标市场占有率	区域实际占有率	区域配额指数
甲	50%	25%	12.5%	61%
乙	30%	20%	6%	29%
丙	20%	10%	2%	10%
合计	100%	55%	20.5%	100%

如果企业目标销售额为 1 000 万元，则甲区域的目标销售配额 = 1 000 × 61% = 610（万元），乙区域的目标销售配额 = 1 000 × 29% = 290（万元），丙区域的目标销售配额 = 1 000 × 10% = 100（万元）。

2. 销售构成比法

销售构成比法是根据各区域近年来销售构成比的变化趋势来推测下一年度各区域的销售构成比，并以此百分数为基准将目标销售额分解到各区域的一种分配方法。这是企业最常用的一种方法，但是这种方法尽管考虑了历史及变化趋势，它还是具有很大的主观性，对销售经理的经验要求较高。根据销售构成比确定销售配额的方法见实际表 3-12。

表 3-12 根据销售构成比确定销售配额

区域	销售构成比					销售构成比预测
	2011 年	2012 年	2013 年	2014 年	2015 年	2016 年
甲	30	31	29	30	28	29
乙	50	45	40	35	30	24
丙	20	24	31	35	42	47
合计	100	100	100	100	100	100

按照表3-12中的数据，如果企业2016年全年的目标销售额为1 000万元，则甲区域的目标销售配额为290万元，乙区域的目标销售额为240万元，丙区域的目标销售额为470万元。

3. 市场指数法

市场指数法是以各区域市场实际因素为基础来计算市场指数，从而确定分配额度的一种方法。常见的区域市场因素包括常住人口、工资收入、区域零售额等。

市场指数法是一种比较理想的配额分配方法，具体可分为单一因素法和组合因素法。

（1）单一因素法，是以单一市场因素为基准来计算市场指数的方法。这种方法比较简单，假如只选择"人口数量"这一市场因素，则各区域的市场指数就是各区域市场的人口数占所有区域市场人口总数的百分比。某区域市场人口为700万，市场总人口为13亿，则该区域市场指数为5%，如果企业目标销售额为1 000万元，该区域的销售配额就是50万元。

（2）组合因素法，是通过多项市场因素的组合来计算某个区域市场指数的一种方法。这种方法相对复杂，具体又分为评分法、构成比法两种。

企业考虑人口数量、区域平均工资水平、区域零售额三个因素，则如表3-13所示。

表3-13 组合因素法举例

因素 区域	人口数量/万人	平均工资水平/元	零售额/万元
甲	58 000	3 900	4 600
乙	39 000	1 250	1 800
丙	33 000	1 350	1 600
合计	130 000	6 500	8 000

评分法分配销售配额的方法，如表3-14所示。

表3-14 评分法计算表

因素 区域	人口		平均工资		零售额		百分比合计/%
	数量/万人	百分比/%	数额/元	百分比/%	数额/万元	百分比/%	
甲	58 000	44.6	3 900	60	4 600	57.5	162.1
乙	39 000	30	1 250	19.2	1 800	22.5	71.7
丙	33 000	25.4	1 350	20.8	1 600	20	66.2
合计	130 000	100	6 500	100	8 000	100	300

评分法的基本步骤如下：

首先，求出各要素的合计值。

其次，求出各区域要素值占该要素总值的百分比。

再次，计算出不同区域各要素百分比的合计，然后对各区域的合计值求和。

最后，把各区域合计的百分比值与总计百分比值相比，所得值为各区域的市场指数，即配额指数。

甲区域的配额指数 = 162.1÷300×100% = 54%，乙区域的配额指数 = 71.7÷300×100% = 23.9%，丙区域的配额指数 = 66.2÷300×100% = 22.1%。

构成比法的基本步骤如下：

首先，求出各要素的不同区域的构成比。

其次，以区域构成比乘以各因素的权数。

最后，将区域构成比与权数的乘积进行加总，并计算出不同区域占该加总的百分比，即可得到配额指数。

如果人口、工资、零售额三种市场因素的权重分别为0.2、0.5、0.3，那么，甲区域的三种"市场因素构成比"分别是：

人口因素构成比 =（58 000÷130 000）×100%×0.2 = 8.9%

工资因数构成比 =（3 900÷65 00）×100%×0.5 = 30%

零售额因素构成比 =（4 600÷8 000）×100%×0.3 = 17.3%

合计：56.2%，即甲区域的配额指数为56.2%。

同理，可以求得乙区域的配额指数为6% + 9.6% + 6.75% = 22.35%，丙区域的配额指数为5.08% + 10.4% + 6% = 21.48%。

销售配额下达到了各销售区域，接下来需要各区域经理将销售配额以同样方法分配给销售人员。

★情景体验3-2

某公司有一项销售人员的奖励制度，以销售量与所指定的销售定额的关系为基础来给付奖金。销售定额是由管理人员根据每个销售人员所负责销售区域的客户类型、竞争情况以及前一年公司业绩和销售员个人业绩综合计算出来的。该奖励制度在实施过程中产生了以下几个问题，请提出解决这些问题的建议：

（1）目前，那些表现最好的销售人员的客户太多了。公司想缩减优秀销售人员的服务区域，并增加一些新的销售人员。但是遭到杰出销售人员的抗议，他们认为这是对他们优秀表现的惩罚。

（2）成绩最好的销售人员也抱怨其定额每年都在增加，并且是以他们过去的成就为基础。他们觉得这有点类似于鞭打快牛。

（3）销售经理认为，公司没有取得足够的新客户。所谓的市场开发，就是吸引从未采购本公司产品的单位成为自己的客户，而这项任务往往需要在数年后才会见到成效。现行的奖励制度可能无法激励员工从事这类工作。

（4）当某销售人员所在地区的经济发展迅速时，他可能不需要很努力就可获得较高的薪酬。当某地区失业率高，或竞争者决定降低价格以打入新市场时，即使销售人员尽力工作，其薪酬也可能减少。

3.3.3 销售配额的确定方法

1. 时间别分配

时间别分配是将年度目标销售额按一年12个月平均分摊的方法。当然，如果同时把销售人员所在地区、产品特征和月份结合起来,效果会更好。

优点:简单易行、容易操作,目前有许多企业乐于采取这种方法。

缺点:忽略了销售人员所在地区的大小以及客户的多寡,只注重目标销售额的完成,从而无法调动销售人员的积极性。如果能将月别分配法与商品类别分配法、区域分配法和客户分配法结合起来,效果会更好。

计算步骤:收集过去三年间的月别销售实绩;将过去三年间的销售实绩进行合计;得到过去三年间的月别销售比重。

2. 地区别分配

地区别分配是根据业务员所在地区的大小和客户购买能力进行销售配额分配的方法。其分配基准系数可根据市场占有率、市场销售百分比、市场指数等来确定。

优点:可以对区域市场进行充分的挖掘,使产品在当地市场的占有率逐渐提高,因此,比较容易为销售人员所接受。

缺点:很难判断某地区所需商品的实际数量,以及该地区潜在的消费能力。所以,在分配目标销售额时,必须考虑各个地区的经济发展水平、人口数量、生活水平、消费习惯等因素。

计算步骤:取得各销售区域上一年度的实际销售额资料;预计各销售区域计划年度的销售成长率;计算各销售区域计划年度销售配额。

3. 产品别分配

产品别分配是根据业务员推销产品的不同进行销售配额分配的方法。决定哪种产品将达成多少销售收入,其分配基准参照市场占有率、市场扩大率、销售成长率、毛利贡献率、销售预测等进行。

具体方法:取得产品类别销售比重;根据产品销售政策调整销售比重;用修正过的产品销售比重来设立产品类比计划。

4. 客户别分配

客户别分配是根据业务员所面对的客户的特点和数量的多少来分配目标销售额的方法。

优点:充分体现了"以客户为导向"的思想,可以使销售人员把重点放在客户身上,有利于客户的深度开发和忠诚客户的培育。

缺点:会使销售人员为了业绩而只注重老客户的维护,而忽视新客户和准客户的开发。

总之,在实际操作中,以上这些方法尽量不要单独使用,应该将两个或两个以上的方法结合起来使用,从而扬长避短,优势互补。

5. 人员别分配

人员别分配是根据业务员的能力大小来分配目标销售额的方法,可以根据客户需求量、业务员过去业绩、业务员能力等进行分配。

优点:有利于激励能力高的销售人员继续努力,鼓励能力比较低的销售人员提高其销售能力。

缺点:容易使人员队伍产生等级之分,使能力高的销售人员产生自满情绪,使能力不够的销售人员产生自卑感,从而产生内部矛盾。

6. 部门别分配

部门别分配是根据某一销售部门为目标来分配目标销售额。

优点：能够强调销售部门的团结合作，能够利用销售部门的整体力量来实现目标销售额。

缺点：过于重视销售部门目标达成，而忽略了销售人员的个人存在。因此，当企业将目标销售额分配到各个销售部门时，应该考虑这个销售部门所辖地区的特性。例如销售区域的大小、市场的成长性、竞争对手情况、潜在客户的多寡等。

3.3.4 分配销售配额的工作程序

1. 召开配额分配动员大会

销售经理依据企业下达的销售任务及配合任务完成的激励方案，按照年、季、月、周将整个团队的任务分解细化，依据每位销售员的销售能力，对其可能的销售业绩进行初步估算。然后，召开一次全体员工会议，向他们介绍企业制定的销售目标体系，公布企业为完成销售任务而制订的激励方案，尤其强调销售目标对个人所具有的重要意义。

经理介绍完任务后，应该给员工留有提问和讨论的时间，然后销售经理要求每一位销售人员提报自己的销售配额目标，作为分配销售配额的参考依据。

2. 与下属成员个别沟通

销售人员填好销售配额目标自我建议表后，销售经理要与每位下属成员进行个别沟通，帮助下属成员分析其个人目前的工作状况、达成激励方案的条件及在公司未来发展的空间，引导下属成员对销售任务和未来发展进行全面的思考，激发员工的进取心，树立他们的自信心和责任心，也就是说将完成销售配额与个人的职业生涯规划相结合。

具体来说，销售经理要与销售人员就销售区域、客户管理、销售访问及自我管理等方面进行讨论与沟通，首先，要求他们提出目标和配额的看法与意见，接着在对未来前景进行分析的同时，与他们共同回顾前阶段的工作，然后与他们现实并客观地讨论下一阶段的目标，最后在对销售人员的看法表示理解的同时，表明自己的观点。

3. 目标定格

销售经理经过与每一位成员的个别讨论，把双方达成一致意见的目标形成书面材料，一式两份，双方各执一份备案。这时，销售经理应该向销售人员表示祝贺，祝贺他们有了一个新的起点、新的目标和新的前景。同时，销售人员也清醒地认识到自己下一阶段的目标和任务：应该完成哪些工作、可以获得哪些资料和帮助、自己的工作权限和需要向上司报告的事项、如何进行自我管理等。

4. 召开团队计划工作会议

召开团队计划工作会议的目的是通过会议制定团队的目标销售配额。会议上的每一位销售人员都要向自己的同事汇报本年度或本季度的配额目标及目标的完成情况，进而陈述自己下一年度或下一季度的目标，以及对下一年度或季度目标的看法。通过会议交流，团队成员达成共识，形成集体目标。

5. 张榜公布

会后，张榜公布整个团队的目标配额、配额分解、个人目标和各期配额的分配方案。目的在于强化团队成员对配额分配方案的理解和其在公司的发展前景，促使每一位团队成员充分挖掘自身的潜能，加强自我管理，将团队的销售目标变成每一位成员的自觉行动，始终以计划指导工作，始终以计划检查工作。

3.4 编制销售预算

销售预算是企业对开展产品销售活动费用的匡算,是企业进行产品销售活动对投入资金的使用计划。销售预算一般包括五个方面的内容:①销售人员的费用,如工资、提成、津贴、差旅费、交通费、交际费等;②销售管理的费用,如销售经理的工资、提成、津贴、差旅费等;③其他人员的费用,如培训师薪水、被培训者的薪水;④其他销售费用,如销售会议、销售促进、销售展示、目录和价格清单、招聘、销售人员离职费用等;⑤通信交通费用。

3.4.1 销售预算的编制过程

1. 确定公司销售和利润目标

通常,公司的销售和利润目标是由最高管理层决定的,最高管理层对公司所有者负责。为了吸引投资和贷款,公司必须保持足够的投资回报,否则,公司的成长机会和生存将受到严重的威胁。公司的营销总监和销售经理的责任就是创造能达到公司最高层的目标的销售额,但这样做必须考虑成本。

2. 进行销售预测

销售预测包括地区销售预测、产品销售预测和销售人员销售预测三部分。一旦公司销售和利润目标已经确定,预测者就必须确定在公司的目标市场上,是否能够实现这个目标。如果总体销售目标与预测不一致,就需要重新调整公司销售和利润目标,或对公司营销体系进行变革。

3. 确定销售工作范围

为了达到既定的销售目标,就需要确定潜在客户和他们的需求、设计产品、生产产品和为产品定价,通过各种方式与客户沟通、招聘、培训销售人员等。另外,必须开发具有销售管理潜能的人才。

4. 确定固定成本与变动成本

在一定销售额的范围内,不随销售额增减而变化的成本称为固定成本。而随着销售产品数量增减而同步变化的成本称为变动成本。

主要的固定成本包括销售经理和销售人员的工资、销售办公费用、培训师的工资、被培训销售人员的工资、例行的销售展示费用、保险、一些固定税收、固定交通费用、固定娱乐费用、折旧等。

变动成本通常包括提成和奖金、邮寄费、运输费、部分税收(增值税)、交通费、广告和销售促进费等。

5. 进行量本利分析

当区域销售经理被分配年度销售和利润目标后,他必须保持对达到目标过程的控制。这种控制最好按月进行。量本利分析法(BEA)是一种有效的分析方法。

盈亏平衡点(BEP)是量本利分析法中最重要的概念。它是指为了使收入能够弥补成本(包括固定成本和变动成本)的最低销售量。其计算公式如下:

$$BEP = FC / (P - VC)$$

式中　BEP——盈亏平衡点；
　　　FC——总固定成本；
　　　P——单位产品售价；
　　　VC——单位产品的变动成本。

通过调控变动成本和固定成本，就可知它们对利润的影响。

根据上一步骤，销售经理需要知道各种行动对公司盈亏平衡点（BEP）的影响。当公司的价格、成本、销售量处于盈亏平衡点（BEP）时，销售收入刚好弥补所有的成本费用。公司处于零利润的状态。这只是一个理论上存在的状态，很少有公司刚好处于这种点上。但有些公司接近这种状态，也可以认为是处于盈亏平衡点（BEP），以便分析和管理。

当固定成本先下降而后又上升，而价格和变动成本不变时，例如一个销售人员离开公司，固定成本下降，盈亏平衡点下降，如果销售量不变，则利润会增加。

相反，销售经理决定将两个区域分割为4个，就需要增加2个销售员，这时，固定成本会上升，盈亏平衡点时的销售量会增加，如果销售量不变，则利润将下降。

在第一种情况下，销售经理决定削减交通费用，单位变动成本会下降。假定销售量没有损失，盈亏平衡时销售量就会下降，因此，利润会上升。另外，如果销售经理增加销售员的交通费用，变动成本会上升，从而盈亏平衡点也会上升，如果销售量不增加，则利润会很快下降。

销售经理想要决定价格对利润的影响，通过试验各种价格和成本的变化，销售经理可以看到其对盈亏平衡点和利润的影响。

6. 提交最后的预算给公司最高管理层

量本利分析之后，销售经理要确定为达到最高管理层确定的销售额和利润目标所必需的成本费用。他知道各种变量的变化以及对利润的影响，他还应该了解哪种变化是可行的。

从一定意义上讲，量本利分析是一个预测工具，因为它预示了成本费用变化对盈亏平衡点和利润的影响。这种方法同样可以用作评估和控制工具。前面的例子过于简单，但说明了这种分析的概念。当实际费用发生时，销售经理也可以根据不同的变量对目标影响的重要性来分析偏差发生的原因，进行有针对性的调控。

7. 用销售预算来控制销售工作

销售预算也是公司评价营销部门工作绩效的标准和依据。营销部门同时会把总体的销售费用预算再进行细化，分派到更下一级的预算单位，因此它也是营销部门内部的工作绩效评价标准。一般说来，至少每月评估一次，主要是观察预算指标与实际执行的对比情况，如果存在差异，要对差异进行分析，并找到解决的方案，所以，销售预算同时也是一种控制工具。

3.4.2　确定销售预算的方法

1. 最大费用法

最大费用法是在公司总费用中减去其他部门的费用，余下的全部作为销售预算。这个方法的缺点在于费用偏差太大，在不同的计划年度里，销售预算也不同，不利于销售经理稳步地开展工作。

2. 销售百分比法

用销售百分比法确定销售预算时,最常见的做法是用上年的费用与销售百分比,结合预算年度的预测销售量来确定销售预算。另外一种做法是对最近几年费用的销售百分比进行加权平均,其结果作为预算年度的销售预算。这种方法,往往忽视公司的长期目标,不利于开拓新的市场,比较适合销售市场比较成熟的公司。同时,这种方法不利于公司吸纳新的销售人才,因为从长远来看,吸引有发展潜力的销售人员对公司的长期发展是必不可少的,但这种方法促使销售经理只注重短期目标,而忽视对公司具有长期意义的人才的培养。

3. 同等竞争法

同等竞争法是以行业内主要竞争对手的销售费用为基础来确定销售预算的。用这种方法的销售经理都认为销售成果取决于竞争实力,用这种方法必须对行业及竞争对手有充分的了解,做到这点需要及时得到大量的行业及竞争对手的资料,但通常情况下,得到的资料是反映以往年度的市场及竞争状况。用这种方法分配销售预算,有时不能达到同等竞争的目的。

销售费用总额 = 主要竞争对手的销售费用/主要竞争对手的市场占有率 × 本企业预期的市场占有率

使用这种方法的前提条件是:第一,企业必须对行业和竞争对手有充分的了解,具有竞争对手销售预算的可靠信息;第二,竞争对手的销售预算在行业中有较强的代表性,其做法是科学和理智的。

4. 边际收益法

边际收益法是指每增加一名销售人员所获得的收益。由于销售潜力是有限的,随着销售人员的增加,收益的增加会越来越少,而每个销售人员的费用是大致不变的,因此,增加一个销售人员,其收益和费用接近;再增加销售人员,费用反而比收益要大。边际收益法要求销售人员的边际收益大于零。边际收益法有一个很大的缺点,即在销售水平、竞争状况和市场其他因素变化的情况下,确定销售人员的边际收益是很困难的。

5. 零基预算法

零基预算法的全称是"以零为基础的编制计划和预算方法"。

基本原理:对于任何一个预算期,任何一项开支费用,完成不考虑基期的费用开支水平,而是以零为出发点,从实际需要和可能出发,逐项审议各项费用开支的必要性、合理性以及开支数额的大小,从而确定各项费用开支的预算数。

主要步骤:第一步,要求销售部门的所有员工根据本企业预算期内的经营目标和各部门的具体任务,详细讨论预算期内需要发生哪些费用项目,提出费用支出的目的以及需要开支的额度。第二步,对每一个费用项目进行"成本——效益"分析,将其投入与产出进行比较,以评价各个费用开支方案,然后将各费用用开支方案在权衡轻重缓急的基础上分成若干层次,排出先后顺序。第三步,按照排出的层次和顺序,结合预算期内可动用的资金来分配资金,落实预算。

主要优点:第一,有利于提高员工的"投入——产出"意识。零基预算是以"零"为起点观察和分析所有销售活动,并且不考虑过去的支出水平,因此,需要动员全体员工参与预算编制,这样就使得不合理的因素无法继续保留,从而在投入阶段就开始减少浪费,通过"成本——效益"分析,提高产出水平,能使员工的投入产出意识不断增强。第二,有利于合理分配资金。每项业务经过"成本——效益"分析,对每个业务项目是否应该存在、支出金额数量，都要进行分析计算，能使有限的资金流向富有成效的项目，使得资金的分配更加合理。第三，有利于提高预算管理水平。零基预算法极大地增加了预算的透明度，预算支出中的人头经费和专项经费一目了然，预算会更加切合实际，会更好地起到控制作用，整个预算的编制和执行也能逐步规范，预算管理水平会得以提高。

主要问题：第一，一切工作从"零"做起，因此采用零基预算法编制工作量大，费用相对较高；第二，分层、排序和资金分配时，可能有主管影响，容易引起部门之间的矛盾；第三，任何单位工作项目的"轻重缓急"都是相对的，过分强调当前的项目，可能会忽视长远利益。

销售预算是为了实现企业战略目标而设置的，而企业的战略目标是会根据内外环境的变化而不断调整的。因此，销售预算也不是一成不变，企业应该随着市场状况的变化对销售预算进行适当的微调。这样，才能使企业抓住机遇，发展自己，使销售预算不只是一项约束的条件，而且是迎接挑战的武器。

6. 任务目标法

任务目标法是一个非常有用的方法，它可以有效地分配达成目标的任务。下面举例说明这种方法。

如果公司计划实现销售额140 000 000元时的销售费用为5 000 000元。其中，销售水平对总任务的贡献水平若为64%，那么，用于销售人员努力获得的销售收入为140 000 000元×64%＝89 600 000元，那么，费用/销售额＝5.6%。

假设广告费用为2 000 000元，广告对总任务的贡献水平为25.6%，由于广告实现销售收入为140 000 000元×25.6%＝35 840 000元，那么广告的费用/销售额＝5.6%

这种情况下，两种活动对任务的贡献是一致的。如果广告实现的销售收入低，公司可以考虑减少广告费，增加人员销售费用。

这种方法要求数据充分，因而管理工作量较大，但由于它直观易懂，所以很多公司使用这种方法。

7. 投入产出法

投入产出法是对任务目标法的改进。任务目标法是一定时间内费用与销售量的比较。但有时有些费用投入后，其效应在当期显示不出来，则无法真实反映费用销售量比率。投入产出法不强调时间性，而强调投入与产出的实际关系，因此在一定程度上克服了任务目标法的缺点。

3.4.3 销售费用管理

1. 销售费用管理的原则

良好的销售费用计划可以为销售工作的进展和考评提供切实的依据，销售费用管理工作应遵循以下原则：

（1）生活标准一致。销售经理应该尽量保证销售人员在各地出差和在当地工作的生活水平一致，不因出差而导致生活品质下降。合理的费用计划应该使销售人员的付出与收获成正比。

（2）不能妨碍新市场拓展。销售费用计划不能妨碍销售职能的履行，也不能妨碍新市场的拓展。

（3）费用计划简洁实用，表述明确。费用计划应力求简洁实用，以方便对其的控制。有些费用应力求节约，比如行政和管理费用。销售费用计划也要表述准确，不能在管理层和销售人员之间造成误解。

（4）严格执行报销制度。销售费用计划应控制和减少费用的虚报，但同时又要避免因费用支出减少而影响销售人员的热情。企业不让销售人员虚报费用的最佳途径是向销售人员灌输一种针对这种行为的道德观。同时，企业要准备一份费用分类账的样本。这一分类账中包括里程、住宿费、餐饮费、业务招待费以及其他可以报销的费用。当然，可能有更简单的方法来处理此类账目，特别是对餐饮费、业务招待费，可以将某地区饭店饮食的平均成本作为基数，算出一个人均的标准。企业应及时报销销售人员的开支，这样他们就不会有机会为了使下个月的开支增高而虚报本月的费用。另外，对于上次报销时遗漏的费用，企业也应该按照规定标准加以补偿。

2. 销售费用控制的方法

（1）销售人员自付费用。销售人员自付费用是指企业在制定销售人员佣金比率时，将销售费用的支出也考虑在内。销售人员费用包干，不得再向公司另外申请。这种方法处理简单，可以减轻工作强度，增强公平性，同时对公司的利润能有保障，费用不会超支。但是这种方法也有明显的缺点，如由于销售区域、客户性质及产品项目的不同，销售人员所需支出的费用也不同。如果企业按同等的比例支出费用，这显然是不公平的。同时，这一比例的制定往往容易流于主观，也会造成不公平的现象。

（2）无限制报销制度。无限制费用报销法又包括逐项列举报销法和荣誉制报销法。

①逐项列举报销法。逐项列举报销法是指允许销售人员就其所列支的业务费用，附上必要单据，逐项列举填写，呈报主管审核后，再到财务领取费用，不限额地予以报销销售费用。这种方法对销售人员来说比较灵活，可以根据业务的需要有效运用销售费用；同时公司也可以对销售人员做适当的控制和指导，有效发挥销售部门的效率，减少公司和销售部门之间的摩擦。但这种方法会使得一些信用较差的销售人员私账公报，也不能有效督促销售人员节约销售费用。

②荣誉制报销法。荣誉制报销法意味着销售人员不必逐项列举所发生的销售费用，只要定期在报告上注明费用支出总额，公司就会照数付款。这种方法建立在对销售人员的高度信任之上，可以提高销售人员的工作热情，同时将公司和销售部门之间的摩擦减到最低。这种方法使公司所负担的风险很大，稍有疏忽就可能造成很大的浪费。

3. 销售费用控制的步骤

（1）明确目标。销售经理要确定企业是否进行销售费用控制，在多大程度上进行销售费用控制。考虑到习惯做法等原因，如果突然进行费用控制可能会遇到很大的阻力，甚至会在一定程度上影响企业的发展。

（2）制订销售费用计划。一份良好的计划是费用控制的基础，它能帮助管理层和销售人员有清楚的认识，做到心中有数并有据可依，最好在有条件的情况下让销售人员参与计划的制订，这对费用计划的沟通与执行会有很大的帮助。

（3）注重与销售人员的沟通。通过书面或面谈的形式就公司制订的最终费用计划方案与销售人员沟通，以便销售人员清楚计划内容，消除疑惑。

（4）建立完善的费用检查和审核体系。首先，企业应当在销售费用发生之前进行合法性审核，这种审核有利于企业根据变化的市场情况再次确定销售费用开支的合理性；同时在费用发生后再进行凭证性审核，防止销售费用不当开支。其次，企业还应当加强对销售费用的检查。应检查实际发生的销售费用是否与预算费用一致，还应检查实际发生的销售费用是否与规定的开支项目及开支标准一致。同时，还应检查销售费用的发生是否符合国家财经法律法规和企业财务制度的规定，对违法乱纪行为应认真查处。企业通过加强对销售费用的检查和审核，能够保证销售费用的合理性和合法性，也能加强企业核算销售费用的准确性。

3.5 制订销售计划

3.5.1 销售计划的内容和制订依据

销售计划的内容可理解为"六个W"：
What——销售目标（销售额）计划；
Which——商品计划；
Who——销售组织（销售人员计划）；
When——销售时间安排；
Where——销售路径计划；
How——销售策略计划。

也就是为实现企业销售目标（销售额）计划；要把什么商品（商品计划）；在什么时间（销售时间安排）；卖到何处（销售路径计划）；以什么价格（售价计划）；由谁（组织的计划）；采取什么措施卖出去（销售策略计划）。其内容如图3-4所示。

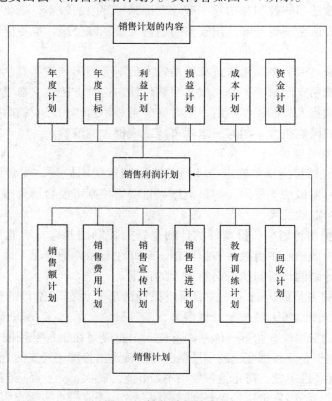

图3-4 销售计划的内容

根据自身的实际情况，企业通常需要依据以下基本资料制订销售计划：①企业目标数据资料；②企业过程业绩数据资料；③依据客户以往购买情况的资料。

3.5.2 销售计划的制订程序

制订销售计划并不是仅仅确定销售数字的问题，其制订的过程还包括许多其他内容。它是一个整体决策的过程，其基本步骤如下：

1. 调查研究，分析现状

"没有调查就没有发言权"，对数据和相关情况的调查研究和分析是制订合理销售计划的前提。调查研究、分析现状工作解决"我们向何处去"这一问题，主要分为以下部分。

（1）历史情况评价工作。历史情况评价工作是去探寻市场的长期趋势和短期变化。这种分析要应用过去的数据。例如，如果在 2017 年进行 2018 年的计划，则历史数据将包括 2017 年的和更早的信息，如 2017 年以前 5 年的信息。主要数据是综合的市场数据（如销售额和市场占有率），市场活动信息（如广告和价格），历年的成本和利润数据，技术、法规或其他的与外部环境条件的变化相关的事件等。由于这些数据跨越很长的时间阶段，这就要求公司有这方面的数据整理和储备功能。这类信息经常是储存在公司的计算机信息系统里（如果公司有这方面的管理信息系统）。

（2）形势分析。形势分析是对公司在当前面临的内外部环境的详细研究，企业应该清楚地了解：企业近年来在哪些细分市场较为活跃；自身的优势和弱点；还有哪些细分市场有能力进入。通过形势分析，为今后的销售工作铺平道路。

（3）销售分析。对销售情况进行广泛的研究（如分产品、地区、时间、渠道等），以了解综合数据中隐藏的问题。例如，某个系列产品（如鞋）的总体销售额的增加可能会掩盖某特定尺寸或颜色产品的销售额下降的事实。

（4）行业吸引力分析。由于所有的市场在竞争者、客户、技术和销售增长率等方面都是动态变化的，因此某个行业的吸引力也是变化的。进行行业吸引力分析的目的就是针对公司正在参与和打算参与的行业，就影响该行业吸引力的因素进行分析。

（5）客户分析。这部分分析的目的是充分了解客户，真正以客户为导向进行公司的销售活动安排。

（6）竞争对手分析。由于所有的市场都是竞争性的，因此要分析市场上的主要竞争对手在未来可能做些什么。这是销售计划中要分析和回答的关键问题之一。

（7）资源分析。这部分是针对公司的产品品牌，通过与主要竞争对手的比较，找出在关键领域的优势和弱点。

（8）假设条件。这是指对计划所依据的未来情况做出的假设。这种假设包括的范围较广。产品的市场潜力是其中的一个关键数据，因为它体现了产品类型的市场增长情况。资源分配和其他许多与决策相关的因素的综合考虑以及市场和品牌的销售预测等都与这部分信息有关。关于外部环境因素的假设，如原材料或劳动力供给因素的假设，也都是有关的内容。

调查研究，分析现状是制订计划的准备工作，应在确定市场营销目标和策略之前进行，虽然计划期的策略、方案的制订是计划的实质内容，但对数据的收集和分析也是计划的重要组成部分，因为从背景数据获得的启示经常会使策略的选择变得更加明显。

2. 确定销售目标

这一阶段是前文花大篇幅谈到的内容，也是狭义的销售计划。目标制定的主要内容如下：

（1）企业的战略目标。

（2）市场目标：①现存市场；②待开发的新市场（如果条件允许，还可确定市场份额和销售水平）。

（3）财政目标：①销售额（目标市场的占有率）；②利润；③观念要求（财政目标应具有灵活性，随具体经济条件变化而变化）。

所有的目标都应当是现实、可行的。

3. 制定销售策略

本阶段要解决怎样实现目标的问题。销售策略是一个内涵很广的概念，它指企业借以实现其既定目标的各种方法，包括一切能够使多类产品变得适应客户需要的各种销售手段和方法。如果企业的业务活动并不限于单一的细分市场，那么针对每一个具有不同需要的消费者群体，都需要采用相应的销售策略。

在制定销售策略时，管理者常面对多种可能的选择，每一目标使用若干种方法实现。例如，增加9%的销售收入的目标可以通过提高单位平均价格、增加总销售量、推销更多的高价格产品等方式来实现。这些子目标同样也可用多种方法实现。例如，增加总销售量可通过扩充市场或提高市场占有率来获得；市场的扩充可通过说服每户拥有更多的本公司产品或更频繁地更换其旧产品来实现等。通过对每一目标进行深入探讨后，管理人员便可找出产品线可采取的主要策略。

策略的制定应在这些可选择的策略中做出基本的选择。每一个不同细分市场的销售策略应当用简单明了的语言来表示，它说明公司为满足这部分客户需要，保证供给的主要特色。这些特色因产品的特点和客户的需要不同而异。而且包括产品的性能和价格的确定以及摊销和分销的方法等。情景体验3-3是用直接陈述形式写出的销售策略陈述书范例。

★情景体验3-3

范例：销售策略陈述书

××公司为××音响产品线制定的基本策略是针对中上家庭，特别着重女性购买者。将通过增加某些低价格和高价格的机型而扩大产品线，这样产品的平均价格将提高4%。公司将展开一个新的和强大的广告攻势来增加自己的品牌在消费者和经销商中的知名度。公司将把分销渠道扩大到百货商店，但要避开折扣商店。在××音响产品线机型的研究与开发方面，公司将投入更多的资金，使其具有较好的音质和较可靠的形象。

在制定销售策略时，管理人员需要与其他人一起讨论，因为这些人的合作将影响到策略的成败。如产品经理要接触采购人员和制造人员，弄清楚他们是否能够买到足够的材料和生产足够的产品，以达到计划销售的水平；同时也要同销售经理研究，以得到销售人员的支持；最后还要与财务主管协商，以确认有足够的资金可资利用。

4. 销售方案的评价和选择

这一阶段是从各种可供选择的销售方案中权衡利弊，然后选取其一，或综合成一。作为最后选定的销售方案，首先，必须能在较高程度上实现预定的销售目标，这是方案评价和选择的合理性标准。例如，一个公司的经理正在寻找提高50%销售额的办法，其中一个方案是通过购买某个厂来扩大生产。但是经过评估后，买下这个厂只能增加35%的销售额。很显然，这个方案未能完全合乎要求。在这种情况下，一个选择是放弃这个方案，另一个选择是先买下这个厂，再设法通过服务、价格、促销、广告等措施解决余下的15%销售额增加问题。这是从目标的实现程度来看的。当销售方案具有多个目标，或一个目标需通过多个指标来反映，而每个销售方案对不同目标（指标）的作用程度不同时，就必须根据企业所处的环境条件和选择的价值前提，分清目标的主次，把主要目标作为考虑的重点。

其次，选择方案时还必须考虑方案实施所需付出的代价与可能带来的效果的比值，此称为费用效果比或成本收益比。这是方案评价和选择的经济性标准。

最后，方案评价和选择过程中要妥善处理正面效果与负面效果，以及效果与风险之间的关系。任何销售方案在带来实现预定目标所希望的正面效果的同时，往往也可能引起各种负面效果。因此，方案评价和选择过程中，需要从正、负两方面做全面的衡量和评价，这样才能避免产生不良后果。

5. 编制销售计划书

这一阶段要解决"如何将销售方案付诸实施"。所谓销售计划书，是指销售部门为满足客户需求应做的所有工作安排。销售计划书包括企业的销售额目标、利润目标、基本方针、销售策略、业务机构计划、广告计划、营业预算等。

本章小结

销售计划是直接实现销售收入的一连串过程的安排，是企业战略管理的最终体现。好的销售计划可以使企业的目标有条不紊地顺利实现。销售计划的失误是销售管理工作的最大失误。销售计划体系基本内容包括需求预测、销售预测、销售计划、决定目标额（包括按产品、地域、部门、销售人员分类等）、销售实施计划、预测销售费用、决定销售费用、分配销售费用等。

本章案例

在销售计划管理中，销售预测是制订计划的基础和关键。销售预测即销售估算，是借助企业销售的历史资料和市场需求的变化情况，运用一定的科学预测方法，对产品在未来一定时期内的销售趋势进行预测和评价。销售预测是公司进行各项决策的前提和基础。

销售目标是对企业在一段时间内，在销售领域里应完成的任务的清晰简洁的书面陈述。这种陈述应是客观的、可以衡量的，是能够促使每个销售人员努力达成的。确定销售目标值应考虑市场、收益与社会性等因素，并采用定量分析方法确定。

销售目标管理是目标管理在销售工作中的应用，它以提高绩效为目的，应用行为科学原理，组织内上下级人员共同协商该下级销售人员责任范围，订立销售人员在一定时间内应完成的销售目标以及成果评价标准与优劣界限的尺度，以激发各级销售人员的潜力。

销售目标管理主要是由目标设定、目标执行、目标追踪、目标修正、成果评价与奖惩五个环节构成的一个循环周期。

销售配额是销售经理分配给销售人员在一定时期内完成的销售任务，是销售人员努力要实现的销售目标。

销售预算是企业对开展产品销售活动费用的匡算,是企业进行产品销售活动对投入资金的使用计划。销售预算一般包括五个方面的内容:①销售人员的费用,如工资、提成、津贴、差旅费、交通费、交际费等;②销售管理的费用,如销售经理的工资、提成、津贴、差旅费等;③其他人员的费用,如培训师薪水、被培训者的薪水;④其他销售费用,如销售会议、销售促进、销售展示、目录和价格清单、招聘、销售人员离职费用等;⑤通信交通费用。

销售计划的制定程序包括五个基本步骤:①调查研究,分析现状;②确定销售目标;③制定销售策略;④销售方案的评价和选择;⑤编制销售计划书。

本章习题

一、复习思考题

1. 简析销售计划的基本内容。
2. 销售预测的定性方法有哪些?比较分析其优缺点。
3. 销售目标的确定方法是什么?
4. 销售配额的类型有哪些?
5. 销售预算编制流程分为几个步骤?

二、实训题

实训项目:要求学生以小组为单位走访调研当地某一饮料企业并为其制订 10 月份销售计划,目的是提高品牌知名度,增加消费者与产品的接触率,促进消费者购买。

实训目标:

1. 掌握制订销售计划的方法。
2. 掌握销售计划应该包括的内容。

实训内容与要求:

根据以下提纲制订销售计划:

1. 制订某饮料企业销售计划的目标。
2. 当前营销及销售状况分析。
3. 机会和问题分析。
4. 制订销售计划。

销售区域管理

★学习目标

通过本章的学习，认识和了解销售区域的含义，理解销售区域管理的原则和步骤，掌握销售区域战略管理，掌握销售区域设计的方法，重点掌握窜货管理的内容，了解销售终端管理的技巧和方法。

★教学要求

注重通过理论讲授设计销售区域；采用启发式、探讨式教学，加强课堂案例讨论，注重对销售区域战略管理的总结，并通过实践教学来讲授销售区域窜货管理。

★导入案例

大品牌产品升级引发的经销商压货问题

老高是某著名快消品（本文称为 A 企业）的经销商，在别人看来，其公司在省会中心地带，拥有数千平方米大院自有产权，前边是四层办公楼，后边是大片库房，有近百台车，有200多人的团队，生意相当庞大。

可事实上，老高从这家品牌身上取得的利润却一年不如一年。2015 年下半年，算完人力成本和市场成本，每月七八百万元销售额，利润却不足 10 万元！这还不算固定资产折旧、银行融资成本。起早贪黑，闹心憋屈，挣这几个钱，不是厂家的装卸工是什么？

即便如此，2016 年来自厂家的巨大增长压力依旧没有放松的迹象。

2013 年到 2014 年，A 企业持续高速增长，年均增长率达到了 30%，但增长动力是一样的：密集分销，核心是"加车加人""密集铺市"和"促销投入"。

但越来越明显的是，靠密集资源投入换得的扩张性增长格局，已经不可能无限期成为拉动这家企业增长的源泉了。首先，扩张越来越困难，能铺的网点都铺了，渠道越来越饱和；

其次，竞争越来越激烈，为了抢占份额，价格战成为常态，利润越来越薄。

2015年年初，面对董事会要求年度增长40%的目标，A企业营销高层提出"转型"战略，要点是"产品升级""管理复制"和"费用检核"。

其一，开发、推广几款高端产品，毛利高，让经销商有钱赚，同时优化公司产品矩阵、利润矩阵；

其二，强硬要求经销商复制厂家管理模式，如要求经销商建立巡查队伍，参照厂家业务工资体系，对配送员工资进行改革，实行专车专送，用"排他性"条款高效占用配送资源；

其三，加大促销检核力度，费用必须专款专用，必须100%落地，避免经销商截留，钱要花到市场上，从而压出渠道销量极限来。

在营销高层看来，"转型"成功的关键就是"费用检核"，费用只有和目标量完美挂钩，才能有效确保目标达成。为此，他们设计了如下流程：

1. 任务分解

任务自上而下进行分解，总部分给大区，大区再分给区域。为确保完成任务，每个层级都有自己的小算盘，就是在自己领到的基数之上再加几个点。而层层加码后，经销商领到的任务要高出"增长40%"的目标不少。

2. 合同签订

要求业务人员签订年度和月度销量责任状，为确保新产品推广成功，还要单独签订新产品销量责任状，辅以销售提成，其目的只有一个——把业务人员和经销商捆绑在一起，逼出各自的极限。

由于是大品牌，加上各种威逼利诱，老高虽然很有意见，但最终还是签订了合同。

3. 费用逼迫

首先，A企业将公司产品进行梳理，将数款占销量半壁江山的产品，实行随车搭赠，但拿到这笔费用是有条件的：以经销商月度任务为标准，按照销售额达成率进行补贴，完成95%，费用全额补贴，低于95%，分坎级扣除一定比例，要是低于70%，则一分也没有。设置70%底线，是要确保2015年销量至少不会呈现负增长。

其次，单独申请的促销活动要和规划量以及月销售额挂钩，只有规划量和月销售额都达标，才能拿到全额费用，否则将按照坎级扣除一定比例的费用，但月销售额达成率最低是70%，低于这个数，促销费用只能报销50%。

最关键的是，A企业要求严控价格和经销商毛利，执行的促销活动，要限定供货价和出货价。老产品，经销商毛利不得超过10%；新产品，毛利不得高于20%，目的是让消费者能够获得产品红利，进而持久拉动消费。

最后，大区、销售部、集团三级巡查队伍要对各类促销活动进行高频次检查，一旦查出问题，除扣除该项费用之外，还要重罚。

——段文智：《销售与市场》，2016年06期，有删改

★引导任务

谈谈你对销售区域为成员管理的理解。

4.1 认识销售区域

4.1.1 销售区域的含义及设立意义

销售区域也称区域市场或销售辖区，是指在给定的一段时间及特定的地理范围内，分配给一个销售人员、一个分销点或者是一个分销商的当前及潜在客户的总和。这个概念强调的是客户而不是地理范围。销售区域所指的"客户"，就公司的销售部门、销售人员而言是指本公司商品的经销商和分销商；就批发商而言是指向他进货的其他批发商和零售商；就零售商而言是指购买该商品的消费者。

销售区域可以有地理界线，也可以没有地理界线。企业一般将总体市场分为多个细分市场，通过分析企业自身优势，估计各个细分市场的潜力，选择目标市场，进行市场定位。一个销售区域可以被认为是一个细分市场，可以按地区划分，按行业划分，按产品划分，按客户名单划分等。

销售区域设计与管理是企业销售组织战略得以实现的关键因素。建立销售区域是企业加强销售管理的十分重要的一环。

1. 有利于全面覆盖市场，落实企业总体销售目标

因为目标市场的每一个销售区域都有专人负责，所以不会有被忽略或被遗忘的销售"死角"，能够全面覆盖市场。企业整体的销售管理目标的实现，有赖于整个企业销售系统的正常运作，有赖于各个子目标的完成。通过销售区域的设置，可以把企业的整体销售目标（销售量、销售额、市场开拓、新客户开发数量、货款回收、利润等）层层分解，以使整个销售系统任务明确，实现"千斤重担大家挑，人人头上有指标"。而且，通过给每位销售人员规定严格的销售区域，并严禁窜货，销售人员会更努力地开发自己的区域市场，可以更好地了解和挖掘所负责的客户的需求。

2. 鼓舞销售人员的士气

销售人员是销售辖区的业务经理，他们负责保持和增加销售额。根据赫茨伯格双因素理论，工作本身是主要的激励因素之一。对销售人员也一样，最主要的激励来自其销售工作的本身，也就是销售工作的业绩，即工作本身的成就感和由此带来的经济收入的增加。当销售区域建立好之后，销售人员会产生强烈的主人翁意识，会认识到他要对属于自己区域的结果负完全责任，就会更好地致力于提高工作效率，安排好访问路线等。当然，在设计销售区域时，也要考虑到销售区域的好坏会造成销售人员收入悬殊。

3. 提高销售服务质量，提升客户关系

销售人员对辖区客户进行定期访问会得到客户的信任。建立销售区域，把整体市场划分为较小的区域，可以改变企业销售管理上的粗放式经营管理方式，从而大大提高销售人员在其工作区域内的服务质量。首先，销售人员可以更快地熟悉区域内的环境，努力开发新客户，发现更多的销售机会。其次，销售人员可以更快地熟悉区域内的客户，了解客户的情况，定期较高频率地访问区域内的客户，对老客户进行深度营销，与之保持良好的关系。最后，可以更有效地改善区域内的市场服务，及时处理销售过程中的各种问题，提供优质的服务，使销售工作更加顺利地进行。

4. 建立有效的销售业绩控制机制

把整个市场划分成不同的销售区域后，企业对销售人员的业绩评价和业务控制就简便易行了。企业在不同的区域市场中竞争地位是不一样的，如果对不同的区域市场用同一种标准来评价销售业绩，对销售人员是不公正的，从销售管理上来说也是不科学、不严肃的。根据企业在不同销售区域的竞争现状，应分别制定相应的评价标准，建立有效控制机制，按不同的销售区域来分析、评价销售状况和费用水平，在此基础上进行不同市场之间的比较，会比较科学，而且销售人员也容易接受。

在业务控制上，企业要通过比较区域市场之间的市场占有率等数据了解不同区域的竞争状况，在参与竞争中对不同区域有针对性地采取竞争策略。科学合理的销售区域的设置使评价和控制更切实可行，销售管理更行之有效。

5. 合理控制销售成本，降低营销费用

科学合理设计销售区域的一个重要目的是合理控制销售成本。区域范围相对较小时，广告费用、促销费用的安排上会更加合理，更加有针对性，运用更加有效。每一个销售区域都有指定的销售人员负责，销售人员能更加合理地设计对客户的访问路线，更加有效地分配对客户的访问时间，可以避免对客户的重复访问，节省销售人员在访问途中的时间，减少旅行和住宿费用等，从而降低销售成本。不仅如此，一对一的访问还可以在客户心目中树立起统一的企业形象。

销售区域管理是企业销售战略得以实施的关键因素，是企业销售管理的重要组成部分。合理划分销售区域不仅可以节约销售成本，还可以节约销售人员的时间，提高销售人员的效率。企业管理层必须学会如何设计销售区域和分配销售时间，站在企业整体立场上对销售区域进行管理。

4.1.2 销售区域的分类

一般来说，销售区域的划分主要有以下几种方法。

1. 按地理区域划分销售区域

很多企业是按地理区域（省、市、县为单位）来划分销售区域的，用这种方法划分销售区域的优点很多：第一，地理区域已经存在，不需要再花太多的人力、物力、财力和时间去研究。第二，消费者对很多产品的需求带有很明显的地域色彩，因此，许多企业在产品的营销上往往以地理区域为基础。第三，很多产品需要生产厂商提供各种类型的服务，如技术服务、送货服务、促销服务等，按地理区域提供服务就可以减少企业派出技术人员的数量。可以分区设置中转仓库，减少不合理运输，及时为客户送货上门。因此按地理区域设置销售区域能使企业为客户提供更周到的服务。第四，在我国，区域性的中间商特别多，在某一区域内它们往往占有绝对的竞争优势，作为生产企业必须以区域为单位派出销售人员，以密切与中间商的关系。第五，有利于节省交通费用。由于每个销售人员的销售范围相对较小，交通费用自然也相对较少。

按地理位置划分销售区域包括以下两种情况：

（1）按大区划分为东北市场（黑、吉、辽、蒙）、西南市场（云、贵、川、渝）、华东市场（苏、浙、皖、沪）、华南市场（粤、琼、闽、桂）、中南市场（湘、鄂、赣、豫）等。也可以按省、市为单位划分销售区域。目前很多大公司是以省、市为单位划分销售区域，其原因有两个：一是一些基础资料比较容易得到，如人口、购买力的统计资料，用这些资料来评估销售区域的销售潜力比较可靠、容易把握;二是区域边界明确,理论上不容易产生区域之间的业务摩擦。

(2) 按邮政编码划分销售区域。在一些特大型城市(如北京、上海、广州等),如果把它们也作为一个销售区域,由于范围太大、人口太多,显然是不合适的,在日常销售管理中不好控制,销售业务也很难以开展。以邮政编码划分销售区域,就体现出了它的优势:一是比较方便,简单易行;二是相同邮政编码的区域往往具有类似的经济特征。

在具体拟定一组销售区域时,不能生搬硬套行政区域,而要结合实际情况,遵循一些原则来划分。这些原则包括:地区易于管理;销售潜力易于估计;可使出差时间减至最小限度;能为各销售代表提供足够的、相等的工作量和销售潜量。

2. 按客户划分销售区域

按客户划分是指企业将其目标市场按客户的属性进行分类,不同的销售人员负责向不同类型的客户进行销售。

客户的分类可依其产业类别、客户规模、分销渠道等来进行。根据用户类型、用户规模划分销售区域,使用不同的销售人员,能够深入了解所接触客户的需求状况及所需解决的问题,有利于在销售活动中有的放矢,提高成功率。但是当同一类型的客户比较分散时,则会增加销售人员的工作量,增加销售费用,影响销售业绩。因而按客户划分销售区域通常适用于同类客户比较集中的产品销售。

3. 按经济贸易区域划分销售区域

按经济贸易区域划分销售区域有两种形式:一是以区域性经济中心设置销售区域。这是一种经济区域和地理区域兼顾的销售区域设置方式,以考虑经济区域为主。二是以贸易区域划分销售区域。以贸易区域划分销售区域是很多企业采用的销售区域划分方式,依赖大批发商进行销售的生产企业或多或少采用这种方式。这是基于经济上的原因,而不是地理上的原因。贸易区域的设计是考虑批发商、零售商及消费者的行为而设计的。

按经济贸易区域划分销售区域,企业可以将消费习惯、消费能力等因素相同的地区予以整合,成立销售分公司,既降低销售成本,又使企业的销售更具有针对性和实效性。同时,企业可以利用经济贸易区域核心城市的辐射作用,带动周边区域的城市联动消费,形成统一的消费习性,建立同质的消费倾向。

4. 按产品划分销售区域

企业将销售区域按产品分成若干类,由销售人员负责销售其中一种或几种产品。例如,食品企业按照方便面、茶饮料、乳制品、纯净水来划分。

5. 综合划分销售区域

在现实生活中,企业往往采用多种方式划分销售区域。例如,银行在各地区的分行与支行是按照地区划分的,而各分行与支行内部是按客户类型来划分的。

4.2 设计销售区域

4.2.1 设计销售区域的原则

最理想的销售区域设计是公司内所有销售人员都有一个公平的市场潜力和工作量,使每个销售人员有足够的销售潜力取得合理的收入;使销售人员认识到销售区域的分配是合理的;使销售人员有足够的工作量。在销售潜力相等的情况下,容易合理地评价和比较销售人员的业绩。但是,这些目标在现实中很难同时达到,只是一种理想的状态。在实际操作中,销售区域的设计应遵循以下四项基本原则:

1. 公平合理原则

销售区域设计的首要原则就是公平合理,机会均等。这一原则要求所有销售区域应具有大致相同的市场潜力,所有销售区域工作量应大致相等。只有在市场潜力大致相同时,不同销售区域的销售人员的业绩才有可比性。所有区域工作量大致相等,则可避免贫富不均,减少区域优劣之争,提升销售团队的士气。

2. 可行性原则

销售区域设计的可行性原则,一是指销售区域市场要有一定的潜力,销售经理要了解市场潜力在哪里,有多大,如何利用才能使市场潜力变成销售需求,实现销售收入;二是指销售区域的市场覆盖率要高,销售经理要明确与客户联系的方式,要与企业的每一位潜在客户进行联系;三是指销售区域的目标应具有可行性,一定要使销售人员经过努力可以在一定时间内实现目标。

3. 挑战性原则

销售区域的设置应该有挑战性,使销售人员有充足的工作量,同时保证每个销售区域要有足够的销售潜力,确保销售人员能够通过努力工作取得合理的收入。要实现工作目标,每个销售人员必须充分发挥自己的聪明才智,具备不屈不挠的精神并付出努力。

4. 目标具体化原则

销售区域的目标应尽量数字化、具体化、容易理解。销售区域目标一定要明确,销售主管一定要使每一个销售人员确切地知道自己要达到的目标,并且尽量把目标数字化。这既有利于销售经理进行日常管理,又能使销售人员比较容易理解和把握销售目标。

4.2.2 设计销售区域的步骤

企业生存的环境是经常变化的,市场潜力、竞争对手、销售人员工作负荷和预计销售前景对公司的区域结构都有影响。因此,企业必须根据环境的变化不断调整销售区域。销售区域的设计过程一般包括以下几个步骤,如图4-1所示。

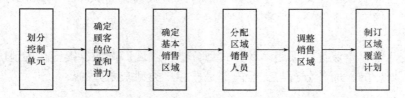

图4-1 设计销售区域的步骤

1. 划分控制单元

设计销售区域时,第一步就是划分控制单元,也就是将整个目标市场(如国内市场、国际市场、地区市场),按照一定标准划分为若干个控制单元。

划分控制单元时常用的标准是现有客户数和潜在客户数。利用现有客户数可以很好地估计目前的工作量，而利用潜在客户数能够预测销售发展潜力。此外，地理面积、工作量等也可以作为控制单元的划分标准。企业还可以根据本企业的实际情况设计划分控制单元的标准。

控制单元应该尽量小一点，小的控制单元有助于管理层认识到销售区域的销售潜力，有助于管理层进行区域调整。常用的控制单元是省、市、县等行政区域或者是邮政编码区域单位。典型的销售区域可由几个控制单元组成，如一个区域可能由三个市组成，另外的一个区域可能由四个县组成。

2. 确定客户的位置和潜力

划分好控制单元后，管理层就应该对控制单元中的现有客户和潜在客户的分布和购买潜力进行调研和分析。首先，管理层通过以往的销售资料识别现实客户的分布；通过国家机关或信用评级等有关机构、杂志、报纸、电视等有关媒体、分类电话簿、互联网等有关外部渠道，识别潜在客户的分布。然后，评估企业期望从每个客户那里获得的潜在业务量，按照可获得潜在利润的大小对客户进行分类，为确定基本区域提供必要的资料。

3. 确定基本销售区域

确定基本销售区域通常有两种方法，即合成法和分解法。合成法又叫自下而上法，是由小的地理单位合并为大的地理区域。合成法特别适合消费品厂商或者实行密集分销的公司。分解法又叫自上而下法，是根据销售潜力把整个市场分解成为近似相等的细分市场，以便使各个区域的销售潜力相等。分解法特别适合工业品厂商或者实行选择分销的公司。

（1）合成法。把基本控制单元合并成为销售区域需要考虑几个变量，例如客户的消费类型、拜访频率、每个控制单元的拜访总数、销售人员的工作负荷能力等。合成法的基本步骤如下：

①分析目标客户。管理层可以根据以往的销售数据，结合客户不同的需要和特点，把客户划分为若干类，每一类客户采用不同的销售策略。

对客户进行分类，一般采用的方法是客户 ABC 分析法，其分类标准应结合企业实际情况确定。一般情况下，A 类客户为大客户，其虽然数量较少，但购买量较大，这类客户一旦失去，对公司销售业绩影响很大。B 类客户为中客户，其数量居中，购买量也居中。C 类客户为小客户，其数量虽多，但通常购买量很小。

但在一些工业商品销售中，或直复营销的销售形式中，一般不对客户分类，而假设客户都是相同的，对所有客户采取相同的销售策略。

②确定最佳拜访频率。拜访频率受许多因素的影响，如销售潜力、产品性质、客户购买习惯、竞争特性和客户访问成本等。因此拜访频率取决于客户的可营利性。最佳拜访频率的具体数值可以由管理层来判断确定或者通过建立数学模型计算出来。一般情况下，大客户需要 1 个月访问 1 次，中客户需要 2 个月访问一次，小客户需要一年访问 2 次。

③确定每个控制单元的拜访总数。每个控制单元的拜访总数等于控制单元中客户的数量乘以该客户的拜访次数。

④确定工作负荷能力。销售人员的有效拜访次数受到一次访问的平均时间和相邻两次访问中间的旅途时间两个因素的影响。销售人员每天拜访的平均次数乘以一年的拜访天数就可以得出这个销售人员的工作负荷能力。

⑤初步组合销售区域。依照划分标准将每一个控制单元都组合到相应销售区域，可初步

形成销售区域。如以客户数量为标准,就要考虑各区域之间客户数量的平衡,将邻近的控制单元组合到该区域。销售区域内各控制单元一年中需要拜访客户的总数等于一个销售人员所能进行的拜访总数(前面所说的工作负荷能力)。

⑥根据需要调整销售区域。在初步组合销售区域后,各个销售区域依据某一划分标准已经达到平衡,但这种基于一个标准的平衡还不够理想,需要在兼顾其他标准的基础上进一步调整,使之达到更高要求。比如,初步组合的销售区域具有大致相等的客户数,但是各销售区域的地理面积悬殊,销售经理希望各区域在客户数基本相等的同时,地理面积也能大致相当,以平衡各区域的工作量。为此,他可以从客户规模大的销售区域中,选择一个地广人稀、客户较少的控制单元,将该控制单元重新划分给一个地理面积较小的区域,以达到新的平衡。如果面积大的区域正好与面积小的区域相邻,而且符合条件的客户正好处于两区域的交界处,新的平衡就很容易实现。否则,可能要同时调整几个区域才能成功。

(2)分解法。分解法适合于独家分销或者是销售工业品的公司。这种方法要求销售经理首先估计出销售量,然后分解为销售人员配额。具体步骤如下:

①确定总的销售量。通过开展市场调查和市场预测,在确定公司经营目标的基础上,进一步确定公司的总的预期销售量。

②确定每个控制单元的销售量。管理层可以采用层层分解的方法把总的销售量分配到各个控制单元中,从而得到每个控制单元的销售量。

③确定每个销售人员的平均销售量。为达到赢利的目的,管理层必须确定每个销售人员必须完成的销售份额,这就涉及销售人员的销售经验和成本分析等。

④确定销售区域。总销售量除以销售人员的平均销售量可以得到销售区域的数量。这一步主要是分解总体市场,按照销售人员都具有平等销售潜力的原则划分销售区域,使得每个销售人员拥有相等的市场潜力。因为每个区域的控制单元的销售量已经确定,所以管理层需要做的就是为每个销售人员分配足够数量的相邻单元。在这里,区域潜力应该等于或者大于每个销售人员的销售能力。

⑤根据需要调整销售区域。要保证市场潜力和工作负荷两个指标在所有销售区域的均衡,对初步设计方案进行调整是非常重要的。

4. 分配区域销售人员

销售人员一旦确定,管理层就可以把单个销售人员分配到各个地区。可以假设销售人员的销售能力没有差异,每个人在任何区域的表现都一样。然而事实是,不同的销售人员在销售能力和工作效率方面存在着明显的差异。在任何一个销售队伍中,销售人员的工作效率都可能不同,他们的销售经验、技巧、年龄、身体状况、能动性等都存在差异。销售经理应意识到,销售区域有好、中、差之分,销售人员也有好、中、差之分。同时,销售区域及销售人员都有各自的特点,即使两个区域的销售潜力完全一样,一个销售代表也可能在一个区域获得成功,在另一个区域却遭到失败。要把销售区域与销售人员结合起来,使销售人员发挥最大的作用。例如,如果销售区域内的客户大多数是文学家、艺术家,那么具有文学艺术修养的销售人员的工作效率可能会高一些。

对于销售人员的分配,因为其对象是个体素质差异显著的销售人员,故而涉及微妙的管理艺术问题,并不是单纯依靠历史数据和计算模型就能够解决的。那些有经验、有开拓精神的销售人员,如果被困在一个市场潜力小的销售区域内,他们会因缺乏机会而无法施展才能。如果换新人来代替他，新销售人员在这里可以得到一个极好的学习机会，而有经验的销售人员可以到最需要开拓的销售区域。对于市场需求仍在增长的销售区域，如果配置一个满足现状的销售人员，他可能不再会积极地利用市场给予的好机会，因而最好把他派往成熟的低增长的销售区域，这既满足他的需要，又符合公司利益。同时，可以分配一个积极进取寻求发展机会的销售人员到该区域工作。

在实际应用中，许多企业将销售区域划分为大、中、小三种规模，将小区域分配给缺乏经验的销售人员，中等区域分配给有经验的销售人员，而将大区域分配给经验丰富、技巧成熟的高级销售代表。这样做既可以调节销售人员的差异，又可以给管理层管理销售队伍带来便利。需要说明的是，这种做法并不是对销售区域设计方案的否定，同等规模的销售区域仍然有同样的要求，所以在大、中、小规模的区域设计中仍然要用到以上方法。

5. 调整销售区域

随着公司和市场的不断变化，销售区域有可能要做出调整。在实际工作中，公司规模的扩大，需要大量的销售人员来占有市场。当某区域的市场需求快速增长，大量的潜在客户涌入市场时，会使销售人员只能做表面的维持工作，而不能进一步开拓市场。例如，在一个销售潜力快速增长的区域里面，某个销售人员的销售额在2年里面增长了45%，表面看这是全公司增长水平最高的，但实际情况并非如此——这个销售人员的工作可能做得很糟糕，因为在这两年时间里，该销售区域的销售潜力增加了100%。由于该销售区域的迅速变大，该公司已经失去了原先的市场份额。当区域销售人员数量的增长无法与销售区域的变化同步时，销售人员倾向于利润大户而忽略了其他的工作，如宣传工作、寻找新客户的工作等。甚至最优秀的销售人员，努力工作也不能为区域的每位客户提供服务，公司不得不重新分配销售力量。有时销售任务也会发生变化。比如客户要求要有越来越多的附加值服务，这样销售人员的销售时间就变得少了，原来的销售区域的工作量便发生了变化，管理层可以缩小销售区域，并且增加新的销售人员，以便达到对原来的销售区域做出调整的目的。

另外，销售区域可能因为变小而需要调整。如果销售区域过小，可能是原来设计的问题，也可能是市场状况的变化或主要客户的重新定位使销售区域变小，这样销售人员为了提高自己的销售业绩，就会越过自己的边界到别人负责的区域进行销售，造成区域侵犯，给公司带来负面效应，如增加成本、降低效率、降低士气等。当发生区域侵犯时，进行区域调整就显得越发重要了。

无论怎样调整区域，销售经理都应坚持区域设计的合理性原则。在区域调整时，既要考虑公司利益，又要关注销售人员的意见，只有将两者结合起来，才能达到区域调整的目的。

★ 情景体验4-1

某企业要对广东市场设计销售区域，假设公司有10个销售员，每个销售员销售预测为年销售额200万元左右，实际能力有待考核。如果你是销售经理，你该如何设计销售区域？

市场潜力预测如下：广州450万元，深圳600万元，佛山100万元，东莞100万元，惠州80万元，中山80万元，珠海60万元，江门50万元，湛江60万元，阳江50万元，茂名50万元，云浮30万元，肇庆60万元，清远40万元，韶关60万元，河源30万元，梅州40万元，潮州40万元，汕头60万元，揭阳20万元，汕尾40万元。

4.3 销售区域战略管理

4.3.1 销售区域战略管理的概念

企业为了更好地向目标消费者销售自己的产品和劳务,必然要对其销售活动进行必要的组织和管理,销售区域战略管理是企业销售管理的重要组成部分。对大多数企业而言,一夜之间占领所有的目标市场是不可能的,因此做好销售区域战略管理是很重要的一步,关系到企业的生存和发展。

所谓销售区域战略管理,是指为实现企业整体销售目标,把握市场机会和实现商品交换而进行的,包括划分销售区域、开拓区域市场、协调区域市场、控制销售活动等一系列具体管理活动。这也是实现销售商品、取得销售收入、扩大市场份额的过程,是站在企业整体立场上对销售区域的管理。

4.3.2 销售区域战略管理

1. 正确规划销售区域

我国是一个幅员辽阔的国家,各个地区的自然条件、风土人情、经济文化水平等方面都存在着很大的差异。销售区域的划分将影响企业的整体运营效率和各个销售区域的效率,因此,必须引起管理人员的足够重视。一般情况下,销售区域划分的大小是由企业的经营规模决定的,经营规模较小的企业销售区域划分得比较粗、范围比较大;而经营规模较大的企业销售区域划分得比较细、范围比较小。

2. 确定每个销售人员的责任辖区

在企业依据一定的标准划分、设计好销售区域后,就要根据对这些销售区域的认识和了解,结合自身企业的资源状况,确定即将进入的销售区域。企业确定要进入的销售区域也被称为目标销售区域。在选择目标销售区域时,要考虑以下因素:

(1) 各销售区域市场容量及潜力。销售区域中某一种商品的潜在需求量可用以下计算公式表示:

$$S_1 = f \times P_1 - f \times P_0$$

式中　S_1——市场的潜在需求量;

　　　f——消费者的数量;

　　　P_1——销售率可能达到的普及率;

　　　P_0——现有的普及率。

以销售区域的净化机市场为例,该地区现有 5 000 万人,以每户 5 人计算,共有 1 000 万户,如果 2016 年的净化机普及率为 20%(城市与农村的平均数),2017 年要达到 25%,则 2017 年净化机的潜在需求量为:

$$S_1 = (1\ 000 \times 25\%) - (1\ 000 \times 20\%)$$
$$= 250 - 200$$
$$= 50\ (万台)$$

在计算出销售区域的潜在需求量后,还要计算在这一区域市场上本企业可能的销售量,可用下列公式:

$$S_0 = S_1 - (Q + M - X)$$

式中　S_0——本企业在市场上可能销售量;
　　　S_1——当年市场的潜在需求量;
　　　Q——当地其他同类企业的总产量;
　　　M——当年从外地或国外进入的数量;
　　　X——当地市场产品调出数量。

由前面计算可知2017当地市场净化机的潜在需求量为50万台,本地当年产量为20万台,从外地调进及国外进口34万台,调出8万台,则:

$$S_0 = 50 - (20 + 34 - 8)$$
$$= 50 - 46$$
$$= 4(万台)$$

在计算销售区域市场上的需求潜量时,还可以采用"连续比率法"。例如,某企业新生产某种饮料,该种饮料估计在当地市场的需求潜量为:

某种饮料的市场需求潜量 = 人口 × 每人可任意支配收入 × 可支配收入中用于食品的平均百分比 × 在食品的花费中用于饮料的平均百分比 × 在饮料中该饮料可能达到的市场占有率

(2) 地理位置。一般来说,企业要对本地市场及周边市场比较熟悉,容易控制和管理市场。

(3) 各个销售区域的竞争状况。企业选择目标销售区域市场时,该市场要存在未满足的需求,要有一定的购买力,并且,企业要了解竞争对手是否已经完全控制了市场。竞争者尚未完全控制市场,企业选择这种目标市场才有实际意义。进一步说,虽然竞争者已经完全控制了市场,但如果本企业有条件赶上或超过竞争者,那么也可将此作为企业的目标销售区域市场,并设法打入这一市场,提高市场占有率。总之,各个销售区域的市场竞争程度是不一样的,一般应本着先易后难的原则,从市场的缝隙入手,逐步发展自己的企业。

(4) 企业的自身资源状况。除了要考虑各个销售区域的市场特征之外,还要考虑企业自身实力,因地制宜,量力而为。企业实力主要包括财力、生产能力、销售能力及对销售活动的管理能力。

总之,企业要根据市场的实际情况和自身的竞争优势来选择目标销售区域。各个销售区域对企业的重要性是不同的,在确定目标销售区域之后还要将各个区域的重要性排出优先次序。首先,要将存在现实需求与潜在需求的所有销售区域找出来,确定为首选区域,其余区域作为备选区域。其次,要在首选区域中将企业目前销售能力所能达到的区域作为目标销售区域。再次,要在目标区域中把本企业存在局部优势的区域确定为重点区域。最后,要将重点区域中的重点即企业当前的基础区域确定为关键区域。这样,各个销售区域的优先次序从低到高依次为:备选区域—首选区域—目标区域—重点区域—关键区域。各个销售区域的重要性决定了企业分配自身资源的顺序。

3. 设计销售人员责任辖区的销售路线

销售路线是指销售人员每天或每月按照区域内的路线,对客户加以巡回拜访,以便完成每天或每月规定的销售目标。

划分销售区域后销售人员必须对自己区域内的客户加以有效管理,依据各个客户的重要程度、任务等来安排销售拜访。一个销售人员一般负责多个客户。客户散布于销售区域内,因而设计一条从起始点开始经过当天所有的要拜访的客户又回到起始点的访问路线,可以节约时间,降低成本。

为了合理规划路线,销售人员可将所在区域的商业地图备齐,绘制出销售人员所属销售区域的地图。然后,将销售区域内各个当前客户和潜在客户一个一个地照实际地理位置标在图上,并在图上用不同的颜色标出竞争对手的经销店和本企业的经销店,绘制出销售区域的位置图。根据此地图就可以估算出本企业在此销售区域内的市场竞争力。有了销售区域位置图后,销售人员就可比较容易地规划出自己的走访路线。有效的访问路线设计方式有如下几种:

(1) 直线式:采用这种形式,销售人员从公司出发,沿途拜访所有客户,然后按原路或其他路线直接返回公司。

(2) 跳跃式:采用这种形式,销售人员会从离公司最远的客户开始访问,在回公司的途中对其他客户进行访问;下一次访问可以从相反的方向进行。

(3) 循环式:采用这种形式,销售人员会从公司开始,按圆周形式访问一圈,结束访问时正好回到公司。销售人员可以设计规模不同的圆圈式路线。

(4) 三叶式:这种形式与圆圈式相似,只是把销售区域细分成了一系列叶片形式,销售人员每次访问一个叶片区域。

(5) 区域式:这种形式不是真正的路线设计技术,而是时间管理技术,可以避免重复访问,可以节约时间。

借助计算机技术,人们已经设计出了大量的计算机模型,用来帮助管理层确定一条通过区域的时间及成本最小化的路线。

4.3.3 开发销售区域

1. 销售区域的 SWOT 分析

首先,要了解本企业在这个地区内的优势和劣势,所面临的机遇和挑战,以及与竞争对手的关系,也就是说,必须先认识清楚市场的占有模式,是属于分散型还是属于相关寡头垄断型。其次,要确定本企业到底是强者还是弱者,因为两种情况下的作战方法截然不同。再次,要根据本企业的资料做销售分析,对产品销售额、产品毛利率、客户别销售金额及毛利等都应了如指掌。最后,对信用有问题的客户与往来客户,每月都要切实分析,掌握其动态。

2. 销售区隔化

一般销售区隔化要遵循以下原则,对每项原则都要有深刻、清楚的认识,以利于目标销售区域开拓战略的实施。

(1) 客户为何购买?这是购买动机区隔原则。

(2) 客户在什么时候需要购买产品?这是购买时机区隔原则。

(3) 哪些客户在购买?这是交易主体区隔原则。

(4) 客户购买哪些产品?这是交易客体区隔原则。

(5) 客户在哪里购买?这是交易地点区隔原则。

(6) 客户用什么方法购买?这是交易方法区隔原则。

3. 设定销售区域目标

具体而言，设定销售目标就是对客户进行地区别、行业别、性别、年龄别的分层，对这些客户，分别设定销售量及毛利目标，并将目标具体分配给每一个销售人员。目标必须以数量的、货币价值的计数方式来表示，目标的分配务必清楚、具体，使销售人员都能铭记在心，随时展开行动。同时，还要设法扩大销售量、提高毛利、节约销售费用，以期获得最好的销售效果。

4. 让业务员知道销售目标

作为销售经理，在开发销售区域的过程中，一定要明确告知销售人员所负责区域内必须完成的销售额目标、毛利目标、每天平均访问的客户数、新客户开拓数、回款率等，以免造成销售人员责任感不强，开发力度不足。

5. 采取推进策略或上拉策略

推进策略是指企业把产品信息"推"向批发商和其他中间商，由中间商再推荐给消费者。上拉策略是指企业在传播媒介上宣传产品，激发消费者的购买欲望，零售商为满足消费者的要求，向批发商订购产品，批发商再向生产商订购产品。一般来说，如果企业品牌知名度很高，批发商力量薄弱，适宜采用推进策略，要多雇销售人员，积极地建立销售网络和铺货；如果企业品牌知名度很低，销售网络很健全，适宜采取上拉策略，则应有效地利用电视或其他媒体进行宣传，编制预算，提高企业及产品的知名度和美誉度。

6. 努力开发新客户

销售区域内新客户的开发和渗透是提升市场占有率的有效手段。作为区域销售经理，开发新客户需要遵循"MAN"原则，也就是寻找同时具备以下三个条件的新客户：M：Money，代表"金钱"；A：Authority，代表"购买决定权"；N：Need，代表"需求"。

7. 积极应对竞争对手

销售经理应该指导区域内销售人员积极应对竞争对手，攻击实力最强大、最具竞争力对手的弱点；攻击规模不足而且财力不足的对手以巩固市场；攻击行销能力与财力不足的地区性小企业。

8. 利用销售地图进行管理

要巧妙地管理某一对象，适当的管理方法是不可或缺的。建议设置一间可以用眼睛来管理的作战室。在作战室里，重要的管理工具之一就是销售地图。在黑白地图上，要填上客户层分布情形、竞争者的据点分布情形、不便点、重点地区、访问路线、人口、普及率、市场占有率等。地图上要填上客户分布情形、据点分布、重点地区、访问路线、人口、市场占有率等内容。比如，可以根据市场占有率的数据，将各地区涂上不同的颜色：40%以上用红色，35%左右用橙色，30%左右用黄色，25%左右用绿色，20%以下用蓝色，10%以下用白色。红色表示大客户，橙色表示次要客户，白色表示无关系的客户，蓝色表示冷淡的客户。销售区域开发应按"蓝→白→橙→红"的方向努力。

9. 把握市场开拓的节奏与速度

市场开拓要求企业管理者思路超前，目光敏锐，反应迅速，在市场开拓时要考虑企业自身实力和可持续发展的要求。企业开发市场的速度和节奏既不能太慢，又不能太快，而应在企业能够有效控制的范围内。大多数优秀企业在开拓市场时是十分谨慎的，往往是成熟一个，发展一个，巩固一个。如可口可乐1985年在上海设立第一家合资企业时，将经销商严格锁定在江、浙、沪三个地区，直到12年后才开始在东北设厂。也有的企业缺乏严密的组织部署，逞一时之勇盲目冒进，在"井喷式"的发展后，"雪崩式"的倒塌随之到来。例如，美国的柯维特连锁店，以及国内红极一时的三株、巨人、爱多等公司就有类似经历。不去开拓新市场而任其自然松懈下去，一年内就会损失20%的客户；每年开拓20%的新客户，才仅够维持现状。因此，开拓新客户是维系企业生存的一项永无休止的活动，对潜在客户的开拓，必须连续不断地展开。

10. 区域市场的维护与巩固

创业难守业更难，企业挤进某个区域市场已经很不容易了，要维持稳定的市场份额更是难上加难。一般情况下，潜在危险可能出现在人（销售人员、客户、经销商、代理商等）、财（货款回收、价格制定）、物（商品的存储、运输、调剂、配送等）等环节。近年来，我国有的企业在这方面也出现了一些问题，主要有对销售队伍的管理和控制、铺货与窜货、货款回收困难等问题。

★ 情景体验4-2

小林原是一家矿泉水企业的员工，最近企业机构改革，重组了市场部，通过竞岗，小林成为市场部经理。这家企业目前主要生产桶装水，是这个地区的第一家生产矿泉水的企业，但因这几年的市场变化，企业的经营观念没有随之改变，市场份额不断缩小，从几年前的80%缩减到今天的18%左右。小林与同事们共同努力，对企业做了一个SWOT分析：

优势：
  经营团队
  优质的产品
  专业形象
  独特卖点
  能给经销商一定利润

弱点：
  因只生产桶装水，品牌在普通消费者中影响不大
  竞争对手都有瓶装水，竞争对手的品牌在普通消费者中影响大
  销售网络不全

机遇：
  总体市场份额在增长
  竞争对手主要有两个，并且都是地区性企业
  竞争对手注意力分散
  不必再花成本构建销售网络，只要从对手那边挖就行

威胁：
  宏观经济不景气
  竞争对手可能打价格战

通过这个SWOT分析，小林与同事皆认为事有可为。通过市场分析，他们把市场分为以下几个区域：

1. 企业所在的中心城市。也是另两家对手的所在地,这个城市人口众多,消费能力强,且对周边城市有一定的影响力。这里的经销商众多,本企业只占了15%,其他经销商都可争取,但因是中心城市,竞争激烈。

2. 工矿企业与学校。都是一些大客户,大家都在争。

3. 周边城市。市场过于分散,运行成本较高。

4.4 销售终端管理

销售终端市场是销售渠道的最末端,是厂家销售的最终目的地。终端市场承担着承上启下的重任。承上就是上联厂家、批发商;启下就是下联消费者。当今企业销售成功的基本法则就是:谁掌握了销售终端,谁就是市场赢家。

4.4.1 销售终端货品管理的常见问题

1. 终端销售意识不强

这一点与国外许多先进企业形成了明显差异。国外一些医药企业、保健品企业、食品企业在进入中国市场后,非常重视对药店、商店、饭店等终端销售领域的促销,有的甚至把终端销售作为企业促销的"第一战略"来对待,使其迅速进入中国消费者的视野。国内一些企业却对这个环节视而不见,认为太麻烦,太费事,不愿为此付出努力。还有不少企业宁愿在广告上一掷千金,注重"轰动效应",而不愿采用更为节约的方式在终端销售上下功夫。这表明我国不少企业在销售工作上还处于"粗放"经营阶段,尚不懂得如何"精耕细作"。

2. 对终端环节的服务不到位

搞好终端销售,要求企业必须遵循市场营销原则,把终端环节的优质服务作为一项重要工作抓紧抓好,如对于铺货要求、信息支持、管理帮助、促销配合、营业指导等,均应该进行认真研究和规划。服务不仅仅是销售部门的事情,它在很大程度上涉及企业的各个环节,因为必须在企业内部树立服务至上的理念。

3. 管理水平跟不上

管理水平跟不上的主要原因是从事终端销售人员的素质不能适应管理工作的要求。终端销售工作的管理不同于企业的内部管理,相比之下,终端销售的管理面对的环境更复杂,要求更高。对于许多企业来说,要组织一批擅长终端管理的人员并不是一件很容易的事。但无论如何,企业为了适应终端管理的要求,积极参与来自终端的销售竞争,必须在人才的培养方面下功夫,确保终端销售工作的顺利进行。

4. 对终端商家防范不严

一些终端商家不守商业信用,甚至采用转移地点、改头换面、蓄意破产、故意拖欠等方式逃避债务,使生产企业陷入了困境。这就要求生产企业必须树立防范意识,并积极采取措施避免各类风险的发生。

4.4.2 销售终端货品管理的主要内容

关于销售终端货品管理的工作,不同产品陈列会有一些不同,下面以家具产品陈列为例来介绍终端渠道货品管理的主要内容。

1. 产品店头工作

(1) 销售点的设立。目前家具产品终端销售大多采用"红星美凯龙""德胜·伟邦""月星"等大型家具商场设立专卖店的形式。商场是否设立在市中心或环线边,有没有停车场、离目标客户群体住处远近,面积大小,换乘路线的方便与否,都是商场吸引人群的重要因素。因此如何在商场同类商品中获得优势,在同类产品中争取到更多的目标客户是关键。首先要明确购物中心的客户群体,即什么样的客户会在这样的购物中心购买家具,从而确定目标客户。此外,区域的居住人口流动性,地域特色即吸引人之处,竞争情况以及当地人的特殊喜好等都是商场吸引力的研究重点,也是在确定店面地址时要着重考虑的。

(2) 销售点的设计。毫无疑问,卖场的吸引力绝不只来源于其场地,店面的形象也是客户最关注的因素,包括店铺内外布置,销售模式和服务提供,氛围营造。这些因素也是延长客户在店内的浏览时间,并最终确定成交的关键。无论专卖店面积多大,都可以人为地把店面划分为形象区(货品手册架以及迷你版家居样品等)、货品陈列区(按产品风格具体分为个性区、高档区和新品推广区)、收银区等大小不同的区域。

品牌店面设计大体又可规划为以下几部分:店面外观设计(门头及招牌)、橱窗设计、立面广告(包括大屏幕)、入口设计、门柱形象、内部空间分隔、人流走向设计、内部产品陈列搭配设计等。通常而言,卖场设计要基于一定的标准,业内人士普遍认可的原则是"标识高于卖场,卖场高于产品本身"。而一个卖场环境设计和谐与否,关键是看其环境设计元素是否与产品特色适合,人流走向设计是否流畅,避免出现死角,避免产生强烈的视觉不适感。针对不同的产品,卖场的布置具有不同的特点,沙发、床等单类产品的布置主要是依据不同的产品材质、颜色等进行分区,而套房家具在分区布置时要注意产品的配套性,尽量使成套的沙发、床、餐桌和其他的柜类配合在一起,更好地营造家的温馨氛围。重点产品突出,做到主次分明,虚实相间,卖场的层次才能凸显。

(3) 产品陈列设计。可按色系专区类别分类:

①开放式专区——四周开放,有圆柱形、方柱形和不规则形等,特点是客户可以试坐或可以触摸到商品。

②端架式小区域——走道两边,特点是客户可以触摸到商品,但陈列较为拥挤密集。

③封闭式小区域——用玻璃或其他广告画面材料将商品包封起来,特点是给人一种高档感,并能保护商品。在产品陈列面积应用中,要做到:主推款60%,辅助款30%,精品款或促销款10%。

(4) 制造卖场氛围。卖场氛围是指通过灯光、饰品、色彩、音乐和气味设计一种环境,刺激客户的知觉和情感反应,并最终影响他们的购买行为。许多零售商都发现了营造商店的优美氛围可以带来许多微妙的作用,它可以补充商店设计及商品的不足之处。在整个专卖店内应提供均匀布置的背景照明,使整个展厅的各个部位都能获得基本亮度的保证,并考虑到人的舒适性感受。目前的卖场大多采用金卤射灯和节能筒灯作为传达视觉要素的主要光源,尽量保证产品的各个角度都可以很清晰地呈现在消费者面前。卖场的色彩也是构成环境特征的重要组成因素。以不同的家具产品本身表现出来的色彩为依据,在进行环境设计时要尽可能衬托出产品的本色。例如,原木本色店的色彩要尽量用一些比较沉稳的色彩,避免跳跃色;而一些板式家具或其他的带彩色的床、沙发等的店面设计要考虑区域中色彩的搭配和谐。好的色彩搭配会营造出热烈、充满生机、富有个性的商业展示空间,使客户增强购买欲。饰品的造型艺术和美学的运用是饰品的"特性",而作为与家具卖场展示配套的饰品,在选择时,就不能从其纯审美意义上的感观意愿倾向来考虑,而应更多地使饰品的风格与家具系列产品的风格相统一,并考虑饰品所追求的整个卖场的效果。通过饰品的配置、摆设,能强化家具的文化内涵和设计理念,增强对消费者的感染力,传达家具和展示所追求的意境。此外,个性化的休息区、店内宣传物以及专卖店的音响及气味设计在家具专卖店的设计中也是非常重要的内容,因为个性化的休息区可以让客户在放松的情况下与导购员交谈,减少戒备心理,销售成功的概率会高很多。

2. 销售终端促销管理

家具行业的竞争已经不再局限于价格战,各大家具企业的品牌之间的较量已日趋明显,家具企业要想在激烈的竞争中立于不败之地,还需不断创新,有定位准确的战略方针,尤其是在终端销售市场要玩出新花样,从而赢得消费者青睐。

在家具营销界有这样一句话"做终端是找死,不做终端是等死",可见终端的重要性无法比拟,这句话也从侧面反映了家具厂商对终端门槛日益提高的无奈。从当下情况来看,终端门店销售仍然是家具企业的主要销售渠道,作为吸引消费者的关键,家具企业在做好产品的同时还需做好展示。新家具产品绝对不是随便摆设,而是以新的产品理念去展示,设计人员在这方面如果做得成功,就等于新产品推广成功了一半,因为好的设计效果能给客户良好的第一印象,也会提高成交概率。

对于家具行业来说,在终端门店进行的促销是拉动销量、扩大品牌知名度的重要方法。但随着行业的发展,以往的促销手段越来越不奏效,千篇一律的促销口号和活动不再能调动消费者的购买欲,面对始终如一的促销活动,经销商也将对门店促销活动失去热情和积极性。

家具终端现场的促销活动要以吸引目标消费群为特色,讲解产品的"个性",吸引现场消费者主动了解。鲜明的活动主题、有良好互动性的活动形式以及生动有趣的现场活动在打动消费者的同时还需符合区域市场的特色。只有如此才能激发消费者的兴趣和参与度,只有消费者参与到活动中来才会达到品牌宣传和推广的目的。

3. 终端人力资源管理

企业产品经过设计、生产等一系列过程进入市场,这仅仅完成了第一步,而产品由市场进入消费者手中,最终被用户所使用,并由此给企业带来利润,才是企业最终的目的。产品或服务能够解决客户的问题并不意味着客户会主动找上门来,完成销售的关键、具有临门一脚作用的就是导购员。

导购人员的职责很简单——卖产品。究竟怎么卖?这里面包括很多内容,卖产品的过程实际上是导购人员一系列有效活动的必然结果。导购人员的工作,是在企业利益和客户利益之间找到共同点,既让客户得到应有的利益,也使企业的利益得以维护。导购员虽然年龄性别不同,卖场不同,但所有的导购员都承担着相同的职责——"四信",即传达信息、获得信任、树立信心、维护信誉。

4.5 销售区域窜货管理

在销售区域管理实践中,有一个让销售经理头疼的问题——窜货。窜货,又称倒货,也就是产品越区销售,它是分销渠道中企业的分支机构或者中间商受到利益的驱使,跨区域销售产品的行为。

4.5.1 窜货的主要表现形式

根据窜货的表现形式及影响程度,可以把窜货分为以下几类:

(1) 自然性窜货。自然性窜货是指经销商在获取正常利润的同时,无意中向自己辖区以外的市场倾销产品的行为。这种窜货在市场上是不可避免的,只要有市场的分割就会有此类窜货。它主要表现为相邻辖区的边界附近互相窜货,或是在流通型市场上,产品随物流走向而销售到其他地区。这种形式的窜货,如果货量大,该区域的通路价格体系就会受到影响,从而使通路的利润下降,影响二级批发商的积极性,严重时可发展为二级批发商之间的恶性窜货。

(2) 良性窜货。良性窜货是指企业在市场开发初期,有意或无意地选中了流通性较强的市场中的经销商,使其产品流向非重要经营区域或空白市场的现象。在市场的开发初期,良性窜货对企业是有好处的。一方面,在空白市场上企业无须投入,就提高了知名度;另一方面,企业不但可以增加销量,还可以节省运输成本。只是在具体操作中,企业应注意,由于由此而形成的空白市场上的通路价格体系处于自然形态,因此企业在重点经营该市场区域时应对其进行整合。

(3) 恶性窜货。恶性窜货是指为获取非正当利润,经销商蓄意向自己辖区以外的市场销售产品的行为。经销商向辖区以外销售产品最常用的方法是降价销售,主要是以低于厂家规定的价格向非辖区销货。恶性窜货给企业造成的危害是巨大的,它会扰乱企业整个经销网络的价格体系,易引发价格战,降低通路利润;使得经销商对产品失去信心,丧失积极性并最终放弃经销该企业的产品;混乱的价格将导致企业的产品、品牌失去消费者的信赖与支持。

企业还必须警惕另一种更为恶劣的窜货现象,即经销商销售假冒伪劣产品。假冒伪劣产品以其超低价诱惑着销售商铤而走险。销售商往往将假冒伪劣产品与正规渠道的产品混在一起销售,掠夺合法产品的市场份额,或者直接以低于市场价的价格进行倾销,打击了其他经销商对品牌的信心。

由此可见,不是所有的窜货都具有危害,也不是所有的窜货现象都应及时加以制止。市场上有一句流行的话:"没有窜货的销售是不红火的销售,大量窜货的销售是很危险的销售。"适度的窜货会形成一种热烈的销售局面,有利于提高产品的市场占有率和品牌知名度,但要严加防范和坚决打击恶性窜货。

★ 情景体验4-3

A市某啤酒厂生产的瓶装啤酒,在本地市场售价为2.6元/瓶,经销商从啤酒厂的批发价为2.3元/瓶,该啤酒厂为了扩大销售量,决定开拓距A市100千米的B市市场。但B市也有啤酒生产厂,且B市啤酒市场竞争比较激烈,所以A市啤酒厂决定在B市销售的啤酒批发价格为2.0元/瓶,市场零售价为2.4元/瓶。该计划实施不久,A市啤酒厂发现了一个重大问题,即市场出现了窜货行为。这种窜货行为严重干扰了啤酒厂的日常运营。

4.5.2 窜货的成因

形成窜货的具体原因有很多，既有厂家的原因，也有经销商的原因，但"利"字却贯穿了窜货的全过程。窜货是渠道成员过度追逐自身利益的必然结果。但是，厂家却是形成窜货的"罪魁祸首"，窜货是厂家各种行为的主观或客观结果。"越区销售"屡屡发生，就是因为厂家对各个环节缺乏有效的控制，才导致某些经销商、代理商有空子可钻。"越区销售"往往是由管理失控及以下几方面原因造成的。

1. 不同区域产品差异过大

一些企业为了蝇头小利，对积压货物不予退货，让经销商自行处理。经销商为了避开风险，置企业信誉和消费者利益于不顾，将积压的、过期的甚至变质的产品，拿到畅销的市场上出售，或者将区域市场内的滞销产品向其他区域市场窜货，还有不少经销商用畅销产品降价所形成的巨大销售力来带动不畅销产品的销售，从而形成窜货。经销商甚至把假冒商品与正品一起售卖，这种现象在食品、饮料、化妆品等有明显使用期限的产品销售中极其普遍。厂家这种行为不仅导致了市场混乱，更重要的是丧失了企业信誉。

2. 价格体系混乱

价格体系的不完善是造成经销商"越区销售"的原因之一。利润永远是通路成员所追求的目标，只要有利可图，就会见利而趋。企业在产品定价上分多个级别，如总经销价、总代理价、一级、二级批发零售价等。如果上级跨越下级直接做终端，则其中的阶梯价格折扣便成为相当丰厚的利润，这个价格体系所产生的空间差异就非常大，构成了让其他经销商越区销售的基础。所以，采用年终返利、价格折扣等激励措施应有前提条件。另外一些企业在规模较小时，或开发新市场时，往往有一些特惠的价格出现，对于享受这些特惠政策的市场区域，一旦管理不善，那些趋利而动的经销商，就有可能到处窜货。

3. 分销策略失误，中间商选择不合理

这里有两层意思：一是对独家代理与多家代理商的选择不当。一般来说，厂家采取独家代理制，即在某一个区域市场内只寻找一家合作的经销商或代理商，比较容易掌控，保证市场规范有序。然而，许多厂家因利益驱使而不顾市场规范，只要愿拿钱来买它的货，就可以成为在当地的经销商，致使"一女嫁二夫"甚至"一女嫁多夫"的现象比比皆是。这样，厂家根本无法控制经销商，也就无法控制市场，企业的短期行为必然导致产品的越区销售。二是对代理商或经销商的资格审查不严。这使一些不合格的经销商滥竽充数，只要能赚钱，什么事都敢做，跨区销售也不例外。

4. 管理制度有漏洞，管理监控不力

有些企业根本没有窜货方面的管理制度，对代理商、经销商以及业务员没有严格的规定，没有奖惩措施。待问题出现时无法可依，只好将事就事。对窜货的客户处理不严，姑息纵容，警告一下，批评一下，象征性地罚款了事，更有甚者助纣为虐，企业的这种态度间接鼓励了经销商的窜货。许多企业中，业务员的收入始终是与销售业绩挂钩的，于是有时为了多拿奖金，一些业务员或企业派驻代理商的业务代表，会鼓动代理商违规操作，向其他地区发货。

有些企业有了规章制度，但反应迟钝，或睁一只眼闭一只眼，有法不依。一些企业在销售的过程中，患有"营销近视"，片面追求销售量，采取了短期行为，对于窜货的重视不够,信息反馈不及时,不能及时发现窜货现象,待发现时,"星星之火"已成"燎原之势"。还有一些企业的分公司和业务员为了完成既定销售目标,低价向相邻市场抛售产品,或是一些企业内部管理不善,也使得一些业务员为了一己私利争夺市场而窜货。

5. 激励措施偏颇

企业在激励经销商时,往往忽略采取其他措施将经销商的行为控制在合理的范围之内。激励措施包括年终返利、高额回扣、特殊奖励、经销权等。企业针对渠道成员制定的种种激励措施,一般都会以经销商完成一定额度的销售量为基准,经销商超额完成的百分比越高,则获得的奖励越多,带来的利润越丰厚。为完成既定的销售量以获得高额奖励,许多经销商往往不顾一切地来提高销售量,经销商之间也会窜货。一些经销商还会不择手段地向其他区域市场"攻城略地",甚至倒贴差价,赔本销售。还有许多企业在产品定价上分多个级别,如总经销价,总代理价,一级、二级、三级批发价等。如果总经销自己直接做终端,其中两个阶梯的价格折扣便成为相当丰厚的利润,这个价格体系所产生的空间差异就非常大,构成了让其他经销商越区销售的基础。所以,采取年终返利、价格折扣等激励措施应有前提条件。

6. 销售人员的鼓动

销售人员的收入是和销售业绩挂钩的,为了自己的利益,可能私下不顾企业的分销政策,鼓动中间商违规操作,向其他区域发货,更有甚者,有的业务员缺乏职业道德,已经跳槽了,临走时跟经销商达成某种默契,以种种理由求得厂家支持,然后向其他地区窜货,从而引起区域冲突。

4.5.3 治理窜货的对策

为了解决存在于企业销售中的顽症,可以从上述原因分析出发,采取相对应的措施,从而有效遏制恶性窜货现象。

1. 不同区域采取差异化包装,完善产品策略

窜货管理的难题是如何确认这批产品本应该是销往哪个区域的。解决的办法是企业对销往不同地区的产品在外包装上进行区别。主要措施有:第一,实行产品编码制。大件商品如汽车、摩托车、家电等都是一件商品一个编号,很容易区分。日用品可以采取批次编号,发往不同地区的商品批次编号不一样。第二,利用条形码。对销往不同地区的产品在外包装上印刷不同的条形码。第三,通过文字标识。当某种产品在某地区的销量达到一定程度,并且外包装又无法回收利用时,可在每种产品的外包装上,印刷"专供××地区销售"。第四,采用不同颜色的商标。在不同地区,将同种产品的商标,在保持其他标识不变的情况下,采用不同的色彩加以区分。这方法要慎重使用,要做适当的宣传,以免假冒产品混入。

2. 建立合理的差价体系,完善价格策略

企业的定价政策要有利于防止窜货。第一,每一级代理的利润设置不可过高,也不可过低:过高容易引发降价竞争,造成倒货;过低调动不了经销商的积极性。第二,管好促销价。每个厂家都会搞一些促销活动,促销期间价格一般较低,经销商一般要货较多。经销商可能将其产品以低价销往非促销地区,或促销活动结束后低价销往别的地区形成窜货。所以,应对促销时间和促销货品的数量严加控制。第三,定价政策要有一定的灵活性。要有调

整的空间，否则对今后的市场运作不利。还要严格监控价格体系的执行情况，并制定对违反定价政策的处理办法，使经销商不至于因价格差异而窜货。

3. 签订不窜货不乱价协议，完善分销策略

制造商与各地经销商、代理商之间是平等的企业法人关系，需要通过签订的经销或代理合同来约束经销商的市场行为。在合同中要明确加入"禁止跨区销售"的条款及违反此条款的惩处措施，或要求经销商或代理商缴纳市场保证金。要将其销售活动严格限制在自己的市场区域之内。另外，由于相当多的企业对业务人员的奖励政策是按量提成，从而容易导致本公司业务员迁就纵容经销商窜货，谋取私利。因此，在企业内部业务员之间也可签订不窜货不乱价协议，并加大违规处罚力度。应当鼓励经销代理商之间、业务员之间相互监督。

4. 选择优秀中间商，完善激励政策

在制定、调整和执行招商政策时要避免窜货主体出现或增加。要合理制定标准并详细考察中间商的资信和职业操守，除了从中间商的规模、销售体系、发展历史考察外，还要考察中间商的职业操守和财务状况等，防止有窜货记录的中间商混入销售渠道，对于新加入的中间商，企业在不太了解情况时，一定要做到款到发货。在严格筛选合作的中间商时，要采取积极的激励手段：

（1）完善的价格政策。许多厂家在制定价格政策时由于考虑不周，造成了许多可导致窜货的隐患。企业的价格政策不仅要考虑出厂价，而且要考虑一批出手价、二批出手价、终端出手价。每一级别的价格利润设置要适当。价格政策还要考虑今后的价格调整，如果一次就将价格定死，没有调整的空间，对于今后的市场运作会极其不利。在制定了政策之后，企业还要控制价格体系的执行情况，并制定对违反价格政策行为的处理办法。企业有一个完善的价格政策体系，经销商也就无空子可钻了。

（2）完善的促销政策和返利政策。在制定促销政策时，大多数厂家过多地看重结果，而忽视了过程，从而造成了一促销就窜货，停止促销就不动的局面，常常是促销一次，价格下降一次。这就表明企业制定的促销政策应当考虑合理的促销目标、适度的奖励措施、恰当的促销时间、严格的兑奖措施和市场监控，以确保整个促销活动是在受控之中进行的，不会出现失控现象。

（3）完善的专营权政策。在区域专营权的制定上，关键是看法律手续是否完备。企业在制定专营权政策时，要对跨区域销售问题做出明确的规定。什么样的行为受什么样的政策约束，要有明确的规定，并使其具有法律效力，从而产生法律约束力。

5. 建立监督管理体系，加强销售通路管理

企业销售渠道管理应该由一个部门负责。多头负责、令出多门最容易导致市场的混乱。这个部门首先要制定一整套的管理规章制度，如代理商的资格审查，设立市场总监，建立巡视员工作制度，建立严格的奖惩制度等。

销售管理人员具有销售通路管理的职责。规范通路管理应做到：第一，积极主动，加强监控。特别要关注销售终端，关注零售市场。如果某区域销量或价格有明显变化，应该及时找出原因，其中重点是向上搜索一级、二级代理商渠道，检查有无窜货现象。第二，信息沟通渠道要畅通。最关心窜货的除了厂家以外就是被窜货地区的经销商或代理商了，他们往往第一个发现问题，所以应有一个畅通的渠道能让他们及时反馈信息、沟通信息，以便及时掌

控市场窜货状况。第三，出了问题，严肃处理。一旦确认窜货问题，应根据规章罚款或取消代理资格等，绝不姑息。

6. 加强营销队伍的建设与管理

营销人员自身的素质对窜货的管理至关重要。第一，要严格人员招聘、甄选和培训制度。企业应把好业务员的招聘关，挑选真正符合要求的高素质人才，在上岗前要进行严格的培训。第二，要制定人才成长的各项政策，使各业务员能人尽其才。企业应建立的主要目标包括销售定额、毛利额、访问户数、新客户数、访问费用和货款回收等。其中，制定销售定额是企业的普遍做法。对取得优异成绩的销售人员应给予晋级、奖金、奖品和额外报酬等实际利益，以此来调动销售人员的积极性。物质激励往往与目标激励联系起来使用。第三，要严格推销人员的考核，建立合理的报酬制度。绩效标准不能一概而论，管理人员应充分了解整个市场的潜力和每一位销售人员在工作环境和销售能力上的差异。绩效标准应与销售额、利润额和企业目标一致。常用的推销人员绩效指标主要有销售量、毛利、访问率、平均订单数目、销售费用、销售费用率、新客户数目等。制定合理的绩效评估和酬赏制度，能真正做到奖勤罚懒，奖优罚劣。评估考核时应注意销售区域的潜量和区域形状的差异、地理分布状况、交通条件等对推销效果的影响以及一些非数量化的标准，如合作性、工作热忱、责任感、判断力度等，力争从多方面杜绝窜货现象的发生。

★ 情景体验 4-4

窜　货

小王在 2016 年 3 月份被宝都集团派往 A 地负责市场开发工作。公司曾经连派两人去 A 地建立营销网络，但都没有成功。小王去 A 地的一个重要任务就是理顺营销渠道，建立营销网络，为宝都集团顺利进入 A 地奠定基础。小王驻扎 A 地以后，经过市场调查，发现宝都酒在 A 地具有一定的知名度。当时 A 地的经销商情况为：

（1）大型商场 15 家。

（2）连锁超市 20 家，其中 8 家为私人投资兴建，5 家为 A 地糖酒总公司投资兴建，7 家为 A 地商业局的实体。这些连锁超市目前营业良好，而且白酒和啤酒在超市销售情况良好。

（3）A 地有 8 家酒水批发大户控制着 55% 的市场份额，但经常拖欠厂家货款，使厂家的资金周转陷入被动局面。

建立健康而有效的营销网络是小王进驻 A 地的首要工作，同时又是一个巨大挑战。小王被派驻前经过分析，认为之前建立营销网络失败的原因可能出在以下三个方面：

（1）对 A 地整个白酒市场状况和经销商的情况不了解。

（2）己方制定的政策不合理，没取得经销商的合作认同。

（3）集团总部提供的销售支持不够。

按照集团的销售政策，每瓶宝都酒的批发价为 12.00 元，零售价 15.5 元，销售良好。然而时间不长，小王突然莫名其妙地感到宝都酒卖不动了。小王经过详细调查，发现 B 地宝都酒以低价格销到 A 地，发生了严重的"窜货"现象。小王立即以书面报告形式向集团总部作了反映，并做了相应的处理。

本章小结

本章主要讨论了建立销售区域的重要性、销售区域设计的原则和步骤、销售区域战略管理、销售区域时间管理等内容以及销售区域内窜货问题及其管理。

销售区域也称区域市场或销售辖区,是指在给定的一段时间内及特定的地理范围内,分配给一个销售人员、一个分销点或者是一个分销商的当前及潜在的客户的总和。销售区域的设计一般分为几个步骤:划分控制单元;确定客户的位置和潜力;确定基本销售区域;分配区域销售人员;调整销售区域;制订区域覆盖计划。销售区域战略管理是指为实现企业整体销售目标,把握市场机会和实现商品交换而进行的,包括划分销售区域、开拓区域市场、协调区域市场、控制销售活动等一系列具体管理活动。这也是实现销售商品、取得销售收入、扩大市场份额的过程,是站在企业整体立场上对销售区域的管理。

本章案例

销售区域的战略管理主要讨论了正确认识和划分销售区域,确定目标销售区域,目标销售区域的开拓战略,区域市场的维护与巩固等方面的问题。

销售终端市场是销售渠道的最末端,是厂家销售的目的地。终端市场承担着承上启下的重任:承上就是上联厂家、批发商;启下就是下联消费者。当今企业销售成功的基本法则就是:谁掌握了销售终端,谁就是市场赢家。

在销售区域管理实践中,有一个让销售经理头疼的问题——窜货,也就是产品越区销售,它是分销渠道中企业的分支机构或者中间商受到利益的驱使,跨区域销售产品的行为,要分析窜货的原因并找到控制窜货的对策。

本章习题

一、复习思考题

1. 建立销售区域具有哪些好处?
2. 销售区域设计的原则是什么?
3. 建立销售区域要遵循哪些步骤?
4. 划分销售区域的方法有哪些?
5. 怎样确定基本销售区域?
6. 销售区域战略管理主要包括哪些内容?
7. 销售区域终端管理的内容有哪些?
8. 如何防止窜货现象的发生?

二、实训题

实训项目:老师给出学校所在地的实际区域地图,学生在给定的区域中根据实训安排完成铺货路线的设计和店铺的统计,并绘制铺货路线图。

实训目标:

1. 掌握铺货行走路线的原则。
2. 了解终端商场分布。

3. 掌握规划铺货路线的方法。

实训内容与要求：

1. 以小组为单位画出区域铺货路线图。每班分为 6 个小组：第一组负责对连锁药店销售；第二组负责对大中型超市销售；第三组负责对饭店销售；第四组负责对便利店销售；第五组负责对运动服装专卖店销售；第六组负责对酒店销售。

2. 提交作业要求：

（1）图文并茂，做出详细说明。

（2）图中要标明行走路线的箭头以及店面位置（用数字代表）。

（3）文字部分是对数字的说明。

知彼篇

销售对象管理实务

客户关系管理

★学习目标

通过本章的学习，了解客户关系管理的含义和内容；掌握客户分析的内容；学会对客户进行信用调查；掌握应收账款管理的要点。

★教学要求

为了使学生掌握客户关系管理的基本概念、原理并能将相关的理论应用到实践中，教师在授课时需要重点通过一系列相关案例围绕核心点讲述客户关系管理的基础知识。课堂教学应当以启发式与探讨为主，与学生形成互动，强化课堂案例讨论，充分调动学生的积极性，从而令学生对章节内容有一个深入而具体的了解。

★导入案例

海底捞的"变态服务"

四川海底捞餐饮股份有限公司（以下简称海底捞）是一家以经营川味火锅为主、融汇各地火锅特色于一体的餐饮民营企业。目前，海底捞在国内 28 个城市开办了 103 家直营店，在新加坡、美国和韩国开办了 4 家火锅分店。2014 年销售额约 50 亿元，净利润率超过 15%，行业平均净利润率约为 10%。公司拥有员工近两万人。员工年流失率约为 10%，这一数值低于行业平均值 50% 以上。

2009 年，《哈佛商业评论》上一篇关于海底捞的文章引起社会的广泛关注，一时间学术界热议"海底捞现象""海底捞模式"，社会上也在传播着各种"海底捞体""海底捞体验""海底捞成功秘诀"等。2011 年左右，"人类已经阻止不了海底捞"的微博狂潮掀起了人们对海底捞的疯狂推崇……

那么，客户在海底捞究竟感受到了什么？

首先，海底捞所做的无非是回归餐饮企业的本质，即让客户在就餐过程中感受到贴心而周到的服务：一是提供常规性的服务，包括到达餐厅（代客泊车）、引入、等位、点菜和就餐等全过程；二是海底捞打造了独特的服务，如开辟较大的等位区，等位客户可以在等位期间享受小吃、上网、涂指甲、下跳棋等免费服务。

其次，海底捞授权员工提供个性化的、创新性的服务。例如，就餐过程中服务员会提供餐巾、手机套、衣服套和客户自己意想不到的及时、周到与发自内心的服务，员工还会在客户就餐过程中主动、细致观察并预见客户的某些需求，一旦有突发事件出现就会主动提供应急、细致的服务等。诸如此类的服务五花八门，无微不至，而且这一切是员工自觉而为，乃至于海底捞获得了"变态服务"的美誉。

再次，海底捞为客户提供安全、新鲜和足量的菜品与分餐。海底捞的菜品质量和就餐环境在行业中处于中上游水平，其价格则处于中等水平，这使得海底捞具有很强的竞争力。

此外，海底捞为自己的内部客户——员工也是尽力做到尊重与关爱。比如，海底捞实行内部员工晋升制，一批基层出身的员工已成长为公司核心管理人员，其典型代表有杨小丽、袁华强等。海底捞还在四川简阳投资建立了一所寄宿制中学，让员工的孩子可以免费上学。这些特定的人力资本发展和企业社会责任战略，很好地适应了海底捞以农村打工者为主体的员工群体的多维度需求，提升了员工满意度，并且与企业的竞争战略互相支持和强化。海底捞在创始人、董事长和长期担任总经理的张勇的领导下逐步形成了自己的一套企业文化和核心价值观，服务至上，客户至上，与人为善，公平公正，双手改变命运等理念深入人心。

——武亚军，张莹莹：迈向以人为本的可持续型企业——海底捞模式及其理论启示［J］，管理案例研究与评论，2015，8（1）：1–9。

★引导任务

谈谈客户关系管理对企业未来发展的指导性作用。

随着互联网技术的逐渐普及，越来越多的商家开始选择互联网作为他们主要的销售经营模式，这无疑会对传统经营模式带来极大的挑战，也逐渐改变着商家与客户的传统关系。伴随着市场营销学的发展及整个市场环境的演进，企业已从最早期的卖方市场转向了买方市场，从而带动了营销管理工作也逐渐转向了以客户满意为中心的客户管理。在日益激烈的市场竞争中，谁能把握、响应并迅速满足客户的需求，谁就是赢家；谁能吸引新客户并留住老客户，谁就能取得最终的胜利。

5.1 客户关系管理概述

"关系就是生产力"，这句话深刻体现了企业在营销环境中能够得以生存下来的重要含义。虽然每个人对"关系"的解读各不相同，但这并不妨碍我们今天理解营销领域里的"关系"一词。粗略地看，客户关系管理中的"关系"就是要求企业与客户保持一种长久可持续性的关系，并在此基础上为企业营利，显然，企业的营销管理也要将此"关系"化为营销活动中的侧重点。从微观角度看，企业的各职能部门（如销售部门、市场部门、客户服务部门、生产技术部门等）都需要协同作战，为打造一个面对客户的前沿平台而奋斗。

从宏观角度来看，整个企业，从高层至底层，都必须全面树立以客户为中心的管理理念及指导思想，将客户关系、客户满意和客户忠诚等渗透至整个企业，融入企业文化之中，并最终形成企业在未来发展道路上的一贯宗旨及奋斗目标。

5.1.1 客户关系管理的含义

客户关系管理其实早在商业行为活动产生时就已经诞生了，最初，街边水果铺的老板会注意客户们光顾时的购买习惯，他可以记得每一位前来购买水果的客户的偏好，可由于过去并没有电脑和数据库，所以，水果铺的老板唯有将有用的客户信息全部储存在自己的大脑之中，慢慢地就形成了客户关系管理的雏形。当然，这只是最古老的方式，并且在记忆的过程中也容易产生错误，而真正运用于现代企业的客户关系管理显然要复杂得多，管理方法也更为科学。

在现代经济社会，客户关系管理（customer relationship management，CRM）是指通过培养企业的最终客户、分销商和合作伙伴对企业及其产品更积极的偏爱或偏好，留住他们并以此提升业绩的一种营销策略，它的操作过程是采用先进的数据库和其他信息技术来获取客户数据，分析客户行为偏好，积累和共享客户知识，有针对性地为客户提供产品或服务，发展和管理与客户的关系，培养客户长期的忠诚度，以实现客户价值最大化和企业收益最大化之间的平衡。

客户关系管理是一种旨在改善企业与客户关系的新型管理机制。一方面，要通过向市场营销人员、销售人员、服务人员以及相关技术人员提供系统的、完整的、个性化的客户资料，强化企业的跟踪服务与信息服务的能力，建立并维护企业与客户一对一的人性化关系，从而使企业更快捷、更周到、更准确地提供面向消费者的服务。另一方面，通过这一系列客户信息的共享优化商业流程，从而有效地降低企业经营成本。为了便于深层次理解客户关系管理，可以将其分解成以下三部分。

1. 客户——收集客户信息，探索客户需求，挖掘最有价值的客户

任何一个企业在其成长和发展的过程中，都会有数以万计的客户群体，可是由于客户群体的需求是千差万别的，而他们能够带给企业的价值也是完全不同的，所以了解这些客户最终的需求是什么，他们能否为企业创造价值，是企业所面临并要思考的问题。因此，收集客户有关信息是客户关系管理的第一步。

2. 关系——与客户形成忠诚的、战略型的伙伴关系

商业交往中，关系的发展与形成是一个重要的过程。企业既有只做一次生意的客户，也有多次交易的客户，既有对企业非常满意的客户，也有不满、进行投诉的客户。在面对这些客户时，企业如果能够加深对客户的了解，提升服务，全面提升客户满意度，就会与其中的一些客户建立良好的合作关系，并最终形成战略型伙伴关系，这也是企业发展的必然趋势。

3. 管理——实现客户价值和企业利润最大化的手段

管理是系统的概念，企业的发展离不开管理，客户的发展也离不开管理，因为管理才能规范化，管理才能出效益，管理才能实现客户价值，使企业实现利润最大化。所以，管理是实现客户价值和企业利润最大化的必要手段。综上所述，客户关系管理就是挖掘最有价值的客户，与之形成全面满意的、忠诚的、战略型的伙伴关系，从而实现企业利润的最大化。

综上所述可以看出，客户关系管理所涉及的功能非常多，可以说它既是一种企业营销的

管理机制，也是一种企业营销时所奉行的管理理念，更是一套管理软件和技术，利用客户关系管理系统，企业不仅能搜集到每一位客户的资料，也能跟踪和分析每一位重要客户的信息，从而深入了解客户的实际需求和想法，同时还能观察和分析客户行为对企业收益的影响，使企业与客户的关系及企业利润最优化。

5.1.2 客户关系管理的提出

企业营销者在不断地探索和实践中认识到建立客户关系、维持客户关系已成为现今市场中获取独特竞争优势的一种最基础的手段。自从市场营销观念形成以来，"以客户为中心"的管理理念已然被确立，从而使得企业必须把实施客户关系管理的工作提上日程。但就当前多样化及复杂化的市场营销环境而言，许多企业在实施客户关系管理的工作过程中发现存在种种难以解决的问题，例如，业务人员无法跟踪众多复杂、销售周期长的客户；与客户沟通口径不一致；企业由于业务人员的离职而丢失重要的客户和销售信息。此外，随着信息技术的不断进步，企业核心竞争力也充分依赖电子信息化的程度和企业管理水平，因此，这就需要企业主动并持续开展组织结构的创建，适时调整组织架构，统筹工作流程，同时也需要面向客户的各项信息和活动进行资料的搜集，争取组建以客户为中心的企业并实现对客户活动的全面管理。

1. 需求的拉动

通过企业的客户关系管理系统，客户能够通过电话、传真、网络等方式访问企业并进行业务上的来往；任何与客户打交道的员工也都能从中全面了解客户信息，根据客户需求策划交易活动并进行交易；员工可以记录自己所获得的客户信息，企业也能够根据这些信息对市场中的营销活动进行规划、评估和整理；企业可以对各种销售活动进行持续性的跟踪；销售人员可以不再受地域上的限制，随时随地访问企业的业务处理系统以获得客户信息；客户关系管理系统同样能够从不同角度提供成本、利润、生产率、风险率等信息，并对客户、产品、职能部门、地理区域等进行多维度分析。

2. 技术的推动

现今，随着办公自动化程度、员工计算机应用能力、企业信息化等一系列工作技术水平的不断提高，客户关系管理的现代化进程也得以轻松实现。信息化、网络化的理念已深植于我国很多企业，绝大部分企业已经有了一定的信息化基础。通过互联网可开展营销活动，向客户销售产品、提供售后服务、收集客户信息等，而这一切的成本又都很低。数据仓库、商业智能等技术的研发及发展，使得企业工作人员在收集、整理、加工和利用客户信息的效率与质量方面有了大幅度的提高。

5.1.3 客户关系管理的原则和作用

1. 客户关系管理的原则

企业在进行客户关系管理时，不能一味地根据自己的想法去实施，也不可以天马行空，必须在实施的过程中遵循一些基本原则，这些原则有利于企业更好地进行客户关系的管理。

（1）动态管理原则。因为客户的情况与需求呈现出一种易变的状态，所以客户关系管理的重要作用之一就是为企业各部门提供全面、最新的信息，而这些信息能够协助企业内部的各部门尽快制定出相应的决策以及具体的实施方案。因此，为保证信息的准确，企业对客户资料要经常进行更新及调整，及时做好补充工作，对客户的变化进行实际的走访和跟踪，确保客户管理时刻保持动态性。

（2）突出重点原则。对于企业而言，如果所收集的资料数量过少并且不丰富，很容易造成企业在营销决策中的判断失误，并且很可能会给企业造成无法弥补的损失。反之，收集过多的资料又有可能造成企业在决策过程中的信息干扰。因此，企业在进行客户关系管理时，务必保证在各部门间资料的共享及相关重点信息的突出，以做到最准确和最有效地为企业的决策者提供完整而真实的信息，帮助相关人员在最短时间内做好客户分析，为选择客户、开拓市场提供更大帮助。

（3）灵活运用原则。企业收集并管理客户资料最主要的目的是在市场营销的过程中加以运用，所以企业工作人员在建立客户资料数据库后，应该以较为灵活的方式提供给其他相关人员。资料应详细、全面和及时，使企业能进行更细致的分析，从而提高客户管理的效率。

（4）专人负责原则。客户资料是企业最珍贵的资产之一，它对于企业的重要作用是不言而喻的，因此，在客户关系管理平台中必须规定出具体的管理办法，确保客户关系管理系统由专人负责和管理，严格控制客户情报资料的利用和借阅，以防止客户信息的泄露和丢失。

2. 客户关系管理的作用

客户关系管理一方面可通过对业务流程的全面整合来达到企业资源优化以及合理的配置从而降低整体的运营成本；另一方面可通过不断改善其现有产品和服务质量，设计并开发出新的产品用来保持和吸引更多的客户以增加市场占有率。因此，客户关系管理的作用主要体现在以下几点。

（1）提高企业客户管理能力。客户关系管理的对象是客户，主体是企业。创造稳定的客户关系是客户关系管理的出发点，也是重要目标。与客户建立稳定关系的前提是在众多客户中明确企业的目标客户、关键客户、一般客户和应淘汰客户，以及每一类客户之间不同的个性特征以及需求偏好，例如，价格倾向、消费地点、消费时间、消费方式、购买习惯等。通过对客户关系进行管理，企业能够根据客户的行为变化在第一时间做出反应并制订出相应的可实施方案，牢牢处于客户关系管理的主动地位，稳定客户关系。

★ 情景体验 5-1

京东商城 CEO 刘强东：要敢于放弃一些客户

在刘强东看来，一些不懂电脑操作、不知如何网上下单的客户，在京东上买东西要不断打客服电话咨询，需一步步教他们在网上买东西，"付出的服务成本会超出销售利润"，这些客户不是京东的发展目标。"如果四五十岁的人对网络很熟悉，在京东上买东西，我们也会非常欢迎。"刘强东放弃一部分客户的做法，体现的是目前零售行业内比较流行的一句话——细分客户群。京东和国美、苏宁虽然有竞争，但是双方的模式不一样，消费群体也不一样。国美、苏宁 70% 的销售来自 35 岁以上的消费者，这些人大部分不会上网。而主做网上 3C 的京东主要客户为 20~35 岁的人群，而在其中每年走出校门的 600 万大学生群体则又是京东的一个重点市场。

尽管 35 岁以上的消费群体有更强的购买力，但是高素质的大学生却是"潜力股"。在每年的大学毕业生群体中有 600 万的潜在客户群。京东的目标不是跟国美、苏宁争抢客户，而是把大学毕业生培养成京东的用户。

刘强东认为，京东这几年就是不断明确业务群体、不断放弃部分客户的过程。在谈及用户投诉京东送货不能上楼的问题时，刘强东解释，配送人员每次背着所有的货物上楼送货很辛苦，如果客户不理解，要求必须送上楼，否则就不购买的话，京东也不会勉强客户。因为如果每个用户都保证送货上门，配送人员就要少带货物，这样一来，配送成本就会增加。据测算，如果所有货物都必须送上门的话，每单要多花 1.6 元，这就意味着京东 99% 的用户每人每次下订单时多花了 1.6 元来买送货上楼的服务。

在刘强东看来，京东要像大规模工厂那样，批量生产服务产品，提供统一的服务标准，如果用户接受服务标准就是京东的用户。"其实，放弃的过程也是一个聚焦的过程，在放弃的过程中，目标客户群会越来越清晰，成本也会越来越低，运营效率也会越来越高。"

——友商网：《京东商城 CEO 刘强东：要敢于放弃一些客户》，http：//www.youshang.com/content/2010/05/20/12708.html，2010 年 5 月 20 日，有删改

（2）整合企业内部资源。在企业内部，职能部门的管理通常比较分散，很少会有一个职能部门能够全面地掌握客户的整体信息，例如，销售部门掌握着客户基本状况和购买信息，财务部门只掌握资金方面的信息，生产部门则只会根据订单进行生产，物流部门只要根据运输单进行配送即可，所以各部门之间由于信息不共享，沟通有限。然而，客户关系管理的首要作用就是打破各职能部门之间的壁垒，整合原本属于各部门间分散的客户信息，将它们通过 CRM 系统整合并汇入同一个信息中心，这个中心能够为一线员工、客服人员以及企业工作人员提供业务指导、技术支持和信息保证，使企业各部门真正成为一个整体，实现内部整合和资源优化配置。

（3）实现企业长远发展。从客户关系管理的大方向上可以看出它的主要作用是使企业与客户之间维持良好而长久的关系，从而使企业扩大销售、增加市场占有率，进而获得更多的利润。但从深层次来看，客户关系管理所起的作用绝不仅是帮助企业多发展几个新客户、多留住一些老客户这么单一，其独特之处在于通过实现前端的供应商管理和后端的客户服务，使企业与其上游供应商和下游客户之间能够形成多方的良性互动。另外，在维护和发展客户的同时，企业也与业务伙伴及供应商建立了良好的合作关系，最大限度地挖掘和协调企业资源，拓展企业的生存空间，提升核心竞争力，从而帮助企业实现长远发展。

5.2　客户分级管理

站在超市门口仔细观察，会注意到有的客户只提着一两件物品走出，有的客户手上拎了几大袋子的商品；有的客户甚至是装满了汽车的后备厢；有的客户只选择了最普通的饼干，而有的客户却选择了一些高端品牌的进口饼干……这些现象说明了一个简单的道理：并不是所有的客户都能为企业创造等同的价值，他们会因产品购买的数量、购买频率、对产品价格敏感度等的不同而为企业创造不同的价值。只有当企业能够清晰地对客户进行组合、分析与筛选后，才能较为准确、有针对性地提供产品或服务给客户，从而获得更高的客户满意度并为企业创造更大的收益。

5.2.1 客户组合的确定

在客户关系管理中,"二八法则"告诉我们:企业 80%的利润来自 20%的优质客户;80%的麻烦来自 20%的问题客户。因此,企业必须对客户加以区分,划分类别,找出最能够为企业提供价值的优质客户,然后将有效的优质资源进行配置,提供更能满足这类优质客户的需求,并为他们创造更大利润的产品或服务。

企业可以根据不同标准将客户划分为不同类型,并可依据客户所处位置、偏好的商品类型、消费金额、收入、消费频率等衡量标准来划分。在划分客户的基础上,企业所选择的客户类型构成了企业的客户组合。以下几项基本策略可用来确定客户组合。

1. 统一策略

统一策略要求企业对市场上所有的客户不进行任何区分,而当作一个统一的整体去看待。这个假设必须建立在一定的基础之上才能够成立:所有的客户都能为企业创造相同的价值。采用统一策略,企业应当具备一定的条件:①低成本生产或者拥有较容易获取、发展和维护的客户关系。这种策略适合大市场物品,例如油、盐、酱、醋等,因为这些物品每家每户都会用到,企业就不需要划分客户的层次。②这种策略也适合极为狭窄市场的客户关系,如生产专门医疗设备的企业面对的客户群十分特定,也无须划分客户层次。

2. 区分策略

区分策略指企业要把精力集中于能带来更大总体收益的特殊区域或具备某种特点的客户群上。这样的策略与统一策略相比,虽然需要放弃一部分客户,但能使企业更加专注于目标客户的需求,从长远来看会获得更大收益。选择此种策略,要求企业应在某一产品或服务上有明确的客户群,并且精于此领域的生产经营。例如,目前进入中国市场的外资银行,就专注于为国内高收入人群提供理财等金融服务。

3. 统一与区分相结合策略

当所面对的客户对企业产品有普遍需求,但需求的层次不相同时,就可以选择统一与区分相结合的策略。以牛奶市场为例,伊利生产的普通的小盒装酸奶,每个大包装含有 8 小盒,它的价格在 10 块钱左右,这个产品就是面向市场中绝大多数客户群体的,不用加以明确区分。可是为了同时满足一小部分收入高、对生活品质要求也比较高的客户群体的需求,伊利又推出了"安慕希"这种价位偏高的酸奶,借此高端产品为企业带来更大收益。

5.2.2 客户分析

许多企业拥有先进的设备、优质的产品和服务,可最终不能在市场上占领一席之地,也无法扩大其市场份额,造成这种后果的主要原因在于企业并没有对客户资料进行比较细致的划分及分析,导致最终企业没有对他们的目标客户和目标市场做出正确的选择。因此,企业必须在获得客户资料后对这些客户进行有效具体的分析,从中选择出能够为企业获利的有效客户群体。

1. 客户的界定

对客户进行分析之前,首先应确定谁是自己的客户以及客户的性质。一般来说,依据与企业关系不同,客户可以划分为下面几类。

(1) 个人客户。个人客户是指购买最终产品与服务的零售客户,通常是个人或家庭。

大多数人充当的是个人客户的角色。

（2）集团客户。集团客户通常是另外的企业形成的购买主体，其批量购买企业产品后用于再加工或生产。如某学校是联想电脑公司的集团客户，它从联想公司采购大批量的电脑作为为学生和教师服务的工具。

（3）渠道客户。渠道客户指的是产品经过的渠道中的代理商、分销商和服务商等，也就是单独的代理销售客户，比如机票代理销售航空意外险、家政协会售意外险、旅游公司售旅客意外险等。

★情景体验5-2

如何赶走"错的客户"

大多数企业都将工作重点放在改变消费者预期上，不过，判断哪些消费者并不适合自己也很重要——排除错的、找到对的。这似乎违反直觉。公司的一般逻辑是：我们拥有一款非常棒的产品，我们希望每个人都像我们一样喜欢它！我们希望大家马上购买它！但有件事情必须认清：不可能所有人都喜欢你的产品，你只应该吸引"对的人"；花时间和资源去培育适配性差的客户群无异于浪费。

有三条策略能够帮助公司"去糟粕客户，引优质客户"。第一，强烈表达，建设品牌区别度。在市场营销策略、官网上的文字乃至公司出品的各种内容里，不仅要表现"你们是谁"，更要表达"你们喜欢谁"。譬如，市场营销机构 Velocity Partners 就把目标客户定位为有点急躁和怪癖、喜欢冒险的人。看看这家公司是如何描述自己的："我们是一群古怪的国际化的不合群分子，在一个冰冷、冷漠的，认为真心热爱内容营销、技术市场、B2B 公司以及讲故事等不可思议的世界里，为了寻求温暖挤成团。如果你觉得这听起来很讨厌，不要邀请我们。你已经被警告过了。"

第二，将全部的事实讲出来。相信很多公司都是诚实和一往无前的，但是有些公司利用异乎寻常的透明度来突出自己的诚实，即便会暴露一些弱点，却能赢得信赖。

第三，直接列出哪些客户恕难合作。公司可以在官网的 FAQ 里直接写明难以达成合作的客户情况及其原因。以营销顾问公司 The Sales Lion 为例，其在官网设了个单独页面，罗列了一些不太适合开展合作的客户类型："你想要外包公司的营销工作"，或者"你想要外包社交媒体内容"。

——佚名：《如何赶走"错的客户"》[J]，董事会，2016（2）：14

2. 客户档案的内容

客户管理的对象是企业的客户。客户本身具有多变性，因而客户资料管理的内容也同样是丰富多彩的，归纳起来主要有以下几项。

（1）基础资料。即客户最基本的原始资料，主要包括客户的名称、地址、电话，经营管理者的性格、兴趣、爱好、家庭情况、学历、年龄、创业时间，与本企业交易时间，企业组织形式、业种、资产等项目。这些资料是客户管理的起点和基础，它们主要是销售人员进行客户访问收集来的。

（2）客户特征。主要包括服务区域、销售能力、发展潜力、经营观念、经营方向、企业规模、经营特点等。

（3）业务状况。主要包括销售业绩、经营管理者和业务人员的素质、与其他竞争者的关系、与本企业的业务关系及合作态度等。

（4）交易现状。主要包括客户的销售活动现状、存在的问题、保持的优势、未来的对策、企业形象、声誉、信用状况、交易条件以及出现的信用问题等。

当然，客户资料卡的内容应依企业需要、产品类别而分别设计。客户资料卡的内容除包括客户的姓名、住址、职业、所购产品名称与购买日期以外，其家庭成员的生日、嗜好等也是资料卡的重要内容。除此之外，竞争品牌产品的购买量、产品记录、地区记录、修理记录、寄发促销 DM（快讯商品广告）记录等均应记入客户资料卡中。

3. 客户分析的内容

客户并不是越多越好，而是越准确越好，因为每一个客户群人数的增加都会造成所需成本的投入，所以企业必须采用科学的分析方法对客户进行有效的分析及慎重的选择，适当限制客户范围以提高经营效率。客户分析主要包括客户类别分析和客户差异分析。

（1）客户类别分析。企业要能够对客户进行归类分析，抓住其共性特征和个性特征。客户类别可以作如下划分：

①按客户的性质，可以分为政府客户（以政府采购为主）、公司客户、渠道客户、个人客户和交易伙伴。

②按交易程度，可以分为潜在客户、现有客户和曾有合作关系的客户。

③按交易数量和市场地位，可以划分为主力客户、一般客户和零散客户。

④按地区，以中国为例，可以划分为东北、华北、华中、西北、西南、华南等区域客户。

⑤按产品特点，如葵花药业的产品，它的客户可以划分为男性客户、女性客户、孩子客户。

⑥按行业，如电脑软件设计的客户可划分为银行金融业用户、公共管理类用户、医疗卫生服务业用户等。

按照不同的标准划分出的不同类型的客户，其需求特点、需求方式、需求量各不相同，因而对其管理也要采取不同的方法。企业需要注意客户类别的变化，特别是要关注客户中出现的新类别，时刻把握市场机会。

销售人员须注意客户类别变化的动态，特别是要分析客户中新出现的客户类别，因为它可能会带来一个潜在的大客户类别。销售人员也应认识到每年将会流失一些客户。根据西方国家的经验，每年流失的比例约为 10%。要千方百计留住老客户，多与流失客户联系，多做调查研究，分析原因，采取相应措施。

（2）客户差异分析。从客观角度来看，不同客户之间的差异归纳起来主要有两点：对企业贡献的价值不同；对产品或服务的需求不同。企业对客户进行有效的差异分析主要是为了更好地进行资源的配置和优化，使企业的商品和服务在改进的过程中更加具有成效性。至于客户对企业所贡献的价值，企业可以用每个客户的平均收益率、较高利润的产品或服务的使用百分比、销售或订单的增降趋势等来计算和评估。

在企业衡量价值时需要明白，客户的个性化需求是造成客户差异化的主要原因。越来越多的市场选择为客户提供了个性化的需求空间，反过来这些客户对企业提出了更高的要求，企业为满足这些需求，就在力所能及的范围内为客户提供了更多的选择，这构成了一个企业和客户之间互相提升的个性化需求循环。在这个循环中,企业要清楚地了解每个重要客户的现实需求和潜在需求,只有这样才能维系客户,得以生存。

5.2.3 客户的筛选

客户关系管理是一种动态的管理,因为企业所面对的客户是不断变化的,一个赢利的客户可以在很短的时间内失去价值,而一个普通的客户也可以在一定条件下转变成企业利润的主要来源,因此企业应该不断地对客户进行准确、有效的筛选。客户筛选是将重点客户或具有发展潜力的客户保留,而淘汰无利润、无发展潜力的客户。在筛选时,可以参考以下标准:

(1) 客户一定时期内的购买额。可以将其各阶段购买量加总,进行排列、比较和分析,同时还应作趋势分析,避免忽略那些虽然当前购买量有限,但购买力一直呈上升趋势的潜力型客户。

(2) 收益性。要看客户对企业毛利额贡献的大小。

(3) 安全性。主要包括此客户是否能够严格按照合同规定的信用期限准时、足额付款,同时对于中间商客户,还要看其会不会对企业发生"倒戈"行为。

(4) 未来性。企业要深入了解客户在同行中的地位及经营方法,以分析和预测其发展前途。

(5) 合作性。企业要综合评价客户在交易中的表现,看其是否能和企业良好配合,不故意对企业的产品和服务吹毛求疵。

针对上述衡量指标,企业要对其分别赋予不同权重,然后根据客户的实际情况逐一打分,进行比较、筛选,剔除低价值客户,找出未来需要关注的重点客户。具体筛选方法见表 5-1。

表 5-1 某企业的客户筛选标准

指标	重要程度
1. 对此产品(或服务)需求旺盛	5
2. 对企业毛利润贡献大	4
3. 客户企业发展前景好	3
4. 有及时付款的能力	2
5. 有良好的合作声誉	1

把这些标准的重要程度按 5 分制进行评分,5 分表示企业认为这项指标最重要,1 分表示企业认为这项指标最不重要。根据这些指标,企业可以对客户同样按 5 分制进行评价。然后,以指标重要程度为权数,累计求和,取得对每个客户的评价总分。例如,某企业有 A、B、C、D 四个客户,他们在这五项标准方面的得分如表 5-2 所示。

表 5-2 四种客户的标准得分

指标	A	B	C	D
1. 对此产品(或服务)需求旺盛	5	4	3	5
2. 对企业毛利润贡献大	5	4	2	5
3. 客户企业发展前景好	4	5	2	4
4. 有及时付款的能力	3	4	2	4
5. 有良好的合作声誉	4	2	2	5

这些客户的加权平均分如下：

A：$5\times5+4\times5+3\times4+2\times3+1\times4=67$

B：$5\times4+4\times3+3\times5+2\times4+1\times2=57$

C：$5\times3+4\times2+3\times2+2\times2+1\times2=53$

D：$5\times5+4\times5+3\times4+2\times4+1\times5=70$

通过以上分析，客户的最佳先后顺序为 D、A、B、C。

由此可知，D、A 两客户可作为企业的目标客户，企业可以针对这两个客户采取营销措施，充分满足他们的需求。

5.2.4　重点客户管理

目前，许多企业的重点客户管理还存在问题，主要体现在：①许多企业往往偏向于新业务、新客户的发展，与老客户的沟通不够，重点客户的需求不能很好地采集反馈，致使不能为重点客户提供高期望值的服务，导致老客户的满意度下降和重点客户市场的不稳定。②缺乏有效的管理方法，难以对重点客户市场竞争做出准确的管理和预测。这往往会造成重点客户流失，而事后补救必将付出巨大的代价。

重点客户管理过程主要包括建立、发展和维系重点客户关系三方面。

1. 建立重点客户关系

（1）选择客户关系的类型。企业在具体的营销实践中，建立何种类型的客户关系，必须针对其产品和客户的特征来做出抉择。美国营销学大师菲利普·科特勒认为，根据关系水平、程度的不同，可以将企业建立的客户关系概括为五种类型：

①基本型。销售人员把产品销售出去后就不再与客户接触。

②被动型。销售人员把产品销售出去，同意或鼓励客户在遇到问题或有意见时联系企业。

③负责型。产品销售完成后，企业及时联系客户，询问产品能否满足客户的要求，有何缺陷或不足、有何意见和建议，以帮助企业不断改进产品，使之更好地满足客户需求。

④能动型。销售完成后，企业不断联系客户，交流有关改进产品的建议和新产品的信息。

⑤伙伴型。企业持续地与客户进行沟通，帮助客户解决问题，支持客户，实现共同发展。

这五种客户关系类型之间并不具有简单的优劣对比度或顺序，因为企业所采用的客户关系类型取决于它的产品以及客户的特征，不同企业甚至同一企业在对待不同客户时，有可能选择不同的客户关系类型。通常来说，公司应当将客户分类，对于重点客户，至少应当保持能动型的客户关系；对于非常重要的客户，则应该选择最紧密的伙伴型客户关系。

（2）找准客户接触点。企业在识别了重点客户，并为其选定了客户关系类型之后，就要考虑采用何种方式与客户进行接触。对于现代企业来讲，每一个可能的接触点，都可能会成为发现客户需求、反映客户意见，进而建立牢固客户关系的基点。企业应当首先从企业流程的角度对公司现状和现有的影响客户关系的运作方式进行分析，并对自身与客户的接触点进行全面管理，使其保持完整性、系统性、继承性和共享性。为此，企业应当做到以下三点：

①加深各职能部门和决策部门对客户接触点的认识,让涉及企业业务前后端的员工真正明白客户关系管理系统的设计和实施。

②企业在针对客户接触点的改进和管理的过程中,最重要的措施是增加集成度和信息共享。

③接触点的重要性在企业中的体现,要从领导和决策层开始,只有在企业中形成了由上到下都重视客户接触点的氛围,企业才能真正改进客户接触点管理。

(3) 与客户达成共识。建立重点客户关系需要与重点客户进行零距离接触,并达成和谐一致的共识。从某种程度上说,重点客户关系的建立是一个动态的、持续的过程,不可能一蹴而就。企业应当通过对客户定位、接触点、满意度和忠诚度等方面的管理来为企业开展全面的重点客户关系管理奠定基础,实现客户关系与企业价值链的良性循环。

2. 发展重点客户关系

事实上,重点客户管理不仅是一个程序或一套工作方法,更是一种管理思想理念,一种如何挑选重点客户并发展与其关系的业务处理方式。公司必须针对重点客户的特点和企业的实际制定切实可行的重点客户管理模式,制定合理的管理制度和管理流程,不断发展与重点客户的关系。发展重点客户关系关键要做好以下几点:

(1) 真正关心重点客户的利益。企业要设身处地为重点客户着想,而不是将重点客户关系仅仅看成一种经营手段。比如在购物时,很多商家都有凭发票保修一定时间的承诺,然而真正到需要保修时才发现诸多不便。经过一段时间后,要找到当初的发票多半不容易,因此起初的保修承诺很难兑现。从法律的角度看,这也许是消费者自身的责任,但是从为客户利益着想的角度看,商家就应该设计一种更加人性化的管理方法,让客户减少不必要的麻烦。问题的关键往往在于企业到底把客户的利益放在什么位置。要想取得客户,尤其是重点客户的信任,就必须从理念上认清这个问题。

(2) 对重点客户进行差异化的服务。对重点客户一定要在服务程序和内容上与一般客户有所不同。不仅如此,重点客户之间也应当体现出服务的差异化。因为不同的重点客户的关注点不同,要努力为他们提供真正意义上的个性化服务。只有这样,才能体现出对重点客户的重视,从而让重点客户获得与众不同的收益。企业可以创造性地采取各种措施,逐步建立具有自己特色的 VIP 服务体系,并定期评估和不断修正自己的 VIP 服务体系,推陈出新,真正实现良性互动。

(3) 让重点客户参与企业的管理。企业可以采取以下做法:第一,在企业进行重大的技术或者管理活动时,不要忘记邀请客户参与和见证活动过程。第二,将公司内部管理过程透明化,以提高客户的满意度。比如,在戴尔网站上订购电脑的客户,可以在网上非常便捷地查询到自己的产品在戴尔的营运系统中进行到了哪个阶段,以及各阶段是否达到了自己的订货要求。

(4) 采用多样化的沟通手段。众所周知,信息渠道的开拓是销售业务的开端,对每个销售组织或个体来说,信息渠道的建设与信息共享至关重要,对重点客户的管理同样如此,作为客户经理,一项重要的工作就是充分获得客户及竞争对手的信息,并对这些信息进行准确判断。但在现实生活中,大多数信息往往无法通过与客户面对面的交流获得,而是需要多层面、多渠道的信息共享与沟通。作为一个有经验的客户经理,在获取信息时不能只听一面之词,采取多样化的沟通手段才能确定信息的可靠程度。同时,多样化的沟通手段对销售成功具有很大的促进作用。每个人获得信息的途径不同,对重点客户尤其应该注意沟通方式的多样性。

(5) 防止重点客户背离。维系重点客户关系不仅要提高客户忠诚度,而且必须防止重点客户背离。通常情况下,重点客户背离的原因主要有以下两方面:

①不可控因素,包括重点客户业务发生收缩或者扩张、重点客户突然遭遇重大意外事故、倒闭等。其中,重点客户的业务收缩主要是由于重点客户的经营方向调整、经营范围缩小或由于重组的原因而出售部分企业等,导致重点客户对原来的产品需求减少或不再有需求,而业务扩张主要是由于重点客户直接进入企业所在的上游领域,成为竞争对手,而与企业终止业务往来。

②可控因素,包括竞争对手的进攻、企业提供的产品或服务不能满足重点客户的需求、重点客户的投诉和问题得不到解决等。其中,竞争对手的进攻主要表现在以更低的价格、更好的产品、更优质的服务,利用强大的宣传推广攻势等,赢得重点客户。企业提供的产品或服务不能满足重点客户的需求主要表现在企业研发力量薄弱,自身产品发展跟不上重点客户需求的发展。重点客户的投诉和问题得不到解决主要表现在渠道冲突、售后服务、产品质量等问题发生后,企业没有及时采取有效的方式给予解决,导致重点客户背离。

必须认识到,并不是所有的重点客户背离都能制止。重点客户管理的重点是应对可控因素带来的客户背离。要正确分析重点客户背离的原因,针对问题的症结采取相应的措施。

3. 维系重点客户关系

维系重点客户关系就是要提升重点客户的忠诚度。客户忠诚的基础是客户通过企业长期的服务表现对其产生了信任感,以至于即使有多家供应商可以选择,客户仍然心甘情愿、一如既往地继续与该企业合作。维系重点客户关系需要做到以下几点:

(1) 实行重点客户经理制度。客户经理制是为实现经营目标所推行的组织制度。由客户经理负责对客户的市场营销和关系管理,为客户提供全方位、方便快捷的服务。重点客户只需面对客户经理,即可得到一揽子服务及解决方案。客户经理可以通过数据分析出某类重点客户是什么类型偏好的消费群,其消费热点是什么,然后派出销售代表在该客户群中开展有针对性的营销活动,这样会增加业务推介成功的机会,提高重点客户服务的工作绩效。客户经理还应为重点客户提供免费业务、技术咨询,向重点客户展示和推介新业务;要根据重点客户的实际需求向重点客户提供适宜的建设性方案,为重点客户提供优质高效的服务,使重点客户最大限度地提高工作效率。

(2) 建立重点客户管理系统。重点客户管理系统是在重点客户的整个生命周期中,为重点客户的市场开拓、信息管理、客户服务及营销决策提供的一个综合信息处理平台。要建立重点客户管理系统,企业必须了解重点客户构成与整个客户群体构成的差异,并按客户的自然属性进行分类,挖掘出影响重点客户的关键自然属性,使企业能准确地掌握市场动态,并根据市场需求及时调整营销策略。要做好重点客户服务工作,首先,要在众多的客户群中找准目标,辨别出谁是重点客户,谁是潜在重点客户。其次,要摸清重点客户所处的行业、规模等情况,建立完善的重点客户基础资料。同时,要依据资料提供的信息,对重点客户的消费量、消费模式等进行统计分析,对重点客户实行动态管理,对重点客户使用情况进行连续跟踪,为其提供预警服务和其他有益的建议,尽可能降低客户的风险。

(3) 建立以重点客户为中心的组织流程。重点客户管理是一项系统工程,涉及经营理念、经营战略的转变,关系到企业的各个部门、企业流程的各个环节,要求企业拥有能及时进行信息交互与信息处理的技术手段,因此企业应建立起以重点客户为中心的更为灵活的组织结构体系,将组织资源投入最能满足重点客户需要的方面,并在考核制度、薪酬制度、激励制度等方面贯彻以重点客户为中心的思想。生产制造部门要把好质量关,人力资源部门要培养高素质的员工完成高水平的服务,销售部门、财务部门、运输部门都应以重点客户为中心组织活动。要以重点客户需求作为流程的中心,重新整合企业程序和业务操作方法,使各部门的行动保持一致,彼此协调,积极投入,为重点客户提供满意的服务,从而提高为重点客户服务的效率。

(4) 实施重点客户全面服务。重点客户管理需要管理人员掌握广泛的知识和技能,除了具备销售人员的基本知识与技能(如了解产品与市场、了解客户、处理人际关系、陈述与谈判、自我组织与时间管理、独立的自我激励等)之外,还必须能够进行战略策划、管理变革与创新、项目管理、精确分析和监控、帮助客户开发其市场等。企业可以建立专门的重点客户服务团队,团队成员彼此互补、相互促进、具备跨职能部门的执行能力,与重点客户建立方便和有效的联系,确保为重点客户提供及时而周到的服务。

★ 情景体验 5-3

为什么淘汰你最差的一个客户不是好主意?

在公司寻求更成熟的方法管理客户关系时,这条建议近年来被广泛接受。其中蕴含的基本原则非常清晰:为什么不放弃这些低价值客户,而将客户关系的重点放在能带来更多利润的其他人呢?这听起来非常合理,但是由沃顿商学院两位市场营销学教授杰戈莫汉·拉朱和张忠以及沃顿商学院博士生阿潘达·萨布拉马尼进行的最新研究警示说,淘汰低价值客户实际上可能会损害公司利润,而尝试提高这些客户的价值可能会产生反作用。

淘汰利润率低的客户是明智之举,这点作为客户关系管理的惯例被广泛接受。在客户关系管理体系中,公司经常使用信息技术量化每位客户的价值,并且向那些被确认为高价值的客户提供特殊待遇、折扣或采取其他吸引措施。在这份研究中,拉朱和张忠提出了客户价值管理这个新词语以说明客户关系管理中的核心组成部分。这些客户分析通常显示公司的大部分利润由小部分客户贡献,而大部分客户不会带来利润。

金融机构在如何区别对待不同价值的客户上应该是最出名的。比如,调查中提到富达投资的低价值客户致电呼叫中心时需要排队等待更长的时间才有人接听。但是更多其他类型的公司也已经推崇客户关系管理,并且开始冷淡低价值客户。当航班发生延误时,美国大陆航空公司仅向高价值乘客发送邮件表示道歉,并为他们提供常客里程累计作为赔偿。

在名为《客户价值管理:竞争因素影响》的研究中,张忠、拉朱和萨布拉马尼从分析竞争环境下的客户价值管理入手。这些研究者们承认在竞争稀少或缺乏的行业内,淘汰不好的客户会带来一定的积极意义。因为如果公司公平对待所有的客户,那么他们不仅仅在浪费资源吸引和维护无利可图的客户,同时也会对高利润的客户服务不周,从而导致顾客不满并离开。

——沃顿知识在线:《为什么淘汰你最差的一个客户不是好主意?》. http://www.ceconline.com/sales_marketing/ma/8800050424/01/? cec_more_content&_ga=1.125024202.1599414279.1493004009,2008年1月17日,有删改

5.3 客户信用管理

在现代市场经济中,信用无处不在,信用销售的比例和范围越来越大,给交易双方带来了更大的不确定性,这种不确定性就是信用风险。

信用销售又称赊销,是指厂家在与客户签订购销协议后,让客户将企业生产的成品先提走,客户则按照合同规定的付款日期付款或以分期付款形式逐渐付清货款。

在市场交易中,并非所有的交易都涉及商业信用,在世界上的很多地区,赊销交易方式采用的比例并不高。比如,与一个由企业信用管理部门确定为风险比较大的客户做一笔销售业务时,必须要求客户先付款然后发货,即以"先款后货"方式交易。与一些尚未建立信用的新客户做小量的业务,也可以要求客户发货即付款,即以货到付款方式交易。客户信用管理主要包括信用调查、制定信用政策、应收账款管理等。

5.3.1 确定客户资信

客户资信是指构成客户偿付能力的要素总和,反映客户的客观状况,是通过客户自身经营管理的相关信息资料表现出来的,如财务状况、经营状况等。凡是经营成功的企业,必是一个建立在资信状况优良基础上的企业,否则将遭受巨大的信用风险损失。因此,客户资信是任何一个企业都不应忽视的核心管理问题之一。

1. 客户资信调查

(1) 客户资信调查的形式。客户资信调查一般包括通过金融机构(银行)调查、利用专业资信调查机构调查、通过客户或行业组织进行调查和内部调查四种形式,见表5-3。

表5-3 客户资信调查方式

调查形式	优 点	缺 点
金融机构(银行)调查	可信度比较高,所需费用少	很难掌握客户的全部资产情况及具体细节;调查时间可能会较长
利用专业资信调查机构调查	短期内完成	经费支出较大
通过客户或行业组织进行调查	可以进行深入、具体的调查	地域性限制,难以把握整体信息,难辨真伪
内部调查	操作简单,了解全面	资信收集不够专业并受内部调查人员素质影响

(2) 调查结果的处理。调查完成时要出具调查报告。调查报告必须在指定时间内提交给主管领导,按照企业统一规定的格式和要求编写。调查报告应以客观内容为主,要用事实说话,调查项目应尽量保证准确、全面。

调查报告的时间要求依不同类型的客户而有所区别。对于 A 类客户每半年一次即可,A 类客户是指规模大、信誉好、资金雄厚、属超一流公司的客户。对于 B 类客户每三个月一次,B 类客户是信用状况一般、信誉较好的客户。对于 C 类客户要求每月一次,这类客户主要包括一般的中小客户、新客户、口碑不佳的客户。

2. 客户信用要素"5 C"分析

"5 C"学说是美国银行家爱德华1934年在"3 C"和"4 C"学说的基础上提出的,它用5个以字母 C 开头的英文单词代表进行企业信用分析的五个要素。

(1) 品质（character），是指企业在经营管理活动中表现出的信用行为特征。其具体可由如下几方面的因素判断：企业基本情况、企业的历史、经营管理者个人情况、企业经营战略和方针、企业的组织管理状况、银行往来、信用评价。

(2) 能力（capacity），是指企业在经营活动中表现出的信用能力特征，包括经营者能力、基础设施条件、企业规模与设备条件、员工能力、生产能力、销售能力。

(3) 资本（capital），是指企业在经营管理活动中的财务支付能力特征，可以由如下因素来衡量：资本构成、资本关系、增资能力、财务状况。资本状况可以通过企业的财务报表和比率分析得出。标准的企业资信调查报告提供企业的上一期财务报表和重要的比率情况。

(4) 担保品（collateral），是指企业在接受信用融资时，可以提供的足以偿还授予信用价值的担保品的情况，包含如下因素：授信状态、担保品状态。对于有资产抵押的客户，其信用条件可以适当放宽。对于没有信用记录和有不良信用记录的客户，以一定的合法资产作为抵押是必要的。

(5) 环境（condition），是指影响企业经营管理状况的外部环境特征，包括政府鼓励与限制政策、行业发展状况、市场供需状况、被评估企业在行业中的地位、行业竞争状况。

对上述各个要素的分析，应当建立在对客户更为详细、具体的信息搜集的基础上，其中每个因素都应当从客户的实际经营管理活动中获得，并加以说明或测量。另外，客户的交易信用也可从该客户与其他合作伙伴的交易中得到验证。这些方面的信息可以由行业间的交流和信息沟通、专业信用记录、银行记录、诉讼记录等渠道获得。

3. 客户财务状况分析

通过对客户的财务状况，特别是偿付能力和流动性的分析，可以对客户的资信有一个客观的评价。

信用分析人员在财务报表中寻找信息，必须表明客户能否产生按时还款所需的足够现金。在分析客户财务状况时一般要关注以下几方面：

(1) 资产项目分析。现金——流动性最好的资产，反映客户的短期偿债能力。应收账款——代表最近的现金来源，可成为偿还短期债务的主要资金来源。应收账款数额、到期日、客户分布是重点考察项目。存货和短期投资——反映客户的短期偿债能力，但流动性较差。

(2) 负债项目分析。对负债项目的分析旨在揭示客户已有负债及期限结构。如果客户已有大量的负债，且偿还期限分布集中，借款人的偿债能力就值得怀疑了，同时还应注意客户的或有负债，它有可能在没有任何预警的情况下突然转化为负债，极易影响客户的偿还能力。

(3) 股东权益分析。该项目反映了客户的资本、留存收益等状况，不但显示客户的实力和未来经营策略，而且显示客户偿债能力。

(4) 利润表分析。客户的利润表反映资产负债表报告的资产的质量以及经营的稳定程度和管理效率。客户申请销售货款的信用期限越长，利润表分析越重要。

(5) 现金流量表分析。现金流量表是评估客户短期信用销售货款偿还能力的一个重要依据。客户的偿债能力会随现金来源的不同而发生变化。如果客户的现金来自净收入增加，这种净收入又是由投资规模的扩大、存货的增加以及管理效率的提高带来的，那么这种现金流动形式是可靠的，它能实实在在地提高客户的偿债能力。相反，如果其现金来自应付账款和应付票据，或来自短期贷款，信用分析人员就应该怀疑该客户现金流动的真实状况，在这种情况下，客户的偿债能力是不可靠的。

（6）财务比率分析。财务比率分析是根据财务报表提供的有关信息，计算出各种不同的比率，以揭示客户经营状况的一种分析方法，它是信用分析中技术性最强的部分。正确的比率分析能够精确地揭示出客户的经营状况并借此预测客户的经营趋势。比率分析中最常用的比率有流动性比率、作业比率、财务杠杆比率以及盈利能力比率四种。流动性比率包括流动比率和速动比率，作业比率包括总资产周转率、固定资产周转率、应收账款周转率、存货周转率；财务杠杆比率包括债务对资产比率、债务对净资产比率、固定费用偿付能力比率；盈利能力比率包括营业收入利润率、净边际利润率、资产收益率、普通股产权收益率。

4. 客户信用分析

在对客户信用进行分析后，可以对客户信用进行评价。根据上述对客户的"5C"分析和财务状况分析，可以将客户信用量化，建立客户信用评价的指标体系。下面以中小企业为例说明（表5-4）。

表5-4 信用评价指标体系

	关键指标	分值（分）			权重/%
		0～2.0	2.0～4.0	4.0～5.0	
定性指标	表面印象				3
	主要负责人简历				2
	市场竞争性				3
	组织管理				5
	厂房所有权				2
	供应商评价				3
	过往付款记录				8
	产品及市场				5
	发展前景				4
	地区信用状况				2
	付款担保				10
	可替代性				3
	小计				50
定量指标	经营时间/年	<2	2～10	>10	3
	雇员人数/人	<200	200～1 000	>1 000	3
	流动比率	<1.8	1.8～2.2	>2.2	8
	速度比率	<0.8	0.8～1.2	>1.2	8
	流动资金/万元	<100	100～1 000	>1 000	5
	资产负债率	>1.3	1.3～0.7	<0.7	5
	净资产/万元	<500	500～5 000	>5 000	5
	销售收入/万元	<1 000	1 000～10 000	>10 000	2
	应收账款周转率	<6	6～12	>12	3
	存货收益率	<3	3～8	>8	2
	资本收益率/%	<5	5～10	>10	3
	赚取利息次数/次	<2	2～8	>8	3
	小计				50
	合计				100

在不同行业中，这个信用评价指标体系的某些指标及其权重需要做出调整，也可在实践中不断完善。需要特别指出的是，在评价客户信用时，要关注客户某些重要信息的披露、突发事件、法律纠纷等，注意分析客户的潜在危机，及时调整客户的风险评级。

5. 客户风险分类及对策

在对客户信用评价后，应依据客户不同的风险程度采取不同的信用对策（表5-5）。

表5-5 客户风险分类及对策

风险等级	加权分值/分	风险程度	信用对策
CA1	4.1~5.0	很低	进行信用交易，放宽付款条件
CA2	3.1~4.0	较低	进行信用交易
CA3	2.1~3.0	中等	进行信用交易，加强监管
CA4	1.1~2.0	较高	进行信用交易，严格控制额度
CA5	0.0~1.0	很高	现金交易

（1）CA1、CA2级客户。特点：这两个级别的客户一般实力雄厚、规模较大，可能占本公司业务相当大的一部分。这两类客户的长期交易前景都非常好，且信誉优良，可以放心地与之交易，信用额度不必受太大的限制。对策：企业对这两类客户在信用上应采取较为宽松的政策，并努力使这两类客户不流失，建立经常性的联系和沟通是维护与这两类客户良好业务关系的必要手段；同时，企业也应当定期地了解这些客户的情况，建立一种正常的信息沟通机制。

（2）CA3级客户。特点：这个级别的客户具有较大的交易价值，没有太大的缺点，也不存在破产征兆，可以长期与之交易，也可以适当地超过信用额度进行交易。对策：企业对这类客户在信用上应做适当的控制，基本上应以信用额度为准，这类客户往往数量比较多，企业应努力争取与其建立良好的客户关系并不断增加了解，对这类客户定期地进行信息搜集是必要的，尤其应当注意其经营状况和产品市场状况的变化。

（3）CA4级客户。特点：这类客户一般对企业吸引力较小，其交易价值带有偶然性，一般是新客户或交易时间不长的客户，企业占有的信息不全面。通常企业不会与这类客户交易，一旦需要与其交易，会严格限制信用额度，而且可能会寻求一些额外的担保。对策：对这类客户在信用管理上应更加严格，对其核定的信用额度应打一些折扣；维护与这类客户的正常业务关系难度较大，但对新客户应当关注，争取发展长远的合作关系；对这类客户的调查了解应当更加仔细。在业务交往中除了要求其出具合法的文件之外，还应进行一些专门调查，如实地考察或委托专业机构调查，增进了解。

（4）CA5级客户。特点：这类客户信用较差，或者很多信息难以得到，交易价值很小。企业与这类客户交易的可能性很小。对策：对这类客户，企业应当尽量避免与之进行交易，即使进行交易，也应以现金结算方式为主，不应采用信用方式；这类客户不应成为企业客户资源的重点，有些甚至可以放弃；企业可以保留这些客户的资料，但不应投入过多的人力和财力来搜集这些客户的信息，在急需了解的情况下，可以委托一家专业服务机构进行调查。

5.3.2 制定信用政策

应收账款是企业因销售商品、提供劳务而形成的债权，其实施效果的好坏，依赖于企业实行的信用政策。信用政策主要包含信用标准、信用条件两部分。

1. 信用标准

信用标准是企业同意向客户提供商业信用而提出的基本要求，通常以预期的坏账损失率作为判别标准，如果企业的信用标准较严格，只对信誉很好、坏账率很低的用户给予赊销，则会减少坏账损失，减少应收账款的机会成本，但这可能不利于扩大销售量，甚至造成销售量减少；反之，如果信用标准较为宽松，虽然会增加销售，但相应的坏账损失和应收账款的机会成本也会增加。因此，制定什么样的信用标准，需要企业根据具体目标进行权衡后再决定。

2. 信用条件

信用条件是指企业要求用户支付赊销款项的条件，主要包括信用期限和现金折扣。

信用期限是企业为用户规定的最长付款时间。例如，企业规定客户要在30天内付款，则30天就是对这个客户规定的信用期限。在设定信用期限时，企业需要对其长短做出权衡：信用期限过短，不足以吸引客户，会令企业在商业竞争中失去优势；信用期限过长，对促进销售固然有利，但也会大幅增加应收账款成本，令企业难以享受赊销带来的益处。因此企业需要谨慎规定信用期限。

现金折扣是指在信用销售方式下，企业对于客户在规定的时间内付款所给予的客户发票金额的折扣，以鼓励客户及早付清货款。企业信用管理部门给予客户的现金折扣包括两个要素：折扣期限和折扣率。折扣期限是指在多长时间内给予客户折扣优惠，折扣率是指在折扣期间给予客户多少折扣。例如：$4/20$，$n/60$ 的现金折扣政策表明，如果客户能够在20天内付清全部货款，将从厂家获得销售总额的4%的折扣优惠；客户必须在60天以内付清全部货款，如果在第60天还没有付清就违约了。

5.3.3 应收账款管理

应收账款是指企业因赊销产品或劳务而形成的应收款项，是企业流动资产的一个重要项目。随着市场经济的发展，商业信用的推行，企业应收账款数额明显增加，而且时常面临账款收不回来的风险。因此，应收账款的管理已经成为企业经营活动中日益重要的问题。

1. 应收账款的功能

应收账款的功能是指其在生产经营过程中的作用，主要有如下两方面：

（1）扩大销售，增加企业的竞争力。在市场竞争比较激烈的情况下，赊销是促进销售的一种重要方式。企业赊销实际上是向客户提供了两项交易：向客户销售产品以及在一个有限的时期内向客户提供资金。在银根紧缩、市场疲软、资金匮乏的情况下，赊销具有比较明显的促销作用，对企业销售新产品、开拓新市场具有重要意义。

（2）减少库存，降低存货风险，减少管理开支。企业持有产成品存货时，要追加管理费、仓储费和保险费等支出，而企业持有应收账款，则无须上述支出。因此，当企业产成品存货较多时，一般可采用较为优惠的信用条件进行赊销，把存货转化为应收账款，减少产成品存货，节约相关开支。

2. 应收账款的成本

虽然应收账款具有扩大销售和减少库存的作用，但持有应收账款也需要企业付出相应代价。应收账款的成本主要体现在如下三方面。

(1) 机会成本。企业一旦选择使用信用政策，则意味着不能及时收回货款，要长期为客户垫付资金。这些资金失去了在其他领域为企业赢利的机会，便产生了应收账款的机会成本。这个成本一般可以按照当期有价证券的利息率来计算。

(2) 管理费用。为了以赊销形式销售产品并将风险控制在可承受范围内，企业需要对客户的信用情况进行调查、管理，在收集信息、信用管理以及赊销后收款过程中均会产生一定的管理费用。因此，管理费用也是应收账款成本的一部分。

(3) 坏账成本。实行赊销后，一定比例的坏账是不可避免的，应收账款因故不能收回而产生的损失就是坏账成本，坏账成本包括本金和利息。在企业财务核算中，坏账成本一般与企业应收账款保持一定比例，短期内的突增或突减都不正常，均应引起管理人员重视。

3. 应收账款的管理要点

对于一家企业来讲，应收账款本身就是一个矛盾的统一体，企业一方面想借助它来促进销售，扩大销售收入，增强竞争实力，同时又希望尽量避免由于应收账款的存在而给企业带来的资金周转困难、坏账损失等。妥善处理和解决好这一矛盾，是企业应收账款管理的目标。

对于应收账款的管理，首先要制定科学合理的应收账款政策，同时，应收账款管理应包括对企业内部所有与应收账款相关部门、员工的管理。最后，也是最重要的一点就是，应收账款管理还需强调收款管理，确保企业坏账不超过预期数值，确保应收账款会促进企业业务的发展而不会因账款难于回收而造成更大的损失。

收账政策包括企业要求员工从客户处收取超过或没有超过正常的赊销期限的应收账款的程序及制定的操作性强且便于理解和贯彻执行的收账制度，如对超过信用期限仍未付款的处置，是停止供货还是加收利息等处理条款。

对于应收账款，企业要制定强有力的催收政策，一旦应收账款到期，就要及时通过信函、电话或邮件等方式催收。如仍不能收到账款，应分析原因，寻找对策。收账政策执行时应注意以下几方面：

(1) 建立销售回款一条龙责任制。为防止销售人员片面追求完成销售任务而强销、盲销，企业应在内部制定严格的资金回款考核制度，以实际收到的货款数作为销售部门的考核指标之一，每个销售人员必须对每一项销售业务从签订合同到回收资金全过程负责，使销售人员增强风险意识，加强货款的回收力度。

(2) 开具发票的政策赊销的客户，通常将发票开具日作为信用期限的起始日，有些客户甚至以收到发票作为付款的条件，故企业要明确要求相关部门在手续齐全的前提下及时开具并寄送客户发票，为准时收款创造条件。

(3) 严格追查逾期未收的账款。在收账政策中要明确规定，对那些逾期未收的账款要采用严格的追查制度。采取怎样的追查程序具体要依客户的欠款金额大小确定，花很多时间和费用去追回一笔并不值得这么做的逾付款，可能毫无意义，但是有时即使收款费用高于款项本身，也值得去追索，这主要是为了告知客户企业执行信用和收账制度的严肃性，而追款尺度要靠企业人员根据实际情况权衡。

(4) 收账政策要规定企业相关员工必须定时、定次向客户发送付款通知书或催款通知单，并建立客户还款进度记录簿，对应收账款实行跟踪管理，及时把逾期未付情况上报主管领导，以便掌握和随时调整收款政策。

(5) 收账政策制定要考虑维护客户关系。企业在制定和执行收账政策时需要权衡得失，平衡与客户的关系，必须在收账费用及惹怒甚至失去优质客户的风险与准时收账带来的收益之间仔细权衡，在不违背企业原则的情况下做适当的变通。要更加注意讲究收账技巧，对无力偿付和故意拖欠的要采取不同的收账策略，如寄函、打电话、派专人催收、双方协商解决、借助于有权威的第三者调解等，以帮助企业更好地解决问题。

(6) 诉诸法律。收回欠款企业对于少数逾期不付款的客户，在多次上门追讨无效的情况下，可以向法院提起诉讼，通过法律手段追讨欠款。

由以上不难看出，企业如果采用较积极的政策，可能会减少坏账损失，但会对企业销售和存货周转造成一定的不良影响；如果采用较消极的政策，可能促进销售，但会增加坏账损失和应收账款费用。因此在制定应收账款政策时，企业应权衡得失，考虑政策对销售额、应收账款机会成本、坏账成本和收账成本的综合影响。

4. 应收账款的监管

许多企业都会出现这样的情况，随着赊销在企业实施的时间越来越长，应收账款变得很混乱，有时销售部门的关键人员离职，此员工负责的客户账款回收也变得无望。同时，各部门、销售团队间遇到账款难以收回的状况时，也会发生互相推诿责任的情况。不难看出，应收账款的监管越来越成为企业的难题。如何帮助企业做好此项工作呢？一般认为可以从对客户的监管和对企业员工的监管两方面着手。

(1) 对客户的监管。对客户的监管分为对老客户的监管和对新客户的监管。对于老客户，企业通过信息数据库、平均收款期及账龄分析表等工具，判断各个客户是否存在账款拖欠的可能性。信用管理人员应定期计算应收账款周转率，编制账龄分析表，按账龄和信用等级分类估计潜在的风险损失，并相应地调整信用政策。同时，企业可以按照客户的实际经营情况，采取"多批少量"的方法，有效控制应收账款回收，此方法就是把总额上大的应收账款有效分解成多笔金额小的应收账款，通常客户对小额账款的支付会比较配合。此外，企业还应强化客户的回款意识，采用各种催收手段，在客户中间树立催收及时的供应商形象。对于新客户的监管，企业在开拓新市场或对目标市场进行细分时，对中间商客户应当进行充分、科学的信用评估，以降低日后合作中的回款风险。同时，在初次合作时，企业应当强化其准时回款的信用意识，并将企业内部的信用管理政策和相应的信用奖励、惩罚措施予以明确，使新客户从合作初期就能按照企业的应收账款管理系统开展业务。

(2) 对内部员工的监管。对内部员工的监管主要涉及对财务部门和销售部门的监管。企业应要求财务部门形成定期对账制度，每隔一段时间必须同客户核对一次账目，对于对账差异要及时根据双方原始单据予以查明并获得双方认可。对于单家客户应收账款金额过高的情况，财务部员工需要和上级及销售和信用部门进行沟通，研究解决对策和相关赊销管理办法。对于销售人员，首先，企业要帮助其正确理解产品铺货率，在激励其努力开拓市场的同时加强其风险控制意识。其次，企业要制定合理的销售人员激励政策，不仅将销售数量作为考核的标准，还需将回款率作为重要的考核指标，使销售人员明确减少坏账与其自身业绩的紧密关系，从而达到降低企业回款风险的目的。同时，要对应收账款实行终身负责制和第一责任人制。发生坏账时，无论责任人是否调离企业，都要追究有关责任，避免因业务人员离职给企业带来不必要的损失。再次，企业要帮助销售人员提高终端管理和维护能力以及追款技巧，使其不仅具有很强的收款意识，还能在具体操作中驾轻就熟，达到尽快取得回款的效果。最后，企业还应防范业务人员和客户勾结，避免因业务员擅自打破企业信用政策或与客户串通私分货款带来的巨大损失。

总之，企业应针对应收账款在赊销业务中的每一环节，健全应收账款的内部控制制度，特别加强对财务部门和销售部门员工的控制管理和支持，努力形成一整套规范化的对应收账款的事前控制、事中控制、事后控制程序，将赊销业务带来的风险降到最低。

本章小结

客户是企业重要的无形资产，是企业利润的归根所在。如若想对客户进行销售活动，企业就必须要加强对客户的监督及管理工作。客户管理主要包括客户关系管理和客户信用管理。

本章案例

客户关系管理，简称 CRM，是指通过培养企业的最终客户、分销商和合作伙伴对企业及其产品产生更积极的偏爱或偏好，留住它们并以此提升业绩的一种营销策略。客户关系管理具体包括收集客户资料、客户组合、分析与筛选客户、等级管理、客户投诉管理、新客户开发、CRM 系统实施等。

客户信用管理是买方市场条件下进行信用销售的必然要求。客户信用管理主要包括客户信用调查、制定信用政策、应收账款管理。

本章习题

一、复习思考题

1. 阐述客户关系管理的含义。
2. 企业怎样进行客户筛选和新客户的开发？
3. 企业如何发展重点客户的关系？
4. 企业如何对客户的信用状况进行调查和分析？
5. 企业如何实行应收账款管理？

二、实训题

实训项目：客户服务的情景游戏。

实训目标：

1. 掌握处理客户投诉的流程。
2. 掌握处理客户投诉的技巧。

实训内容与要求：

1. 组织一个客户服务的情景游戏。
2. 此游戏共分 5 个步骤，请大家每看完一个步骤就停下来不要往下看，然后根据你的经验来判断当前形势，考虑并记录遇到这种情况时你会如何处理。

（1）有一个客户购买了一部手机。大概过了 7 个月，客户找来，说手机坏了，屏幕没有显示，拿到维修部，维修部发现是电池漏液导致电路板腐蚀，只能更换电路板，但是更换电路板需要返回厂家，可是恰恰这款产品厂家已经停产了。于是客户提出索赔，要求退货。

讨论：如果你是维修部的服务人员，此时如何处理？

(2) 这个维修部的员工说:"我们给你调换一个,你可以选另外一款同等价格的手机。"客户说:"不行,一定要退钱。"

讨论:如果你是维修部的服务人员,此时如何处理?

(3) 后来发现,电池漏液造成电路板腐蚀不完全是客户的原因,和产品也有一定的关系。

讨论:如果你是维修部的经理,此时如何处理?

(4) 经理仍然没有答应,没想到这个客户特别难缠,没事就跑到维修部,影响维修部的正常工作。

讨论:如果你是维修部的经理,此时如何处理?

(5) 维修部没办法了,就跟客户签了一项保密协议。你可以退货,但你不能把处理结果告诉其他客户。

讨论:如果你是维修部经理,请说明你这样做的原因。还有哪些后续事宜需要处理?

第6章

客户服务管理

★学习目标

通过本章的学习，了解客户服务的含义与类别；掌握客户服务的内容；了解服务质量管理的相关内容及重要性；掌握客户的投诉及处理方式；掌握客户忠诚度及满意度的管理。

★教学要求

为了使学生掌握客户服务管理的相关知识，并能将相关的理论应用到实践中，教师在授课时需要重点通过一系列相关的案例围绕核心点讲述客户服务管理的基础知识。课堂教学应当以启发式与探讨为主，与学生形成互动，加强课堂案例讨论，充分调动学生的积极性，从而令学生对章节内容有一个深入而具体的了解。

★导入案例

史丁森不愉快的酒店经历

史丁森博士在一家国际著名的特许经营的酒店集团有过一次不愉快的经历。当时这家酒店集团联合发出服务承诺，凡是对酒店的服务不是感到百分之百满意的客户就可以不用付费。史丁森博士在酒店安顿下来的当天晚上，酒店特别忙，所有的房间全都满了。

从隔壁沸沸扬扬、吵吵闹闹的声音可以判断，他们正在举行晚会。由于他们说话的声音特别大，再加上房间之间的墙壁很薄，史丁森博士能够清楚地听到他们说的每一句话。他给前台打电话说明了情况，问能不能换个房间。接电话的服务员态度非常生硬，回答说："今天晚上所有的房间都满了，我们无能为力。"但是史丁森博士并没有放弃，拿着电话继续跟她商量，这位服务员越来越不耐烦，重复着那句话："今天所有的房间全满了，现在前台特别忙，人手不够，我们不能为您做什么了。"经过几分钟激烈的讨论后，这位服务员决定派人到他隔壁的房间让他们小点声。

不幸的是，隔壁的声音有增无减，相当长一段时间以后，史丁森博士又给前台打电话，接电话的还是刚才那位服务员,她还是重复着刚才的那番话,说前台现在太忙了,无法解决他的问题。后来,隔壁的人离开了房间。

几个小时以后,正当史丁森博士睡得正香的时候,那些人又回来了,这一次影响史丁森博士睡觉的不仅是吵闹声,还有透过门缝射进来的灯光。由于当时已经是后半夜了,他决定这一次不再打电话给前台了,心里想着根据酒店的联合服务承诺,自己明天可以不用付费了。

第二天早上,史丁森博士办理结账的时候,告诉前台服务员他对昨天晚上的服务不满意,因此不想付费。服务员板着脸,态度很不友好地说她昨天晚上没有收到任何客户的投诉,因此他必须付费。博士指出他们酒店的服务承诺,说自己对他们的服务不满意,因此该免费。说到这里,这位服务员起身离开,说:"我没有这个权力,你可以跟我们经理谈。"几分钟后,经理来了,还没有等史丁森博士开口,他就断然说道:"昨天晚上酒店客人全满了,因此我们无法解决您的问题。"这位经理拒绝考虑他的免费请求。史丁森教授只能付钱,但心里非常不情愿,并且对酒店处理这件事的态度十分不满。回去以后,他写了一份投诉信给酒店总部,但一直未收到答复。

——采购网:《史丁森不愉快的酒店经历》,http://www.hotelbuy.Cn/Resource/News/1/20090909112048_989.html,2009年9月9日

★ 引导任务

谈谈客户服务管理对企业的重要作用。

客户服务在市场营销活动中是必不可少的一个组成部分,有着极其重要的作用。客户服务的方式、内容、质量等不但直接关系到当前的销售效益,而且影响到销售的深入和发展,所以客户服务日益成为竞争的焦点,受到极大的重视。因此,无论是企业还是销售人员,都必须把客户服务摆在重要位置,不断增加服务内容,改善服务态度,提高处理投诉的速度并提高服务质量。

6.1 客户服务概述

6.1.1 客户服务的含义与作用

1. 客户服务的含义

客户服务是指在合适的时间和合适的场合,以合适的价格和合适的方式向合适的客户提供合适的产品和服务,使客户的合适需求得到满足,价值得到提升的活动过程。客户服务已成为现代市场竞争的主题,并日益受到企业的重视。一方面,客户以服务的优劣作为选择商品的重要标准和依据;另一方面,企业也以提供比竞争者更丰富、优质、全面的服务为手段展开对客户和市场的激烈争夺。

2. 客户服务的作用

(1) 全面满足客户的需求。服务能为购买者带来有形和无形的利益。随着生活水平的

提高，人们对服务的要求越来越高，这使得服务方式花样翻新，内容更加丰富。现代生活的节奏不断加快，也使客户越来越要求能享受更多的便利，以节约时间，提高效率。而且，伴随着科学技术的迅速发展及其在产品生产中的广泛应用，产品的技术含量越来越高，导致仅靠产品说明书、操作使用说明等难以满足客户的需求。因此，客户要求企业提供安装、调试、培训指导等方面的服务。

（2）扩大产品销售。企业和销售人员提供优质的全方位服务，可以使客户获得更多的便利，满足客户的需求。这不但可以吸引客户，而且有利于树立良好的企业形象，使客户增强购买本企业产品的信心，从而扩大产品的销量。

（3）增强竞争能力。服务是企业的重要竞争要素。在产品各方面属性相似的情况下，客户对服务的重视程度不断提高，因而服务成为企业竞争的焦点。各家企业纷纷提高服务质量，增加服务的内容和方式，以在竞争中占据优势地位。此外，优质服务还有利于企业树立良好的形象，提高企业的知名度和美誉度，赢得客户的信赖，增强企业的竞争能力。

（4）提高企业的经济和社会效益。企业的一切生产经营活动都是为了满足客户的需求，从而营利。客户是企业生存和发展的支柱，企业的利润完全来自客户。所以，完善销售服务是吸引客户的重要内容。伴随着客户对销售服务的更加迫切的需要，销售服务对提高企业经济效益的作用也越来越重要。

★ 情景体验6-1

海尔的产品质量好吗？不能说是特别好。价格怎么样？是很贵的。海尔空调的价格和进口空调的价格持平，海尔冰箱的价格和进口冰箱价格也是持平的。海尔冰箱比其他牌子的冰箱贵一千多元，它没有价格优势。很多营销人员说，为什么我们的东西卖不好，因为太贵了，人家那么便宜所以我们卖不好。这是一个营销中的错误观念。海尔产品价格没有任何竞争优势，质量在国内不算最好，甚至在做客户调查的时候很多客户都认为春兰空调质量比海尔空调质量好。可是春兰的价格比海尔低将近两千元，并且春兰是中国很大的一家空调生产企业，销售额很不错。

那么海尔还剩什么？质量没有什么优势，功能也差不多的情况下，海尔品牌的优势在于它的服务好。如有问题，打个电话就会有售后人员上门服务，维修服务态度特别好，这就是服务品牌。海尔通过客户服务创造了一种品牌，而这种品牌居然带动了高价产品的销售，弥补了在市场当中的劣势，体现出服务竞争的优势。所以，优质的服务是最好的企业品牌。由此我们可以看出，对于一家企业来说，如何将客户和企业有机地结合在一起，不断增加使客户感到满意的服务，是一家企业在当今市场取得成功的重要因素。

——百度文库：《客服人员培训计划》，https://wenku.baidu.com/view/7e4d24c94028915f804dc286.html，2013年4月22日

6.1.2 客户服务的分类

客户服务的方式多种多样，内容也很丰富，依照不同的划分标准可以对其进行分类。

1. 按服务的时序分类

按服务的时序可分为售前服务、售中服务和售后服务。

2. 按服务的技术属性分类

（1）技术性服务。指与产品的技术和效用有关的服务，一般由专门的技术人员提供，主要包括产品的安装、调试、维修及技术咨询、技术指导、技术培训等。

（2）非技术性服务。指与产品的技术和效用无直接关系的服务。它包括的内容比较广泛，如广告宣传、送货上门、提供信息、分期付款等。

3. 按服务的地点分类

（1）定点服务。指在固定地点建立或委托其他部门设立服务点提供的服务。生产企业在全国各地设立的维修服务网点就属此类。销售商品的门市部也可以为客户提供定点服务。

（2）巡回服务。指没有固定地点，由销售人员或专门派出的维修人员定期或不定期地按客户分布线巡回提供的服务，如流动售货车、上门销售、巡回检修等。

4. 按服务的费用分类

（1）免费服务。指不收取费用的服务，一般是附加的、义务性的服务。售前、售中、售后服务的大部分内容都是免费的。

（2）收费服务。指在产品价值之外的加价，只有少数大宗服务项目才收取费用。这类服务一般不以营利为目的，只为方便客户，因此收取的费用也是比较合理的。

5. 按服务的时间分类

按服务的时间可分为长期服务、中期服务和短期服务。

6. 按服务的次数分类

（1）一次性服务。指一次提供完毕的服务，如送货上门、产品安装等。

（2）经常性服务。即需多次提供的服务，如产品的检修服务等。

6.2　客户服务的内容

6.2.1　售前服务

售前服务是指企业通过广泛的市场调查，研究分析客户的需求和购买心理特点，在向客户销售之前，采用多种方法引起客户的注意和兴趣，激发客户的购买欲望而提供的一系列服务。要使客户在纷繁复杂的产品中对自己企业的产品产生兴趣并激发购买欲，售前服务无疑扮演着重要的角色，因而成为企业之间进行竞争的重要手段。尤其在企业推广新产品时，售前服务更为关键。常见的售前服务主要有以下几种：

1. 广告宣传

广告宣传实际上是一种售前服务的方式。它通过向客户传送产品的功能、用途、特点等方面的信息，使客户了解产品并产生购买欲望，提高企业的知名度，树立企业良好的形象，因此企业必须高度重视广告宣传。但需要注意的是，企业在选择广告媒体时，应考虑目标客户的特点，实现最佳的广告媒体组合。

2. 销售环境布置

客户在购买产品时不但重视产品本身和销售人员的服务，对销售环境的要求也在不断提高，客户希望在舒适、洁净的环境下购买产品。销售场所的环境卫生、通道设计、铺面风格、招牌设计、内部装饰、标识设置、灯光色彩、产品摆放、营业设备等因素综合构成的整体销售环境会给客户留下印象，由此引发客户的情绪感受，这种情绪将在很大程度上左右客户的购买决策。销售环境布置还对树立企业的形象有着重要的作用，它最直接地体现出企业的经营管理状况，因而它作为售前服务的一种方式，应该得到企业的充分重视。

★情景体验6-2

星巴克的店面设计与消费者心理学

客户体验是星巴克品牌的核心诉求，他把典型美式文化分解成体验元素：视觉的温馨，听觉的随心所欲，嗅觉的咖啡香味等。星巴克认为：咖啡的消费很大程度上是一种感性文化层次上的消费，文化的沟通需要的就是咖啡店所营造的环境文化，能够感染客户，并形成良好的互动体验。

1. 星巴克的绿色

对咖啡文化的塑造，体现在星巴克店面设计的细节中。星巴克的门口常摆放遮阳伞和桌椅或沙发，舒适又有质感，路过的行人不免想坐下喝杯咖啡休息片刻，遮阳伞绿色的主色调有很好的昭示性和代表性。

2. 橘黄色的灯光

店内优雅的休闲环境的塑造，很重要的因素是灯光的渲染，灯光与色彩是店堂气氛最直接的营造者。星巴克的基本照明采用了偏橘黄色调的荧光灯，亮度适中，着重营造一种温馨的氛围。星巴克用明亮但不刺眼的壁式小聚光灯来增加柜台的亮度，主要采用的色调为浅蓝色、白色以及淡黄色。咖啡色的地板配淡色系的墙面，使整个店堂气氛更趋柔和。

3. 咖啡机的独奏

星巴克咖啡文化的打造还有一个重要的方面，就是现场咖啡制作，咖啡的香味扩散到整个屋子，咖啡机带有仪式感的轰鸣声让客户在品尝前就对咖啡有了很好的预判。

4. 开阔的落地窗

星巴克的落地窗让客户能够欣赏到街景，有开阔的感觉，外面的人也能够清晰地看到店内的环境。

5. 展示柜

星巴克店内设置"陈列展示"区，在陈列柜中大部分是杯子、咖啡豆等星巴克系列产品。除此之外，星巴克在季节交替或庆典时，在陈列展示上都有系统的策划，决定诉求的主题，并运用特定的区位，透过各项关联饮料的搭配和组合，运用器皿、色彩、照明效果的发挥，衬托出咖啡的价值感。

——知乎：《星巴克的店面设计与消费者心理学》，https://www.zhihu.com/question/23517527，2015年7月23日

3. 提供多种便利

客户购买产品不仅看重产品本身，而且非常重视由享受销售服务而获得的便利。为客户考虑得越周到，客户便越有可能购买你的产品。现在，销售主体所能提供的便利已经成为人们做出购买决策时要衡量的一个重要因素，因此销售主体应尽可能为客户提供方便，如工厂为客户提供技术培训、免费咨询指导，商店设立问事处、服务台、试衣室、ATM机，为客

户免费供应饮用水等。这一方面能让客户感到舒适方便，另一方面也节约了客户的采购时间，提高了采购的效率。

4. 开设培训班

随着新技术在产品中的广泛运用，出现了许多技术含量较高的新产品。这些产品结构复杂，操作方法较难掌握，对使用者的知识水平等方面要求较高，客户拿着产品说明书和操作手册查找学习时，未必会保持足够的耐心，从而很可能丧失购买欲。因此，企业应为客户举办各种培训班，提供技术咨询和技术指导。

5. 开通业务电话

企业能直接触及的市场领域毕竟是非常有限的。企业只能在有限的地区设立分销处或派遣销售人员，对其他地区则鞭长莫及，由此丧失了许多销售机会。开通业务电话，提供电话订货等服务，可以使企业的触角深入原来未进入或难以进入的市场，挖掘潜在客户，扩大企业占据的市场范围，并增加产品的销量，抓住更多的销售机会。

6. 提供咨询

客户在购买产品之前一般都要收集尽可能多的有关产品的信息和资料，在此基础上权衡得失，从而做出购买决策。为了向客户宣传介绍产品的性能、质量、用途，必须耐心回答客户提出的疑难问题。企业应派有专业知识的人员在销售场所设立咨询服务台，或在外出销售时为客户提供各种咨询服务，以加深客户对产品的了解，并增强客户对产品和销售人员的信任。

6.2.2 售中服务

售中服务是指在买卖过程中直接或间接地为销售活动提供的各种销售服务，销售人员在销售过程中所提供的服务方式、内容及质量，不仅关系到成交与否，而且会影响整个企业的信誉，因此企业和销售人员都必须予以相当的重视。一般来说，售中服务主要包括以下几项内容：

1. 向客户传授知识

销售人员在向客户销售产品的同时，必须向客户介绍产品的性能、质量、用途、造型、品种、规格等方面的知识。一方面，这是客户做出购买决策的客观要求，即客户在做决策时，必须了解相关知识，以此作为权衡和考虑的依据；另一方面，销售人员详细向客户介绍，有利于培养良好的销售气氛，形成和谐的人际关系，也可起到促进销售的作用。

2. 帮助客户挑选产品

客户在购买产品时的心态不仅受自身因素（如客户的需求、社会地位、文化程度、购买习惯、消费知识和经验等）的影响，而且受外部因素刺激的影响。外部因素包括产品的价格、质量、用途、广告、购物环境等。其中，客户对产品知识的了解，绝大部分来自销售人员的现场服务。当客户向销售人员询问产品的价格、质量、性能、用途及产品的优点和缺点等时，销售人员如能根据客户的心理需求加以介绍，正确地引导客户，做好参谋，就能使客户按理想的方式来权衡利弊，从而有利于促成交易。

3. 满足客户的合理要求

在销售过程中，客户必然会提出许多要求，其中大多是比较合理的。销售人员应尽最大努力满足客户的合理要求，提高客户的满意度，增强客户对销售人员的信任，从而促成交易。这样做还能提高客户的重复购买率，并提高企业的声誉。

4. 提供代办服务

售中服务不仅对普通消费者非常重要,而且受到批发零售商和生产企业类客户的重视。向这类客户提供的售中服务主要包括代办托运、代购零配件、代为包装、代办邮寄等服务。这些服务为客户带来了更大的便利,不仅可以吸引更多的客户,促成交易,密切产需关系,而且能增强客户的信任感,提高企业的竞争能力,甚至与客户达成长期合作。

5. 操作示范表演

操作示范表演能真实地体现出产品在质量、性能、用途等方面的特色,引发客户的兴趣,并激起客户的购买欲望。这种方式还会使销售人员的说法得到证实,增强说服力,增强客户的信任度。

6.2.3 售后服务

售后服务就是在产品销售之后所提供的服务。它不仅是一种强有力的促销手段,而且也是无声的宣传员。这种无声的宣传比夸夸其谈的有声宣传更高明,是客户最信赖的广告。

1. 售后服务的内容

售后服务不限行业,也不拘于一种形式,有着广泛的内容和未被开拓的领域,主要包括以下几方面。

(1) 送货上门。对购买较笨重、体积庞大、不易搬运的产品或一次性购买量过多、携带不便或有特殊困难的客户,有必要提供送货上门的服务。其形式可以是自营送货,即企业用自己的设备送货,也可以是代管送货,即由企业代客户委托有固定联系的运输单位送货。送货上门服务对于企业来说并不是很困难的事,却为客户提供了极大的便利,提高了客户的重复购买率。

(2) 安装服务。随着科学技术的发展,产品中的技术含量越来越高,一些产品的使用和安装也极其复杂,客户依靠自己的力量很难完成,因此就要求企业提供上门安装、调试服务,保证出售产品的质量,使客户一旦购买就可以安心使用。这种方式解除了客户的后顾之忧,大大方便了客户。

(3) 包装服务。产品包装不但使产品看起来美观,而且便于客户携带。许多企业在包装物上印有本企业的名称、地址、标识等,起到了广告宣传的作用。

(4) 维修和检修服务。企业若能为客户提供良好的售后维修和检修服务,就可以使客户安心地购买、使用产品,减少客户的购买顾虑。有能力的企业应通过在各地设立维修点或采取随叫随到的上门维修方式为客户提供维修服务。企业也可抽样巡回检修,及时发现隐患,并予以排除,让客户放心、满意。

(5) 电话回访和人员回访。在客户购买产品以后,企业应按一定频率以打电话或派人上门服务的形式进行回访,及时了解客户使用产品的情况,解答客户可能提出的问题。

(6) 提供咨询和指导服务。客户在购买产品后,还不熟悉产品的操作方法,或不了解产品,不懂得一旦出现简单故障应如何予以排除,因而企业要为客户提供指导和咨询服务,帮助客户掌握产品使用方法和简单的维修方法。

(7) 妥善处理客户的投诉。无论企业和销售人员的售后服务做得多么完美,仍难免有一些客户投诉。企业和销售人员应尽可能地减少客户的投诉,但在遇到投诉时要运用技巧妥善处理,使客户由不满意转变为满意。

★ 情景体验 6-3

真情售后：真诚拉近与客户的距离

三一人一直秉承"先做人，后做事"的理念，但在服务过程中，难免有极少数客户还是会心存疑惑。

记得在我服务的客户中，有一位崇明的个体客户，刚开始与客户沟通时，他说得最多的是："你们的设备坏了，赶快来处理，如果两个小时到不了就投诉。"

有一天，我回电给客户，他话语中还带着"火药味"："设备马达质量有问题，马上带个新马达过来更换。"客户情绪很大，我安抚了客户，并立刻驱车前往。

经过两个多小时的路程，我赶到了设备现场。结果，客户一见面就不屑地说："怎么派来一个年轻小伙，会修设备吗？"

我并没有出言反驳，而是首先询问设备的使用和保养情况。随后，又检查了设备的液压油和滤芯，发现液压油油位计显示的颜色正常，也没有变质，但是滤芯却显示报警状态。想到客户说加过几小桶新油，我就找来矿泉水瓶，在油箱底部放了少许液压油观察，发现油很黑，大大小小的铁屑非常多，再一启动机器试机，就听到马达哒哒作响。拆开马达，柱塞里面的铜套和钢球都有少许的磨损。经过几个小时的研磨和修复，装上马达试机正常，没有异响。之后，我把刚才放出来的液压油样品和对马达内部零件拍的照片给客户看，并详细分析故障原因，将新设备该怎么操作和保养讲解给客户听，客户看到故障已经解决，心情也好了许多。

然而，当客户听说保养液压系统要花费一万多元时，有些犹豫。最后，客户以没钱拒绝了我，即使我几次协商，向他分析不保养的后果，客户还是摇头作罢。

在返回办事处的路上，我一直担心这台设备。于是，我通过协调，将可能出现故障的齿轮泵和蓄能器，以及保养的配件储备到办事处，以防不测。

一个星期后，我担心的事情还是发生了。当天半夜三点多，客户致电反馈："油泵声音很大，油温很高，闸板不动！"回电给客户，并告之应急处理办法后，我立马联系货车冒雨直奔工地。

谁知祸不单行，车子走到距离电站还有十多千米的时，雨越来越大，路的侧面不断有石头滚下来，进退两难，无奈在货车上过了一夜，等路恢复正常后已经是下午了，快天黑的时候，我终于赶到现场，来不及休息吃饭，马上进行抢修设备。

经过奋力抢修，设备终于正常运转。当客户看到设备再次正常工作的那一刻，已经说不出来话了，只是紧紧握着我的手。后来，客户一次性购买了三一两台拖泵，彻底改变了以前的种种看法，更信赖三一人和三一品牌了，我也感到无比自豪。

——三一重工：《真情售后：真诚拉近与客户的距离》，http://www.sanyhi.com/company/hi/zh-cn/service1/40114_for_anli_text.htm，2017年4月25日

（8）建立客户档案。建立客户档案的目的是与客户保持长期的联系。通过这种方式，一方面可以跟踪客户所购买的产品使用和维修状况，及时主动地给予相应的指导，以确保产品的使用寿命；另一方面还可以了解到客户的喜好，在出现新产品后，及时向可能感兴趣的客户推荐。除此之外，销售人员还利用客户档案，以上门拜访、打电话、寄贺年卡等形式，与客户保持长期的联络、提高客户的重复购买率。

2. 常见的售后问题

售后服务中的许多问题都是在某一企业中具体出现的,企业不同,采取的售后服务策略就不同。在实践中,常见的售后问题如下。

(1) 价格变动。如果发生价格变动,尤其是提价后,处理不当很可能产生问题。任何价格变动都应该立刻记录到企业的价格表上,再没有比产品或服务的价格不准确更容易让客户产生不信任和愤怒的情况了。每当发生价格变动,尤其是提价时,销售人员应及时通知客户,以便他们采取合适的行动。

(2) 交货延迟。因为一些不可抗拒的因素或者人为因素,发生延迟交货现象是在所难免的,但交货延迟确实是经常导致客户不满的售后问题。一批延迟的交货可能影响客户的计划,并且如果由于延迟导致了缺货,则在一段时间里可能减少客户的销量。一旦出现销售人员无法控制的延迟交货,销售人员应该使客户对按合同精确交货的预期最小化,并及时让客户了解延迟及产生延迟的原因。销售人员可以借助核实订单是否准确、是否包含了所有必要的信息、手续是否齐全等方式,制止某些延迟的发生。

(3) 安装服务不到位。一些产品是需要企业来帮助客户安装的。通常,产品的安装不是销售人员的责任,但尽其所能保证安装如期完成是提供良好服务的基础。组织优秀的安装人员或直接监督安装能达到这一目标。至少,销售人员应该与客户联系,确认在安装期间没有问题发生。

★情景体验6-4

糟糕的家居售后让人很受伤

为了吸引消费者购买家居产品,很多卖场导购员都会提出"送货到门""七天包退包换""先行赔付""无条件退货"等诱人的服务承诺,但实际上家居卖场承诺的服务和具体实施的落差极大。"售前售后两张脸"让售前被奉为上帝的消费者纷纷感到自己的消费尊严受到侵害,实在是"很受伤"。

产品在运输途中受到磕碰损害,商家常常表示对此不负责;承诺送货上门安装,实际送到楼下就不管了;产品损坏,打电话报修,却迟迟不见人来处理;维修后的产品,用不了几天又坏了;客服人员态度恶劣,投诉往往石沉大海,得不到解决……消费者在家居产品的售后服务过程中,消费尊严受到侵害的案例随处可见。

网上一些关于宜家橱柜的"吐槽"就让很多网友感同身受。一位上海的消费者发帖"控诉"宜家的送货服务:"实在差得令人发指,安装时间迟迟不能确认,咨询热线又打不通。打投诉电话,给了安装单号,竟然都查不到客户信息。终于装完橱柜,但由于设计和测量、安装是两伙人,沟通上有障碍,导致一扇柜门装不上,我还得去退货、再买、预约、再安装。"也有网友跟帖称:"我绝不会在宜家买橱柜,那里的橱柜和家居卖场的没什么区别,也没有专人服务,找一个工作人员咨询都很困难。"

市民刘先生也遇到过类似情况:购买某品牌的燃气灶,很快就过了保修期,之后一直处于反复维修的状况,仅过去一年就维修了三次以上。每次维修除了要收上门服务费,还要缴纳维修费、材料费,而这款燃气灶买的时候也才几百块钱。

相对实体店而言,消费者网购家居产品受到的"伤害"更多,也更难解决。现在越来越多的家居品牌开始"触电",家居电商的服务也是近年来行业内探讨得最火热的话题。"双十一"的巨额销售成绩给家居电商带来了很大欣喜,不过在接下来的生产、送货环节中,问题接踵而至。送货不及时、退货不容易、品质不靠谱三大差评如潮水般涌来,全友家私、林氏木业等网销冠军面临着售后服务难题。

付钱购买家居产品是一个简单的过程,但出现问题找售后服务解决,却是一场令消费者心力交瘁的"拉锯战"。被糟糕的售后服务坑害的消费者,哪有"不受伤"之理?

——腾讯家居:《糟糕的家居服务让人很受伤》,http://www.jia360.com/2015/1008/1444271089947.html,2015年10月9日

(4) 促销信息缺乏。销售人员必须确保每一个客户清楚地了解任何可能得到的促销津贴,大部分企业按照金额和产品给客户促销津贴,这些津贴可以是合作广告、产品购买数量、促销展示或新产品试用等形式。无论采取何种形式、销售人员应该使每一个客户清楚促销津贴及其利用方式。

(5) 培训不足。对于某些特殊的产品,客户接受良好的产品使用培训是很重要的。企业经营实践说明,培训是售后服务不可分割的部分。没有培训,客户的满意度就会大大降低;培训不足,客户可能无法适当地使用产品,也会产生不满。

3. 售后服务的技巧

为了发展满意的客户,销售人员必须在交易之后继续提供服务。企业往往更青睐与其他客户做更多的生意,而忽略了售后服务环节。然而,假如企业无法提供恰当的售后服务,则很可能使原本满意的客户变得不满意,尽管售后服务的全部内容取决于特定的产品或市场状况,但仍然有一些让销售人员确保客户满意的普遍技巧。

首先,良好的售后服务从交易成功之后发出一封表达诚挚谢意的信开始,大约在交易达成的两天后,一封写在企业信纸上的正式信函、一张非正式的便条或小小的明信片,都能用来清晰明确地表示对客户的谢意。

其次,要不断地检查送货情况。在送货当天,销售人员应电告客户,这不仅是为了确定货物已送出,更为了表明销售人员对客户的重视。一旦发生了不能送货或送到时货物损失等问题,销售人员可以采取恰当、及时的行动。如果问题发生了,应该由销售人员而不是其他人告诉客户有关的信息。

再次,销售人员应该确保客户了解所购产品的功能和用途。买方要对卖方及其产品有恰当的认识,进行应有的培训常常能够对投诉防患于未然。

最后,如果产品要求安装,销售人员应该在送货后立即拜访买方,以确保产品恰当地安装和不发生任何问题,即使没有发生问题,这一拜访也能向客户表明销售人员对建立长期业务关系的关心。这一拜访,也许比其他行动更能显示销售人员及企业的诚意和可信度。

6.3 服务质量管理

6.3.1 服务质量的概念

服务质量是产品生产的服务或服务业满足规定或潜在要求(或需要)的特征和特性的

总和。鉴于服务交易过程的客户参与性和生产与消费的不可分离性，服务质量必须经客户认可，并被客户所识别。服务质量同有形产品的质量在内涵上有很大的不同，服务质量的内涵应包括以下内容。

1. 服务质量是客户感知的对象，是一种主观质量

服务质量中有形产品的质量存在着很大的差异，有形产品质量的度量可以采用许多客观的标准加以度量，如对一部汽车，其耗油量、时速、刹车性能等即使对于不同的客户，也存在一个客观的标准，这些标准不会因为产品提供者不同、购买产品的消费者不同而产生变化。即使是同一个客户，在不同的时段，对质量的要求也可能会产生变化。

2. 服务质量是一种互动质量

服务由于具有生产与消费的同时性，服务质量也是在服务提供者与客户互动的过程中形成的，如果没有客户的紧密配合、响应，或者客户无法清晰地表达服务要求，那么，服务过程将会失败，服务质量将是低下的。

3. 过程质量在服务质量构成中占据极其重要的地位

正因为服务质量是一种互动质量，所以，服务过程在服务质量形成过程中起着异常重要的作用。过程质量是服务质量极其重要的组成部分。当然，并不是说结果质量不重要，服务结果是客户购买服务的根本目的，如果没有服务结果，或者服务结果很差，那么，再好的服务过程也是无法弥补的。同样，即使服务结果很好，但服务传递过程很糟糕，最后形成的客户感知服务质量也可能是低下的。忽视结果或者忽视过程，在服务质量管理中都是错误的。

4. 对服务质量的度量，无法采用制造业中所采用的方法

在服务业中，不但要考虑服务质量与服务标准的吻合问题，还要衡量质量的外部效率，即对客户关系质量的影响。也就是说，要衡量这种服务质量对服务提供者与客户建立持久的关系具有什么样的影响，明确这一点，对于提高服务质量管理水平，具有非常重要的意义。

6.3.2 服务质量维度

对服务质量维度测定的研究始于20世纪80年代，当时的服务质量维度主要考虑的是客户感受，后来的研究集中在两方面：一是确定客户预期及其感知到的服务的特点，这些特点是质量的定性因素；二是总结测定预期质量与感知质量的差距的方法。泽丝曼尔（Zeithaml）、贝里（Berry）、帕拉舒拉曼（Paraauraman）按照重要性由高到低，将服务质量分为可靠性、响应性、安全性、移情性、有形性五个评价维度。

1. 可靠性

可靠性是指企业在服务过程中准确、可靠地执行所承诺服务的能力。从客户的角度看，可靠性是最重要的服务特性，是服务质量维度中最关键的因素。可靠的服务是客户所希望的，它意味着服务以相同的方式、无差错地准时完成。例如，对于客户来说，飞机能够按时抵达或者按时离开预定地点就是客户对航空公司核心服务可靠性的一个评价标准。

2. 响应性

响应性是指企业愿意主动帮助客户，及时为客户提供必要的服务。该维度强调在处理客户要求、询问、投诉和问题时的专注和快捷。为了达到快速反应的要求，企业必须站在客户的角度而不是企业的角度来审视服务的传递和处理客户要求的流程。例如，航空公司的售票是否迅速及时、行李系统是否快捷等成为客户对其响应性的一个评价标准。

3. 安全性

安全性被定义为雇员的知识和谦恭态度，及其使客户信任的能力。服务员工态度诚恳并且具备解决客户问题所必需的知识和技能，能够增强客户对企业的信任，同时让客户感到安全。当客户感知的服务包含高风险或没有能力评价服务的产出时，信任和信心能通过使客户和公司联系在一起的人员得到体现。因此，公司要尽量在关键的一线人员与客户之间建立信任与忠诚。例如，当客户向一位在法律咨询领域享有盛名的专家进行咨询时，他会认为自己选对了服务供应商，从而获得信心和安全感。

4. 移情性

移情性指企业给予客户的关心和个性化的服务。它是设身处地为客户着想，对客户的处境、情感的认同和理解。移情性的本质是在对客户深入了解的基础上，为客户提供个性化的服务，使客户感到自己是特殊的，自己受到了企业的重视，自己的服务需求得到了企业的理解。

5. 有形性

有形性是指各种有形的要素，如服务流程中的各种设施、设备以及服务人员的形象等。由于服务具有无形性，所以，客户并不能直接感知到服务结果，而往往依靠一些有形设施对即将接受的服务质量进行感知。例如，餐馆的墙壁及桌椅整洁别致，员工统一着装并且微笑着向客户服务等有形展示，为客户提供了高质量的服务感知。

6.3.3 客户感知服务质量

1982年，Gronroos提出了客户感知服务质量的概念和模型（图6-1），这一概念成为服务质量管理最为重要的理论基础。Gronroos认为，服务质量是由客户感知的质量。服务或多或少是一种生产和消费同步进行的主观体验过程，消费者对服务质量的评价不仅要考虑服务的结果，而且要涉及服务的过程。在这一过程中，客户和服务提供者之间存在着服务接触，它对感知服务质量的形成具有非常重要的影响。

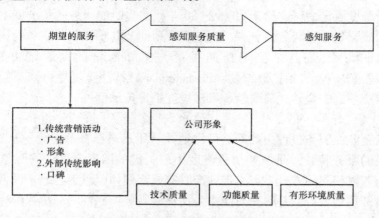

图6-1 客户感知服务质量模型

服务质量是客户的期望服务质量同其感知服务质量的比较。期望是指客户在购买产品或服务前所具有的信念或观念，作为一种标准或参照系，它与实际绩效即感知进行比较，从而形成客户对产品（服务）质量的判断。如果客户对服务的感知水平符合或高于其期望水平，则客户将获得较高的满意度,从而认为企业具有较高的服务质量。反之,则会认为企业的服务质量较低。此外,企业形象是服务质量体验的"过滤器",关键时刻是客户体验服务质量的有限时机。

1. 客户所期望的服务质量

期望服务质量是影响客户对整体服务质量的感知的重要前提。如果期望质量过高、不切实际,即使从某种客观意义上说他们所接受的服务水平是很高的,他们仍然会认为企业的服务质量较低。期望质量受四个因素的影响:市场沟通、企业形象、客户口碑、客户需求。

市场沟通包括广告、直接邮寄、公共关系以及促销活动等,直接为企业所控制。这些方面对期望服务质量的影响是显而易见的。

客户需求是企业的不可控因素。客户需求的千变万化及消费习惯、消费偏好的不同,决定了这一因素对期望服务质量的巨大影响。客户所期望的服务质量受到价格、营销传播、口碑、企业形象、公共关系、客户需要和价值定义等因素的影响。其中,营销传播包括广告、直销、销售促进、网站、人员销售活动等。营销传播和价格均可被服务组织直接控制。对于口碑、形象、公共关系等因素,服务组织无法控制而只能施加影响。客户需要和对价值的理解也对客户期望值的形成有重要的影响。

服务期望对客户感知服务质量的形成具有决定性影响,如果服务提供者承诺过度,那么,客户的期望就会被抬得很高,所感知的服务质量就会相对下降。过度承诺或过早承诺都会彻底毁掉服务组织质量改进计划的努力。因此,在进行外部营销时,营销人员必须避免做出不切实际的承诺。从营销实践看,将客户期望控制在一个较低的水平,营销活动的余地就会大一些。

2. 客户所体验的服务质量

客户所体验的服务质量可以区分为技术质量(接受什么样的服务)、功能质量(怎样接受服务)和有形环境质量(在怎样的环境中接受服务)三部分:

(1)技术质量。与服务产出结果有关的技术质量,是客户在服务过程结束后的"所得"。通常客户对技术质量进行衡量是比较客观的。对于入住酒店的客户,技术质量指客房;对于餐馆,技术质量指食物。

(2)功能质量。功能质量与客户服务消费过程有关,指客户是如何得到服务的。服务的功能质量取决于服务提供者与客户的互动和接触。银行的自动取款机是否易于使用,网站是否易于登录,旅行社的线路信息是否容易咨询,服务人员的衣着、外貌和言行举止,客户是否需要排长队等候服务,客户之间是否相互干扰,都属于功能质量的范畴。

★情景体验6-5

旅馆业的服务项目

从阿拉斯加到坦桑尼亚,世界各地都有高质量的旅馆。它们的"星"是靠房间的规模、装饰的豪华和舒适的程度赢得的。不仅如此,它们由于各自的鲜明特色而令人难以忘怀。旅途,或是一种困难,或是一种乐趣,这在一定程度上依赖旅馆的服务。有远见的管理者不辞辛劳地从小处着手,创造宾至如归的氛围。

阿姆斯特丹的阿姆斯泰尔洲际旅馆以其热情、周到的服务著称。该旅馆主动为客人办理海关手续和提取行李，客人就像国家元首一样，走下舷梯就受到迎接，一身轻松地坐上劳斯莱斯或奔驰轿车来到旅馆。房间里 CD 唱片播放的高雅音乐使客人顿消旅途疲惫，客人还可以读到他所指定语言的最新报纸。

激烈的市场竞争促使旅馆业不断创新，以争取客户的回头率。有位女士成了伦敦道斯特酒店的常客，每月都来住一次。旅馆尽力使一个固定房间成为她的"家"，在她到来之前重新布置，按照她的喜好安排家具和装饰品。道斯特酒店还建立起房客的档案，记录下客人们的好恶，从喜爱紫罗兰还是郁金香到对某种酒的偏好，以保证提供客人最满意的服务。

著名的里兹·卡尔顿连锁酒店也有完善的客户认知程序，记录了客人的特别要求，如楼层、硬床，乃至不出名的法国酒。正是这种客户至上的精神使其规模不断扩大。有的旅馆提供详尽的商业资料，供客户中的经理查询。香港的香格里拉饭店图书馆，储备有丰富的信息资料。客人可舒适地坐在沙发上聆听尽职尽责的图书管理员介绍有关图书，还可查阅大部头的英文、法文、中文、意大利文和日文的指南和白皮书。当然，休闲性的文学作品是应有尽有的。

有些客户喜欢清晨慢跑以消除时差造成的不适，而在一个陌生的城市跑步是容易出危险的。这一习惯在东京传奇般的帝国旅馆得到重视，它免费提供各种型号和尺寸的跑鞋以及详尽的地图，上面标明沿途的风景、地形和距离，极大地方便了客户。

——赵志江：《服务营销》，首都经济贸易大学出版社，2010，p186 – 187

(3) 有形环境质量。技术质量与功能质量（Gronroos, 1982）是广为接受的服务质量的构成要素。罗斯特（Rust）和奥利弗（Oliver）认为，服务质量除了"接受什么服务"（what）——技术质量，"怎样接受服务"（how）——功能质量外，还应该增加"在何处接受服务"（where）这样一个要素，即应当将服务接触所在的有形环境纳入服务质量要素之中。服务企业在提供服务的过程中，服务场景、服务人员等构成了消费者购买服务的有形环境质量，并影响客户对整体服务质量的感知。

★ 情景体验 6-6

DQ 冷饮店的服务有形展示

DQ（冰雪皇后）这家来自美国的冷饮店在嘉兴的店面开在江南摩尔附近。DQ 的店面大概有 120 平方米，不是很大，但相对于一般的冷饮店来说，享用冷饮的空间起码不显得拥挤。首先，进门之后给人的感觉是很舒服的，干净、有序，氛围很好。服务人员比较专业，穿戴整齐，打扮得体；服务人员具有一定的服务素养，能理性地为客户考虑，推荐客户喜欢的产品口味，适当为客户推荐产品所附加的服务，但无强迫性。受服务环境的影响，客户也显得井然有序，无插队、抢购的情况。

关于价格，12～200 元不等，客户可选取自己所需要的产品。DQ 的消费人群主要是学生和年轻白领，对于这些消费群体，价格还是比较合理的。对于潜在的客户来说，价格不是吸引客户的唯一因素，优秀的服务、良好的环境以及产品的特色才是这些潜在客户选择 DQ 的主要因素。相比哈根达斯的一个甜筒冰激凌 28 元来说，DQ 的冷饮算是便宜的了。从客户所获得的服务、享用的环境、DQ 冷饮自身的口味以及特色（做好之后的冷饮是倒不出来的）来说，DQ 的性价比是较高的。

DQ 在信息沟通展示方面也是比较成功的，从客户对 DQ 的赞赏，就能看出这点。DQ 的广告内容也是很吸引客户的。最重要的一点是，DQ 非常重视客户的信息回馈，在购买或是消费 DQ 的产品后，服务人员总会向客户提供一张产品服务满意度回馈表，DQ 会从这些信息回馈表里得到反馈信息，从而进一步完善服务。

DQ 产品的有形展示突出了产品的特色，即 DQ 的冷饮做好之后是倒不出来的。这是吸引大多数客户的重要因素之一。在服务人员完成一杯冷饮的制作后，都会现场将冷饮向下倒，如有倒出，那么服务人员会为客户重新制作一个。这一点不仅仅是 DQ 的特色，也是其优质服务的体现，是对产品质量的现场保证。而它的这一特色，也为 DQ 吸引了更多的客户。

——百度文库：《DQ 冷饮店的服务有形展示》，https：//wenku.baidu.com/view/41a67886b9d528ea81c779f5.html，2011 年 6 月 6 日

3. 企业形象

服务组织的形象是客户感知服务质量的"过滤器"，在服务业中，客户参与服务过程，甚至亲自来到服务场所接受服务，在多数情况下，客户都能够看到服务场景、服务人员以及服务的生产和传递方式。因此，服务组织无法像有形产品供应商一样隐藏到品牌或分销商背后。企业形象对于服务组织来说是最重要的，它可以从许多方面影响客户感知服务质量的形成。如果在客户心目中企业形象很出色，那么即使发生一些微小的服务失误，客户也会原谅，但如果失误频频发生，服务组织的形象将遭到损害。如果服务组织形象原本就很糟糕，那么同样的服务失误对于客户来说将难以容忍，客户对服务质量的感知也会更加糟糕。

4. 真实瞬间/关键时刻

服务提供者与客户的互动和接触，决定了服务的功能质量。也正是在这种互动关系中，服务的技术质量被传递给客户。客户正是在这些接触的过程中获得了对组织服务质量的第一印象，而且每个真实瞬间都会对客户的整体满意度和再次进行交易的可能性产生影响。

Normann 将服务接触的每一个片段称为一个关键时刻。关键时刻是服务组织向客户进行服务质量展示的有限时机。一旦时机过去，服务结束，服务组织也就无法改变客户对服务质量的感知。在任何一个关键时刻，如果服务质量出现问题，服务组织将很难补救，因为糟糕的服务无法像有问题的商品一样还可以退换。因此，关键时刻是服务质量的特殊构成因素，是有形产品质量所不包含的要素。

6.3.4 提高服务质量的方法

企业要提高服务质量必须采取适当的方法。近年来，研究人员和业界人士曾提出许多方法和技巧来提高企业的服务质量。在这里主要介绍两种常用的方法，即标准跟进法和蓝图技巧法。

1. 标准跟进法

标准跟进法是指企业将自己的产品、服务和市场营销过程等同市场上的竞争对手尤其是最好的竞争对手的标准进行对比，在比较和检验的过程中提高自身水平。尽管标准跟进法最

初主要应用于生产性企业，但它在服务行业中的应用也很普遍，服务行业在应用这一方法时可以从战略、经营和业务管理等方面着手。

（1）战略方面。企业应该将自身的市场战略同竞争者成功的战略进行比较，寻找它们的相关关系。通过一系列的比较和研究，企业将会发现过去可能被忽略的成功的战略因素，从而制定出新的、符合市场条件和自身资源水平的战略。

（2）经营方面。企业主要集中于从降低竞争成本和提高竞争差异化的角度了解竞争对手的做法，并制定自己的经营战略。

（3）业务管理方面。企业根据竞争对手的做法，重新评估那些支持性职能部门对整个企业的作用。学习竞争对手的经验，使得二者步调一致，无疑是提高服务质量的重要保证。

2. 蓝图技巧法

蓝图技巧是指通过分解组织系统和架构，鉴别客户同服务人员的接触点，并从这些接触点出发来改进企业服务质量的一种策略。蓝图技巧借助流程图的方法来分析服务传递过程的各个方面，包括从前台服务到后勤服务的全过程。

（1）把服务的各项内容用流程图的方法画出来，使得服务过程能够清楚、客观地展现出来。

（2）把那些容易导致服务失败的点找出来。

（3）确立执行标准和规范，而这些标准和规范体现企业的服务质量标准。

（4）找出客户能够看得见的服务证据，而每一个证据将被视为企业与客户的服务接触点。

在运用蓝图技巧的过程中，甄别和管理这些服务接触点很有意义，因为在每个接触点，服务人员都要向客户提供不同的功能质量和技术质量。而在这一点上，客户对服务质量的感知好坏将影响他们对企业服务质量的整体印象。

6.3.5 提高服务质量的策略

所有服务企业应当改变过去那种对服务提供过程"经验型""粗放型"的管理方式，从理论的高度认识服务提供过程，通过改革和发展，强化管理、细化管理，来优化服务提供过程，最终达到提高服务质量的目的。服务企业要提高服务质量，必须根据每一家企业在不同时期服务过程中存在的问题和服务环境状况，采取具体的提高服务质量的策略，借鉴一些服务企业提高服务质量的成功经验，服务企业在服务质量管理中应采取以下具体策略。

1. 服务企业必须树立整体质量管理的思想

服务企业整体质量涉及服务的全过程、企业所有部门及全体员工，因而，服务质量管理是全过程、全员性、全面内容的质量管理。必须把全面质量管理的思想运用于服务领域，服务企业必须把服务意识贯穿整个服务过程，让每一个员工都树立质量意识，致力于服务质量的提高。应抓好员工的培训工作，在服务企业创造和谐的人际关系氛围，人人关心服务质量的提高，员工能设身处地为客户着想，理解客户的需要和期望，关心客户，为客户提供优质服务。

2. 高层管理者必须重视服务质量的提高

服务企业的管理者必须以身作则，为服务人员树立优质服务的榜样；要求服务人员尊重客户，管理者必须首先尊重服务；要求服务人员为客户提供优质服务，管理者必须首先为服务人员提供优质服务。总之，管理者在使客户满意之前应先使员工满意。

3. 制定科学的服务营销战略和服务质量战略

服务企业的营销活动是一项有计划、有步骤的经营活动，它的有效开展有赖于服务企业搞好市场调查，在此基础上进行市场细分，准确了解其目标市场、目标客户的需求及变化趋势，并制定出科学的服务营销战略，尽量满足客户需要，以赢得客户的长期信任。

4. 制定服务的标准规程

制定服务规程时，首先要制定服务的环节程序，再确定每一环节统一的动作、语言、时间、用具，包括对意外事件、临时要求的处理方式、方法等。管理人员的任务是执行和控制规程，特别要抓好各项规程之间的薄弱环节，要用服务规程来统一各项服务工作，从而达到服务质量标准化、服务岗位规范化和服务工作程序化、系列化。

5. 建立服务绩效的监督、考评机制

服务企业要提高服务绩效和服务质量，必须建立相应的监督和考评机制，采取恰当的方法发现企业在服务传递过程中的服务质量问题以及对每个服务人员服务的优良程度，有针对性地不断提高服务水平。

6. 建立使客户由不满到满意的系统

经营有方的服务企业都对客户的抱怨做出随和友善的反应，建立企业与客户之间的信息沟通渠道，以化解和平息客户的不满情绪。这就要求服务企业建立一个能灵活处置此类问题的系统，借鉴生产性企业建立售后服务中心的做法，做好相关的售后工作，并要求从事此类工作的服务人员有灵活处理此类抱怨与投诉的权力与能力。

7. 创造良好的消费购物环境

服务环境对客户感觉中的整体服务质量会有很大影响。在服务消费过程中，客户不仅会根据服务人员的行为，而且会根据服务环境中的有形证据评估服务质量。因此，服务企业应根据目标细分市场的需要和整体营销策略的要求，做好每一项服务工作和有形证据管理工作，为客户创造良好的消费环境，以便提高客户对整体服务质量的评价。

6.4 客户投诉管理

企业经营常会碰到客户投诉，一旦处理不当，就会引起不满和纠纷。处理客户投诉是客户关系管理的重要内容，出现客户投诉并不可怕，甚至可以说客户投诉是不可避免的。问题的关键在于如何正确看待和处理客户的投诉。

6.4.1 客户投诉处理的目的

企业处理客户投诉的主要目的有以下几点：

（1）消除客户的不满，恢复信誉。从保护、重视消费者的立场来看，客户投诉处理是大事，企业应该真诚、及时地对客户投诉进行处理。

（2）建立企业的品质保证机制。客户投诉是促进企业改革的一个重要动力，同时，处理客户投诉也是改进企业产品质量和服务水平的过程。

（3）收集客户信息。客户投诉是客户对产品和服务最真实的检查结果，也是最可靠的市场调查结果，因此，企业要将客户投诉进行收集、整理和统计分析，以便为客户更好地服务。

（4）挖掘潜在信息。投诉是客户对产品不满意的一个信号，但在现实工作中，一般都把注意力集中到追究产品缺陷的发生责任或对投诉的处理上，却忽略了客户的真正需求。由于客户投诉是与市场紧密相关的，所以在研发新产品时如果考虑客户投诉的作用，那么新产品的开发成本就会比较低，销量增加。

6.4.2 客户投诉的内容

客户投诉的内容主要包括以下几项：

（1）产品质量投诉。主要包括产品在质量上的缺陷、规格不符、技术标准超出允许的误差、产品故障等。

（2）购销合同投诉。主要包括产品数量、等级、规格、交货时间、交货地点、结算方式、交易条件等。

（3）货物运输投诉。主要包括货物在运输中发生损坏、变质和丢失，以及因包装或装卸不当而造成的损失等。

（4）服务投诉。主要包括对企业各类人员的服务质量、服务态度、服务方式、服务技巧等提出的批评和抱怨。

6.4.3 处理客户投诉的策略

1. 鼓励客户投诉

倾听客户的委屈和愤怒，或是给客户创造条件让客户抱怨，客户的感觉就会好很多。重要的是，销售人员应让客户充分地诉说而不要随便打断，打断只会增加已有的愤怒和敌意，并且使问题变得更加复杂，更加难以处理。一旦客户的愤怒和敌意产生了，说服劝导就更加艰难，几乎不可能找到让双方都能接受的解决方案。因此，销售人员要学会倾听，倾听的时间越多，客户反映的问题就越充分，解决问题的方法就越恰当。

2. 获得和判断事实真相

面对极力为己索赔或讨说法的客户，销售人员必须谨慎地确定与投诉有关的事实信息。客户通常强调那些支持自己观点的情况，所以销售人员应在全面、客观地了解情况的基础上，找出令人满意的解决办法。当事实不能解释问题的真相，或客户与企业反映出的信息都有错误时，需要让客户知道，从而获得一个公平解决困难的办法。无论如何，目标仍然是使客户投诉得到公平的处理。

3. 提供解决方法

解决问题是销售人员的责任，因为销售人员最接近客户，最适合以恰当的方式做出公平的、令客户满意的解决方案。也有一些企业规定，解决问题的方案应由总部的理赔部门做出，销售人员应调查问题并提出解决问题的参考方案，因为如果解决方案来源于管理层而非销售人员，客户可能更容易接受。

4. 公平解决索赔

为了帮助企业提出一个公平合理的解决方法，销售人员必须获得下列信息：客户索赔的金额和索赔的频率、客户账户的数量和客户的重要程度、企业所采取的行动对其他客户可能产生的影响等。在获取以上信息后,企业可选择的解决方案有以下几种:产品完全免费退换;产品完全退换,由客户支付劳动力和运输费用;产品完全退换,由客户和企业共同承担相关费用;产品完全退换,支付客户折扣价格;产品负责维修,客户承担维修费用;产品返厂,再做处理;客户向第三方索赔。

★ 情景体验 6-7

为什么不可以签单

某天下午,一批来自某单位的客人来酒店餐厅用餐。餐后客人提出该单位在店内有两万内存,要求签单。经信用结算组查阅,发现客人所报金额与签单人姓名均与原始记录不符。为了维护签单权益,信用结算组便通知餐务中心该单位并无内存,而宾客坚持称确有内存,一定要签单。餐务中心与客人协调,提出先将本次餐费结清,由账台出具收条,待有确切证明能够签单,再退还此款,在内存中结算餐费。客人当时表示同意。

两天后,经该单位存款当事人与酒店联系,说明上次餐费可以签单,酒店立刻退还了钱款。而此时宾客以酒店工作有疏漏为由提出投诉,并要求餐费折扣。餐务中心与信用结算组共同向客人解释了缘由,再三说明这也是维护该单位内存的安全以及保密性而执行的一项工作制度,对此事给宾客造成的不便表示歉意,餐务中心给予该单位用餐 8.8 折优惠,信用结算组也提出将尽快改进工作方法,避免类似的误会发生。

最终,宾客满意而归。

事后,质管办召集两部门针对此投诉进行分析。财务部态度非常积极,提出了一项改进方法,向各内存单位签单人发放临时卡片,其他客人消费时只需出示此卡同样签单有效,这样就能够使工作做得更圆满一些。餐务中心也表示将增强两部门之间的协调与合作,促使服务产品更完美。

——百度文库:《酒店客人投诉精选案例分析及处理方案》,https://wenku.baidu.com/view/ddfa837679563c1ec5da71b8.html,2015 年 4 月 13 日

6.4.4 客户投诉处理的程序

处理客户投诉,应填写"客户投诉处理表",并注意该表单的流向。此表的联数多少,视企业规模大小、组织结构而自行统筹规范。表格必须填写日期,而且各部门的处理情况也应在其上注明日期。为防止工作漏失,应有流水编号的控制。

例如,可以规定客户投诉处理表的传递次序:

(1)第一联存根,客户管理中心或营业单位填妥后保存备查。

(2)第二联通知,由客户管理中心送质量部门。

(3)第三联通知副本,由客户管理中心呈送主管。

(4)第四联调查,由质量部门连同第五联交付发生单位(生产部门)。

(5)第五联调查报告,由发生单位(生产部门)调查后送质量部门。

(6)第六联答复,由质量部门接到发生单位(生产部门)的调查报告书后,连同报告书送至客户管理中心。

(7)第七联报核同第六联的方法整理后,连同调查报告书呈报主管。

此外，在处理投诉表单的流程中，也加以规定：

(1) 客户管理中心一接到客户投诉，应立即填写客户投诉处理表。

(2) 生产部门接到客户管理中心的客户投诉处理表后，即编号并登记于客户投诉案件记录卡（表6-1）和异常调查报告表（表6-2），送质量部门追查、分析原因，判定责任归属后，送生产责任单位分析异常原因与处理对策，并送经理室。异常情况送研发部，再送回总经理室查核后，送回客户管理中心拟定处理意见，再送经理室综合意见，最后送回客户管理中心处理。

表 6-1 客户投诉案件记录卡

投诉客户名称		地址		电话	
受理日期	年 月 日		受理编号		
客户希望或要求					
受理单位意见	生产单位		发生单位		营业单位

表 6-2 异常调查报告表

受理案情		发生原因	经过情形	处理办法	
编号	内容			对策	改进

营业单位： 生产单位： 发生单位：

(3) 销售人员收到总经理室送回的客户投诉处理表时，应立即向客户说明、交涉，将处理结果填入表中，呈主管核阅后送回总经理室。

(4) 经处理结案的客户投诉处理表由各部门按规定分别留存。客户投诉显示了企业的弱点所在，除了要随时解决问题外，还要防止同样的错误再次发生。

6.4.5 有效处理客户投诉的要点

老客户投诉时，应该如何处理呢？投诉的处理要注意以下六点：

(1) 虚心接受投诉。冷静地接受投诉并且抓住投诉的重点，同时更清楚地明晰客户的要求到底是什么。

(2) 追究原因。仔细调查原因，掌握客户心理。诚恳地向客户道歉，并且找出客户满意的解决方案。

(3) 采取适当的应急措施。应根据客户投诉的重要程度，采取不同的处理方法。为了不使同样的错误再度发生，应当断然地采取应变的措施。

(4) 改正缺点。以客户的不满为借鉴找出差距，甚至可以成立委员会来追查投诉的原因，以期达到改善的目的。

(5) 建立客户投诉管理体系。要建立反应快速、处理得当的客户投诉管理体系，如一些公司的客户（投诉）管理中心。

（6）后续动作的实施。为了恢复企业的信用与名誉，除了赔偿客户精神上和物质上的损失之外，更要加强对客户的后续服务，使客户恢复对产品的信心。

本章小结

本章节讲述的客户服务管理是企业为了建立、维护并发展客户关系而进行的各项服务工作的总称，其目标是建立并提高客户的满意度和忠诚度，最大限度地开发利用客户。而客户服务则是一个过程，是在合适的时间、合适的场合，以合适的价格、合适的方式向合适的客户提供合适的产品和服务，使客户合适的需求得到满足，价值得到提升的活动过程。客户服务管理是了解与创造客户需求，以实现客户满意为目的，企业全员、全过程参与的一种经营行为和管理方式。它包括营销服务、部门服务和产品服务等几乎所有的服务内容。

本章案例

本章习题

一、复习思考题

1. 客户服务的类型有哪几种？
2. 客户服务的维度有哪些？
3. 客户投诉处理的要点是什么？
4. 简述标准跟进和蓝图技巧这两种提高服务质量方法的区别。
5. 服务质量评价的标准有哪几种？

二、实训题

实训目标：

1. 加深学生对服务期望、服务质量以及服务质量差距的认识。
2. 根据具体的服务消费经历描述服务质量的构成要素。

实训内容：

访问迪士尼公司、万豪国际酒店、丽嘉酒店或其他著名的优秀服务企业的网站，或通过其他途径，搜集这些企业服务质量、服务接触和服务流程的相关材料。

1. 描述所选择的服务企业通过哪些途径来影响客户的服务期望？
2. 这些服务企业克服了哪些供应商差距，他们是如何克服的。
3. 总结这些企业客户满意度高的原因。

实训组织：

1. 提前布置任务，在学生进行充分的课外准备的基础上，根据本课程课时总量，安排两个课时进行课堂讨论。
2. 在班级范围内，以学生个体为单位自由发表见解。
3. 发言学生可自愿产生，也可由任课教师指定，最好是将这两种方式结合起来。
4. 要求发言学生到讲台上对全班同学讲述自己的观点，是否使用PPT或其他辅助手段可由学生自行决定。

实训步骤：
1. 根据可安排的课时量，确定班级范围内发言的学生数量。
2. 依次安排上述学生在讲台上面对全班同学发言。
3. 对每一轮发言，教师应鼓励并安排具有不同见解的同学或小组展开相互质询。
4. 教师对发言过程和观点、证据进行评价。

第 7 章

中间商客户管理

★学习目标

通过本章的学习,认识销售渠道的一些基本概念;了解渠道结构及如何进行渠道模式选择;掌握管理渠道成员的方法;认识经销商和代理商并且有效予以管理;掌握重点客户管理。

★教学要求

注重相关案例的教学,要对重点知识点进行总结归纳讲解,便于学生理解;要采用启发式、探讨式教学,鼓励学生多思考;要加强课堂案例讨论,注重对中间商客户管理案例的总结。

★导入案例

海尔与格力的市场营销渠道模式

1. 海尔模式——零售商为主导的市场营销渠道系统

海尔市场营销渠道模式最大的特点就在于海尔几乎在全国每个省都建立了自己的销售分公司——海尔工贸公司;同时不论在省会城市还是在县级城市,海尔公司都建有自己的分支机构,销售渠道畅通,销售网络广泛。海尔工贸公司直接向零售商供货并提供相应的支持,同时将很多零售商改造成了海尔专卖店。在海尔模式中,百货店和零售店是主要的分销力量,海尔工贸公司相当于总代理商,所以批发商的作用很小。同时,海尔的销售政策倾向于零售商,不但向他们提供更多的服务和支持,而且保证零售商可以获得更高的毛利率。除此之外,海尔模式的批发商不掌握分销权,留给他们的利润空间十分有限,批发毛利率一般仅有3%~5%。在海尔公司设有分支机构的地方,批发商的活动余地更小。不过,海尔的产品销量大、价格稳定,批发商的利润最终可保证。在海尔模式中,制造商承担了大部分工作的职责,而零售商基本依从于制造商。

2. 格力模式——厂商股份合作制

格力渠道模式最大的特点就是格力公司在每个省和当地经销商合资建立销售公司，即所谓的使经销商化敌为友，"以控价为主线，坚持区域自治原则，确保各级经销商合理利润"，各地市级的经销商也成立了合资销售公司，由这些合资企业负责格力空调的销售工作。厂家以统一价格对各区域销售公司发货，当地所有一级经销商必须从销售公司进货，严禁跨省市窜货。格力总部给产品价格划定一条标准线，各销售公司在批发给下一级经销商时结合当地实际情况"有节制地上下浮动"。格力模式的根本性变化在于格力公司与经销商组织建立了一个地区性、以格力为大股东的合资销售公司，由这个公司来充当格力的分公司管理当地市场。各区域销售公司董事长由格力方出任，总经理按参股经销商的出资数目共同推举产生，各股东年终按股本结构分红，入股经销商形成一个利益联盟。对入股经销商的基本要求是为当地经销商大户，并且格力占其业务的70%以上。格力模式中，由于制造商不再建立独立的销售公司的分支机构，很多工作转移给了合资销售公司。

——王海滋：《销售管理》，武汉理工大学出版社，2014

★ 引导任务

谈谈企业应该如何合理选择渠道营销模式，加强对中间商客户的管理。

建立销售渠道，要选择合作伙伴。有的企业是由总部直接在各地区挑选经销商作为合作伙伴，有的企业则由派往各地区的基层组织挑选合作伙伴。企业要想获得好的经营成果，必须通过渠道营销模式，选择合适的渠道成员，加强对中间商客户的管理。

7.1 销售渠道成员管理

7.1.1 认识销售渠道

销售渠道即营销渠道，有时也称分销渠道、销售通路或营销网络，通俗来讲，就是产品从制造商手中传至消费者手中所经过的各中间商联络起来的通道。

绝大多数制造商并不是将其产品直接出售给最终用户，而是通过一些中间商构成的分销渠道系统使自己与最终用户之间的交易得以实现。企业生产出的产品只有通过这样的市场营销渠道，经过一定的实体分销过程，才能在适当的时间、地点、以适当的价格供应给广大用户，满足市场需求，实现企业的经营目标。

1. 渠道结构

渠道结构会随着产品的特点、渠道成员的多少、渠道的长短等因素的不同而发生变化。分销渠道的结构主要包括层级结构、宽度结构和类型结构。

（1）层级结构。分销渠道可以根据其渠道层次的数目来分类。在产品从制造商转移到消费者的过程中，任何一个对产品拥有所有权或负有经销责任的机构，就叫一个渠道层级。图7-1显示了分销渠道的层级结构。

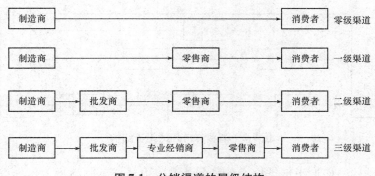

图 7-1　分销渠道的层级结构

①零级渠道通常叫作直接分销渠道。直接分销渠道是指产品从制造商流向最终消费者的过程中不经过任何中间商转手的分销渠道。直接分销渠道主要用于分销产业用品。这是因为，一方面许多产业用品要按照用户的特殊需要制造，有高度的技术性，制造商要派遣专家去指导用户安装、操作、维护设备；另一方面，用户数目少，某些行业的工厂往往集中在某一地区，这些产业用品的单价高，用户购买批量大。当然，某些消费品也可通过直接分销渠道销售。直接销售主要有四种方式，包括网络销售、上门推销、邮购销售及厂商自设的销售机构。在美国，雅芳公司的销售代表基本上都是上门推销化妆品。

②一级渠道包括一个中间商。在消费品市场，这个中间商通常是零售商，如超级市场、购物中心等；在工业品市场上，一级渠道通常是一个销售代理商或佣金商。

③二级渠道包括两个中间商。在消费品市场上，通常是批发商和零售商；在工业品市场上，他们可能是工业品批发商和销售代理商或佣金商。

④三级渠道包括三个中介机构。例如，在批发商和零售商之间通常还有中间商或专业经销商，服务于一些小型零售商，而这些小型零售商一般不是大型批发商的服务对象。

级数更高的分销渠道极其少见。一般来讲，渠道级数越高，渠道控制和管理所需解决的问题就越多，渠道的成本也就高，从而导致产品的价格越来越高。制造商一般只和最近的一级渠道打交道。

一般可以根据渠道层级的多少得到两种对立的渠道结构：直接渠道和间接渠道，长渠道和短渠道。

①直接渠道与间接渠道。直接渠道就是零级渠道，服务行业和工业品企业通常采用这种渠道结构。服务行业多采用直接渠道是由服务本身的特点决定的。间接渠道指至少含有一个中介机构的渠道结构，它是消费者市场上占主导地位的渠道类型。

②长渠道与短渠道。渠道长短是根据中介级数的多少来划分的，中间环节越多，渠道越长。显然，直接渠道最短。通常情况下，通向消费者市场的渠道较长，产业市场的渠道较短；服务本地市场的渠道较短，服务外埠市场的渠道较长。

（2）宽度结构。所谓渠道的宽度，是指渠道的每一层次中使用同种类型中间商的数目，如果某种产品（如日用小商品）的制造商通过许多批发商和零售商将其产品推销到广大地区，送到众多消费者手中，这种产品的渠道较宽；反之，如果某种产品只通过很少的专业批发商推销，甚至在某一区只授权给一家中间商进行总经销，这种产品的渠道宽度就较窄或很窄（图 7-2）。

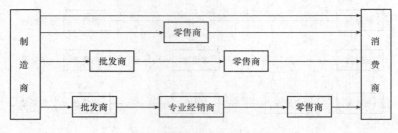

图 7-2　消费者市场的渠道结构

（3）类型结构。所谓类型结构，是指分销渠道中包括不同类型或不同层级渠道的情况（图 7-3）。

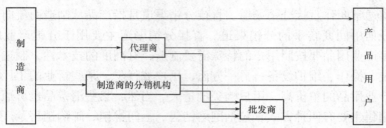

图 7-3　产品市场的渠道结构

通常，泛泛而谈是无法判断哪类渠道结构更富有效率的，但通常对于某个具体企业的某个具体发展阶段是有可能找到最适合该企业在此阶段发展需要、相对最有效率的渠道结构，这就需要企业根据营销策略来设计自己的渠道结构。

2. 渠道策略

渠道策略就是企业为了长期生存和发展而选择和制订适当的分销渠道计划，用以指导整个企业的分销管理工作。对此，可以用简单的话进行解释，策略就是确定"什么是对的事情"，而实施就是"把事情做对"，从这个角度讲，渠道策略就是企业对销售渠道的规划与设计。

（1）渠道策略的制定过程。为了实现企业的渠道目标，企业将面临三方面的决策问题，即渠道模式的设计、渠道客户的选择、渠道客户的管理和评估，而渠道策略的制定将为这三大决策提供判断依据。图 7-4 所示是渠道策略的制定过程示意图。

（2）渠道策略管理的组织形式。渠道策略管理可以由负责渠道决策的营销人员来处理，也可由专职渠道经理来负责。一般其组织管理形式是由产品经理、价格负责人、广告负责人、销售经理、特许办主任、客户服务主任、营销调研员和负责营销的副总裁来共同承担分销渠道管理的各项职责。例如，由公司的销售经理来负责培训、激励和评价批发商。

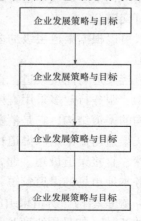

图 7-4　渠道策略制定的一般流程

另一种组织形式是设置一名专业的渠道经理。整个渠道的计划、协调、控制及与渠道有关的活动都由渠道经理来负责。此项组织模式的优点是可以使用渠道专家，在营销人员中实现更好的协调，以及建立标准化的渠道策略。其不利之处在于人员成本增加，职能经理之间的矛盾增加，合适的人选难觅。

至于企业应该采取何种渠道策略的组织形式，一般需要考虑企业销售组织的现状、行业习惯及发展趋势、中间商的接受程度等因素。

3. 渠道策略制定的影响因素

影响渠道策略的因素主要包括以下六方面。

（1）目标市场。目标市场的性质决定着企业的渠道策略。潜在客户多，销量可能很大，并且客户在地理位置上高度集中时，直接的市场销售最容易成功，这时企业可选择建设短而窄的渠道。当市场分散太广，客户的购买形式并不一定、购买习惯不一致时，中间商就将在供销方面担当更重要的角色，这样企业可组建较宽或较长的渠道。

（2）产品。渠道建设的主要目的是将产品以最有效方式和最佳的渠道送到消费者的手中，但这种有效的方式应根据产品的自身特征进行设计。在某些情况下，产品特性决定着渠道策略的制定。容易腐烂的产品或保鲜要求较高的产品（如鲜牛奶），因为延搁就有危险或导致产品质量下降，以及处理上的问题等，需要广泛分销或送货上门。专门性的产品，尤其是需要特别服务时，也可能必须直接销售。单位价值较高的产品，渠道不宜过长，如古画只委托拍卖行拍卖即可。

（3）组织。企业规模的大小、实力的强弱也是影响渠道策略的重要因素。如公司很大，财务力量雄厚，有广泛的产品线和产品组织，就能够从事广泛的直接市场销售活动。如果公司力量很弱，只有较少的人力、物力可集中于分销活动，结果就必须利用中间商处理主要的工作。

（4）中间商。批发商与零售商可广泛地接触到不同集团的消费者，在广告、仓储、信用条件、特权回酬及装运货物的频次等方面，也大不相同。企业所需要的是最能达到其目标市场，且能满足这些消费者需要的中间商。

★情景体验 7-1

创新型华为与代工型富士康并不一样

随着华为技术研究和创新能力的不断提升，特别是核心技术成果的增多，华为生产基地向外拓展、向外迁移的步伐也会更快，甚至不排除把生产基地建到国外去的可能。尤其应注意的是，一旦华为在技术研发、创新方面形成了独立体系，华为可能还会采用苹果等企业的做法，将相关的生产和加工业务，完全从企业剥离出去，委托外部企业进行加工代理，而不是华为自己的企业来生产和组装等。这显然也是社会分工专业水平提高的表现。

而富士康恰恰扮演了代加工厂的角色，其给苹果等跨国公司的代加工，构成了企业的主要产业链。苹果等企业过得好，富士康也就过得好，苹果等企业日子不好过了，富士康的日子也就不好过。也就是说，富士康是看着苹果等企业的脸色过日子的。所不同的是，富士康不是在一棵树上吊死，而是为很多企业进行代加工。因此，业务还算比较稳定。

富士康之所以能够比较好地生存下来，并将企业越做越大，除了技术、管理等方面的原因之外，加工成本低廉是富士康最需要考虑的问题。在哪儿投资、投多少、怎么投，关键不在城市大小、不分什么国家、什么地区，而在运行成本、生产成本、劳动力成本等的高低。

哪里生产成本低、运行环境好，就搬迁到哪里，反之，就要撤离。技术、管理等只是富士康成功的一方面原因，能否赚钱、赚多少钱才是富士康关注的焦点，也是富士康能否生存下去的关键。富士康规划到印度办厂，看中的当然是印度的低生产成本。

华为之所以将生产基地搬离深圳，一方面是深圳生产生活成本上升、生产领域利润水平下降的原因，另一方面则是深圳经济转型和结构调整的需要。如果深圳仍然围绕各种生产基地规划，显然是不可能转型为以服务业、金融业为主的城市的。也只有让华为等企业的生产基地搬离深圳，把研发机构、技术中心、管理和调度中心、数据中心等放在深圳，深圳才会真正转型成服务业和金融业中心。而生产基地则可以依据各地的实际需要，也依据华为等企业的转型升级需要，放到外地甚至国外。而一旦华为的研发能力能够上升到独一无二或者遥遥领先的地位，也不排除把生产制造环节全部实行外包的格局，使华为成为设计商、管理商、品牌提供商、大数据中心，而像富士康这样的企业则会成为华为的配套机构、配套企业、配套商。

随着华为等大陆企业的快速成长，并逐步向设计商、品牌提供商等的转型，富士康是需要从华为等企业身上赚钱的，是希望成为华为等企业的代工商的。华为和富士康都被"搬离"二字困扰着，但两者并不一样。华为是转型中出现的问题，是因为没有沟通好，而富士康则完全是在生产生活成本逐步上升、盈利水平下降的情况下，被迫做出的选择。

——谭浩俊：《创新型华为与代工型富士康并不一样》，http://guancha.gmw.cn/2016-05/30/content_20318466.htm，2016年5月30日，有删减

（5）竞争者。对于竞争者要有两方面的考虑，一是模仿，二是差异化。在某些行业，企业可能觉得最主要的是应该与竞争者所选的渠道密切相配。不过正如科特勒所告诫的："有时竞争者所用的推销路线正是生产商所要避免，而非模仿的。"

（6）环境。市场销售环境所发生的变化，会改变分销渠道策略。当经济不景气时，生产商就会采取最短最便宜的渠道。技术上的革新，也能发生很大的影响。冷冻技术的发明，弥补了易腐物品供销的问题，由于能够储藏，遂扩大了中间商在生产商与消费者之间的角色。

4. 八种不同的渠道策略

不同企业、不同产品、不同市场环境和竞争环境下，企业会选择不同的分销渠道策略。下面介绍八种渠道策略。

（1）采用单一分销。单一分销促使完全服务型的中间商向其客户提供高水准的服务，而没有来自那些提供有限服务的竞争者们的价格竞争之忧。通过单一分销，公司能与分销商建立并保持长期的合作伙伴关系。在这种策略下，公司在某市场上的成功必须依赖于其中间商的成功，如果要调整分销渠道则阻力会很大。单一分销让分销商放心地开发自己辖区内的市场，而不必担心会有其他的批发商或零售商来争夺自己开拓出来的市场。

（2）双重分销渠道。制造商往往通过多条渠道将相同的产品送到不同市场，从而实现对市场和客户的最大覆盖。这就是说，同一种产品既卖给最终消费者用于生活消费，同时又卖给产业用户用于生产消费，公司通常通过若干渠道将同一产品送到不同市场（消费者市场和产业用户市场）；有些制造商还通过多渠道将其产品送到同种客户手中，这就是双重分销渠道。

第7章 中间商客户管理

（3）非传统渠道策略。在非传统渠道策略中，制造商、批发商和零售商能够经销与其本身关联不大的产品和服务。非传统渠道使得消费者能在便利的地方购买商品和服务。例如，天美时就很了解，消费者经常在非传统渠道而不是珠宝店购买手表。L'eggs也很清楚，女性客户在食品店比在服装店中的购物欲望更强烈些。

（4）建立并保持比较宽的渠道成员网络。为建立并保持比较宽的渠道成员网络，公司要使用地区性和全国性的广告（提供与广告覆盖范围相当的分销网络），并创立和维持一个地区性的或全国性的品牌形象，还要提供整个市场范围内一定水平的满意服务。

（5）使用技术策略。渠道成员能够使用高新技术来取得并保持竞争优势，如电脑能被用于安排会议时间，更新商品目录，分离畅销品和滞销品以及针对有选择的目标客户进行促销等，而自动化仓库能够减少依单发货中的错误，加快运送，降低劳动力成本。

★情景体验7-2

巴克斯特的技术策略

革新应用技术以创造渠道竞争优势的一个例子是巴克斯特国际公司的"价值链自动化采购"系统。"价值链"系统使大客户（如大医院）能够通过以电话连接的终端设备向巴克斯特直接订货。通过该系统订购的货物由巴克斯特直接送达订货地点（如一个手术室或护士办公室），并且数量上准确无误，实现了点到点的上门服务。这样巴克斯特系统的用户医院就能从无库存系统中获益。无库存系统减少了订货和商品运送的成本，这些费用几乎与产品的直接成本相等。

巴克斯特公司是医疗用品及器械市场上的老大，其市场占有率达28%。"价值链"系统的服务被巴克斯特人视为高市场占有率的首要贡献者。该系统还使巴克斯特为这种服务收取额外费用并成为医院药品供应的唯一来源。尽管巴克斯特的价格比使用传统订货和运输方法的竞争对手的要高，但由于存货管理成本费用的节省，医院的总体费用还是有显著的降低。

——张平淡：《销售管理》，企业管理出版社，2006

（6）提供优质客户服务。渠道成员通过提供优质客户服务也能建立并保持长久的竞争优势。优质客户服务就是更快的运输，保留客户服务记录，以现有存货满足93%以上的客户订货，拥有较多品种和规格产品库存和现场设备维修等。快递服务行业就是如此。

（7）保持低分销成本。建立在低成本基础上的渠道策略使渠道成员能赢得价格敏感型的部分细分市场，把费用节约的利益让给消费者，并通过挑战竞争对手的价格而获得满意的利润。

（8）拥有进入专业市场的通道。这种通道使公司能更好地满足其目标市场的特别需要，比竞争者更有效率地进入市场。没有通向专业市场的渠道，企业就不得不想办法把它的产品和服务推向更大范围的市场。在竞争不太充分的市场中，这种专业市场分销渠道往往是由垄断造成的，如手机分销。

★情景体验7-3

联想电脑：渠道是立身之本

联想集团是目前我国唯一能够以市场份额表达自己国际市场地位的高科技企业。开始时，联想电脑一部分走直销，但当利润下降并初步具备规模效应后，联想与其代理商之间的矛盾越来越明朗。为了解决这个问题，联想最终决定彻底放弃直销，建立一条与国际模式相似的渠道，如今，联想商用机的经销渠道模式为：

联想集团在发展过程中，为适应市场竞争的规模化需要，及时推出了"大联想"渠道策略，即在与代理伙伴相互融合的基础上，进一步加强一体化建设，不仅将代理商纳入自己的销售服务体系，而且将其纳入培训体系，强调作为厂商的联想集团与代理商及其他合作伙伴共同发展，共同成长，这种大市场与大渠道的模式，将保证渠道随时的无限制的扩张力，同时确保了渠道的畅通无阻。

——豆丁网：《联想企业分销渠道管理调查报告》，http://www.docin.com/p-717138882.html，2015年3月8日，有删减

7.1.2 渠道模式的选择

企业在建立自己的销售渠道时有多种模式可供选择，按照渠道成员之间的关系来划分，企业的渠道模式主要有传统分销渠道模式、垂直分销渠道模式、水平分销渠道模式和多渠道分销模式。

1. 传统分销渠道模式

传统分销渠道模式是指渠道各成员之间是一种松散的合作关系，各自追求自己的利益最大化，最终导致整个分销渠道效率低下。传统分销渠道模式具有较大的灵活性，可以随时、任意地淘汰或更换分销渠道。但渠道成员各自追求自己的利益最大化，不顾整体利益，结果会使整体分销效益下降，同时，渠道成员之间缺乏信任感和忠诚度，自然也就缺乏合作的基础，难以形成长期和稳定的渠道成员关系。现在，选择传统分销渠道模式的企业越来越少。比较适合选择传统分销渠道模式的企业主要是小型企业。

2. 垂直分销渠道模式

垂直分销渠道模式是由制造商、批发商和零售商组成的一种统一的联合体，每个成员把自己视为分销系统中的一分子，关注整个垂直系统的成功。垂直分销渠道模式的优势是：合理管理库存，削减分销成本，便于把握需求动向，易于安排生产与销售，渠道控制力强，有利于阻止竞争者加入，商品质量有保证，服务水平高。垂直分销渠道模式包括公司式、契约式等。

（1）公司式分销系统。它是指一家公司通过建立自己的销售分公司、办事处或通过实施产供销一体化及横向战略而形成的分销系统。

（2）契约式分销系统。它是指制造商或分销商与各渠道之间通过法律契约来确定他们之间的分销权利与义务关系，形成一个独立的分销系统，主要有特许经营、自愿连锁销售网络、资源合作销售网络。

3. 水平分销渠道模式

水平分销渠道模式又称共生型渠道关系，是指由两个或两个以上成员联合在一起，共同开发新的营销机会。其特点是两家或两家以上的企业横向联合共同形成新的机构，发挥各自

优势，使分销系统有效、快速地运行，这实际上是一种横向的联合经营。水平分销渠道模式的优势是：通过合作实现优势互补和规模效益，节省成本，快速拓展市场。但水平分销渠道系统也具有一定的缺陷：合作有一定的冲突和困难。因此，水平分销渠道系统比较适合实力相当且营销优势互补的企业。

4. 多渠道分销模式

多渠道分销模式是指一家企业建立两条以上的渠道进行分销活动。企业的每一种渠道都可以实现一定的销售额。渠道之间的竞争既可能促进销售额的共同增加，也可能导致冲突。

7.1.3 渠道系统的设计

1. 渠道长度的设计

分销渠道长度的决定因素，是企业分销渠道中中间环节的数目，而中间商是指同一产品的既买又卖者和帮助转移商品所有权的机构。商品在分销中经过的环节越多，分销渠道就越长；反之则越短。按渠道长度划分的分销渠道主要有四种类型：零层渠道、层渠道、二层渠道和三层渠道。

在分析与选择分销渠道长度时，企业需要考虑市场、购买行为、产品、中间商及企业自身等因素。

（1）市场因素对渠道长度的影响。分销渠道长短的选择受市场规模、居民居住集中度等因素的影响。

（2）购买行为因素对渠道长度的影响。体现购买行为特征的主要因素有客户购买量、客户购买频度、客户购买的季节性、客户购买探索度等。

（3）产品因素对渠道长度的影响。产品的下列属性会影响到渠道的长度：技术性、耐用性、标准化程度、重量、价值、易属性和周期性等。

（4）中间商因素对渠道长度的影响。在确定渠道长度时，制造商还应该考虑中间商的因素。中间商愿意经销制造商的产品，同时不对制造商提出过多过分的要求，会使企业更容易利用中间商，因此企业可选择长渠道。越是市场紧俏畅销的产品，中间商参与的积极性越高；反之则越低。

（5）企业自身因素对渠道长度的影响。企业自身也有一些因素会影响所选择渠道的长度，主要包括企业的财务能力、渠道管理水平、渠道控制力度等。

2. 渠道宽度的设计

分销渠道的宽度，是根据经销某种产品的批发商数量、零售商数量、代理商数量来确定的。如果一种产品通过尽可能多的销售点供应给尽可能宽阔的市场，就是宽渠道；否则，便是窄渠道。

（1）基于宽度的分销渠道类型。按渠道宽度划分的分销渠道主要有三种类型：密集分销、选择分销和独家分销。

①密集分销。它是指制造商在某一地区尽可能多地通过许多负责任的、合适的批发商、零售商推销其产品，消费者购买越是要求大量性、高频性和方便性，就越有必要和可能选择密集分销方式，它是一种最宽的分销渠道。一般来说，密集分销主要有两类：零售密集分销和批发密集分销。

②选择分销。它是指制造商在某一地区仅仅通过少数几个精心挑选的、最合适的中间商推

销其产品，这样，既可以使产品有足够的市场覆盖面，又比密集分销更易控制和节省成本。

③独家分销。它是指制造商在某一地区仅选择一家中间商推销其产品。通常双方协商签订独家经销合同，规定经销商不得经营竞争者的产品，以便控制经销商的业务经营，调动其经营积极性，占领市场。其目的在于调动经销商的促销积极性，同时也比密集分销、选择分销更易控制，但市场覆盖面较窄，成败受其制约，难以形成经销商之间的竞争。

（2）渠道宽度设计的影响因素。分销渠道的宽度设计主要受市场、购买行为、产品及企业自身等因素的影响。

①市场因素对渠道宽度设计的影响。分销渠道宽窄的选择受市场规模、居民居住集中度等因素的影响。

②购买行为因素对渠道宽度设计的影响。体现购买行为特征的主要因素有：客户购买量、客户购买的季节性、客户购买频度、客户购买探索度。

③产品因素对渠道宽度设计的影响。第一，产品越重，渠道越窄；产品越轻，渠道越宽。第二，产品价值越大，渠道越窄；产品价值越小，渠道越宽。第三，产品越是非标准化，渠道越窄；产品越是标准化，渠道越宽。第四，产品技术性越强，渠道越窄；产品技术性越弱，渠道越宽。第五，产品生命越短，渠道越窄；产品生命越长，渠道越宽。第六，产品的耐用性也会影响渠道的宽度。

④企业自身因素对渠道宽度设计的影响。一般选择长渠道的产品，市场需求广泛，产品辐射面大，与宽渠道的特征相吻合；而短渠道产品技术性强，需求专业化，因此适合较窄的渠道。

3. 渠道广度的设计

分销渠道广度，是渠道宽度的一种扩展和延伸，指制造商选择几条渠道进行某产品的分销活动。按渠道广度划分的分销渠道主要有两种：一条渠道，指的是制造商仅仅利用一条渠道进行某种产品的分销；多条渠道，指的是制造商利用多条渠道进行某种产品的分销。在实践中，多渠道分销广泛存在，下面对多渠道组合的主要类型进行介绍。

（1）集中型组合方式。在单一产品市场组合多条分销渠道，这些渠道互相重叠，彼此竞争。如某公司在个人消费者的现货购买和小公司的大规模定制市场采取无差异的人员销售、电话营销、网上分销三种渠道形式。

（2）选择型组合方式。对产品市场进行细分，对不同的市场选择不同的分销渠道，这些渠道不互相重叠，也不彼此竞争。如企业将市场分割为个人消费者的现货购买、小公司的大规模定制和大公司的独特解决方案三个子市场，分别采用网上分销、电话分销和人员销售三种方式，各负其责，互不干扰。

（3）混合型组合方式。即综合应用集中型和选择型两种组合方式。一般的做法是将选择型单一渠道用于某种优先权市场，集中型渠道用于较大规模的市场。如英国航空公司业务拓展的多条渠道组合，对大型业务活动的客户服务由人员销售这个单一渠道去开拓；对于团体业务中的订票、度假规划经营，则采用了旅行社、互联网、电话营销、旅游商店等多条渠道；对于个体旅游者采用的也是互联网、电话营销、旅游商店等多条渠道。

7.1.4 渠道整合

销售渠道作为企业最重要的资源之一，其"自我意识"和不稳定性对企业的经营效率、竞争力和经营安全形成的局限和威胁逐渐显现，因此，对销售渠道的重新整合成为企业关注的话题。

1. 渠道整合的含义与作用

渠道整合就是建立一个互动联盟，通过优势互补，营造集成增势的效果，增强渠道竞争能力。建立互动联盟是一项能够极大提升渠道优势的动态工程，通过多方协调，发挥彼此的资源优势，以实现延伸市场触角、分散市场风险、扩大优势范围的目的，达到共生共荣、协同推进、多方长远受益的效果。渠道整合的作用主要包括：有利于实现渠道的整体优化；有利于利用外部资源；有利于化解渠道冲突。

2. 渠道整合的策略

随着信息时代的来临，科学设计、别出心裁的渠道整合策略往往可以给企业带来更高的回报。销售渠道如今已成为企业间竞争的一个重要筹码，畅通的销售渠道往往意味着成本的降低、效率的提高和利润的增加。

（1）渠道扁平化。市场日益成熟，竞争日益激烈，各品牌瓜分市场的结果不允许制造商有更多的资源支持原有的中间商，这就要求它们把更多的精力用在最终客户端，降低价格、搞好服务。渠道扁平化是一种趋势，它实际上是优化供应链的过程，绝不是简单地减少哪一个层次，真正减少的应是供应链中不增值的环节和增值很少的环节。从实际操作层面来看，不同的产品有不同的用户和市场，应该有不同的渠道策略和渠道架构。很多制造商提出了扁平化的渠道发展思路，即由总代理直接面对经销商，经销商直接接待最终用户，并很快通过各种途径将这一思路付诸实践。

（2）渠道品牌化。品牌已经渗透到人们生活中的各个领域，产品需要品牌，服务需要品牌，分销渠道同样也需要品牌。专卖店作为渠道品牌化的一种重要方式，正迅速扩展到各个行业。

（3）渠道集成化。目前，传统渠道和新兴渠道之间的矛盾越来越突出，传统渠道主要包括大商场、中小商场以及专营店。新兴渠道可细分为如下几种：综合性连锁、品牌专卖店、集团采购、网上订购等。传统渠道和新兴渠道分别具有自己的竞争优势，并存于市场，但是新兴渠道使传统渠道面临越来越大的挑战。

解决渠道冲突的最好办法就是渠道集成化，即把传统渠道和新兴渠道完整地结合起来，充分利用各自的优势，共同创造一种全新的经营模式。当然，这种方法要求供应商能够对传统渠道施以足够的控制，所以操作难度较大。

（4）渠道伙伴化。通过渠道整合，建立伙伴型的渠道关系，各个代理商既是利益共同体，又是命运共同体。渠道本身就是一个战略联盟，其中，服务意识、服务内容、服务手段在联盟运转中起着关键的作用。这个服务的链条会使渠道联盟更加稳固，使企业、经销商和用户之间的亲和度大大提升。

（5）渠道下沉化。制造商与经销商的利益矛盾，使得制造商无法维持一个稳定的市场，经销商无序经营，窜货、降价倾销现象屡禁不止，制造商调动经销商积极性的成本越来越高。针对这些弊病，成功的企业开始以终端市场建设为中心来运作市场。制造商一方面通过对代理商、经销商、零售商等环节的服务与监控，使自身的产品能够及时、准确、迅速地通过各渠道环节到达零售终端，提高产品市场展露度，方便消费者购买；另一方面，在终端市场开展各种各样的促销活动，提高产品的出货率，激发消费者的购买欲。

7.2　销售渠道管理

建立销售渠道，要选择合作伙伴，有的营销公司是由总部直接在各地区挑总经销商作为合作伙伴，有的营销公司则是由派往各地区的基层组织挑选合作伙伴。营销公司选择经销商建立经销渠道是需要长期维持的经济行为，而任何经济行为要想长期良好地维持下去，除了相互支持外，更重要的是相互约束、监督、控制。越是追求长期合作，越应加强约束、加强监督、加强控制。

7.2.1　渠道成员

分销渠道中包含一系列相互联系、相互合作的组织及个人。首先，制造商制造产品或提供劳务，他们是分销渠道的起点，因而必不可少。其次，从用户和消费者来看，用户和消费者构成了渠道的终端和界面，是商品在渠道中运行的终点和接受者，因而也是商品分销渠道不可分割的组成部分；而不同的消费者和用户，由于其消费偏好、支付能力、地理分布等方面存在着差异，决定了渠道的结构和活动形式出现差异。渠道成员还应包括批发商、代理商、零售商等中间商。

（1）制造商是指生产产品或提供服务的企业，一般是企业自身。作为品牌产品的创造者，制造商广为人知并被认为是渠道的源头。

（2）零售商，他们是渠道中最接近消费者的一个界面。零售商利用种种购物环境把不同制造商生产的产品提供给消费者。

（3）批发商曾是渠道的主导，但最近几年，由于许多零售商和制造商之间的纵向一体，批发商的作用似乎在减弱，在渠道中的作用并不像制造商和零售商那样明显。

（4）消费者是整个渠道的终点。制造商、批发商和零售商的诸多努力都是满足消费者的需要，实现产品的销售，从而最终实现各自的盈利目标。因此，消费者的类型、购买行为、购买特征都是他们关注的焦点。

1. 选择中间商应考虑的因素

如果生产企业已经确定了其产品分销渠道，下一步即应做出选择各类中间商的决策。一般情况下，选择具体的中间商应考虑以下因素：

（1）中间商的市场范围。首先，要考虑准中间商的经营范围所包括的地区与产品的预计销售地区是否一致。其次，中间商的目标客户是否是生产企业所希望的潜在客户，因为生产者都希望中间商能打入自己已确定的目标市场，并最终说服目标消费者购买自己的产品。

（2）声誉。在目前市场不甚规范的情况下，经销商的信誉显得尤其重要。它不仅影响回款，还直接关系到市场的网络支持。一旦经销商中途有变，企业就会欲进无力，欲退不能，不得不放弃已经开发出来的市场，而重新开发市场往往需要付出双倍的代价。

（3）中间商的历史经验。许多企业在判断某中间商是否可以承担中间商的重任时，往往会考察中间商的一贯表现和盈利记录。若中间商以往的经营状况不佳，则将其纳入营销渠道的风险较大。而且，经营某种商品的历史和成功经验，是中间商自身优势的另一个来源。

（4）合作意愿。如果中间商与企业合作得好，就会积极主动地推销企业的产品，这对双方都有利。因此，生产企业应根据产品销售的需要，确定与中间商合作的具体方式，考察备选中间商对企业产品销售的重视程度和合作态度，然后选择最理想的中间商进行合作。

（5）中间商的产品政策及产品知识。中间商承销的产品种类及其组合情况是中间商产品政策的具体体现。选择中间商时，首先要看中间商经销多少类产品，其次要看各种经销产品的组合关系，分析其是竞争产品还是促销产品。

（6）中间商的财务状况及管理水平。中间商能否按时结算，包括在必要时预付货款，取决于其财力的大小；其销售管理是否规范、高效，关系着中间商营销的成败，而这些都与生产企业的发展密切相关。因此，这两方面的条件也是生产企业必须考虑的因素。

（7）中间商的地理区位优势。区位优势即位置优势。选择零售商最理想的区位应该是客户流量较大的地点。批发商的选择则要考虑它所处的位置是否有利于产品的批量储存与运输，通常以交通枢纽地为宜。

（8）中间商的促销政策和技术。促销手段直接影响销售规模。有些产品用广告促销比较合适，而有些产品则适合通过销售人员推销。有的产品需要有效的储存，有的则应快速运输。而考虑到中间商是否愿意承担一定的促销费用以及是否具备必要的物质、技术基础和相应的人才，选择前必须对中间商所能完成某种产品销售的市场营销政策和技术的现实可能程度做全面评价。

（9）中间商的综合服务能力。现代商业经营服务项目甚多，选择中间商要看其综合服务能力，有些产品需要中间商向客户提供售后服务，有些产品在销售中要提供技术指导或财务帮助（如赊购或分期付款），有些产品还需要专门的运输存储设备。合适的中间商所能提供的综合服务项目与服务能力应与企业产品销售所需要的服务要求相一致。

★ 情景体验7-4

爱普生公司如何选择中间商

日本的爱普生公司（Epson）是生产电脑打印机的一家大型企业。在公司准备扩大其产品线时，公司总经理沃伦对现有的中间商有些不满意，也对他们向零售商店销售其新型产品的能力有些怀疑，他准备秘密招聘新的中间商以取代现有的中间商。为了找到更适合的中间商，沃伦雇用了一家招募公司，并给他们这样的指示：

（1）寻找在经营褐色商品（如电视机等）和白色商品（如冰箱等）方面有两层次（从工厂到分销商，再到零售商）分销经验的申请者；

（2）申请者必须具有领袖风格，他们愿意并有能力建立自己的分销系统；

（3）他们每年的薪水是8万美元底薪加奖金，公司提供375万美元帮助其拓展业务，他们每人再出资25万美元，并获得相应的股份；

（4）他们将只经营爱普生公司的产品，但是可以经销其他公司的软件；

（5）同时，每个中间商都配备一名培训经理并经营一个维修中心。

招募公司在寻找候选人时遇到了很大的困难。虽然他们在《华尔街日报》上刊登广告（没有提及爱普生公司）后，收到了近1 700封申请书，但大多数不符合爱普生公司的要求。于是，招募公司通过黄页，得到了一份中间商的名单，再通过电话联系，安排与有关人员见面。做了大量的工作之后，招募公司列出了一份最具资格的人员名单，沃伦与这些人员一一见面，并为其12个分销区域选择了12名最合格的候选者，替换了现有的中间商，并支付了招募公司 25 万美元的酬金。

由于招募是暗中进行的，因此原有中间商对此事一无所知。当沃伦通知他们须在 90 天内完成交接工作时，中间商感到非常震惊。他们与爱普生公司共事多年，只是没有订立合同。但是，沃伦必须更换中间商，因为他认为现在的中间商虽然干了很多年，但是缺少经营爱普生新产品和拓展新渠道的能力。

——张传思：《分销渠道管理》，高等教育出版社，2004

2. 选择中间商的方法

在充分考虑了上述因素之后，再来选择渠道成员。通常采取的选择方法有如下三种：

（1）销售量评估法。销售量评估法是通过实地考察有关分销商的客户流量和销售情况，并分析其近年来销售业绩水平及变化趋势，在此基础上，对有关分销商的实际分销能力（尤其是可能达到的销售量水平）进行估计和评价，然后选择最佳分销商。

（2）加权评分法。加权评分法就是对拟选择作为合作伙伴的每个中间商，就其从事商品分销的能力和条件进行打分评价。根据不同因素对分销渠道功能建设的重要程度的差异，分别赋予一定的权重，然后计算每个中间商的总得分，选择得分较高者。加权评分法主要用于在一个较小范围地区的市场上，为了建立精选的渠道网络而选择理想的中间商。例如，一家公司决定在某地区采用精选的一级分销渠道模式（厂家把自己的产品销售给零售商，再由零售商销售给消费者）。经过考察，初步选定三个比较适合的候选人。公司希望选取的零售商具有理想的市场覆盖率、良好的声誉、较好的区位优势、较强的促销能力，并且愿意与生产商积极协作，主动进行信息沟通，财务状况良好。各个候选人在某些方面都有一定的优势，但是没有一个在各方面均名列前茅。因此，公司采用加权评分法对三个候选人进行评价，如表 7-1 所示。

表 7-1 评价中间商的方法

评价因素	权重	候选人 1		候选人 2		候选人 3	
		得分	加权分	得分	加权分	得分	加权分
1. 市场覆盖率	0.20	85	17	70	14	80	16
2. 声誉	0.10	70	7	80	8	85	8.5
3. 历史经验	0.10	90	9	85	8.5	90	9
4. 合作意愿	0.10	75	7.5	80	8	75	7.5
5. 产品政策	0.15	80	12	90	13.5	75	11.25
6. 财务状况	0.15	80	12	60	9	75	11.25
7. 区位优势	0.10	65	6.5	75	7.5	60	6
8. 促销能力	0.05	70	3.5	80	4	70	3.5
9. 综合服务能力	0.05	75	3.75	80	4	70	3.5
总计	1.00	690	78.25	700	76.5	680	76.5

通过打分计算，从表中的"总计"栏中可以看出，第一候选人得到的加权总分最高，该公司应该考虑选择他作为中间商。

（3）销售成本评估法。利用中间商经销商品是有成本的，主要包括市场开拓费用、让利促销费用、因延迟货款支付而带来的收益损失、谈判和监督履约的费用等,这些费用构成了销售费用或流通费用,减少了生产商的净收益。企业可以通过控制流通费用来提高渠道的效益,进而增加净收益。因此,企业也可以把预期销售费用看作选择中间商的一个指标。

7.2.2 激励渠道成员

美国哈佛大学的心理学家威廉·詹姆斯在《行为管理学》一书中认为,合同关系仅能使员工的潜力发挥20%~30%,而如果受到充分激励,其潜力可发挥80%~90%,这是因为激励活动可以调动人的积极性。所以,激励渠道成员是渠道管理中不可缺少的一环。

知己知彼,才能百战百胜。渠道经理要想成功地管理渠道成员,首先必须了解渠道成员,了解他们的想法和需求,只有这样才能有的放矢。理论研究表明,经销商和制造商虽然属于同一条供应链,但存在若干显著的不同。

（1）经销商具有相对的独立性,他们并不认为自己是制造商选择的一条供应链中的一员。并且,经过一些实践后,他们安于某种经营方式,执行实现自己目标所必需的职能,在自己可以自由决定的范围内制定自己的政策。

（2）对经销商而言,最重要的是客户,而不是制造商。他感兴趣的是客户要从他那儿购买什么,而不是制造商要向他提供什么。

（3）经销商往往会把他销售的所有商品当作一个整体。他关心的是整个产品组合的销量,而不是单个商品种类的销量。

（4）如果没有一定的激励,经销商不会记录其出售的各种品牌的销售情况。制造商无法从经销商的非标准记录中获得有关产品开发、定价、包装或者促销计划的信息。有时,经销商还会故意隐瞒实际情况。

产品从制造商到用户的整个过程需要"催化剂",有效的激励措施就是这种"催化剂"。了解经销商需求只是激励的第一步,之后应该做的是采取有效的激励措施。

激励中间商的形式多种多样,但大体上可以分为两种,即直接激励和间接激励。

1. 直接激励

直接激励指的是通过给予中间商物质、金钱的奖励来激发中间商的积极性,从而实现企业的销售目标。直接激励主要有以下几种形式：

（1）返利政策。返利政策有以下要求：

①返利的标准。一定要分清品种、数量、返利额度等。制定返利政策时,一要参考竞争对手的情况,二要考虑现实性,三要防止抛售、窜货等。

②返利的形式。是现价返利,还是以货物返利,或是二者结合,一定要注明；货物返利能否作为下月任务数也要注明。

③返利的时间。是月返、季返还是年返,应根据产品特性、货物流转周期而定。要在返利兑现的时间内完成返利结算,否则时间一长,变成一笔糊涂账,对双方都不利。

④返利的附属条件。为了能用返利形式促进销售,一定要加上一些附属条件,比如严禁跨区销售、严禁擅自降价、严禁拖欠货款等,一经发现,应取消返利。

现实中会遇到这种情况,返利标准制定得比较宽松,失去了返利刺激销售的目的,或者返利太大造成价格下滑或窜货等,因而在制定政策时及返利过程中要考虑周全,执行起来要严格,不可拖泥带水。

(2) 价格折扣。价格折扣包括以下几种形式：
①数量折扣。经销数量越多、金额越大，折扣越丰厚。
②等级折扣。中间商依据自己在渠道中的等级，享受相应待遇。
③现金折扣。回款时间越早，折扣力度越大。
④季节折扣。在旺季转入淡季之际，可鼓励中间商多进货，减少制造商的仓储和保管压力；进入旺季之前，加快折扣的递增速度，促使渠道进货，达到一定的市场铺货率，以抢占热销先机。
⑤根据提货量给予一定的返点，返点频率可视产品特征、市场销货情况而定。
(3) 开展促销活动。一般而言，制造商的促销措施会很受中间商的欢迎。促销费用一般由制造商负担，亦可要求中间商合理分担。制造商还应经常派人前往一些主要的中间商处，协助安排商品陈列，举办产品展览和操作表演，训练推销人员，或根据中间商的推销业绩给予相应的奖励。

★情景体验7-5

百事可乐对返利政策的规定

百事可乐公司对返利政策的规定细分为5个部分：年折扣、季度奖励、年度奖励、专卖奖励和下年度支持奖励，除年折扣为"明返"外（在合同上明确规定为1%），其余四项奖励均为"暗返"，事前无约定的执行标准，事后才告知经销商。

(1) 季度奖励在每一季度结束后的两个月内，按一定的进货比例以产品形式给予。这既是对经销商上季度工作的肯定，也是对下季度销售工作的支持，这样就促使厂家和经销商在每个季度合作完后，对合作的情况进行反省和总结，以便相互沟通，共同研究市场情况。同时，百事可乐公司在每季度末还派销售主管对经销商业务代表进行培训指导，帮助落实下一季度销售量及实施办法，增强相互之间的信任。

(2) 年终回扣和年度奖励是对经销商当年完成销售情况的肯定和奖励。年终回扣和年度奖励在次年的第一季度内，按进货数的一定比例以产品形式给予。

(3) 专卖奖励是经销商在合同期内，专卖某品牌系列产品，在合同期结束后，厂方根据经销商的销量、市场占有情况以及与厂家合作情况给予的奖励。专卖约定由经销商自愿确定，并以文字形式填写在合同文本上。在合同执行过程中，厂家将检查经销商是否执行专卖约定。

(4) 下年度支持奖励是对当年完成销量目标，继续和制造商合作，且已续签销售合同的经销商的次年销售活动的支持。此奖励在经销商完成次年第一季度销量的前提下，在第二季度的第一个月以产品形式给予。

——商业案例库：《百事可乐对返利政策的规定》，http://www.docin.com/p-1460782404.html，2016年2月18日，有删减

2. 间接激励

间接激励是指通过帮助中间商获得更好的管理、销售方法，从而提高销售绩效。在残酷性日益凸显的市场上，营销方法正在超越产品、超越品牌而走向营销的首要位置。因为理智的经销商今天对真正独特且行之有效的营销方法的渴望，已经远远高于他们对所营销的产品

的利润空间和制造商广告费的追逐。他们深知,没有一套行之有效的营销方法,再大的利润空间,再多的广告投入都不行。所以,制造商们越来越意识到间接激励的重要性。

间接激励通常有以下几种做法:

(1) 帮助经销商做库存管理。制造商乐于帮助经销商建立库存进销存报表,进行安全库存数和先进先出库存管理。进销存报表的建立,可以帮助经销商了解某一周期产品的实际销售数量和利润;安全库存数的建立,可以帮助经销商合理实行先进先出的库存管理,减少即将过期商品的出现。

(2) 帮助零售商进行零售终端管理。零售终端管理的内容包括铺货和商品陈列等。制造商通过定期拜访,帮助零售商整理货架,设计商品陈列形式。

(3) 帮助经销商管理其客户网。制造商还可帮助经销商建立客户档案,包括客户的店名、地址、电话,并根据客户的销售量将他们分成等级,据此告诉经销商对待不同等级的客户应采用不同的支持方式,从而更好地服务不同性质的客户,提高客户的忠诚度。

(4) 伙伴关系管理。近年来,营销渠道的作用正在逐渐增强,渠道合作、中间商合作、商业合伙、战略联盟变得日益普遍。合作关系或战略联盟表示制造商和其渠道成员间具有持续的相互支持关系,包括努力打造一个高效团队、网络或渠道伙伴联盟。

7.2.3 评估渠道成员

1. 评估标准

如果制造商已存在几条营销渠道,就要选择出能满足制造商长期发展目标的渠道。制造商一般会依据经济性标准、控制性标准以及适应性标准来评估渠道的性能。

(1) 经济性标准。每一种营销渠道都将产生不同水平的销售额及成本,制造商首先要明确,是自组销售队伍还是利用销售代理商产生的销售额较大。同时,由于其前途维系于本企业的发展上,他们会表现得比较积极;还有,许多客户喜欢和制造商直接打交道,故交易容易成功。

此外,还应估计每一种营销渠道在不同销售量下的成本。采用销售代理商的固定成本较低,但是当销售额逐渐上升时,其成本上升速度较本企业销售人员快,因为销售代理商的佣金比本企业销售人员的佣金多得多。

(2) 控制性标准。对于营销渠道的控制问题也应加以考虑,使用销售代理商所面临的控制问题将会很多,因为销售代理商是独立的,他们更关心自己利润的最大化。更进一步说,销售代理商的业务人员可能由于不太熟悉制造商产品技术上的细节,因而不能有效使用促销活动的材料,造成对客户选择的偏向性。

(3) 适应性标准。企业一旦决定使用销售代理商,就可能签订一份有期限的合约,尽管在这段时期内,其他的销售方式如本企业自组销售人员可能更为有效,但企业因受合约限制而不能舍弃销售代理商。所以,如果营销渠道受签约代理商的限制,那么,它的经济性和控制性就必须优于其他的销售渠道才可行。

2. 评估指标

中间商选定之后,就可以按照企业设计的分销模式实施了。但这并不是意味着企业分销渠道管理的结束,相反,这只是分销渠道管理的开始。这时,管理工作的重点应放在中间商的监测与评估上。制造商可以从以下七方面对中间商的绩效进行评估:

(1) 销售绩效。在过去的一年中，中间商是否十分成功地为制造商创造了很高的收入（或销售量）；假设其所在市场区域的竞争程度和经济增长已定，与这个区域的竞争对手相比，该中间商是否为制造商提供了很高的市场渗透水平；过去一年中，该中间商从制造商处获得的收入是否高于同一地区和邻近地域内的其他竞争者所得的收入。

(2) 财务绩效。制造商为中间商提供的收入是否是十分合理的；假设中间商为制造商创造的销售额既定，中间商是否要求获得制造商的支持而导致制造商利润不足；在过去的一年中，制造商从中间商手中获得的利润是否不足。

(3) 中间商的忠诚度。过去，制造商是否经常遇到这样的麻烦：不能顺利地使中间商参与那些对制造商而言很重要的工作计划中；中间商时常对制造商已接受的程序提出异议；中间商时常违反与制造商签订的契约中的条款。

(4) 中间商销售收入的增长。中间商是否继续或者将很快成为制造商的收入来源取决于：在下一年，制造商从中间商处获得收益的增长速度是否快于同一地区其他竞争中间商向其制造商所提供的收益的增长；过去，制造商通过中间商获得的市场份额是否已经稳定地增长了。

(5) 中间商的创新。中间商是否洞察到市场的长期趋势并经常调整其销售措施；中间商是否在其所在的地区（或邻近区域）中营销制造商的产品与服务，并在营销过程中进行大胆的创新；中间商是否付出努力去迎接其所在地区（或邻近地域）的竞争的变化。

(6) 中间商的竞争。中间商是否具备能够成功地经营业务的技能，而且其经营的业务与制造商的业务经营与性质方面是否相似；中间商是否已经积累或正在积累大量关于制造商产品与服务特点与属性的知识；中间商与其工作人员是否对竞争对手的产品与服务知之甚少。

(7) 客户满意度。制造商是否经常接到消费者对其商品的抱怨；中间商是否为博得客户的欢心而独辟蹊径；在解决与制造商产品和服务有关的问题时，中间商是否能为客户提供良好的帮助。

3. 渠道改进策略

对中间商评估完毕后，制造商应该马上采取适当的措施对渠道进行改进。根据实际情况的不同，渠道改进策略也多种多样，制造商必须因地制宜，有的放矢。

(1) 渠道成员功能调整。渠道成员功能调整指重新分配分销成员所应执行的职能，使之最大限度地发挥自身潜力，从而提高整个分销渠道效率。

(2) 渠道成员素质调整。渠道成员素质调整指通过提高分销渠道成员的素质和能力来提高分销渠道的效率。可以用培训的方法永久地提高分销渠道成员的素质水平，也可以采用帮助的方法暂时提高分销渠道成员的素质水平。

(3) 渠道成员数量调整。渠道成员数量调整指增加或削减分销渠道成员的数量，以提高分销渠道的效率。

(4) 个别分销渠道调整。制造商常常要考虑所使用的所有分销渠道能否一直有效地适用于目标市场。这是因为，当企业的分销渠道静止不变时，某一重要地区的购买类型、市场形势往往处于迅速变化的状态中，企业可针对这种情况，借助损益平衡分析与投资收益率分析，确定增加或减少某些分销渠道。

7.3 经销商管理

7.3.1 认识经销商

1. 经销商概述

在经营中，厂商若指定某特定的公司为其产品交易的中间商，双方明确合同，约定由原厂持续地供给该中间商一定产品进行转售，该中间商就是经销商。经销商具有独立的经营资格和经营权限，是通过获取产品利差来取得发展的商业单位或者个人。经销商可以分为以下几类：

（1）销售量小且对企业不忠诚的经销商。这些经销商是没有价值的经销商，企业对待此类经销商的对策就是该出手时就出手，该淘汰的就淘汰。

（2）销售量大但对企业不忠诚的经销商。这些经销商常常成为企业最危险的敌人。此类经销商以自己的销售额为资本向厂家讲条件，提要求，厂家不满足他们的愿望，他们就给厂家以"颜色"——窜货、降价、倾销、扰乱市场或长期拖欠企业货款。

（3）销售量小但对企业忠诚的经销商。这是可以培养的明日之星。对此类经销商企业要多扶持、培养，努力使其成为一个好的经销商。

（4）销售量大且对企业忠诚的经销商。这是企业最宝贵的财富。一个企业拥有这类的经销商越多，市场就越稳定，越有发展潜力。

2. 评价经销商

为了确保经销商能够成为好经销商，企业就要定期对经销商进行评价，对好的经销商进行奖励，对有潜力的经销商提出的目标和要求，进行帮助；对不符合企业要求的经销商，坚决淘汰。企业要对经销商的实际情况进行具体的分析：

（1）信用好但销售能力差的经销商。他们的经营意识和经营能力严重不足，是典型的坐商，只凭老招牌与固定的经销商做生意。这些经销商虽然不能够促进业务发展，但足以稳定经营。对业务员来说，这也很有吸引力。

（2）销售能力强但信用差的经销商。他们可能在较短的时间内使业务急剧增长。这些经销商的经营思想新颖、开发能力强，与这样的经销商交易是业务员增加业绩的捷径。

（3）销售能力和信用都好的经销商。这是最受业务员欢迎的经销商。好经销商自有好的销售对象。业务员以这些好经销商为销售据点，可获得以下好处：能销售高档的产品；能持续稳定地销售；经销商付款干脆，不必前去推销也能做成生意（电话推销或是经销商主动订货）；会提供各种有用的信息。

如果经销商目前的经营状况一般，但有发展潜力，业务员就要去辅导、扶持经销商发展，促进经销商的成长。

7.3.2 管理经销商

1. 对经销商建档管理

所谓"经销商管理"，是将本公司的往来经销商予以系统的辅导与激励，并开创业绩。

欲进行"经销商管理",首先必须"建档管理",就是将经销商的各项资料,加以科学记录、保存,并分析、整理、应用,借以巩固与经销商间的关系,并制造适合推销的时机,以开创业绩。欲对"经销商"加以各种辅导、激励或管理,第一步是要拥有"经销商资料",建档加以管理。

2. 经销商建档管理的内容

经销商资料卡的设计,依企业需求而有所差异。下面是常见的"经销商资料卡"应记录的各栏位项目(表7-2):

表 7-2 经销商资料卡

客户编号:				
客户名称:_____ 统一编号:_____				
客户性质:_____ 规 格:□大 □中 □小				
(销售通路)				
营业地址:				
负责人姓名:_____ 电 话:_____				
订货联络人姓名:_____ 电 话:_____				
收货联络人姓名:_____ 电 话:_____				
授信额度:				

授信额度	生效日期			核决人	附记
万元	年	月	日	□新设 □变更	
万元	年	月	日	□新设 □变更	
万元	年	月	日	□新设 □变更	

付款情形: □现款 □期票

往来行库	账号	发票人	与客户关系	附记

交易条件:_____
请款作业:_____

(1)经销商的基本资料:公司开户行号名称、地址、电话号码/传真号码、行业类别及规模大小、税务机关统一编号、登记资本额、负责人及主要干部、接洽人、订货人、送货接收入、员工人数、主要产品、销售对象、主要进货厂商、每月营业额、市场占有率、信用状态评价、往来银行等。

(2)往来记录信用评价:销售商等级(系列经销商/一般经销商)、信用额度、(第 X 次)信用额度修正、抵押品种类、抵押品金额等。

(3)交易条件:交款日期、折让规定、退货规定、交易产品类别、票期规定、现金付款规定、访问频率、库存最低限量。

(4)交易记录:销售记录、收款记录、退货记录。

3. 经销商资料卡的管理

"经销商资料卡"的建档管理应注意下列事项:

(1) 业务员是否在访问经销商后立即填写此卡？
(2) 经销商交易卡的各项基本资料是否填写完整？
(3) 业务员是否充分利用经销商资料并保持其正确性？
(4) 当业务主管与业务员一起从事推销访问，业务主管应指导业务员尽善尽美地填写该卡。
(5) 在办公室的适当位置，要建立专用档案柜，供放置经销商交易卡，并设专人保管，以表重视。
(6) 在每一销售路线经销商名册的封面上，注明路线类别、负责的业务员、规定的访问日期，以及该路线经销商的总资料，如每月平均业绩，经销商形态与A、B、C分类的户数。
(7) 要求业务员每次访问经销店前，应先查看该店的经销商资料卡（因卡内注明该经销店进货日期、进货数量、进货种类、库存数量等资料）。
(8) 业务员应分析"经销商资料卡"资料，作为拟订销售计划的参考。

4. 经销商管理的内容

对经销商管理的出发点就是既调动经销商的积极性，又降低经销商可能给企业带来的风险。

(1) 利益管理——企业必须让经销商赚到钱。利益是联系经销商与厂家的纽带，如果经销商不能赚到钱或赚钱太少，就会离企业而去，精心构造的销售网络就会瘫痪。企业要管理好经销商，首先就要确保经销商赚到钱。

经销商把产品分为两类：一是能够赚钱的，二是能够带货走量的。如果产品不能让经销商赚钱，那产品就要能够为经销商带货，使经销商能够从大量走货中赚钱。如果产品既不能让经销商赚到钱，又不能让经销商带货，经销商怎么会积极销售产品呢？但产品只起带货作用时，风险性也就产生了，因为如果别人的产品也能够带货时，经销商就可能在某一天抛弃你。

(2) 支援和辅导经销商。企业不仅要让经销商赚钱，而且要教会经销商赚钱的方法。企业要支持和辅导经销商发展，经销商的经营管理水平提高了，销售能力提高了，企业产品的销售量也就会随之上升。辅导经销商，即教育训练经销商，提高经销商的经营素质，强化其销售能力。支援经销商，即厂家对经销商提供与销售有关的指导和帮助。经销商支援行动的内容相当繁杂，若按指导，支援的内容分六项：

①与经营管理有关的指导、支援。如制定销售目标与销售计划的指导；对经营方针、经营政策提供意见；对经营者、管理者实施进修教育；提供财务管理意见；指导设置企业内部组织机构等。

②与销售活动有关的指导、支援。如提供同业动向、厂商动态等信息；对市场调查与分析的指导与协助；帮助培训销售人员；协助开发新经销商；指导改善客户管理；指导信用额度的设定与信用管理的方法等。

③与广告、公关有关的指导、支援。如支援制作广告宣传单及DM；支援经销商所举办的活动；在电视、广告上提及经销商；允许经销商使用厂家制作的广告；支援、协助经销商召开消费者座谈会；分担经销商的广告费等。

④指导经销商店铺装修、商品陈列设计。如支援制作店铺招牌；支援开设展示窗、陈列室；提供商品展示、陈列技术；指导制作POP（售卖场所）广告；协助提供展示台、陈列台；协助提供或选择各种陈列工具；对店内装修或布置提供技术指导等。

⑤拟定并推动与促销活动有关的节目。如支援经销商的企划宣传活动；协助举办品尝、试用等活动；协助举办店头示范活动，举办销售竞赛并邀请其参加。

⑥指导其由各种刊物或大众传媒获取信息的做法。如发行供经销商参考的销售信息刊物，编辑供经销商的业务员阅读的小册子，传递有关同行业的信息等。

目前，企业在对经销商进行支援时，有以下发展趋势：对批发商给予经营管理、促销活动策划方面的指导，并表明诚意，使经销商乐于合作。对零售商，重点则放在指导改进店铺陈列、公关、广告策划、促销活动开展等方面。

（3）站在出货的厂商立场，所供应的货物要有效卖出。除了借广告宣传与产品，还必须在商店内拥有良好的陈列展示，以诱导消费者来购买。"拥有良好的陈列位置，是店头销售的关键因素。"厂商为了确保产品的销售，在经销店应有良好的陈列展示机会，对于商店卖场的陈列展示，要注意下列事项：

①陈列位置要适宜。即使商品有陈列，但陈列位置不醒目，效果也会大打折扣。也就是要陈列在消费者最容易发现的地方，一般来说，从腰部以上到眼睛的高度最好。

②适宜的陈列量。要求"品牌的陈列面占有率"比要求"市场占有率"更有必要。大量陈列也是方法之一。客户看到眼前堆积如山的商品时，不只惊讶，同时也会表现出有兴趣的样子。而且会想：现在来买最划算或如此堆积如山恐怕销路很好吧，"是否比较便宜"，从而产生购买欲。

③多位陈列。依照"客户动线"设计，在客户流动量高的位置增加陈列是好办法。所谓"客户动线"，就是客户活动的路线，即以科学方法来分析客户在卖场移动的流程，所获得的资料可用来改善卖场的布局。而制造厂商也希望在客户动线最高的位置，摆设自家公司的产品。

④价格标示。陈列的产品，要标示产品价，而且要避免错误。

⑤POP广告诉求。经销店内是否有POP广告？卖场陈列适当的POP广告，对产品销售会有很大的帮助。

⑥店员对产品的销售知识。商店内产品五花八门，店员是否对本公司产品的特性有充分的了解？是否具备良好的销售用语？

⑦产品资料整理。各种产品促销宣传单是否足够？是否放置在产品附近或明显处，以利取用？

⑧产品库存量。除店内陈列以外，商品库存量是否足够？缺货时补充是否来得及？

5. 经销商管理的方法

下面归纳的注意事项，是企业进行经销商管理的侧重点，对企业有所借鉴。

（1）销售额增长率。分析销售额的增长情况。原则上说，经销商的销售额有较大幅度增长，才是优秀经销商。对销售额的增长情况必须做具体分析。业务员应结合市场增长状况、本公司商品的平均增长等情况来分析、比较。如果一位经销商的销售额在增长，但市场占有率、自己公司商品的平均增长率不增反降，那么可以断言，业务员对这家经销商的管理并不妥善。

（2）货款回收的状况。货款回收是经销商管理的重要一环。经销商的销售额虽然很高，但货款回收不顺利或大量拖延货款，问题会更大。

（3）了解企业的政策。业务员不能够盲目地追求销售额的增长。业务员应该让经销商了解企业的方针，并且切实地遵守企业的政策，进而促进销售额的增长。

一些不正当的做法，如扰乱市场的恶性竞争、窜货等，虽然增加了销售额，但损害了企业的整体利益，是有害无益的。因此，让经销商了解、遵守并配合企业的政策，是业务员对经销商管理的重要方面。

（4）销售品种。业务员首先要了解经销商销售的产品是否是自己公司的全部产品，或者只是一部分产品。经销商销售额虽然很高，但是销售的商品只限于畅销商品、容易推销的商品，至于自己公司希望促销的商品、利润较高的商品、新产品，经销商却不愿意销售或不积极销售，这也不是好的做法。业务员应设法让经销商均衡销售企业的产品。

另外，经销商在进货时，通常都以重点产品、培育产品、系列产品等加以分类。为了强化对经销商的管理，业务员应该设法让对方将自己公司的产品视为重点产品、培育产品。

（5）商品的陈列状况。商品在经销店内的陈列状况，对于促进销售非常重要。要支持、指导经销商展示、陈列自己的产品。

（6）商品的库存状况。缺货情况经常发生，表明经销店对自己企业的产品不重视，同时也表明，业务员与经销商的接触不多。经销商缺货会使企业丧失很多机会，因此，做好库存管理是业务员对经销商管理的最基本职责。

（7）促销活动的参与情况。每次的促销活动都参加，而且销售数量也因此而增长，表示对经销商的管理得当。经销商不愿参加或不配合公司举办的各种促销活动，业务员就要分析原因、制定对策了。没有经销商对促销活动的参与和配合，促销活动就会只花钱没效果。

（8）访问计划。对经销商的管理工作，主要是通过推销访问进行的。业务员要对自己的访问工作进行一番检讨。许多业务员常犯的错误是，对销售额比较大或与自己关系良好的经销商，经常进行拜访；对销售额不高却有发展潜力，或者销售额相当高但与自己关系不好的经销商，访问次数很少。这种做法是绝对应当避免的。

（9）对自己公司的关心程度。经销商对自己公司的关心程度，对自己的公司是否保持积极的态度，这也是对经销商管理的一个重要方面。业务员要经常向经销商说明自己公司的方针和政策，让对方不时抱有关心和期望。

（10）经销商资料的整理。业务员对于经销商的销售额统计、增长率、销售目标等能够如数家珍，即表明他对经销商的管理工作做得很好，同时对经销商的管理也很完善。

相反，业务员如果对经销商的资料一无所知，只知道盲目推销，即使销售额有增加，也是短期现象。因此，记录、整理经销商资料是相当重要的工作。

7.4 代理商管理

7.4.1 认识代理商

代理商是代企业打理生意的，其代理活动不是买断企业的产品，而是厂家给额度的一种经营行为，货物的所有权属于厂家，而不是商家。他们同样不是自己用产品，而是代企业转手卖出去。所以，代理商一般是企业或赚取企业佣金的商业单位。

1. 选择代理商的理由

（1）你无力供养足够的直接销售人员，来实现你所需要的对有关销售市场进行的直接、密集的覆盖。如果你的销售额低于5 000万元，你也许就没有资源来支撑足够的直接销售人员去做这项工作。要记住，你的目标是要成为一个能与客户建立起密切关系的销售机构。由于这样做就意味着你得在他们身上花大量的时间，因此，你就需要有足够的人员。

（2）你的利润中心或市场里多样化的状态，要求销售人员能够掌握各种不同的销售技能。代理商从本质上讲是各个不同市场方面的专家。如果你身处一个形态多样的市场环境中，你就可根据各个目标市场不同的具体要求，建立一个由多个类似的代理商/机构组成的销售网络。这种方法是非常有效的。

（3）你的产品品种有限，而且你的竞争对手已在各方面都超过了你。理想的销售代理商往往会有他自己可以与你高度相容并结合的产品，从而很多时候得以在整体上全面超过你最大的竞争对手。

（4）你的市场由各地区不同的需求组成。也许从成本上考虑，并不允许你对出现在国内所有地区的各种不同的微小需求作出响应。但是，那些得力的代理商常常会注意发展自己对你所提供的产品品种进行补充的能力，并对这些不同地区的需求作出响应。

（5）你财力不足。除一个可变的支出和一个较为有利的现金流量外，代理商还在财务状况方面获得第三种优势，即对资产负债表的管理。这是一种对于那些正处于要求能够提供本地服务、库存和附加价值的市场中的生产商来说尤其重要的优势。代理商所作的固定投资可以改善你资产负债表的状况。

（6）你的客户希望你能出现在他们所在的地区。客户常常喜欢你能出现在他们所在的地区。除非你有能力在全国各个重要销售地区供养自己的直接销售人员，否则你只有选择代理商来达到这一目的。A地区的购买者自然更愿意与A地区而不是B地区的销售人员打交道。有时，即使是在两个相距并不太遥远的地区，人们也是同样如此。在当地市场得到认同通常能使你在竞争中更具优势。

（7）你需要快速进入一个新的市场。许多生产商在试图借助现有的销售机构来帮助自己打入一个新的市场时，都曾遭遇到不少的困难。其中最大的障碍是，他们在这一市场中尚没有建立任何的关系或对该市场一点也不熟悉，因此只要企业要求他们开发新市场的压力减小，这些销售人员常常就会很快重新回到他们过去的业务伙伴身边。

（8）你现在已在使用代理商的销售方式，并且也没有找到足够的理由说应对此作出改变。改变对你的企业，对你的客户来说，都是一件充满风险的事。事实上，从通过代理商销售的方式转变成直接销售的方式，甚至要比将直接销售改变成通过代理商销售更危险。

★情景体验7-6

长虹出海记（3）：中东辟疆

在中东，代理制是家电市场主要的商业合作模式，在这个有严格商业代理法保护的地区，代理商被赋予了极高的商业地位。比如法律规定，一个品牌要想更换代理商，即便合同到期也需要双方都签字同意，如果单方面更换代理商，往往要付出高昂代价。

正是由于代理商的强势地位，在同其合作时，不仅要深入了解商业代理法，还要注重合作中的每一处细节。"前期的沟通越充分，谈得越艰难，后期合作起来就越顺畅。"潘林兴回忆，在子公司成立之初的那几年，最长的代理商从开始谈到真正达成协议花了两年半的时间，最短的也谈了 7 个月。

凭借多年来在中东市场的耕耘，中东长虹积累了大量同代理商合作的经验，也更加熟稔市场的游戏规则。

中东长虹率先在中东市场尝试模式创新，承接了一部分代理商的工作，借用客户的物流和资金平台，自己负责销售和市场。

按理说这种让代理商让渡权利的做法会招致反感，但事实并非如此，很多代理商都欣然接受，原因在于潘林兴给他们算了一笔账。

在过去家电行业高利润时代，代理商形成了对市场和销售方面粗放式的管理模式，成本投入高。中东长虹接手后，凭借在中国成熟家电市场上的操盘经验，可以实行精细化管理，尽管代理商利润会有一定减少，但终端产品在市场上的竞争力会更强，从而拉动销量增长。

对于代理商而言，这相当于在整体收益基本不变的情况下，投入减少，管理变得更简单了。对于长虹来说，掌握和把控市场的能力和反应速度也得到增强，是双赢之举。

就这样，中东长虹依靠代理商但不依赖代理商，在双方共赢的基础上灵活运用规则，在代理商眼中，中东长虹树立起了"想做事、能做事、会做事"的良好口碑，于是朋友越来越多，路子也越走越宽，中东长虹历经 10 年的辛勤耕耘，愈发成熟且自信。

——中国电子报：《长虹出海记（3）：中东辟疆》，http://cena.baijia.baidu.com/article/332838，2016年 2 月 26 日，有删减

2. 评价代理商

与直接销售人员相比，代理商确实具有一些可能为生产商带来潜在麻烦的特点。对此，必须能够明确了解，并将它们作为选择和评估代理商时应予考虑的因素。下面对究竟应该如何成功解决它们加以介绍。

（1）代理商是很难控制的。所谓控制就是要确保目标的实现，而不是要确保一个为实现这些目标而事先规定的方法能够得到遵循。从长远的观点看，只有当有关人员都在为双方共同目标的实现而积极努力时，才能取得最佳的效果。这就要求必须把代理商看作自己的合作伙伴，使他们能够自主决定该如何做和什么时候做某件事，而不是把他们看作自己的下级，从而由某个经理来支配代理商的一切活动。不管你选择什么样的销售渠道，这种把对方看作合作伙伴的态度，都将对最终的结果产生积极的影响。当你持有这种态度时，即使是直接销售人员也会得到更大的激励，从而做出更大的成绩。

有些经理不愿平等地看待销售人员。如果他们能把自己要想当头的需求抛在一边，并开始把代理商看作自己的合作伙伴，他们就可组成一个强大的团队，一同寻找打开市场和实现盈利目标的最佳方法。

（2）你正面临又一批的竞争对手。独立代理商往往会有 5～15 个额外的生产商需要代理。这确实是额外增添的一批竞争者，因为每个被代理的生产商都会争夺你的代理商的时间。当然，这种情况也是一种机会。绝大多数代理商手头都有那么一些不完全符合自己特性和利益，或未能给予他们适当支持的生产商，因此，精明的生产商往往会通过对代理商的精确选择和有力支持，来从代理那里赢得比他们所应得的更多的时间。

（3）代理商可能没有得到很好的管理。任何单独一个代理商的拥有者都可能确实是一个出色的销售人员。然而，这并不能保证他一定就是一个同样优秀的代理商机构的经理人。

因此，生产商在对任何代理商进行面试的过程中，都必须对该拥有者本身以外的东西做仔细的了解。

（4）代理商的目标可能有所改变。代理商与生产商是否相适合的一个主要因素在于双方目标的一致性。这意味着双方都希望能经一定的决策层的批准，用一定种类的产品，按照一定的优先顺序，销售给一定类型的客户。当然，随着时间的推移，所有这些目标都可能会改变。一旦生产商的目标改变了，代理商就可能不再适合了，而此时生产商同样担心的是代理商的目标是否也会有所改变。

（5）代理商可能不再为你销售，但又秘而不宣。我们前面已经谈过代理商对继续推销生产商的产品或服务大失兴趣的问题。这种情况往往出现在他们的目标发生了很大变化，或者出现在他们因得不到生产商很好的销售支持或客户服务很差而对该生产商失去信心时。有着良好业绩记录的代理商一旦发现有问题出现，便会无所顾忌地将自己的担心讲出来。但是，如果生产商无法改进这一问题，代理商最终就会放弃与该生产商的合作。

要解决好这个问题，最好的方法就是只要有任何的可能性，生产商都必须有效地管理自己的企业。解决问题的另一个关键是，要密切注意问题症状的出现，首先就是要注意为什么会突然没有了"声音"，即为什么代理商会突然变得悄无声息。这便是你应该和代理商一起坐下来认真谈一下的时候了，以求在他们彻底结束与你的关系之前重新获得他们的支持。

7.4.2 管理代理商的方法

1. 建立良好的工作关系

（1）帮助新代理商开展工作。如果生产商没有能够及时向新代理商提供他们刚开始工作时和为确保工作的顺利进行而需要的工具和方法，那么他们初始阶段的那种热情常常会很快消失。

（2）为取得长期的成功而密切合作。简单地说，生产商应向代理商提供全面的支持，以激励他们创造出最佳的业绩。你们是一个团队，你们将在合理的期望、真诚的交流和公平公正的基础上一起努力建立起合作关系。双方都应了解对方的需求，并应尽一切努力以专业的精神和热情去满足这种需求。作为一个生产商，基本上应负有下面两个职责：

①了解代理商对你的期望，并满足这些期望。
②清楚地了解自己可从代理商那里获得什么，不能获得什么。

2. 企业高层的支持

与代理商合作成功的关键始于企业的高层。企业的高层人员决定着一个企业的文化，而一种提倡给予代理商适当支持的文化，对于代理商取得销售的成功来说是非常重要的。企业文化对路了，代理商便会迅速发展，而缺少了这种文化，他们往往就会失去兴趣。高级主管人员通常为企业文化定下基调，因为只有这些主管人员才对确保企业尽可能作出最佳决策负有全面的责任和具有绝对权威。

3. 业绩评估的标准

假定你正在对一个与之合作了一段时间的代理商进行评估，他在获得订单业绩上相对其他代理商的发展趋势是最适当衡量的标准之一。可将该代理商所获得的订单数与整个企业的销售量或者可能与若干有着非常相似市场机遇的代理商的销售业绩进行对比（占总销售量的百分比）。

这一评估的关键在于必须确保能够使用一种合理的衡量标准。比如，让一个原先主导某个地区销售业务，但现在正引起众多竞争对手注意的代理商仍保持与往年同样的市场份额是一件勉为其难的事情。在这种情况下，即使是获得同样水平的新订单也应被看作一个不错的业绩。而一个多年来销售业绩一直都不太好的代理商也可能因各种原因而开始受到你企业的欢迎。这种代理商虽然只作出与以往相同的努力，但取得了比早几年好得多，或者说高于全国平均水平的业绩。

除订单业绩外，还应将成功率放在与所做的销售方案相比获得了多少新订单的背景下来考察。然而这种计算方法的使用只有在制订并跟踪了销售方案的执行情况，或在代理商按照常规提供了一系列新的销售方案（这种情况并不常见）时才适用。因此，用百分率计算获得订单的成功与否只适用于那些业绩良好的生产商和行业。跟踪了解其发展情况，是掌握一个评判代理商在选择销售时机上是多么具有洞察力，以及一个销售人员在做成生意上是怎样一把好手的有效方法。

本章小结

如果生产企业已经确定其产品分销渠道，接下来即应做出选择各类中间商的决策。选择中间商首先要广泛搜集中间商的业务经营范围、资信、市场范围、服务水平等方面的信息，确定审核和比较的标准。制造商一般会依据经济性标准、控制性标准以及适应性标准来评估渠道的性能。制造商可以从以下七方面对中间商的绩效进行评估：销售绩效、财务绩效、中间商的忠诚度、中间商销售收入的增长、中间商的创新、中间商的竞争、客户满意度。

本章案例

对中间商评估完毕后，制造商应该马上采取适当的措施对渠道进行改进。对于协议完成情况较好的中间商应给予一定的奖励；而对于业绩不佳的中间商则应给予建议，或重新培训、重新激励，如果还不行，制造商就应当考虑中止合作关系。

激励渠道成员是渠道管理中不可缺少的一环。激励渠道成员是指制造商激发渠道成员的动机，使其产生内在动力，朝着自己所期望的目标前进的活动过程，目的是调动渠道成员的积极性。直接激励指通过给予中间商物质、金钱的奖励来激发中间商的积极性，从而实现企业销售目标。间接激励指通过帮助中间商获得更好的管理、销售方法，从而提高销售绩效。

本章习题

一、复习思考题

1. 按照渠道成员之间的关系，企业的渠道模式主要分为哪几种？
2. 如何对渠道成员进行评估？
3. 什么类型的经销商具有发展潜力？
4. 为什么企业对代理商很难控制？
5. 发展重点客户关系关键要怎么做？

二、实训题

实训项目：加盟连锁店实地调查。

实训目标：
1. 加强对加盟连锁店的感性认识。
2. 学会团队合作。
3. 掌握加盟连锁"3S"标准（简单化、专业化、标准化）。

实训内容与要求：
1. 老师给出实际的区域地图，学生在给定的区域中找1~2家加盟连锁店，对其进行观察和调研，同时结合"3S"标准对连锁店进行分析，并配合实景照片进行说明。
2. 实训形式以小组为单位完成作业。
3. 提交作业要求16开纸，图文并茂，文字部分写明加盟连锁店所在具体位置，并结合"3S"进行说明。

养兵篇

销售人员管理实务

第 8 章

销售人员的招募与培训

★学习目标

通过本章的学习，了解销售人员数量的确定及招募销售人员的标准；掌握销售人员的招募途径与甄选的过程、方法；明确销售人员培训的内容、作用和原则；熟悉销售培训的程序与方法。

★教学要求

注重通过销售案例教学，深入讲解销售人员招募、甄选和培训的内容；采用启发式、探讨式教学；加强课堂案例讨论，注重对所讲解内容的总结与归纳。

★导入案例

沃尔玛的职工培训之道

沃尔玛雇用当地人，给予训练，并鼓励他们提出问题。公司非常重视对职工的培养和教育，在总部和各级商店开设各类培训班，利用晚间上课；并设有沃尔顿零售学校、萨姆营运学院等培训组织，专门培养高级管理人员。沃尔玛还非常注重提高分店经理的业务能力，并且在做法上别具一格。沃尔玛的最高管理层不是直接指导每家分店负责人该怎样做生意，而是创造一种环境，让分店经理们从市场、从其他分店学习这门功课。例如，沃尔玛的先进情报资讯系统为分店经理提供了有关客户行为的详细资料。此外，沃尔玛还投资购置了专机，定期载送各分店经理飞往公司总部，参加有关市场趋势及商品采购的研讨会。后随公司规模的持续扩大又装置了卫星通信系统，公司总部经常召开电话会议，分店经理无须跨出店门便能和其他分店彼此交换市场信息。沃尔玛正是通过其独特的培训方法，与时俱进，迅速提高其员工的能力和业务水平。对大部分组织来说，销售队伍是组织收入的直接创造者。所以，销售队伍与公司战略营销规划的实施直接相关。这些规划的实施效果在很大程度上取决于实施战略的销售人员的选择。

——王海滋：《销售管理》，武汉理工大学出版社，2014 年第二版，p78

第 8 章　销售人员的招募与培训

★引导任务

企业应该如何招募、甄选销售人员？你有什么见解？

在建设一支成功的销售队伍过程中，人是最重要的因素。企业一切产品与服务的销售都必须通过销售人员来完成。在销售活动中，销售人员既代表公司，又联系客户；既要取得销售利润，又要为用户尽责。要完成如此艰巨的任务，销售人员就必须有较高的素质。因此，如何吸收高素质的人才并加以训练，以符合企业的要求，是一项重要的工作。

8.1　销售人员的招募

招聘是企业获得合格人才的渠道，招聘工作的好坏直接决定着企业市场营销战略的成功与否。销售人员的招聘工作必须与企业的市场营销战略保持一致，因为企业市场营销战略是由企业的销售人员实施的，销售人员的素质直接影响到公司的形象和利润，所以招聘和选拔优秀的销售人员对公司是至关重要的。

8.1.1　确定销售人员的需求数量

销售人员的数量与销售量和成本具有密切的联系：人员越多，则销售量和成本亦同时增加。但究竟多少销售人员才是最理想的数目？这是一个销售经理必须要解决的问题。确定人员数量时，可采用统计分析法、工作量法和边际利润法三种方法。

1. 统计分析法

统计分析法是企业首先预测总销售额，然后估计每位销售人员每年的销售额；销售人员的人数可通过预测的销售额除以销售人员的人均销售额来确定，用数学公式表达为：

$$n = s/p$$

式中　n——下年度所需销售人员数目；

　　　s——下年度计划销售额；

　　　p——销售人员年人均销售额。

2. 工作量法

工作量法由塔利（W. J. Taueg）所创，其假设所有的销售人员承担同样的工作量，这比统计分析法假设人均销售额水平要合理一些。工作量法具体分为六步：

（1）编制企业所有客户的分类目录。通常以每个客户的购买额作为分类标准，用 ABC 分类法对客户进行分类排序。ABC 分类法是企业管理中常用的办法，企业根据自己的实际情况选择判断标准，将大客户归入 A 类，中等客户归入 B 类，小客户归入 C 类。例如，某公司的客户按上述 ABC 原则分成三类：

A 类：大客户和极有潜力的客户 300 家；

B 类：中等规模及中等潜力客户 600 家；

C 类：小客户 900 家。

（2）确定每类客户所需要的访问次数和每次访问的时间。仍沿用上述例子。公司估计对 A 类客户每两周访问一次，每次 60 分钟；B 类客户每月访问一次，每次 30 分钟；C 类客户每两个月访问一次，每次 20 分钟，那么每类客户每年所需要的访问时间为：

A 类：24×60＝1 440（分钟），即 24 小时；

B 类：12×30＝360（分钟），即 6 小时；

C 类：6×20＝120（分钟），即 2 小时。

（3）计算全年销售活动总工作量。根据（1）、（2）步的数据，可以很方便地计算出该公司全年销售活动总工作量。

A 类：300×24＝7 200（小时）；

B 类：600×6＝3 600（小时）；

C 类：900×2＝1 800（小时）；

总计 12 600 小时。

（4）确定销售人员工作时间。假定该公司销售人员每周工作 40 小时，每年工作 48 周（扣除休假、病假及临时缺勤），这样每个销售人员的年工作时间为：

$$40 \times 48 = 1\ 920（小时）$$

（5）计算各种活动所需的时间。确定不同工作占销售人员总工作时间的比例，计算各种活动所需的时间：

销售活动：40%×1 920＝768（小时）

非销售活动：30%×1 920＝576（小时）

旅行：30%×1 920＝576（小时）

（6）计算销售人员数目。根据已知数据，可知该公司所需销售人员总数为：

$$12\ 600 \div 768 \approx 16（人）$$

即该公司有 16 名销售人员就可以完成为现有客户服务的工作量。工作量法有几个吸引人的特点：它简单易懂，并且考虑了区别对待客户的问题，所需数据也比较容易获得。该方法虽没有关注到所有细节，但仍不失为一种可行性强、比较精确的规划方法。

3. 边际利润法

边际利润法的基本观念来自经济学。当边际毛利大于增加一名销售员的成本时，企业的净利润便会增加，应用此方法必须具有以下资料：增加一名销售员所增加的毛利，即边际毛利；增加一名销售员的成本。

边际毛利可以从以下步骤获得：

（1）建立销售员数目与销售额之间的关系。其基本上是一条回归曲线，以每个销售区的销售额为因变量，以每个区域的销售员数目、价格和产品组合为自变量。一般而言，销售额与销售员数目有密切关系。

因增加一名销售员而增加的销售额部分受以往销售员数目的影响。换言之，若销售员由 50 名增至 51 名，其销售额增加的数目与销售员由 60 名增至 61 名时是不一样的。所以要进行第二步。

（2）企业要计算在不同数目增加销售员时，增加一名销售员所增加的销售额，再计算增加一名销售员时所增加的毛利额，即边际销售额与销售货物成本的差额。表 8-1 显示了这个计算过程。

第 8 章　销售人员的招募与培训

表 8-1　边际成本的计算

销售员数目改变/人	边际销售额/元	销售货物成本/元	边际毛利/元
50→51	500 000	300 000	200 000
60→61	350 000	210 000	140 000
70→71	275 000	165 000	110 000
71→72	260 000	156 000	104 000
72→73	247 000	148 000	99 000

假设每个销售员的固定费用为 75 000，而佣金为销售额的 10%，则销售费用的计算见表 8-2。

表 8-2　销售费用计算

销售员数目改变数/人	边际销售额/元	销售费用（边际成本加佣金）/元
50→51	500 000	125 000
60→61	350 000	110 000
70→71	275 000	102 500
71→72	260 000	101 000
72→73	247 000	99 700

（3）比较边际毛利与销售费用，即得到边际净利润（表 8-3）。

表 8-3　边际净利润的计算

销售员数目改变数/人	边际毛利/元	销售费用（边际成本加佣金）/元	边际净利润/元
50→51	200 000	125 000	75 000
60→61	140 000	110 000	30 000
70→71	110 000	102 500	7 500
71→72	104 000	101 000	3 000
72→73	99 000	99 700	-700

上述三种方法得出的是要完成销售目标所需的人数，在真正招募时，还要考虑需要调整的人员情况，主要有即将退休的人员、即将晋升的人员、可能解聘的人员、辞职的人员。

8.1.2　招募销售人员的途径

销售人员招募的途径很多，从人员的招募来源看，主要有内部招募和外部招聘两种。

1. 内部招募

内部招募就是从企业内部人员中选聘具有销售人员特质的人来充实销售队伍。在企业内部，某些具有销售能力的人员，尤其是一些年轻人，可能在其他岗位工作。当销售岗位需要补充人员时，在本人愿意的情况下，可以通过一定的测评方式，把具备销售能力的人充实到销售队伍中。

（1）内部招募的优点：

①应聘者熟悉产品类型。应聘者中相当一部分人来自生产一线，对产品的生产工艺流程、产品的包装、产品的规格等非常熟悉，所以他们从事销售工作不需要再进行专门培训。

②比外部招聘成本低。内部招聘可以使企业节省诸如广告费、会务费、代理费等直接费用的开支，如果把一些间接成本考虑进去，节省的费用可能更多。

③招聘的成功率较高，风险较小。由于对企业员工的各种能力非常熟悉，且员工愿意从事这种工作，所以这种招聘形式比外部招聘的成功率要高。同时，有调查表明，用这种方法招聘来的员工任职时间更长，员工更忠诚于企业。

④树立了企业提供长期工作保障的形象，也有助于人员的稳定。这种招聘方式向员工传达了一个信息，企业会对每一位员工负责，会把他们放到适合的工作岗位。

（2）内部招募的缺点：

①内部招聘可能会造成部门与部门之间的矛盾。例如，某应聘者在原来的岗位可能很出色，但他更愿意从事销售工作，所以才会向销售部门应聘。但原部门会认为销售部门是在挖他们的墙脚，从而会产生一些不必要的矛盾。

②容易出现近亲繁殖的弊端。员工在内部招聘时往往推荐与自己关系密切的人，时间久了，员工中可能会出现一些小团体，非常不利于销售工作的开展和企业文化的融合。

③更换岗位的员工可能会有一个困难的适应期，销售工作是一项具有挑战性的工作，如果应聘者没有良好的心态，就会产生悲观情绪，从而影响他们的业绩。

2. 外部招聘

外部招聘就是面向社会，按照公平竞争的原则公开招聘销售人员。外部招聘对企业有很多好处，它可以利用外部候选人的能力与经验为企业补充新的生产力，避免"近亲繁殖"。

外部招聘主要有两种方式：一是企业本身自己组织宣传、选拔、录用等工作；二是企业将招聘的所有工作或部分工作委托给其他专业公司来做。

企业自身招聘、外部招聘的方法很多，有刊登广告、借助互联网、校园招聘、举行招聘会等，企业可以根据自己的实际情况做出灵活的选择。

（1）通过人才交流会招聘。各地每年都组织大型的人才交流洽谈会。很多用人单位会为此花一定的费用在交流会上摆摊设点，以便应征者前来咨询应聘。如北京在首都体育馆、工人体育馆、北京展览馆、国际展览中心、海淀体育馆等地几乎每年都举办春、秋季人才交流洽谈会，还举办特殊人才交流会和外资企业人才招聘会。这种招聘方法的主要优点是无私人纠葛，可公事公办，按标准招聘，从交流会上可直接获取应聘人员的有关资料。这种招聘会可以节省时间和精力，见效快。但是，在这种人才交流会上，小型企业很难招聘到优秀人才。

（2）用媒体广告招牌。最普遍的招聘广告大都利用报纸媒体。一般中小型公司或刚成立的部门，大多依赖于报纸的人事广告。国外或大型公司的人力资源有20%~40%是通过报纸广告招聘来的。这种途径费用低，招聘广告有可保存性且发行量较大，信息扩散面也大，可吸引较多的求职者，备选比率大，并可使应聘者事先对本企业的情况有所了解，减少盲目应聘。但通过这一途径招聘人员存在以下几个问题：

①招聘来源、数量不稳定，质量差别较大。

②广告费用花费较大，并有不断上涨的趋势。

③广告篇幅小，内容单调、千篇一律。

④广告位置不醒目，各类广告夹杂在一起，使招聘广告效果不佳。

（3）网上招聘。由于信息技术和互联网的发展，越来越多的企业开始通过互联网招聘人才。我国比较有名的招聘网有深圳南方招聘网、上海人才招聘网、北京人才招聘网、无忧招聘网（51job）等。企业可以通过上述网站招聘销售人才。

（4）职业介绍所。许多企业利用职业介绍所来招聘所需要的销售人员。一般认为介绍所的求职者，大多数是能力较差而不易找到工作的人。不过如果有详细的工作说明，让介绍所的专业顾问帮助筛选，既能使招聘工作简单化，也可以找到不错的人选。

（5）人才交流中心。它是政府劳动人事部门或企业设置的常年人才市场，具有人才储备、人才的介绍与推荐，乃至人才招聘以及社会人才的管理等职能。我国的人才交流中心是改革开放的产物，其体制与机制还有待完善，关键在于政企要分离，使人才交流中心真正成为人才交流的常年市场。北京、上海、广州、深圳、武汉等大城市的人才交流中心均为全国有影响的交流中心。

（6）行业协会。行业组织对行业内的情况比较了解，它们经常访问厂商、经销商、销售经理和销售员，掌握了大量信息，贴近人才市场，如中国市场协会、高校市场营销研究会。企业可请它们代为联系或介绍销售人员。

（7）业务接触。公司在开展业务的过程中，会接触到客户、供应商、非竞争性同行及其他各类人员，这些人员都是销售人员的可能来源。

（8）"猎头"公司。"猎头"公司是掌握高素质人才信息，并与高素质人才有密切联系的人才公司，在我国已拥有多年历史。我国目前已有若干家猎头公司，由这类公司推荐的销售人员一般都具有丰富的经验。

8.1.3　销售人员的招募原则

销售人员既是企业的资源和财富，又是一大笔企业投资。要把好销售人员招聘的这个环节，应该遵循以下原则：

（1）公开原则。当职位出现空缺，需要补充人员时，应把招聘的有关信息公开。这样做有两方面的好处：一是给人才以公平竞争的机会；二是使招聘工作置于公开监督之下，防止不正之风。

（2）竞争原则。为了把有销售能力的人员补充到本企业，在招聘过程中要严格考核程序、完善考核手段，通过公平的竞争，选择合适的人选。

（3）全面原则。一个人是否胜任销售工作或者发展前途如何，往往是由多方面因素决定的，在招聘过程中要对报考人员的品德、能力、知识、智力、心理、过去工作的经验和业绩进行全面考核。

（4）能级原则。一个人的能力有大小，本领有高低。销售工作也有不同的层次，就是同一层次，工作也有难易，要求也不同。招聘工作应根据职位要求量来录用，做到人尽其才，用其所长。

（5）效率原则。在招聘过程中要灵活选用适当的招聘方式，每一种招聘方式都有其特点，都不是尽善尽美的。因此，要遵循的一个最基本原则就是用尽可能低的成本录用高质量的员工。

8.1.4 招募的工作要点

销售经理在进行招聘工作时,应本着积极、自信和友善的态度,明白自己的任务和职责。但经验显示,被吸收进来的人并非都会成功,这正是值得深思的问题。掌握以下招聘工作的要点,有助于把招聘工作做得更完美。

(1)招聘工作也是销售工作,不仅要把工作机会告诉别人,而且要把观念、目标、成果、未来发展机会也销售给别人,应把所有销售技巧都运用到招聘中。

(2)让应聘者感到与你一起工作会很愉快。要关心他人,显得开朗、体贴、亲切。所以,在招聘工作中要经常检查自己的态度和行为,如有不当之处,立即予以纠正。

(3)做好准备,不断练习自己的招聘技巧。反复多次地演练招聘面谈的内容与技巧,有时不妨把面谈内容录下来,反复播放,纠正自己的缺点,不断练习,直至完全熟练、满意为止。

(4)制定切合实际并能达成的招聘目标。每次计划招多少人,使多少新人成为有较强销售能力的人,这些都要有一个计划。

(5)要能与人交换或分享意见。要随时向那些成功的销售主管虚心学习和交换心得体会。

(6)现身说法,吸引别人加入工作行列。让所有与你接触的人都知道你喜欢自己的工作,表现出你是一位成功的销售经理或销售主管,拥有十足的信心,并以自己的工作为荣。把自己的办公环境收拾得整洁干净,事务处理得有条不紊。

(7)要有正确的观念和态度。招聘是提供给别人良好的工作机会,不要认为是求别人为你做什么,这样才能积极努力地去做。

(8)分配好每天工作的时间及内容。把自己的工作时间安排妥当,不要因为招聘而延误了销售,要使两方面的工作同时有效开展。

(9)使每个适合销售工作的人都能认同并积极、热心、充满活力地从事自己的工作。使他们能独立工作,获取应有的报酬,并以这种态度、精神、活力感染别人,吸引别人。

(10)遇到挫折切不可心灰意冷。有时会出现招聘效果不佳的情况,此时应鼓励自己坚持下去,加强自己招聘工作的薄弱环节,直至获得成功为止。

(11)不能有"来者必用"或"先做做再说"的想法。滥用新人会得不偿失,不利于组织的健康发展。

(12)建立和健全招聘新人的方式及制度,面谈不能完全凭直觉判断。

(13)要求应聘者填写履历表并予以查证,问明转职的原因。那些在其他企业有违纪行为的人,难免在自己的企业故伎重演或旧病复发。

(14)招聘时多问少说。最好对工作性质及企业状况作基本介绍后,就试探对方的感觉及反应如何,以确知应聘者的意向及选择的态度。

(15)避免过多的承诺。有些销售经理或主管在招聘时常常不自觉地承诺对方,如录用后会委以何种新职位或指派去开发某个新的地区市场。但当企业认为被录用者表现不佳,对其不满意时,双方必然会产生矛盾。

(16)人不可貌相。有些销售经理或主管太相信自己的眼光及判断能力,事实上真正做好工作靠的是决心与实力,与外表、性别、年龄、身材、打扮等因素没有太大的关联性。

（17）少用竞争者的销售人员。从竞争企业招聘销售人员，认为他在别家能干，转换企业也必定能表现优秀的想法是短视而危险的。而且，聘用竞争者的销售人员还会造成客户的迷惑或困扰。

（18）不要聘用那些只懂技术，只了解产品性能，对销售毫无兴趣或无心学习的人。

（19）不要只想聘用那些自己喜欢或欣赏的人，要知道，招聘是要寻求有销售潜力的人。

（20）那些果断、积极、有决心在销售工作上取得成功的人，才是最好的人选。

8.2 销售人员的甄选

要组建一支高效率的销售队伍，关键在于选择有能力的优秀的销售人员。一般的销售人员与优秀的销售人员的业务水平有很大差异。在美国，一项针对500多家企业的调查结果表明，27%的销售人员创造了52%的销售额。除了销售效率上的差别，选用不当的销售人员还会造成巨大的浪费。在上述被调查企业任职的16 000名销售人员中，只有68%表示会坚持工作到当年的年底，而留下来的人中只有50%是企业希望在下一年继续聘用的。

8.2.1 甄选的程序

1. 初步筛选

初步筛选包括先行接见和填申请表两个阶段，其目的是防止明显不合格的人员仍继续参加以后各阶段的选拔，以节省甄选的时间及费用，提高工作效率。

初步接见由负责派发申请表的职员主持，由职员凭申请人员的初步印象（如年龄、性别、外貌、体格等）决定是否给予申请表。当申请人的上述特点明显不适合做销售工作时，便不应给予申请表。初步接见淘汰的人通常很少。

申请人填写申请表后，负责招聘的人可根据申请表的资料进行初步淘汰。可用一些必备条件（如年龄、学历、工作经验等）进行衡量，必备条件缺乏者给予淘汰，必备条件具备者再综合考虑。具体实施中建立一种记分制度，分数高者优先。

2. 专业笔试

专业笔试是最常用的招聘考核方法之一，主要用于初选。

（1）笔试的种类。包括百科知识考试、专业知识考试（包括业务知识、营销知识、推销知识等）和相关知识考试三种。

（2）笔试的运用。要求命题恰当，制定科学的答案及合理的评分标准，并客观公正地评阅。

（3）笔试的优缺点。优点是公平、费用较低、迅速简单；缺点是过分强调记忆能力，忽视实际能力。

3. 心理测验

"心理测验是代表各种各类心理测量工具的总名称。凡是经过测验编制程序完成标准化用以测量心理特质的工具，均称为心理测验。"就是说在控制的情景下，向应试者提供一组标准化的刺激，以所引起的反应作为代表行为的样本，从而对其个人的行为做出定量的评价。

心理测验在鉴别能力、人才选拔、就业指导、临床诊断等方面具有作为咨询和预测工具的效能。

4. 人事和部门面试

面试的程序并非千篇一律,招聘主管应针对不同的招聘活动设计不同的面试程序,这就需要分析人员选拔的一般过程。人员选拔的过程一般分为初选和精选两个阶段,初选一般由人事部门负责选拔,精选由主管部门负责选拔。初选通常包括背景或资格审查和初次面试,背景或资格审查主要是审查申请表或应聘信,或向有关证明人进行核实和调查。初次面试是用人单位和求职者双方增进了解的过程,精选面试是在几轮筛选的基础上,由用人单位的主管部门负责人、人力资源管理部门负责人协同进行,若是选拔高级人员,则用人单位的高层管理者也需参加,以便更充分地了解应聘者的各方面情况,补充前几轮选拔中的不足,并进一步确定求职者的范围。

5. 背景调查

在测验环节通过之后,下一步就是对应聘者所提供的材料进行审核,以确认资料的真实性。

(1) 调查的主要内容。一是工作经历。通过咨询应聘者以前的工作单位或客户,来获取应聘者过去工作的真实情况。二是品格。通过咨询应聘者的教师、同学及过去的同事来查证应聘者的品格。三是信用。通过咨询当地的信用调查机构或其他企业的同类人员,考核应聘者的信用及经济状况。

(2) 调查的主要方式。一是拜访被咨询者。派专人拜访知情者,可以迅速有效地对各种有关资料进行审核。二是电话联系。这种方式既便利又快捷,但对方可能怀疑访问者的身份,不愿在电话中告知详情。三是信函查核。这种方式获取资料的速度相对较慢,对方可能因对信函的调查内容不感兴趣而不予反馈。

(3) 调查时要注意的问题。一是不要只听信一个被调查者或者一个渠道来源的信息,应该从各个不同的信息渠道来验证信息。二是必要时可委托专业调查机构进行调查,因为他们有更加广泛的渠道与证明人联系,并且在询问的技巧方面更加专业。三是如果应聘者还没有离开原有的工作单位,那么,在背景调查时,应特别注意技巧,不要留下应聘者将要跳槽的印象,这样对应聘者将非常不利。四是在调查时,应仅调查与应聘者未来工作有关的信息,不要将时间浪费在无价值的信息上。

6. 身体检查

正式录用时,一般要经过身体检查。体检可以用来确定应聘者的身体状况是否符合职位要求,应聘者的身体状况良好,可以降低缺勤率和事故,减少员工的医疗赔偿等。体检相对比较简单,一般企业会指定一个有信誉的或有长期往来的医疗机构,要求员工在一定时期内进行体检。体检的费用由招聘单位支付。

7. 结果评价

招聘结果评价是招聘过程不可缺少的一个环节,招聘评价通过成本与效益核算能够使招聘人员清楚地知道费用的支出情况,区分出哪些是应支出项目,哪些是不应支出项目,这有利于降低今后招聘的费用,也有利于为组织节省开支。招聘评价通过对录用人员的绩效、实际能力、工作潜能的评价及通过录用员工质量的评价,检验招聘工作成果与方法的有效性,有利于招聘方法的改进。

8.2.2 销售人员的测试方法

1. 面试

（1）面试的含义。面试是指在规定的时间和地点，主试者通过围绕某一个中心向一个被试者提出一系列问题，要求该被试者当场以口头语言回答，来了解被试者心理素质及潜在能力的一种测评方法。

（2）面试的目的。面试主要用来确定一个人是否适合某一工作。此外，还能发现其他程序不能发现的应聘者的性格特点。面试是了解应聘者的口才、音质和社交技巧的最佳工具，通常面试者可以评价应聘者的身体特征，如整体外貌及穿着等特点，某些个性特征也能通过面试来进行观察。

面试的另一个目的是分析并进一步了解由申请表所获得的信息。例如，应聘者或许会宣称他以前的职位是地区经理，那么未来的雇主可以询问他的职责，以及管理多少员工等。

一般来说，询问的目的在于了解应聘者过去的行为、经历、背景及动机。另一类典型的面试问题则是专门针对应聘者的目标、个人未来发展的战略和策略的。在这么多的询问类型中，每个公司都必须从中挑选出与自己的销售形势密切相关的问题。

最后，面试不仅是公司决定应聘者是否适合某项工作的一种方法，同时面试也给雇主提供了一种向应聘者"推销"职位和公司的机会。面试能帮助应聘者了解工作的性质、报酬、提供的训练、监督管理的类型，以及将来的发展机会，以使他们对工作更感兴趣。

（3）面试的过程。大部分的面试都包括五个阶段，在这五个阶段中，适用的面试题目类型有所不同。面试各个阶段的任务如下：

①关系建立阶段。这一阶段的主要任务是创造一种轻松、友好的氛围，便于双方在后面的面试过程中更好地沟通。在这一阶段通常讨论一些与工作无关的问题，如天气、交通等，这部分内容大致占整个面试内容2%的比重，在这个阶段主要采用一些简短的封闭性问题："今天天气真冷，是吧？""我们这个地方容易找吗？""路上堵车吗？"

②导入阶段。在导入阶段主要问被面试者有所准备的比较熟悉的题目，以缓解其紧张的情绪。这些问题比较宽泛，有较大的自由度，如让面试者介绍一下自己的经历、介绍自己过去的工作等。导入阶段占整个面试的比重大致为8%。这一阶段最适用的面试题目是开放性的题目，比如，"你能介绍一下你现在工作的主要职责吗？""请你介绍一下你在市场营销方面的主要工作经验"，"让我们从你最近的一份工作开始讨论一下你的工作经历吧，在这家公司，你主要负责哪些工作？"

③核心阶段。这一阶段是整个面试中最为重要的阶段，在核心阶段着重收集关于应聘者核心胜任力的信息，并依据这一阶段的信息在面试结束后对被面试者做出是否录用的决定。核心阶段占整个面试的比重为80%，在这个阶段可以将开放性问题、探索性问题、假设性问题、封闭性问题和行为性问题结合起来，这将会有效得出关于面试者的关键胜任能力的信息。

④确认阶段。在这一阶段要对应聘者关键胜任能力的判断进行确认，确认阶段在整个面试中所占的比重为5%。这一阶段所使用的问题最好是开放性的问题，例如，"在刚才的那个例子里，你妥善地处理甲客户的异议，你能不能概括一下处理客户异议的基本步骤？"

⑤结束阶段。在结束阶段，主考官检查自己是否遗漏了关于那些关键胜任能力的问题，

并加以追问,而且应聘者也可以借这个机会来推销自己,表现职位所要求的关键胜任能力。结束阶段占整个面试的比重为5%,在这个阶段,可以适当采用一些关键胜任能力的行为性问题或开放性问题。例如:"你能够再举一个例子,说明一下你是怎样对待一个比较难对付的客户吗?"

(4) 面试的技巧。

①面试官的技巧。面试官是面试的召集者,也是面试的主持者。面试官在面试的准备及实施过程中应总结出一些经验,运用一些技巧,以提高面试效率,达到面试目的。以下几点可供参考:

未雨绸缪,成竹在胸。面试官要事先确定需要面试的事项及范围,写下面试的纲要,包括问话的次序及方式,并进行合理的安排及组合,把想问的话及方式与自己希望获知的资料加以配合。在面试开始之前还要详细了解应聘者的资料,从中发现应聘者的个性、社会背景及其对工作的态度、以后的发展潜力。对应聘者的资料了解得越多,越能在面试时运用自如。

常规发问,切入正题。面试官应该从应聘者预料得到的常规问题开始发问,如工作经历、文化程度等,然后慢慢地过渡到正题部分。

察言观色,烘托气氛。要密切观察应聘者的行为及反应,为避免太大的压迫感,保证应聘者提供的资料完备或不受到扭曲,应尽量创造和谐自然的环境。面试官不可对应聘者进行人身攻击及自尊心的打击,对所问的问题、问题间的变换、问话时机以及应聘者的回答都要多加注意。

面试记录,适可而止。对面试有所记录,这是很有必要的,但不要一直不停地记,这样反而会遗漏一些重要的信息,也会给应聘者以束缚之感。有经验的面试官会尽量少地作当面记录,只记录一些必要的信息,如希望的收入、待遇、可上班日期等。其他大部分内容只是记在心里,待面试完毕后立即作简要的记录。如果应聘者对作记录的做法感到十分敏感或不安,更应尽量少作记录。

态度和缓,以静制动。试探对方时要态度和缓,认真倾听,力求多了解信息。在应聘者停下来时,要安静地等待,不要暗示他回答自己的问题。观察他的举止,注意他的音调、回话的态度和反应,对你想知道的问题要问得仔细。对他提供的资料要认真对待,不要表现出优越感或不耐烦,更不要争论、说教或教训别人。

言辞诚恳,掌握进程。回答应聘者问题要直爽而简洁。掌握进程,控制谈话,不要让谈话变成你的单方面发问,或者任由应聘者滔滔不绝地谈论他的销售经验。

予人机会,圆满结束。在结束之前,要确定你是否问完了所有预先准备好的问题;同时给应聘者一个机会,看有无遗漏之处要加以补充,有无须修正错误之处,然后圆满结束面谈。

②面试发问的技巧。一般来说,面试官发问的方式及问题决定可以从应聘者那里得到什么资料及多少资料,所以,面试官应运用一些发问的技巧来影响面试的方向及节奏。发问技巧主要有以下几种:

开放式发问,即希望应聘者自由地发表意见或看法。开放式发问又分为无限开放式发问和有限开放式发问。前者的问话没有特定的答复范围,目的只是让应聘者讲话,如:"请你谈谈自己的工作经验。"有限开放式发问即对回答的范围和方向有所限制,如:"你在原公司完成工作任务时经常遇到的困难是什么？"开放式发问一般在面试开始阶段或讨论某一方面问题的起始阶段运用。

封闭式发问，即希望对方就问题做出明确的答复。封闭式发问比开放式发问更深入、更直接。典型的封闭式发问就是只让应聘者回答"是"或"否"，如："如果延长时间，是否会有助于你顺利完成销售任务？"封闭式发问可以表达两种不同的意思。如果在应聘者答复后立即提出一些与答复有关的封闭式问题，即表示面试官对他的答复十分注意。但是如果一直问一些封闭式问题，就表示面试官不想让应聘者多发表意见，或对他的答复不感兴趣。

诱导式发问，即以诱导的方式让应聘者回答某个问题或同意某种观点。如"你对这一点怎么看？"或"你同意我的观点吗？"但运用时一定要把握好分寸，否则，会给应聘者带来紧张感，使其被迫说出一些他认为面试官想听而自己并非真正想说的话，从而不能获得有价值的信息。

③面试倾听技巧。主试人员在面试过程中除了善于有效地运用种种提问之外，还要学会有效地倾听。倾听中要注意的问题如下：

要善于提取要点。在面试过程中没有必要将应聘者的每一句话都记下来，而是要善于听出应聘者讲话中与工作相关的信息。

在听的同时注意思考。科学家研究表明，人的说话速度是每分钟150个字左右，而人的思考速度大约是每分钟400个字，因此在应聘者讲话时，主考人员有足够的时间进行思考。比如分析应聘者说的话，或者可以想下一个要问的问题，也可以看一眼应聘者的简历来验证一下某些信息，观察一下他的体态语言，做一些笔记等。

要善于进行阶段性的总结。由于应聘者常常不能一次性提供一个问题的全部答案，要想得到对方对一个问题的完整信息，必须进行信息确认。通常主试人员可以用重复或总结的方式来进行信息确认。

少说多听。在面试过程中主试人员的讲话时间应该不超过30%，而应聘者讲话的时间应该占70%以上。所以主试人员在这个阶段的主要任务是通过倾听来了解应聘者的工作经历与能力。

排除各种干扰。在面试过程中可能会遇到一些干扰，这些干扰有两种情况：一是外在的，如办公室外有人讲话声音过大、电话铃响干扰等；二是内在的，如可能应聘者的语言表达比较枯燥乏味，令人提不起兴趣。无论哪种情况，都应集中注意力听其发言。

④非语言信息的观察技巧。在面试过程中，在应聘者与主试人员之间除了传递言语的信息，同时也在传递非言语的信息。虽然在很多情况下，单独的非言语的信息是没有意义的，但在面试中可以结合其他方面或者根据非言语信息的变化，对应试者做出判断。

2. 测验

目前，许多大企业即要求招聘素质较高的销售人员的企业，都采用测验这一形式。测验能以更客观的方式，了解应聘者的个性及能力，并以定量的方式分出各申请者在各种特性上的高低，便于比较衡量。

(1) 测验的类别。按测验的内容来分主要有以下几类：

①专业知识测验。主要是对应聘者进行销售知识方面的测验，旨在衡量应聘者是否具备所需的销售基本知识。这种测验可以用笔试，也可用口试。

②心理素质测验。主要是对应聘者进行智力、个性、兴趣、素质等心理特征的测验。这

些心理特征对销售工作具有重要影响，有时关系到销售工作的成败。

智力测验主要测定应聘者的智商，如记忆、思考、理解、判断、辩论等方面的能力。

个性测验主要测定应聘者的脾气、适应力、推动力、感情稳定性等方面的个性。

兴趣测验主要测定应聘者学习或工作方面的兴致，以便在录用后分派工作时尽量满足他们的意愿。

素质测验主要测定应聘者的销售才能、社交才能等方面的潜在素质，以便在安排职位时作为参考。

③环境模拟测验。主要是采取模拟工作环境的各种情况的办法，看应聘者在各种销售工作压力之下如何做出反应；同时，应聘者也可由此推测自己能否适应这种工作环境。主要方法有销售实习法、挫折处置法、实地试验法。

销售实习法是指给应聘者提供一切有关资料，要求应聘者表演如何向购买者进行销售，然后由主持测验人做出评判。

挫折处置法是指由面试官利用批评、阻碍或表示应聘者已经落选等方式给出一种挫折的情形，如同在销售工作中遇到挫折一样，看应聘者如何应对和处理。

实地试验法是指让应聘者随同销售人员一起工作，使其能了解实地工作环境，面对真正的客户。由此，销售人员可以看出应聘者接待客户的能力及对待工作的兴趣与态度等。

（2）进行测验时应注意的问题。

①测验只是甄选程序中的一环，并不能因此而减少其他甄选工作环节。

②测验工作必须由测验设计、管理与分析的专门人才来执行与指导。

③测验管理必须标准化。每次执行时的程序及环境都必须相同，否则，测验成绩可能会发生较大差异，不具有可比性。

④测验材料要严加保管，以保证材料的正常运用及延续价值。如果测验材料落入行将参加测验人员之手，则失去了它的意义。

⑤对于测验的内容及其结果必须不断地加以分析和研究，通过不断改进来提高测验的科学性及实际价值。

⑥对测验的结果须加以审慎鉴定。测验成绩可视为对应聘者的客观、定量的衡量，但要注意测验的各种限制，其结果有时不完全可靠。统计结果显示，测验成绩与工作效果的相关系数最高只能达到0.7。

★情景体验8-1

测验体验

1. 如何用桶分油？

有一农夫卖油，一只能盛10斤的桶装满了油。只借助另外两只分别盛7斤、3斤的空桶，不借助其他工具，请帮忙把油分成两个5斤。

2. 你有一根有刻度可以七等分的金条，让工人工作7天，每天结束时必须付给工人1/7的金条，金条只能折断两次，请问你每天怎么付工人费用？

3. 某先生应聘销售部门主管的经历

"我到了M公司的时候，一位小姐友好地将我引到一个房间，房间里有一张椭圆形的会议桌，来参加面试的人都围着这张会议桌坐下，总共8位应聘者，分别应聘不同部门的职位。一会儿，几个老外和中国人进来了，估计他们是面试我们的考官。其中一个先生代表公司向大家问好，并让房间里的人都做了自我介绍。他们没有发给我们考题，而是拿出一盒积木。还是刚才那位先生向我们介绍了活动的规则，原来是让我们8个人一起设计一个公园。我们花了大约一个小时的时间建好了一个公园，之后那几个主考官问了我们一些问题。这个"节目"就算结束了。休息了一下之后，他们给我们发了一些测试题，里面的题目有图形的，也有文字的，好像是心理测验，上午的时间就这样过去了。午饭后，一个老外和一个中国人一起面试了我。然后又让我做了一些测验，这个测验与上午的不同，我是被安排在一个单独的小房间里，在一个文件袋里装了一大堆各式各样的文件，我被假设成为一个公司的代理总经理，批阅这些文件。在我批阅文件的过程中，有一个莫名其妙的'客户'闯进来投诉。我想，这下糟了，本来批阅文件的时间就很紧张，我快要无法完成作业了。总算把那个难缠的客户打发走了，我继续批阅那些文件。在我快要批阅完那些文件的时候，一个工作人员进来递给我一张纸条，上面说要求我作为这家公司的总经理的候选人参加竞选，竞选将在10分钟后开始，我必须根据文件中得到的关于公司的信息做一个3~5分钟的竞选演说。于是，我又匆忙准备这个竞选演说。10分钟后，工作人员带我到另外一个房间。考官们已经在那里坐好了。我就按照自己准备的内容做了演讲。紧张而有趣的一天就这样结束了。"

——张启杰：《销售管理实务》，中国电力出版社2009年版，p73

8.3 销售人员的培训

★情景体验8-2

知名企业如何培训大学毕业生

微软：三个月的"实践性培训"让大学生变成职业工程师。第一个月进行的培训叫作"Serves Camp"，参加者必须在一个月内学习10本计算机基础教材。第二个月是专业培训，由导师一对一进行指导，主要是提升专业技术能力。第三个月是实际操作，培训导师通过电子邮件提出50~100个实际又棘手的问题，这些题目比客户提出的问题要难得多，要求员工独立完成。

宝洁：员工要不断地参加各种学习及培训。大学生进入宝洁后，首先要接受短期的入职培训，了解公司的相关情况；其后，公司还将进行管理技能和商业知识的培训；正式上岗后，公司便会派一名经验丰富的经理对其日常工作加以指导和培训，为每一位新员工制订个人的培训和工作发展计划。

摩托罗拉：摩托罗拉每年招聘的应届毕业生人数都要占到总招聘人数的50%，对应届大学毕业生可谓是情有独钟。大学毕业生进入公司后，公司首先要进行入职培训，帮助大学生了解薪资、公司文化及员工的权益。接下来有个"融合培训"，教大学生怎样融合到公司团体中。公司一般会给大学生找一个"师父"来带他，帮他解决日常生活中遇到的问题，并负责他的基本培训等，这个过程一般持续三个月。

——张启杰：《销售管理实务》，中国电力出版社2009年版，p79

8.3.1 培训需求分析

在制订培训计划前,先要对培训需求进行估计。需求估计就是明确销售机构对培训的需求,并确定为满足这些需求而需要达到的目标。

在对培训需求进行估计时,需要考虑不同类型销售人员的具体需求。首先,应该估计新招聘销售人员所需要的初步培训和后续培训;其次,应该随时对现有销售人员的培训需求进行估计;最后,销售经理的工作职责要求他随时估计不同人员对培训的需求,以保证自己所管理的人员能够得到具体、全面的培训。

1. 对组织的分析

培训主管首先利用销售机构的目标和战略计划作为制定培训目标的基础和指导原则。公司的目标是什么?为实现这些目标销售机构必须执行哪些战略和策略?通过对这些问题的回答,培训师可以制定出针对销售员的具体培训目标。马氏公司(M&M – Mars)的培训主管布鲁斯·斯卡盖认为,一项成功的培训工作必须坚持以下四项原则:

(1)价值。培训的重点必须放在那些能够获得最大回报的绩效领域。实际绩效与理想绩效之间的差异越大,那么获得改进的概率也越大。

(2)重点。培训和开发的重点应该放在数量有限的关键绩效领域,这些重点不应该随着时间的变化而发生变化。

(3)规模效应。培训和开发的关键目的是实现回报的最大化,因此应尽可能地为每一个人提供培训和开发自身潜力的机会。

(4)持续性。培训应该是一个持续性的过程,在这个过程中,应该尽可能地采取企业培训主管的意见。可以用表8-4这个框架来理解各种关键的培训需求。

表 8-4 各种关键的培训要求

销售目标/目的	关键性绩效领域	能力需求	所需求的资源
销售额增长/%	提高关键客户X、Y和Z的销售额	改善绩效所要求的知识、信息、技能	人员、资金和设备

这个框架把销售机构的目标和关键绩效领域与培训和开发需求(能力需求)联系在一起,为销售管理部门和培训部门提供了一种为改善劳动生产率而对资源进行优化配置的方法。

2. 经营分析

在经营层次上,培训主管可以通过对职位说明书和任职条件的分析,确定在培训中应该重点强调的具体能力。同时,他们还要分析和了解实际绩效水平,以确定销售机构是否达到了预定的目标,在此基础上,确定哪些部门或哪些人需要培训。

困难分析可以揭示和分析销售人员遇到的问题。通过这一分析可以反映出销售人员可能遇到的各种问题,例如,销售人员在向客户介绍公司产品特点时可能会遭到客户的否定,或者客户已经开始购买另一家竞争对手的新产品,而销售员无法说服客户,使之相信自己的产品不比竞争对手的产品差。

3. 销售人员分析

对销售人员工作任务的分析是对具体工作行为做出的定义,这些行为是那些即将参加培训的人员为实现工作目标而必须实施的。行为目标为培训师和受训者确定了培训程序的目标。这种方法适用于所有的销售人员，无论是新销售员还是有经验的老销售员都不例外。

4. 客户培训

培训部门可以通过对客户进行调查，从具体的关键技能角度出发，预测公司销售机构对培训的需求。公司向特定的客户群体发放调查问卷，由客户对每一种技能对于维护双方销售关系的重要性以及销售人员实施每一项技能的具体情况进行评价。客户的反馈报告可以总结出他们对每一名销售人员的印象和看法，客户的看法与销售人员实际表现之间的差异，可以说明销售人员在哪些方面还需要通过培训加以改进。根据客户调查结果，确定每一名销售员最需要改进的三个方面，由销售员及其销售经理以这三个方面为突破点共同制定一份具体的培训课程。

5. 进行需求评价

需求分析是制定培训程序的基础。需求分析是一个对培训程序不断进行调整以适应具体情况和具体需求的过程。这个过程包括以下步骤：

（1）确定某一职位的具体要求（职位说明书）。
（2）确定绩效目标和实际结果之间的差异（评估）。
（3）确定差异存在的原因。
（4）对培训程序进行调整（如果有必要）。
（5）制定培训目标。
（6）实施培训程序。
（7）评价培训程序。
（8）对培训程序进行调整（如果有必要）。

6. 收集培训信息的来源

培训经理既可以从公司的人力资源部门获取培训信息，也可以从竞争对手和客户那里获取。一般来说，企业可以通过以下途径收集培训信息：

（1）向销售人员发放调查问卷。
（2）向客户发放调查问卷。
（3）采访销售人员。
（4）销售会议期间进行测试。
（5）销售现场进行观察。
（6）对销售额、利润和销售活动报告进行分析。

有些公司还利用失败分析、成功分析以及离职面谈对培训需求进行分析。失败分析可以确定那些销售人员由于绩效不佳而未实现销售目标的原因。通过培训可以消除导致失败的原因。成功分析则可以确定那些有助销售人员在工作中取得成功的要素，这些要素可能包括进行更多的销售拜访、有效利用产品样品或者采用有效的销售展示技巧。通过培训可以把这些成功的要素介绍给其他销售人员。

此外，离职面谈能说明员工对工作的态度和观点。在员工提出辞职时或辞职之后可以与其进行离职面谈。在面谈中可提出这样的问题，如："公司采取什么样的措施可能会更有助于你在工作中取得成功？""培训销售方面的哪些知识？"如果离职人员能够诚实地回答这些问题，那么离职面谈在估计培训需求时可能是一种非常有价值的手段。

★情景体验 8-3

企业现状考察及培训需求分析

在人力资源管理方面，管理者需要将员工培训效果量化，并与绩效挂钩，以保证员工将所学内容及时有效地应用于实践；还要针对员工不同的岗位技能需求制订长期的个人发展培训计划，并作为企业激励机制的一部分；以及将培训管理与公司人力管理、绩效管理、战略管理等更有效地结合，使之在统一的系统内具有方便操作性。

在技术方面，该企业原有电脑软硬件及网络基础较好，可以平稳接入 e-learning 系统。与 e-learning 提供商合作提出解决方案，选择 e-learning 应用平台及课程，经过反复考察，该企业选择了国内较有实力的一家 e-learning 提供商，制订了全面的解决方案。针对该公司规模巨大、机构分散、对培训的宏观管理功能和跟踪推进功能的要求迫切的特点，他们选择了一套企业学习管理系统（Learning Management System，LMS）进行培训。该系统可以使管理者自主分配、管理首批参训的 2 000 多名员工的学习；详细跟踪和记录学员的全部学习过程，从中生成详细报告来检查学员的学习进度，并了解学员对培训内容的掌握程度，进而与整个绩效考核挂钩，与实际工作中的业绩相结合，确保培训作用落到实处。同时，对于团队、个人在不同时期的培训计划进行互动性调整也变得十分简便易行：如公司整体战略要求在下季度增强各分支机构的横向交流，则沟通类课程相应成为培训计划的重点。通过管理系统中的"赋予"功能，这一要求便可轻松实现，从而使每个团队乃至每个员工的长期培训计划与效果跟踪管理得到有效保证。

课程独具的交互性、情境性元素如案例分析、测试和评估、角色扮演、模拟等，以及包含了工作表、任务表和任务提醒等在内的帮助工具，都为学习的员工快速掌握实际工作状态中的技巧技能、提高知识吸收效率、及时掌握重点核心内容提供了最有效的支持。而学员在学习过程中可以自由安排时间，不受呆板的程式限制，并可以反复温习，掌握重点，也增添了学习的主动性和可持续效果。

对于一些特殊的培训需求，该企业还订购了一批量身定制的课件，进一步完善了企业的 e-learning 整体解决方案。在整个 e-learning 方案的定制和实施过程中，公司的各个层面都与 e-learning 提供商进行了广泛而细致的沟通，并针对测试中出现的问题及新的需求进行了及时的调整和补充，最大程度保证了实施方案的有效性。

——中国经济网：《企业现状考察及培训需求分析》，http：//www.ce.cn/zyjy/yjxw/t20031204_235447.shtml，2013 年 11 月 18 日，有删减

8.3.2 培训计划的制订

培训计划的设计应考虑到新人培训、继续培训、主管人员培训等不同类型培训的差异。培训计划需要明确以下几个问题。

1. 培训目的

培训目的有很多，每次培训至少要确定一个主要目的。总的来说，培训目的包括挖掘销售人员的潜能，增加销售人员对企业的信任，训练销售人员工作的方法，改善销售人员工作的态度，提高销售人员工作的热情，奠定销售人员合作的基础等。培训的最终目的是提高销售人员的综合素质，以增加销售额，提高利润水平。

2. 培训的作用

对销售人员的培训，企业更关注的是提高销售额、工作效率和利润。销售培训的具体目的并不仅限于提高销售额，还有其他的特殊目的。

（1）满足员工需要。从员工的角度而言，培训可以满足销售人员提高基本知识和销售技能的需要，为其发展奠定基础。只有经过严格及系统培训的销售人员才能很好地掌握销售的基本知识和技能，才能有效地开展销售业务，不断提升自己的销售业绩。

（2）企业发展需要。从企业的角度而言，培训是企业长远战略发展的需要。可想而知，一个没有经过培训的销售队伍怎能领会管理层制定的销售战略与策略？销售战略怎能与整个企业的发展战略相衔接？

（3）适应环境需要。从适应环境的角度而言，培训有利于销售人员不断更新知识、不断提高销售技术，与不断变化的竞争环境相适应。即使对最有经验的、最熟练的销售人员来说，培训也是很有必要的，因为市场环境在不断变化，新产品在不断出现，客户在不断变化。

（4）组织管理需要。从管理的角度而言，培训是改变员工的工作态度和组织态度的重要方式。培训是提高员工销售技能的需要，更是让销售人员理解企业文化与价值的需要，从而有利于改善销售人员对待工作的态度，增强企业的凝聚力。

3. 培训时间

培训时间可长可短，一般根据需要确定。在确定培训时间时需要考虑：

（1）产品性质。产品性质越复杂，培训时间应越长。

（2）市场状况。市场竞争越激烈，培训时间应越长。

（3）人员素质。人员素质越差，培训时间应越长。

（4）要求的销售技巧。要求的销售技巧越高，培训时间应越长。

（5）管理要求。管理要求越严，培训时间应越长。

4. 培训地点

依培训地点的不同可分为集中培训和分散培训。集中培训一般由总公司举办，培训企业所有的销售人员。一般知识和态度方面的培训，可采用集中培训，以保证培训的质量和水平。分散培训是由各分公司分别自行培训其销售人员。有特殊培训目标的可采用此法，结合销售实践来进行。

5. 培训方式

培训方式有在职培训、个别会议培训、小组会议培训、销售会议培训、定期设班培训和函授等。各企业可根据实际情况选择适宜的方式。

6. 培训师资

培训师资应由学有专长和富有销售经验的专家、学者担任。任教者应具备如下条件：对所授课程有全面的了解，对培训工作具有高度兴趣，对讲授方法有充分的研究，对所用教材随时进行补充和修正，具有乐于研究及勤于督导的精神。

7. 销售培训的原则

企业在培训销售人员时应当注意务必使培训从形式到内容都与销售工作有关。因此，销售培训应当遵循一定的原则。

（1）因材施教原则。由于学历水平和身份背景不同，销售人员的业务水平与学识有高有低，参差不齐，培训者必须根据受训者的智力或接受能力的不同来安排、调整他们的学习内容与学习进程。如果培训速度太快或太慢,就连最有兴趣参加培训的受训者也不可能取得良好的效果;同样,培训内容太难或太容易,也将使他们学而无果、劳而无功。因此,培训者一定要记住:受训者的接受能力决定着他们能学什么,需要多长时间来学习,以及将取得何种程度上的效果。

(2)分级培训原则。分级培训原则有两方面含义:一是指不同层次的销售人员应分开培训,因为企业对不同层次销售人员要求的能力不一样,如对地区销售经理与销售代表的要求不一样,因此要针对不同层次销售人员进行不同内容的培训;二是指销售人员的年龄、经验、背景决定了其对学习内容掌握的快慢程度。因此,新老销售员、优秀销售员与一般销售人员应分开培训。

(3)讲求实效原则。讲求实效原则是指培训的内容应与销售实际相符,要能达到培训的效果。这是由于销售人员所学的内容与现实越贴近,效果将越好,因为他们会把它当作真实的事情从感情上予以接受。销售人员所学的知识与现实工作联系紧密,销售人员就会认真、积极地去学,并把它应用到自己的实际工作中。这样的学习对销售工作就会有帮助,也易于产生积极的效果。

(4)实践第一原则。销售培训不同于大学基础教育,应强调以实践为主,理论为辅。因此,在进行销售培训时,要注意让培训对象动手。人们都有这样一种体会,即一件事情,如果能够亲自动手去做,则其中的细节记得牢,且不易忘记。如果不动手,只是机械地记住条条框框,不久便会忘记该怎样去做。销售新手在接受培训的同时还应和老销售员一起跑销售,这样对他们的培训将会有很大的帮助,至少老销售员可以督促、矫正他们工作中不规范的地方,教他们把事情做得熟练、做得完善。另外,培训教员应当从实例或案例分析入手来展开教学。

(5)教学互动原则。销售培训是一种成人教育。成人教育与在校学生的教育是不同的,在校学生的教育主要是在学校的课堂上完成的,学生习惯于单向型传播的授课方式,被动学习,缺乏参与,离实践环节相差甚远。成人教育则不以课堂为主,成人在学习中喜欢双向型的教学模式,希望在学习过程中扮演较为主动的角色,希望能与教师交流。销售管理者和培训者应充分认识成人教育和在校教育的不同,用适合成人教育特点的方式做好销售员的培训工作。

(6)持续培训的原则。销售培训必须持续进行。这是因为公司的产品、技术、市场和客户都在变化,一次培训并不能满足变化的需求,只有制订持续不断的培训计划,才能保证销售人员每次拜访都能发挥最大的效用,使销售人员在面对各种情况时更有信心。客户希望销售人员都是专家,只有受过良好训练的销售人员才能显示出专业水准。

★情景体验8-4

丰田汽车公司培训管理案例分析

丰田公司长期以来一直非常重视对员工的培养和教育,他们认为,推动和发展企业的是人,也就是员工,任何工作、任何事业,要想得到发展,最要紧的是"造就人才"。丰田公司实行了全员全过程的培训,包括以下三方面内容。

1.新员工培训。新招来的销售人员需要接受为期半年的教育培训,这种培训是以"了解第一线销售人员的处境"为中心内容的全方位的彻底培训,目的是使新员工成为一个真正的"丰田人"。首先是一般教育,传授销售人员应有的思想认识、丰田集团概况、"神谷"

思想，以及丰田汽车销售公司业务的内容等，目的是使新员工对企业有一个基本的了解，认识到做一名丰田企业的推销员是幸运的。然后把新员工送到丰田汽车工业公司所属工厂，进行约两周的工厂实习。接着，以现场实物为教材，随维修人员再接受约一周时间的维修实习，这一过程结束后，进入销售实习阶段，在丰田所属的销售店进行为期三个月的推销员教育和实际销售工作。这样新员工对汽车的生产、维修及销售都有了实际体验。在各销售店，新员工的训练指导由丰田汽车销售公司的老推销员承担。

2. 销售人员的继续教育。具有2年以上销售经验的推销人员，需要到公司进修中心接受继续培训，根据推销员的工作年限开设内容不同的讲座，如"贸易谈判技术专业讲座"等，利用角色扮演等形式，学习并提高推销技巧。此外，对于晋升为代理经理、副课长、课长、营业所长的人员要进行相应的培训，为期4天左右。

3. 经销店负责人的培训。丰田公司举办"经销店负责人讲座""经销店负责人研究讨论会"等，每年举办多次，使所有经销店负责人都得到训练。经销店负责人研讨会不采用讲课的形式，而是通过对处理各种情况的办法进行研讨，培养经营者的正确判断能力，学习如何果断地进行领导，决断某一事物是否正确。通过讨论会，汽车销售企业希望把经销店的经营者培养成为能够适应经济环境变化的人，进而加强汽车销售和经销店之间的联系，互相沟通思想。

丰田就是通过这一系列培训制度，对企业的全体雇员进行系统的教育，从而全面提高企业的整体素质。丰田公司的每个雇员，总是在不断地重复"学习、实战、再学习、再实战"的过程，由此不断地创造更好的工作业绩。

——豆丁网：《丰田汽车公司培训管理案例分析》，http：//www.docin.com/p-715467319.html，2013年10月24日，有删减

8. 销售培训中常见的问题

现在企业越来越重视培训，销售部门作为企业的关键部门，自然成了培训的重中之重，但对销售队伍来讲，投入了时间、精力和费用，但效果并不理想。企业销售培训中存在的常见问题主要表现为：

（1）无培训体系做依托。企业本身没有形成系统的培训体系，当销售人员进来以后，当然就无法进行系统培训，销售人员也只好在本身技能、对产品的理解等都半生不熟的状况下单飞，在这方面国内许多公司普遍做得不理想。绝大部分企业都是今天报到，明天开始为期两周的强化训练，然后销售人员在业绩的压力下就仓促上了战场。在他们奔赴一线时，往往还认不全同事，甚至连公司的产品型号都不能背全。当然，这些仓促上阵的销售人员不会全部"阵亡"，其中一部分灵性好或者是与销售模式相匹配的，也能够很好地成长，但是就总体而言，销售人员都是不得要领地在黑暗中不断摸索成长。

（2）经理忙于事务，被动应付。销售队伍训练常见的第二个问题就是经理忙于事务，对于培训只能被动应付。说到此类培训的效果，答案是不行的。许多在本次培训中所强调的问题，依然在这些人身上重现，许多大家问过的事情，到后来也经常老话重提。对于这种状况，那些接受培训的销售人员也有一定的责任，因为他们害怕给经理留下一个"资质愚钝"的印象，而在最后违心地说"明白，明白"，可更深层的问题是销售经理因忙于事务而被动应付培训，致使培训的效果大打折扣。

(3) 不讲求必要的方式方法。从成年人的学习习惯来讲，针对销售人员的培训一般有两个方面的发展倾向，也是两个不同的发展类别，即跟客户打交道，你是先做生意后交朋友，还是先交朋友后做生意？其实哪个先哪个后无所谓对错，但是它代表了一种观念。这种观念会在每个销售人员的脑子里潜移默化地形成，如果他认为应该先做生意后交朋友，那么他会努力地跟客户达成生意上的交往，然后跟客户成为朋友，最终慢慢把生意越做越大。如果认为应该先跟客户交朋友，那么他会先把产品放在一边，先跟客户交流，了解客户的信息，在成为朋友之后再谈生意。虽然这两种方式没有好坏之分，但在销售不同的产品，面对不同的客户时，肯定会有一种观念更加适合该产品的销售。

(4) 采用"师傅带徒弟"的单一模式。"师傅带徒弟"有两种情况，一种情况是由销售经理直接来带新来的销售人员，一点一滴告诉他、指导他；另一种情况是销售经理没有时间，将新来的销售人员交给某个老销售人员。"师傅带徒弟"的方式，虽然有一个人带着，不至于使新的销售人员找不着方向，但是该方式也有很多弊端，因为销售人员不仅会受到正面的影响，同时也会受到负面的影响。大家都有体会，就是学坏比学好快得多，诸如坚持每天写工作记录、该打电话时就打电话、每天按计划进行拜访、仔细琢磨研究客户的心理等，这些都是比较好的习惯，但是好习惯往往因为需要付出很多，所以学习起来比较难。而老销售人员的一些不太好的习惯，如大吃大喝、捞偏门儿、虚开票据、靠歪门邪道来搞定某些客户等，新来的销售人员往往很容易效仿，极易受到"感染"。

(5) 忽视案例和文本化的积累。这种现象在国有企业也非常普遍。其实销售过程中一些好的过程和相关的一些经典案例，都在有经验的销售人员脑子里边，他们也愿意把这些事情说出来，但是公司没有一个机制，不能使其沉淀下来，于是从公司到个人都缺乏案例和文本化的积累。

随着人员的流动、时间的流逝，这些好的操作方法和案例都渐渐流失了。如果能很好地梳理这些方法，沉淀这些案例，形成固定文本，那么，最终会使新来的销售人员在培养速度和培训质量上迅速提升。在案例和文本化积累方面，国内企业与跨国公司的差距是最大的。

(6) 无视理念与行为的差距。这也是很普遍的一种现象，销售经理觉得我在课堂培训中已经强调过的事情，你们就应当能够做到。殊不知还是有距离的，这个距离是需要销售经理们反复检查，督促销售代表练习才能跨越。

9. 培训内容

培训内容通常因工作的需要及受训者已具备的才能而异。培训内容一般包括：

(1) 企业的历史、经营目标、组织机构、财务状况、主要产品和销量、主要设施及主要高级员工等概况。

(2) 本企业产品的生产过程、技术情况及产品的功能用途。

(3) 目标客户的不同类型及其购买动机、购买习惯和购买行为。

(4) 竞争对手的策略和政策。

(5) 各种销售技术、公司专为每种产品概括的销售要点及提供的销售说明。

(6) 实地销售的工作程序和责任，如适当分配时间、合理支配费用、撰写报告、规划有效销售路线等。

10. 培训方法

(1) 课堂培训法。这是一种正规的课堂教学培训方法。一般由销售专家或有丰富销售经验的销售人员采取讲授的形式将知识传授给受训者。这是运用最广泛的培训方法，主要优点是费用低，并能增加受训者的实用知识。缺点是此法为单向沟通，受训者参与讨论的机会较少，培训师也无法顾及受训者的个体差异。

(2) 演示。演示在讲授产品知识和销售技巧方面有很大优势。例如，可以向受训者示范如何处理很多难以用语言描述的复杂情况。

(3) 讨论。在销售培训中，讨论有着重要的作用，它能让受训者有机会探讨他们自己的问题。这是受训者与授课者及其他受训者之间互相交流思想的最佳途径。讨论有几种不同的形式，多数是由老师与受训者一起公开探讨各种问题，主要是老师引导并激发讨论。

(4) 角色扮演。角色扮演这种通过实践传授销售技巧的方法非常有效，尤其适合初始培训计划。例如，杜邦高质量胶卷公司的销售人员在拜访客户前，会不断进行角色扮演来事先练习。

(5) 影像加强培训。影像加强培训计划利用录像带和书面补充材料培训和测验销售人员。这种方法的主要优点是节约成本和时间。过去几年，该方法的使用发展极快。施乐公司和旅行者保险公司用这种方法进行销售培训。摩托罗拉公司用此方法进行四个不同主题的销售人员培训：产品信息、公司信息、市场信息和销售技巧。公司将这些主题的录像带邮寄给多达1 000名用录像带和补充教材自学的销售人员。如果他们认为已经掌握了这些资料，就可以参加一次内容取自补充材料的开卷考试。通过测验的销售代表将在年度表彰时受到特别嘉奖。考试结果还将作为他们正式业绩与能力评定的内容。

(6) 互动影像技术培训。某些公司还使用互动影像技术进行培训，这种技术将计算机、光盘和影像技术结合起来。录像为受训者模拟一个销售情境：一位扮演购买者的演员进行评论或提出问题，要求受训者从屏幕显示的可能反应中做出选择。根据受训者的选择，屏幕上会出现下一幕（另一次选择）或是课程材料的回顾。整个过程，包括受训者的反应，将被录下来供受训者或培训者总结。很多公司都在互动影像技术上进行了投资。摩托罗拉公司使用互动系统进行大客户销售培训，而马萨诸塞互助人寿保险公司用此技术培训每年招聘的大量新销售人员，南方贝尔公司则用它来讲授销售过程的步骤。利用互动系统培训将大大节约成本，可以节约学习特定技能一半的时间。但是，它的开发成本很高。

(7) 商务电视培训。利用电视培训的方式在一些自己拥有电视网络的公司中正在普及。利用电视和电话技术，全国各地（或世界各地）的销售人员能向屏幕上的主持者提问或与其交流看法。伊斯曼柯达公司、德州仪器公司、IBM公司、爱依塔公司、美国电话电报公司和联邦快递公司都运用商务电视进行销售沟通和培训。

(8) 在职培训。在职培训是最常用的销售培训形式。Dartnell公司的调查发现，82%的公司都使用在职培训。一般来说，这种培训的程序是先让受训者观察一位高级销售代表或销售主管的几次销售拜访；然后，由受训者进行拜访，高级销售代表或销售主管观察并指导销售代表；随后他们讨论拜访中发生的情况，以及受训者如何才能更有效地进行拜访。与上述其他方法相比，这种方法将受训者置身于更实际的场景中。通常这种方法用于受训者销售学习的最后阶段。

★ 情景体验 8-5

魔鬼培训——打造华为营销铁军的重要一环

华为的培训主要有三种方式：上岗培训、岗中培训、下岗培训。这三种培训是一个体系：

1. 上岗培训

接受上岗培训的人主要是应届毕业生，培训过程跨时之长、内容之丰富、考评之严格，对于毕业生来说这样的经历是炼狱，这样的培训又称"魔鬼培训"。主要包括军事训练、企业文化、车间实习与技术培训、营销理论与市场演习等。

（1）军事训练。其主要目的是改变新员工的精神面貌，达到强身健体的作用。军事训练的成效表现在以下方面：第一，员工的组织性、纪律性和集体主义意识明显加强。第二，员工的工作责任心得以增强。第三，培养了不怕吃苦、迎难而上的精神。这些素质，对于营销人员来说是必须具备的。

（2）企业文化培训。主要目的是让员工了解华为，接受并融入华为的企业文化。任正非在《致新员工书》中写道："实践改造了，也造就了一代华为人"。"您想做专家吗？一律从基层做起"，这一思想已经在公司深入人心。进入公司一周以后，博士、硕士、学士以及在原工作单位取得的地位均消失，一切凭实际能力与责任心定位，对员工个人的评价以及应得到的回报主要取决于其在实干中体现出来的贡献。经过培训以后，培养出来的营销人员本能地相信自己的产品是最优秀的，而且愿意去最困难最偏远的地区开发市场。

（3）车间实习和技术培训。对于营销人员来说，这个阶段可以帮助他们了解华为的产品与开发技术，包括产品的种类、性能、开发技术的特点等。

（4）营销理论和市场演习。华为营销新手不一定是营销专业的毕业生，所以对其进行营销理论与知识的培训是必需的。这些理论包括消费者行为理论、市场心理学、定位理论、整合营销传播理论、品牌形象理论等。

理论需要与实践相结合。在理论知识培训结束后，华为还要为新员工进行一次实战演习，主要内容是让员工在深圳的繁华路段以高价卖一些生活用品，而且规定商品的销售价格必须比公司规定的价格高，不得降价。

2. 岗中培训

对于市场人员来说，华为的培训不仅限于岗前培训。为了保证整个销售队伍时刻充满激情与活力，华为内部形成了一套针对个人的完整的成长计划，有计划地、持续地对员工进行充电，让员工能够及时了解通信技术的最新进展、市场营销的新方法和公司的销售策略。

培训主要实行在职培训与脱产培训相结合、自我开发与教育开发相结合、传统教育和网络教育相结合的形式。通过培训，提升销售人员的实际能力，保证销售人员的战斗力。

3. 下岗培训

由于种种原因，一些销售人员不能适应某些岗位，华为则会给这些员工提供下岗培训的机会。主要的培训内容是岗位所需的技能与知识。若员工经过培训还是无法适应原岗位，华为则会给这些员工提供新职位技能与知识的培训，帮助他们继续成长。

——豆丁网：《魔鬼训练——打造华为营销铁军的重要一环》，http：//www.docin.com/p-1366416201.html，2015年11月21日，有删减

8.3.3 培训计划的实施

培训主管掌握以下培训计划实施要领，有助于增强培训效果。

1. 注意受训者的销售反应能力

培训主管要在不同的场合不断试探受训者在销售方面的反应，下面的几个要点可供参考：

（1）受训者能否适当地介绍产品的优点及好处，使客户了解而产生需要。

（2）受训者能否判断客户对其说词的反应及购买信号。

（3）受训者能否判断客户的借口或拒绝，是表示对产品有兴趣还是真的不喜欢。

（4）受训者能否在介绍产品中不断设法成交，并将介绍及解说一直朝取得订单的目标引导而不是在绕圈子或磨时间。

这些都是培训主管在每天培训结束后要检查的事项。培训主管可能会问："你觉得某位客户会购买吗？"也可能要求受训者解释采取某些做法的原因，展开有意义的讨论，打开互相沟通的渠道，激发一些创新的做法。

2. 建立双方的责任感

要注意受训者能否准时参加安排的培训。如果三次以上迟到或无故不到，培训主管在处理时态度要坚决，并明确准时是纪律，也是责任。若受训者在有人督导时尚有松懈的表现，单独作业时更会出问题。要求受训者能适当有效地运用时间。

3. 养成写报告的习惯

培训主管要强调写报告的重要性。培训主管必须为受训者做出榜样，每天都按时把评析表做好，也让受训者体会到及时完成报告是一种良好的习惯。报告或分析表送达、寄出前，培训主管最好再细读一遍。

4. 注意受训者的可塑性及学习态度

在评估受训者的进展状况时要注意以下几个要点：

（1）受训者能否提出足够的问题？

（2）已经以建设性方式指正或检查过的错误，受训者是否会再犯？

（3）受训者能否不断地设法丰富自己的产品知识、提高心态的积极性，并改进自己的销售方式？

（4）受训者能否每天研读资料以求绩效的全面提升？

5. 建立积极、乐观、自信的心态

高昂的士气、积极的态度，是从事销售工作成功的要件，而培训主管的做法、看法及态度对受训者有很大的影响。积极的想法或心态会产生积极的行动及效果；反之，消极的心态会导致消极的结果。培训主管应多做建设性的辅导，以诱导其向积极的方向前进。

为受训者指点一种新方法或提供一个新观念，可以增强他的信心，用积极的行动方案来

取代消极的行动方案；同时也建议受训者多阅读一些励志的书，使他们在潜意识中充实积极的想法。

培训主管要在受训者的思想及态度方面产生影响力，否则便不能算尽职尽责或获得了成功。

6. 应对士气的不稳定

有时，受训者辛苦一天回家后，会觉得自己浪费了一天时间却毫无所获，因为一张订单也没拿到。受训者会不可避免地认为这是一种失败。培训主管要设法减弱没有收获的一天对受训者不利的心理影响。可以说每天能够拜访多名客户已是难能可贵，而且这些努力不会白费，累积下来就会有成果，终有收获的一天。

7. 说明销售的平均数法则

这是一个销售成功的方程式，也叫平均数法则，即拜访介绍的次数＋积极的态度＋不断进步的推销技巧＝订单数，任何成功的销售主管都知道这一方程式的真实性及妙用。等式左边的三项中变数最大的是"积极的态度"，因为销售技巧在短期内不会变化太大，但态度却可以不时改变而且变化很大。态度之所以常会改变，是因为没有销售经验的人只有在拿到订单后才会有信心，进而有成功的感觉。

培训主管要协助受训者做好心态的调整及准备，譬如在多次拜访客户却仍无收获时，可告诉对方，根据经验，每拜访多少次或多少名客户，至少就会有一个客户购买。这样可使受训者不致泄气，始终保持高昂的斗志，最后必然会有订单出现。

8.3.4　培训效果的评估

1. 确定需要衡量的内容

（1）需要衡量的组成部分。培训效果的评估是培训的最后一个环节，但由于员工的复杂性，以及培训效果的滞后性，想要客观、科学地衡量培训效果非常困难。所以，培训效果评估也是培训系统中最难实现的一个环节。目前，国内外运用得最为广泛的培训评估方法，是由柯克帕狄克在1959年提出的培训效果评估模型（表8-5）。

表8-5　柯氏评估模型

评估层次	结果标准	评估重点
1	反应	学员满意度
2	学习	学到的知识、态度、技能、行为
3	行为	工作行为的改进
4	结果	工作中导致的结果

层次1：反应

反应是柯氏模型的最基础评估层次，主要是评估一场培训的学员对讲师课堂驾驭力、引导力的接受度；评估学员对培训内容安排、培训形式安排的认可度；评估学员对培训场地、仪器设备等后勤工作的满意度。

层次2：学习

销售培训是传递给受训学员实战知识、实战技能，这种知识、技能是从成功经验中提炼而来的，培训的目的是将这些经验复制给受训学员，对其加以模仿就可以用。知识、技能的掌握决定了行为及结果的改变程度，所以，进行知识、技能接受度评估是非常重要的。

对学习进行评估的方法有三种：一是问卷考核，用试卷的形式对学员知识掌握程度进行评估；二是通过实战模拟演练，对销售技能掌握程度进行评估；三是通过调查问卷形式，对知识、技能进行框架型评估。

层次3：行为

销售培训的主要目的是改变销售人员的销售行为，运用成功的销售方法提升销售业绩，这就表明行为评估十分重要。行为评估，对销售培训来讲，就是评估知识、技能的复制程度，也就是知识、技能在销售实战中运用了多少。行为评估对销售培训来讲是一个最复杂、最难操作的评估项目，因为它无法及时量化。

行为评估是在培训结束就立即进行，但行为评估需要跟踪销售行为，这是一个需要耗费大量时间的评估过程。销售行为评估的关键点是时间的选择，重要环节是评估内容的选择。销售评估时间的选择要考虑两个因素：很多销售培训结束后，因诸多因素导致销售人员对技能、知识没有运用空间，或者是不能及时运用；同时，很多销售技能的熟练使用，需要有一定的"磨合期"。

层次4：结果

销售培训是以结果为导向，销售的结果就是销量，这对于销售培训的结果评估来说十分简单。只需将受训前与受训后销量进行对比，就能直观评估出本场培训的效果。对于企业内部讲师的绩效考核，可以直接用销量的增长考核。销售培训的结果评估也可以用利润直接体现出来：培训后销售额－培训前销售额－追加投入金额－培训费用。

（2）需要评估的群体。为了保证培训程序的有效性和实用性，评估必须涉及培训程序的每一个要素——从培训程序的设计，到培训程序的实施，一直到取得实际工作绩效。通过对以下要素进行评估可以达到上述目的：

①程序：培训程序中所包含的题目是否应该保持一致？

②培训师：培训师是否胜任工作，并成功地完成了自己的工作？

③受训者：他们对培训程序的反应如何？

④实际工作结果：培训是否对受训者的工作绩效产生了实际的影响？

（3）需要衡量的项目。根据培训目标可以确定需要衡量的具体项目。只要涉及实际的资金支出，管理人员就可以从资金数量的角度加以考虑。需要衡量的具体项目在各个公司之间可能会有所不同。但是，大多数公司会衡量培训对销售额、利润和客户满意度产生的影响。

2. 确定收集信息的方法

培训主管可以使用的数据收集方法有五种：问卷调查法、面谈法、测试法、观察法和公司数据法。

（1）问卷调查法是培训主管最常使用的数据收集工具。这是一种易于实施和管理的方法，其优点在于可以收集销售人员的感觉、看法、思想和信仰。一般情况下，人们不愿意在公众场合表达个人的观点，但倾向于采取书面形式表达自己的真实感受，在可以采取匿名形式的情况下，这种倾向更强烈。

（2）面谈法有助于收集深层次的信息。面谈法的优势在于它的灵活性。提问人可以根据受训者关心的问题调整自己的提问方式。通过这种方法很可能获取有价值的信息。

（3）测试法是确定受训者掌握培训内容程度最有效的一种方法。通过测试可以对培训程序的总体以及各组成部分进行评价。因此，培训主管可以根据测试的结果对培训程序的各组成部分加以调整或重新设计。

（4）观察法对于培训主管来说是最有价值的评价手段之一。培训主管深入工作现场了解受训者在工作中如何利用他们在培训中学到的东西。在这个过程中，培训主管可以向现场销售经理征求对培训的意见。

（5）公司数据法在整个评价过程中都是一种不可或缺的信息收集方法。具体的收集内容包括绩效评估结果、客户满意度指数以及销售数据等。

3. 确定衡量方法

除柯克帕狄克的培训效果评估模型外，业界还有多种评估方法。这些方法分为定性分析和定量计算两大类。参考国内外培训评估理论，以及具体企业的实践经验，可分为以下几种综合性的培训评估方法。

（1）定性方法。一般来说，要比较完整、全面地把握信息，至少应从以下几个方面进行分析评价：

①受训者对培训计划的反应程度。他们是否喜欢这项培训计划？他们觉得这项计划是否有价值？他们愿意花很多时间、精力全身心投入吗？

②通过培训，受训者是否学到了预期应该学到的基本原理、基本方法、基本技能？

③通过培训，受训者的工作行为是否有了某些良性的变化？

④分析评价培训工作带来的最终成果。

（2）定量方法。定性分析法有其局限性，如果辅以定量分析方法，效果将更加显著。定量评价方法有很多，比如成本—收益评价法、机会成本法、边际分析法、假设检验法等。具体如何进行定量评价可以参考有关书籍。

（3）目标评价法。企业系统化的培训通常都是由确定培训需求与目标、编制培训预算及计划、监控及效果评估等部分组成。它们之间并不是割裂的，而是相互联系、相互影响，好的培训目标计划与培训效果评估密不可分。

企业通常有两种方法确定培训目标：一是任务分析法。企业的培训部门可以设计出任务分析表，详细列明有关工作任务和工作技能信息，包括主要子任务、各任务的频率和绩效标准、完成任务所必需的知识和技能等。二是绩效分析法。这种方法必须与绩效考核相结合，确定标准绩效。

（4）绩效评价法。绩效评价法是由绩效分析法衍生而来的。它主要用于评估受训者行为的改善和绩效的提高。绩效评价法要求企业建立系统而完整的绩效考核体系。在这个体系中，要有受训者培训前的绩效记录。在培训结束3个月或半年后，对受训者再进行绩效考核时，只有对照以前的绩效记录，企业才能明确地看出培训效果。

绩效考核一般包括目标考核和过程考核。目标考核是绩效考核的核心。目标可以分为定量目标和定性目标。培训经理在选取目标时，应注意选取能体现岗位职责的指标——目标达到了，基本上就履行了岗位职责。过程考核是绩效考核的另一个重要内容。过程是绩效的保证，没有好的过程就不可能有好的结果。过程考核能反映员工的工作现状，它通常包括考勤。

（5）关键人物评价法。所谓的关键人物，是指与受训者在工作上接触较为密切的人，可以是他的上级、同事，也可以是他的下级或者客户等。研究发现，在这些关键人物中，同级最熟悉受训者的工作状况，因此，可采用同级评价法，向受训者的同级了解其培训后的改变。这样的调查通常很容易操作，可行性强，能够提供很多有用信息。

（6）测试比较法。无论是国内还是国外的学者，都将员工通过培训学到的知识、原理和技能作为企业培训效果评估的内容。测试比较法是衡量员工知识掌握程度的有效方法。实践中，企业会经常采用测试法评估培训效果，但效果并不理想，原因在于没有加入任何参照物，只是进行简单的测试。而有效的测试法应该是具有对比性的测试比较评价法。

（7）收益评价法。企业的经济性特征迫使企业必须关注培训的成本和收益。培训收益评价法就是从经济角度综合评价培训项目的效果，计算出培训为企业带来的经济收益。有的培训项目能直接计算出其经济收益，尤其是操作性和技能性强的培训项目。但是并不是所有的培训项目都可以直接计算出收益。

4. 对数据进行分析，确定培训的结果，做出结论并提出建议

培训主管在使用正确的方法收集到合适的信息之后，就可以对培训结果做出结论，并对以后的培训提出改进意见。在很多情况下，不需要对培训程序做出调整。如果销售培训主管能够通过这种方法对培训程序做出有利的评价，就可以进一步强调培训部门在公司中的重要性，提高培训部门的地位，争取更多的费用预算。如果培训主管不能够证明公司通过这笔投资可以获得良好的回报，就需要进一步改善培训环节的质量，从而提高销售人员的劳动生产率。

本章小结

企业营销战略的成功实施很大程度上取决于企业所招聘的销售人员的素质。销售人员招聘的途径很多，从大的方面看主要有内部招聘和外部招聘两种，企业一般既要采用内部招聘，也要利用外部招聘来有效地充实销售队伍。在招聘工作中，招聘人员要本着公开、竞争、全面、能级、效率的原则，认真履行工作职责，把握招聘工作的要点。

本章案例

企业的培训计划需要明确以下问题：培训目的、培训作用、培训时间、培训地点、培训方式、培训师资、培训原则等。销售培训的关键在于培训的有效组织与实施，"讲解——示范——实践——总结"这一培训程序是一个不断重复并逐步提高的过程，每个培训项目总是始于讲解，经过示范、实践，止于总结，由总结再循环至新的讲解。销售人员的培训方法有演讲法、个案研讨法、视听技术法、角色扮演法、行为模仿法、模拟法、户外活动训练法和电子学习法。销售培训的综合性评估方法有目标评价法、绩效评价法、关键人物评价法、测试比较法、收益评价法。

本章习题

一、复习思考题

1. 企业主要通过哪些途径招聘销售人员？

2. 面试的技巧有哪些?
3. 销售人员培训的原则是什么?
4. 面试内容核查的主要方式是什么?
5. 销售人员培训效果的评估包括哪些步骤?

二、实训题

实训项目：招聘实务。

实训目标：

1. 熟悉销售人员招聘的程序和方法。
2. 训练应聘面试的基本能力与技巧。

实训内容与要求：

联系你所在社区内的一位或多位销售经理，询问他们在招聘过程中所采用的步骤。

销售人员的激励

★学习目标

通过本章的学习，了解激励销售人员的各种理论并且熟悉激励的方式；掌握销售竞赛的基本内容；了解激励问题成员、明星销售人员以及老化销售人员的方法。

★教学要求

注重通过一些生活中的案例教学，多层次讲解激励销售人员的原理、方式和方法；采用启发式教学，加强课堂案例讨论，注重对所教学知识和案例的总结。

★导入案例

海底捞的员工激励措施

四川海底捞餐饮股份有限公司成立于1994年，是一家以经营川味火锅为主，融各地火锅特色于一体的大型直营餐饮民营企业。海底捞的快速发展，服务是其取胜的关键，但是如何做到将服务差异化理念成功灌输给所有员工，激励每一个员工共同努力才是至关重要的。海底捞的员工激励措施主要有：

（1）良好的晋升通道。海底捞为员工设计好在本企业的职业发展路径，并清晰地向他们表明该发展途径及待遇，每位员工入职前都会得到这样的承诺："海底捞现有的管理人员全部是从服务员、传菜员等最基层的岗位做起，公司会为每一位员工提供公平公正的发展空间，如果你诚实与勤奋，并且相信：双手可以改变命运，那么，海底捞将成就你的未来！"

（2）独特的考核制度。海底捞对管理人员的考核非常严格，除业务方面的内容外，还有创新、员工激情、客户满意度、后备干部的培养等，每项内容都必须达到规定的标准。例如"员工激情"，总部不定期对各个分店进行检查，观察员工的注意力是不是放在客人的身上，观察员工的工作热情和服务效率。如有员工没达到要求，就要追究店长的责任。

（3）尊重与关爱，创造和谐大家庭。在海底捞，尊重与善待员工始终被放在首位，海底捞实行"员工奖励计划",如给优秀员工配股。此外,海底捞的管理人员与员工都住在统一的员工宿舍,并且规定必须给所有员工租住正式小区或公寓中的两、三居室,不能是地下室,所有房间配备空调、电视、电脑,宿舍有专门人员管理、保洁,员工的工作服、被罩等也统一清洗,同时,海底捞的所有岗位,除了基本工资之外,都有浮动工资与奖金,作为对员工良好工作表现的鼓励。

在尊重与善待员工方面,海底捞还有许多"创意",例如,将发给先进员工的奖金直接寄给其父母,关于员工的夫妻生活、子女教育等问题,许多企业规定服务员不能和厨师恋爱,高级管理人员与配偶不能在同一个地区或同一个城市,海底捞的做法正相反,尽量安排员工一起工作,一起生活,公司还会发给他们补贴,并且可把孩子带到身边照顾和教育,不仅如此,对店长以上的干部,公司还会帮助他们联系其子女入学,并交入学赞助费。

上述激励措施极大地激发了员工的主人翁意识,在将员工的主观能动性和创造性发挥到极致的情况下,"海底捞特色"日益丰富,促使企业在激烈的市场竞争中站稳了脚跟,并得到了快速发展。

——职业餐饮网:《海底捞的员工激励措施》,http://www.canyin168.com/glyy/yg/rsgl/ygjl/201203/40649_2.html,2012年3月29日,有删减

★引导任务

谈谈企业应该如何有效地对员工进行激励。

9.1 激励的相关概念

激励在管理学中被解释为一种精神力量或状态,起加强、激发和推动作用,并指导和引导行为指向目标。一般来说,组织中的任何成员都需要激励,销售人员更是如此。销售人员需要更多的激励是由其工作性质决定的,销售是一项艰苦而富有挑战性的工作,销售人员不仅需要在超强的自我激励中勤奋耕耘,而且也需要组织通过各种形式给予物质回报和精神奖励等外部激励。

9.1.1 激励的含义

1. 激励的概念

所谓激励,就是组织通过设计适当的外部奖酬形式和工作环境,以一定的行为规范和惩罚性措施,借助信息沟通,来激发、引导、保持和归化组织成员的行为,以有效地实现组织及其成员个人目标的系统活动。这一定义包含以下几方面内容:

(1)激励的出发点是满足组织成员的各种需要。即通过系统的设计、适当的外部奖酬形式和工作环境,来满足企业员工的外在性需要和内在性需要。

(2)科学的激励工作需要奖励和惩罚并举。既要对员工表现出来的、符合企业期望的行为进行奖励,又要对不符合企业期望的行为进行惩罚。

(3)激励贯穿于企业员工工作的全过程。包括对员工个人需要的了解、个性的把握、行为过程的控制和行为结果的评价。

（4）信息沟通贯穿于激励工作的始末。从对激励制度的宣传、企业员工个人的了解，到对员工行为过程的控制和对员工行为结果的评价等，都依赖于一定的信息沟通。企业组织中，信息沟通是否通畅，是否及时、准确、全面，直接影响着激励制度的运用效果和激励工作的成本。

（5）激励的最终目的是实现统一。在实现组织预期目标的同时，也能让组织成员实现其个人目标，即达到组织目标和员工个人目标在客观上的统一。

2. 激励产生的内因和外因

（1）内因。主要是指人的认知知识。包括需求、价值观、行为准则、对行为对象的认知等。

（2）外因。主要是指自然环境和社会环境。自然环境包括气候、水土、阳光、空气、自然资源，社会环境包括社会制度、劳动条件、经济地位、文化条件等。

9.1.2 激励的过程

激励过程是一个从需要开始，到需要得到满足为止的连锁反应。首先，人会产生某种需要，而当这种需要得不到满足时就会产生一种紧张不安的心理状态，在遇到能够满足需要的目标时，这种紧张不安的心理就转化为动机。然后，在动机的驱动下，人会采取一定的行为朝目标努力。最后，目标达到后，需要得到满足，紧张不安的心理状态就得到消除。随后，满足的状态反馈回来，人又会产生新的需要，引起新的动机和行为。这就是整个激励过程。

可见，激励实质上是以未满足的需要为基础，通过各种目标诱因激发动机，驱使和诱导行为促使目标实现，是一个不断满足需要的连续心理和行为过程。整个过程如图 9-1 所示。

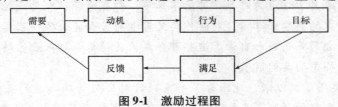

图 9-1 激励过程图

9.1.3 了解销售人员的期望

激励的最大难点是如何保持激励的有效性，往往对这个人有效的激励，对其他人则未必起作用，或者在一个时期很好的激励措施，过了这段时间就没有效果了。这里最主要的原因就是没有考虑到激励的针对性和持续性。激励的关键是要与被激励者的期望相符，否则，再好的激励也是没有作用的，而每个人的期望又都是不同的，在每个阶段的期望也是不同的。

1. 销售人员的期望类型

在实施激励措施时，特别是在销售管理中对销售人员进行激励时，首先要清楚销售人员的期望。

（1）物质回报。对所有的工作人员而言，物质待遇无疑都是第一个基点，毕竟每个人都要生活。销售人员的工作需要更大的自主性和主观性，其价值也是他人所不能替代的，同时，销售人员的工作极为辛苦和孤寂。因此，一般的公司给予销售人员的待遇都会高于其他职位的人员，销售人员本身也对此有着更强烈的愿望。给予销售人员满意的物质回报，不仅关系到销售人员自主能动性的发挥，也与销售业绩的取得有着直接的关系。物质回报要建立在合理的基础上，同时要及时兑现。有的公司事先给予过高的许诺，而事后又经常不予兑现，这样的许诺还不如没有。如果企业不能处理好销售人员的物质回报，再谈什么销售管理都没有意义，这也关系到企业的诚信。

★ 情景体验 9-1

阳光人寿为营销员父母发放赡养津贴开行业先河

从 2010 年起，阳光人寿的母公司阳光保险集团即实施员工父母赡养津贴计划。据不完全统计，截至 2012 年 6 月，阳光保险就累计为 4 000 多个员工家庭发放父母赡养津贴超过 1 500 万元。

目前在国内寿险行业，营销人员与寿险公司签署的是委托代理合同，并非公司正式员工所签署的劳务合同。而阳光人寿秉承"诚信、关爱"的企业文化，将"员工父母赡养津贴发放"制度这一关爱政策进行了延伸，首次将公司关爱扩大到符合条件的 4.6 万余名外勤营销员家庭成员身上，此举提升了保险营销员的幸福感和归属感，开创了行业先河。

该制度规定，凡与公司签订代理合同，且入职满三年的营销员，连续 12 个月（含）成为阳光之星（注：阳光人寿营销员荣誉体系之一），或连续 6 个月成为阳光营业部经理（注：阳光人寿营销员荣誉体系之一），其父母有一方年满 60 周岁的，从 2012 年 10 月开始，每月均可获得 200 元的阳光赡养津贴。

此举虽然会增加企业经营成本，但阳光人寿相关负责人表示，公司是经过深思熟虑之后推出此项政策的。每月 200 元的赡养津贴虽不算多，却能为营销人员减轻少许的负担，让老人们感受到来自阳光的关爱和尊重，同时作为父母也为子女能选择一家具有崇高人文关怀和高度社会责任感的公司而高兴和自豪。这些都会成为营销员长期从业的精神动力，更好地服务于客户，实现与公司的共同成长。

阳光人寿 2007 年成立以来，就出台了一系列针对公司营销人员的关爱举措。先后设立了"营销员五项福利保障计划""主管养老公积金""长期服务奖""祝寿金""阳光关爱助学金""主管体检计划"等一系营销员福利政策。值得一提的是"阳光关爱助学金"和"祝寿金"福利政策，前者主要针对所有入公司满一年，且职级为业务主管及以上的营销员，若其子女考上全国重点大学，公司为其提供一次性助学金 2 000 元和交通费 500 元；后者则面向全国营销员，只要父母亲在外地（指与子女不在同一地级市内）的，当其父母亲 60 岁（含）以上逢十大寿时，公司向其发放 200 元祝寿金，并根据路程的远近，给予一定期限的假期。

针对营销员的一系列关爱计划，帮助公司成功吸纳和留存了大量的优秀人才，也促进了阳光人寿快速稳定的发展。

——中国经济网：《阳光人寿为营销员父母发放赡养津贴开行业先河》，http://insurance.hexun.com/2012-09-10/145676179.html，2012 年 9 月 10 日，有删减

（2）工作愉快。没有合理的物质回报，工作肯定不会愉快，不过工作愉快的范围要远远大于物质回报。每个人愉快的标准虽然不同，但大都包括身心的愉快、环境的良好和工作的顺利。身心的愉快主要靠个人的调节，可能还包括很多工作以外的东西，但是没有愉快的

身心，工作上也不会愉快，只是身心的愉快并不完全由企业所决定。环境的良好与企业的文化、工作条件、直接领导者密切相关，良好的工作环境除了工作所需要的硬件之外，工作氛围和内部关系更为重要，直接领导者的领导素质和领导能力往往也起决定作用。工作能否顺利由很多事情综合决定，有客观的，也有主观的，销售人员的个人努力在其中起主要作用。

★情景体验9-2

亚马逊考虑员工感受开始改善工作环境

亚马逊因其配送中心员工的待遇而受到批评。今年8月，《纽约时报》的一则报道披露，亚马逊白领员工也对工作环境不满。不过，现在亚马逊有意改善其工作环境，提升员工的满意度。据彭博社报道，亚马逊正在扩大一项名为 Amazon Connections 的内部系统使用范围，以便每天获取办公室的反馈。报道称，该系统每天都会向员工提出问题，借此收集工作满意度、领导能力和培训机会方面的反馈。亚马逊希望通过此举来改进公司工作环境中的各种不足。

消息人士称，员工通过 Amazon Connections 进行的反馈将得到保密。负责该系统的一个团队将对这些反馈进行评估，并每天编写报告与公司管理层共享。他们还会鼓励一些员工进一步提供细节。个别员工的反馈不是匿名的，但只有 Amazon Connections 团队的成员知道反馈的具体细节，而报告将只包含汇总数据。亚马逊终于顶不住压力开始进行改善，至于成效如何，我们拭目以待。

——天极网：《亚马逊考虑员工感受开始改善工作环境》，http://tech.hexun.com/2015-10-12/179754394.html，2015年10月12日，有删减

（3）不断进步。任何人都渴望自己能够不断地进步，这种进步既有外在的待遇和地位，也包括自身的素质和能力。销售从业人员一开始都很年轻，有时忽视了自己长期的发展，而更看重短期的物质回报，这是不正常的，更多的销售人员更看重职业的发展。职位的升迁是对销售人员成绩和能力的肯定，无疑也是大多数销售人员的职业目标和理想，自然也能带来更多的物质回报。销售工作本身需要广博的知识，所以只要销售人员踏实工作，就基本能够不断丰富自己的知识和进行知识更新。任何人的职业生涯都是经验积累的过程，销售人员肯定希望除了销售经验之外，拥有更多其他的经验，为今后的工作打下良好的基础。

（4）适当减压。压力对销售人员是必要的，没有压力，动力也就不足。压力除了体现在销售定额上之外，还应体现在日常制度的执行和监督上。在销售工作中，销售人员的业绩决定公司的兴衰，因此他们所承担的责任和压力也很大。给销售人员减压不仅仅是给他们创造一个良好的工作氛围，最重要的是要让他们保持一个良好的心态，能够始终如一地面对自己的销售工作。任何人在压力之下都容易不冷静，经常不能客观、正确地分析问题和采取行动。销售人员应避免这种情况的发生。

对于不同的销售人员，所谓的减压也是不同的。对那些过于乐观的人，恐怕还要给其加压。所以销售经理绝不是简单地执行规章制度和制定统一的标准，而是针对不同的人采取不同的措施，这也是销售管理的难做之处。减压应当在团队建设和销售管理中充分体现出来，仅靠思想工作是不够的，帮助销售人员解决实际问题和困难，才是切实可行的办法。

（5）提供帮助。销售人员虽然独立工作，但他们的行为并不只与个人有关。销售人员

的任何错误都是企业的损失,销售经理要帮助销售人员,并与他们成为一体去完成销售,这也是销售管理的重要意义所在。不能给销售人员有益的帮助,销售管理就没有价值。解决销售人员遇到的问题和困难是对他们最直接的帮助。

为销售人员创造条件和提供更多的资源是对销售人员的重要帮助。销售人员本身的能力不应当仅限于面对客户,还要善于处理好与之有关的所有事情,如果企业能够创造一个良好的环境和条件,销售人员就可以把更多的时间和精力放在客户身上,这对销售业务无疑是有益的。

对销售人员的工作进行必要的检查和监督也是对他们的一种帮助,不要把销售管理中的检查和监督消极地视为对销售人员发生错误时的惩罚,而应该把它变成一种提醒和预警机制,以尽量避免销售人员可能发生的失误和错误。

2. 销售人员不同阶段的期望分析

销售人员随着从事销售工作时间的增长,其心态和期望也会产生变化,所以相应的激励措施必须随之调整,详见表9-1。

表 9-1 销售人员各阶段期望分析表

阶段	从业时间	特点	通常的期望	激励的重点
1	一年	销售人员刚开始从事销售工作,热情高涨。但没有工作经验,缺乏物质基础	迅速掌握销售技能,在工作上迅速取得成绩并得到认可	他们代表了公司的潜力,公司应当给予他们有效的帮助。帮他们较快地具有独立工作的能力
2	二年	工作的热情仍在上升,但速度相对变缓。逐步积累了一定的工作经验,开始获得物质回报	进一步扩大销售业绩,拥有稳定的工作和收入	他们是公司的希望力量,在有效帮助的同时,不断激励,使其尽快成为业务骨干
3	三年	工作热情达到顶峰,并能相对保持,有时也会有所下降。已有大量的工作经验,并取得了相当的物质回报	保持销售的持续性,得到升级或升职	他们是公司的中坚力量,激励的同时,要适当减压
4	四年	工作热情逐渐下降,并保持在一定的程度上。拥有丰富的工作经验,物质回报也达到了较好的程度	得到升职和认同感、成就感	他们是公司的元老,还要继续激励。同时让他们帮带新的销售人员,发挥其更大的作用

9.1.4 激励的作用

在市场竞争日益激烈的今天,销售工作的成效直接影响到企业的经济效益,甚至关乎企业的生存。而销售工作是一件非常辛苦的工作,需要持续不断的努力才能取得好的业绩。销售人员通常需要独立地工作,他们的工作时间也是无规律的,通常还会遇到挫折。

科学的激励能够针对销售工作的特性、销售人员的不同个性采取不同的措施,给予销售人员物质上的奖励、精神上的安慰和社会地位上的承认,从而最大限度地挖掘销售人员的潜力。每个销售人员都有自己的目标、优点和缺点,以及工作中面临的问题。公司根据每个销售人员的情况制定一个既符合整体需要又适应于不同个体需要的、具有弹性的激励组合，这样才能达到"量体裁衣"的效果。

随着市场的变化和销售人员的成长，公司现行的激励机制可能会失去原有的效果。因此，为了保证销售工作的顺利进行，不断提升销售人员的业绩，需要不断完善和调整现有的激励机制。一套不断发展的、具有灵活性的激励组合可以适应新的情况，促进销售人员的成长，培养销售人员的忠诚度，减少由于人员过度流动带来的损失。

企业的目标不是单一的，通常是多层次的、多元的。销售目标是实现企业战略目标的一个步骤，但销售目标有时可能和其他的目标相冲突。比如，企业产品的目标定位高档，这就需要制定较高的价格；而销售部门为了提高销售量往往希望把价格降低。这两个目标在一定程度上是相互冲突的，而一个好的激励机制会从企业的全局出发，协调不同的目标，最终实现企业的战略目标。

★情景体验9-3

要"加薪"更要"加心"

英国的一家跨国公司某天发生了一起盗窃案：几名持枪歹徒闯入总经理办公室，在盗取保险箱时，被该公司的一位员工发现了，她一人独挡盗贼出处，与之展开殊死搏斗，身负重伤仍面无惧色，最终制伏歹徒，成为媒体争相报道的女英雄。而她只是公司的一名普通保洁员。

一个毫不起眼的小人物，为什么能以自己的生命去保护公司的利益呢？面对媒体，这位女英雄道出了自己的心声：因为每次公司总经理走过她身旁的时候，总是对她说："你的地扫得真干净！"

总经理没有给保洁员再造之恩，也没有什么物质奖励，只是给了她一句发自内心的赞美，所以让这位保洁员感到总经理的赞美是由衷的，是可靠的，是值得她在捍卫公司利益时可以不惜生命的。

由此可见，在许多时候精神激励往往能胜过物质激励。要想让一个团队充满活力，就离不开激励，在给员工"加薪"进行物质激励的同时，更要给员工"加心"进行精神激励，让员工多一点信心，多一点温心。

当下竞争激烈，企业面临着巨大的机遇与挑战，如何充分发挥员工的潜能，激励机制将发挥重要作用。在物质收入达到一定水平后，精神激励的作用会越来越突出，它是调动员工积极性、主动性和创造力的有效方式，包括对员工付出的认可；公平、公开的晋升渠道；提供学习、成长的机会；满足员工心理需求等。

员工是企业是否具备竞争力的践行者，企业应该建立起完善而长效的激励机制，挖掘员工自身的潜能，激发员工爱岗敬业的热情，为企业的可持续发展提供强大的人力资源保障。有实验证明，一个人在没有受到激励的时候，仅能发挥能力的20%~30%，当他受到一定物质激励的时候，就可以发挥能力的50%~80%，而当他受到一定精神激励的时候，就可以发挥能力的80%~100%，甚至更高。

——中国石化新闻网：《要"加薪"更要"加心"》，http://www.sinopecnews.com.cn/news/content/2016-08/01/content_ 1633950. shtml，2016年8月1日

9.2 激励的方式与原则

9.2.1 激励的方式

正确地实施激励除了必要的理论指导和遵循一定的激励原则外，还必须选择和采用不同的激励形式，根据国内外许多学者的总结和企业实践，对销售人员进行激励的方式主要有以下几种：

1. 环境激励

环境激励是指企业创造良好的工作氛围，使销售人员能够心情愉快地开展工作。不同企业对销售人员的重视程度有很大的不同。有的企业只把销售人员看作临时工，很少考虑销售人员的工作环境；有的企业则认识到销售人员对于企业的意义，想方设法给销售人员创造有利的环境。企业可以通过以下方式实现环境对销售人员的激励作用：

（1）美化工作环境。消除不利于健康的因素，给员工提供一个舒畅的、健康的环境，给销售人员提供必要的物质条件，使销售人员更好地开展工作。

（2）培养融洽关系。在企业内部员工之间培养一种融洽的人际关系，尊重优秀的员工，使销售人员在一种和谐的氛围中工作。

（3）定期召开会议。企业可以定期地召开销售会议和一些非正式会议，为销售人员提供一个社交的场所，增加他们与公司领导交谈的机会，提供给他们在更大范围内结交朋友、交流感情的机会；企业各级管理者重视对销售人员的激励，尊重、关心和信任他们，在精神方面经常给予鼓励。

通过以上方式，一方面可以满足销售人员社交、感情、自尊方面的需要；另一方面，良好的环境可以形成一定的竞争压力和规范，推动销售人员努力工作，形成良性竞争的环境，良好的环境氛围不但有利于销售人员个人成长，而且有利于销售队伍建设，提高销售团队的凝聚力。

★情景体验 9-4

营造理想工作环境发挥员工创新潜能

2008 年 12 月 1 日，北京——凭借充满活力的工作环境和具有竞争力的福利待遇，英特尔（中国）有限公司在 2008 中国企业竞争力年会上，荣获"50 佳第一工作场所"奖。同时，英特尔还因为在校园活动方面做出的突出贡献，获得"最佳校园实践力"奖。

英特尔（中国）执行董事戈峻在获奖后表示："英特尔一直致力于为员工创造理想的工作环境，为其提供充分发挥创造力和施展才能的空间，从而释放员工个人和团队的能量，实现企业的持续创新与发展。"

"理想的工作环境"是英特尔六项核心价值观中的重要一项，包括注重开放、真诚的沟通，绩效管理、薪酬、认可机制的一致性和公正性，彼此的相互信任和尊重，以及社区责任。这些要素为英特尔员工广泛认可并接受，成为英特尔多元化员工队伍的联结纽带。

为创造理想的工作场所，英特尔建立了完备且富于竞争力的员工薪酬福利体系，并设计了多项为优秀人才提供长期的、具有吸引力的奖励计划。创新的员工带来企业的创新，因此英特尔鼓励员工学习和创新，并提供了完善的人才培训体系。公司特设"英特尔大学"，在线学习系统为所有员工提供7 000多门课程，涵盖技术、管理、法律等多个领域，并为员工提供了近2 000场授课式培训。英特尔鼓励员工追随兴趣，尝试新的事物甚至新职位，员工可申请调换工作岗位以保持工作激情。此外，英特尔还设立了专门的资助费用，支持员工进一步深造，或将员工外派至其他国家或地区进行轮岗锻炼。

——CNET科技资讯网：《营造理想工作环境发挥员工创新潜能》，http：//www.cnetnews.com.cn/2008/1202/1261131.shtml，2008年12月2日，有删减

2. 目标激励

目标激励是指为销售人员确定一些拟达到的销售指标，以目标激励销售人员上进。企业应建立的主要目标有销售定额、毛利额、访问户数、新客户数、访问费用和货款回收等。其中，制定销售定额是企业的普遍做法，规定他们一年内应销售产品的数量，并按产品分类确定。销售定额的实践经验表明，销售代表对销售定额的反应并不完全一致，一些人受到激励，因而发挥出最大潜能；也有一些人感到气馁，导致工作情绪低落。一般来讲，优秀的销售人员对精心制定的销售定额将会做出良好的反应，特别是当薪酬水平按工作业绩进行适当调整时更是如此。

3. 物质激励

物质激励是指对做出优异成绩的销售人员给予晋级、奖金、奖品和额外薪酬等实际利益的激励，以此来调动销售人员的积极性。物质刺激往往与目标激励联系起来使用。研究人员在评估各种可行激励的价值大小时发现，物质激励对销售人员的激励作用最为强烈。

4. 精神激励

精神激励是指对做出优异成绩的销售人员给予表扬、颁发奖状、授予称号等，以此来激励销售人员上进。对于多数销售人员来讲，精神激励也不可缺少。精神激励是一种较高层次的激励，通常对那些接受过高等教育的年轻销售人员更为有效。销售经理应深入了解销售人员的实际需要。他们不仅有物质生活上的需要，而且还有诸如理想、成就、荣誉、尊敬等方面的精神需要。尤其当物质方面的需要得到基本满足后，销售人员对精神方面的需要就会更强烈。如有的企业每年都要评出"冠军销售员""销售状元"等，其激励效果很好。

5. 培训激励

培训是企业发展的新动力，有些管理者错误地认为培训是可有可无的事情，不搞培训企业还是照常运作。这种观念实在可怕，当前市场竞争的关键是人才竞争，而人才的价值在于其积极的态度、卓越的技能和广博的知识，由于知识爆炸和科技高速发展，每个人的知识和技能都在快速老化，面对社会环境以及市场的快速变化，企业中的员工素质提高也就尤为重要。目前，管理理论家和实践家一致认为培训是一种投资，高质量的培训是一种回报率很高的投资。因此，企业应该重视对销售人员的培训，建立一套完整的培训体系，这样不仅能够满足销售人员求知、求发展的需要，更新其知识结构，而且还会使销售人员在激烈的竞争压力之余感受到企业的关心与爱护，从而在精神上激励他们，使他们始终保持高昂的斗志。

6. 工作激励

说到激励，很多人就会想到薪水和奖金，这些固然重要，但是工作本身带给员工的乐趣

和成就感对员工的激励作用更大。日本著名企业家稻山嘉宽说过:"工作的报酬就是工作本身。"这句话深刻地道出了工作的完整性、丰富性,以及内在激励的无比重要性。当前,企业员工在解决了温饱问题以后,他们更加关注的是工作本身是否有吸引力,工作内容是否具有挑战性,是否能发挥个人潜力,是否能实现自我价值。因此,注重工作本身所具备的激励作用,并卓有成效地在工作中运用是尤为重要的。

首先,在进行工作激励时应该了解每个销售人员的兴趣、专长和工作能力,然后再将任务合理地分配给他们。其次,在职务设计中,应该尽可能考虑到工作的多样性、完整性和独立性,建立通畅的反馈机制,使员工及时了解工作的结果,不断完善自身的行为,形成高质量的工作绩效和高度的工作满足感,培养员工的职业忠诚度。

7. 情感激励

利益支配的行动是理性的。理性只能使人产生行动,而情感则能使人拼命工作。对于销售人员的情感激励就是关注他们的感情需要,关心他们的家庭,关心他们的感受,把对销售人员的情感直接与他们的生理和心理有机地联系起来,使其情绪始终保持在稳定的愉悦中,促进销售水平的提升。

8. 民主激励

实行民主化管理,让销售人员参与营销目标、客户策略、竞争方式、销售价格等政策的制定,经常向他们传递企业的生产信息、原材料供求与价格信息、新产品开发信息等;企业高层定期聆听一线销售人员的意见与建议,感受市场脉搏,向销售人员介绍企业发展战略,这都是民主激励的方法。

9. 销售竞赛激励

销售竞赛是企业常用的激励销售人员的方法。它可采取多种形式,充分发挥销售人员的潜力,促进销售工作的完成。

销售竞赛激励设置的原则是竞争能激发销售人员求胜的心理,提高销售人员的士气。竞赛奖励的目的是鼓励销售人员做出比平时更多的努力,创造出比平时更好的业绩,否则销售人员的工作本身就是做销售拿佣金。销售人员追求可见的成功,需要主管的赞扬和鼓励。竞赛要能创造销售人员的销售热忱,鼓励销售人员使出"不服输"的拼劲,即竞赛必须制造出"想赢"的氛围。在设置竞赛项目及奖励办法时应注意以下原则:

(1)设置奖励的面要宽。成功的奖励办法能鼓励大多数人。奖励面太窄,会使业绩处于中下水平的销售人员失去信心。

(2)销售竞赛要与年度销售计划相配合,以有利于企业整体销售目标的完成。

(3)要设立具体的奖励标准,奖励严格按实际成果颁发,杜绝不公正现象。

(4)竞赛的内容、规则、办法力求通俗易懂、简单明了。

(5)竞赛的目标不宜过高,应使大多数人通过努力都能达到。

(6)有专人负责宣传推动,并将竞赛情况适时公布。

(7)要召开推出销售竞赛的会议,并以快讯、海报等形式进行追踪报道,渲染竞赛的氛围。

(8)精心选择奖品,奖品最好是大家都希望得到,但又舍不得自己花钱买的东西。

(9)奖励的内容有时应把家属也考虑进去,如奖励带家属去一些著名的景点旅游。

(10)竞赛完毕,马上组织评选,公布结果,并立即召开总结会,颁发奖品。

9.2.2 激励的原则

1. 因人而异原则

根据人本管理的基本原理,不同人的需求是不一样的,同一个人在不同时期的需求也是不一样的,所以相同的激励措施对不同的人起到的效果是不同的。销售经理在制定和实施激励措施时,首先要调查清楚每个员工的真正需求,将这些需求合理地整理归纳,然后再制定相应的激励措施。

一个销售团队中大致有三类员工:

(1)年龄较大,收入较高的老资格员工。其生活相对比较舒适,需求往往是工作上的安全性、成就感和被人尊重,相应的激励因素就是分配挑战性的工作,让其指导其他员工的工作,吸收他们参加一些高层次的决策会议。

(2)追求机会者。因为他们的收入不高,首先是提高收入的需求,另外是对其能力认可的需求,还要满足其工作的安全性等,对这类人最主要的激励因素就是提高薪金待遇,鼓励其努力工作;其次是要进行有效的沟通,帮助他们克服孤独感。另外通过销售竞赛,使他们的技能得到提高,多得奖金。

(3)追求发展者。因为年纪较轻,针对这一类人的激励因素最主要的是良好的培训。建立一种良好的培训机制,是对这三类人最大的激励。三类员工的需求与激励因素见表9-2。

表9-2 三类员工的需求与激励因素

员工类型	主要需求	激励因素
老资格员工	安全性,成就感,被人尊重	挑战性工作,参与高层管理
追求机会者	提高收入,能力认可	薪金待遇,有效沟通
追求发展者	个人发展	良好培训

2. 奖惩适度原则

有的销售经理在奖惩员工时不按照规章制度办事,奖得过多,罚得过重,或者奖得过少,罚得也轻,这都达不到真正的激励效果。奖励对激励效果会产生重大影响,如果奖励过重,会使员工飘飘然,失去进一步提高自己的动力;反之,奖励过轻,起不到激励的作用,甚至还不如不奖励。惩罚过重,员工就会失去对公司的认同;如果惩罚过轻,员工又会轻视公司的规章制度,轻视管理的威严性,导致重复犯同样的错误,起不到警戒的作用。

3. 公平公正原则

一忌待遇不公。待遇不公,极易引起员工的不满,造成员工对公司的不信任,并且这种情绪很容易在公司中扩散,造成整体工作积极性的低落及工作效率的低下。二忌一碗水端不平。取得同样成绩的员工,应获得同样的奖励。同理,犯了同样错误的员工,也应当受到同等层次的处罚。管理者就是宁可不奖励、宁可不处罚,也不要一碗水端不平。管理者在处理员工问题时,一定要有一种公平的心态,不应有任何的偏见和喜好,不能有任何不公的言语和行为。

4. 奖励正确的事情

管理学家米切尔·拉伯夫经过多年研究,发现一些管理者常常奖励一些不合理的工作行为。他根据这些常犯的错误,归结出应奖励的十个方面:奖励彻底解决问题,而不是只图眼前利益的行动;奖励承担风险,而不是回避风险的行为;奖励善用创造力,而不是愚蠢的盲从行为；奖励果断的行动，而不是光说不做的行为；奖励多动脑筋，而不是一味苦干的行为；奖励使事情简化，而不是使事情不必要的复杂化的行为；奖励沉默而有效率的人，而不是喋喋不休者；奖励有质量的工作，而不是匆忙草率的工作；奖励忠诚者，而不是跳槽者；奖励团结合作，而不是互相对抗的行为。管理者奖励不合理的工作行为较之不奖励往往危害更大，必须奖励正确的事情。

★情景体验9-5

销售团队薪酬激励的设计

A公司是一家主要从事IT产品和系统集成的硬件供货商，成立8年来，销售业绩一直节节攀升，人员规模也迅速扩大到数百人。然而公司的销售队伍在去年出现了动荡，一股不满的情绪开始蔓延，销售人员消极怠工，优秀销售员的业绩开始下滑，这迫使公司高层下决心聘请外部顾问，为公司做一次不大不小的外科手术，而这把手术刀就是制定销售人员的薪酬激励方案。

经过调查，发现这家公司的销售部门按销售区域划分，同一个区域的业务员既可以卖大型设备，也可以卖小型设备。后来，公司销售部进行组织结构调整，将一个销售团队按两类不同的产品线一分为二，建立了大型项目和小型设备两个销售团队，他们有各自的主攻方向和潜在客户群。但是，组织结构虽然调整了，两部门的工资奖金方案没有跟着调整，仍然沿用以前的销售返点模式，即将销售额按一定百分比作为提成返还给业务员。这种做法，看似不偏不向，非常透明，但没能起到应有的激励作用，造成两部门之间的矛盾。这种分配机制产生的不合理现象具体如下：

（1）对于大型通信设备的销售，产品成本很难界定，无法清晰合理地确定返点数。同时，很多时候由于竞争激烈，为了争取客户的长期合作，大型设备销售往往是低于成本价销售，根本无利润可以返点。

（2）销售返点模式一般一季度一考核，而大型设备销售周期长，有时长达一两年，客户经常拖欠付款，这就使得考核周期很难界定。周期过短，公司看不见利润，无法回报销售人员；周期过长，考核前期销售人员工作松散，经常找不到订单。

（3）大型设备成交额很大，业务员的销售提成远远高于小型设备的销售，这导致小型设备的业务员心理不平衡，感到自己无法得到更高的收入，公司对自己不够重视，于是工作态度开始变得消极。

（4）大型项目一般是团队合作，由公司总经理、副总经理亲自领导，还需要公司其他部门紧密配合。如何将利润分给所有参与项目的人，分配原则是什么，这些问题都是销售返点模式难以回答的。

——易才网：《销售团队薪酬激励的设计》，http://www.qg68.cn/news/detail/2 021_ 1.html，2006年12月7日，有删减。

9.3 销售人员的激励方式

任何一个销售集体，不论其成员多少，都是由一些同时具有优点和缺点的人组成的。所以，集体成员可能不时会出现这样或那样的问题。销售主管应密切注意下属的动向，及时了解销售人员的问题，这样可在心理上有所准备，在行动上采取正确的应对措施。下面主要讨论激励问题队员、明星队员和老化队员的方法，以及如何做一个成功的激励主管。

9.3.1 影响销售人员工作状态的八大要素

1. 恐惧感

恐惧感容易发生在销售代表职业初期，销售人员在内心对客户有一种恐惧感，最核心的是害怕拒绝，此阶段的典型表现是销售人员总在准备，打电话准备、拜访准备、对着镜子照了半天，可就是不出门行动，见客户时总是草草收场，甚至盼着客户拒绝，自己好赶紧走人。

处在恐惧感阶段的业务员无论在接触客户的数量上，还是接触客户的质量上，都存在着严重不足。

2. 挫折感

挫折感来自志大才疏，原本对自己期望很高，希望能够在同事面前自我展示，可到市场上一跑，才发现自己的不足，而自己内心又无法接受。

挫折感的表现是人在走访客户，可根本就是形式上的走访，心里根本没有关注客户，只是想着拜访赶紧结束，自己好继续自怜自艾。

3. 不自信

在前两种心态的冲击下，此时处在黑暗阶段的销售人员，其自信心已经相当脆弱了，经理如果这时激励不当，再打击一下，或是同批来的其他销售人员出了单子，那么这个内心压力极大的销售人员就可能彻底崩溃，就会从内心深处怀疑自己的选择，怀疑自己是否应该来这家公司或是自己是否适合做销售，经理此时若不及时发现并积极调整，那么结果只有一个——这个业务员会从销售战线上彻底"阵亡"。

4. 急躁、不耐烦

此种情绪一般出现在成长期，这时的销售人员一般已经掌握了一些销售的技巧，但是他们希望能力超速成长，具体表现有急躁、不愿做基础工作、总想孤注一掷地抓大单等。在这种情绪的引导下，表面上看他们的客户工作是积极努力的，但实际上如果不进行必要的调整控制，销售人员就很可能从急躁又走向挫折和不自信。

5. 得过且过

这是进入徘徊期的销售人员非常容易出现的毛病，其表现是：迟到早退家常便饭，平时拜访应付了事，表单例会能混就混。销售经理如不调整这种状况，此类人会成为"懒散队长"式的人物，最终带坏一批人。

6. 不满、抱怨

爱说怪话、爱传播负面东西，喜欢当反派领袖，自身业绩也还可以，但多一点事情都不做，以上这些都是不满、抱怨的表现，并且，这种不满、抱怨的情绪出现在队伍中的销售精英身上时，会更令销售经理感到棘手。

7. 疲惫、茫然

几乎所有的销售人员，在经历徘徊期时，都会有这样的体会，好像自己没有了奔头，失去了方向，即便做到最好也不会兴奋……在这种情绪的影响下，干起活来丝毫没有了创造力，见到客户觉得无话可说，甚至想着：想买就买，不想买算了。

8. 飘飘然

与疲惫和茫然不同，飘飘然的销售代表，经常自我标榜。工作中只对那些能体现自我成就的环节感兴趣，他们喜欢当众发表自己的意见，有时也会抨击公司或经理。飘飘然也是一种不良的思想倾向，也同样需要销售经理进行必要的激励调整，否则对方就会过度膨胀，最终离开销售职位。

9.3.2 激励问题成员的方法

一支销售队伍中总会出现一些问题成员，这些成员会有比较明显的毛病或遇到较大的困难，常常需要销售主管予以协助和监督才能改掉毛病，克服困难。常见的问题成员的特征主要有恐惧退缩、缺乏干劲、虎头蛇尾、浪费时间、强迫销售、惹是生非、怨愤不平、狂妄自大等。

销售主管应研究这些现象产生的原因及解决办法。下面针对不同类型的问题成员提出一些引导方法供主管参考。

（1）引导恐惧退缩型成员。帮助他建立信心，消除恐惧；肯定他的长处，也指出其问题所在，并提供解决办法；陪同销售、训练，使其从容开展工作，由易到难再渐入佳境；训练销售知识与销售技巧。

（2）引导缺乏干劲型成员。指出缺乏干劲的弊端；外在激励和内在激励双管齐下；陪同销售并予以辅导；更换业务销售区域；提高业务定额；以增加薪水、提供奖品作为动力；给予短暂休假，调养身心。

（3）引导虎头蛇尾型成员。带领或陪同销售；要求参加销售演练或进行资料收集整理；分段式考核；多作心理辅导；规定各时段各作业区域的销售目标。

（4）引导浪费时间型成员。晓之以理，告知时间就是金钱，效率就是生命；动之以情，帮助其制定拜访客户的时间表及路线，分析拜访客户的次数及对客户解说的时间；严格要求，要求制定工作时间表及时间分配计划书。

（5）引导强迫销售型成员。指出强迫销售的弊端及渐进式方法的好处；加强服务观念的教育，教授更多的销售技巧；改变只计佣金的计酬方式，开展多项目、多层次的竞赛。

（6）引导惹是生非型成员。指出谣言对个人及团体的危害；追查谣言的起源及用意，孤立造谣者，并予以教育；尽量避免开玩笑。

（7）引导怨愤不平型成员。给予劝导及安抚，将心比心；引导他多参加团体活动并充分发表意见；用事实说话，在销售绩效上比高低，使其心悦诚服；检查公司制度有无不合理之处，有则改之；若完全是无理取闹，则必须予以制止，尽量化冲突为理解，维系双方的关系。如果各种方法都无效，则可予以解聘。

（8）引导狂妄自大型成员。告知其山外有山，天外有天，强中更有强中手，不可学井底之蛙，夜郎自大的道理；以实例说明骄兵必败；提高销售定额，健全管理制度；肯定其成绩，多劳就多得；不搞特殊化。

9.3.3 激励明星销售人员的方法

明星销售人员一般都有特长，或善于处理与客户的关系，或精通销售技巧，总是能取得优秀的销售业绩。这些明星队员虽然各怀绝技，但也有共同特性。现将各行各业业务主管激励明星销售人员的经验总结如下：

（1）树立其形象。明星销售人员通常追求地位，希望给予表扬与肯定，很注重自己的形象，并希望得到他人的认可，热衷于影响他人。

（2）给予尊重。他们需要别人的尊敬，特别是主管的重视，希望别人把他们当作专家，乐于指导别人。

（3）赋予成就感。起初销售人员要求的是物质上的满足及舒适，在物质需求得到满足后，他们更需要精神上的满足。此时，内在的激励就能起到更重要的作用。

（4）提出新挑战。明星销售人员一般有充沛的体力，会不断地迎接新的挑战，创造更高的销售纪录。不断提出新的目标，会激发他们的活力。

（5）健全制度。明星销售人员大多希望有章可循，不喜欢被别人干扰或中途放弃。制度要能保证充分发挥他们的潜力。

（6）完善产品。正所谓"巧妇难为无米之炊"，再能干的销售人员也要有优质的产品作后盾。明星销售人员一般对自己的产品具有高度的信心，如果企业的产品品质失去信誉或他们对产品有所怀疑，他们就可能跳槽。因此，应不断地完善和发展企业的产品。当然，这需要产品研发和生产部门积极配合。

9.3.4　激励老化销售人员的方法

销售人员业绩停顿，心态老化，是销售主管经常遇到的难题。有些销售人员在工作了一段时间后，业绩突然停顿甚至不断下滑。在竞争激烈、市场环境动荡时，这种状况似乎有愈演愈烈之势。遗憾的是，大家对销售人员老化的问题了解有限，认识不多，有的销售主管不愿意承认存在销售人员老化问题；有的销售主管虽然承认有问题，但没有切实可靠的数字；有的销售主管虽然知道问题的存在，却毫无办法。销售经理一般应考虑如下问题：销售人员老化的迹象；典型老化销售人员的年龄段；老化现象产生的原因；主管如何防治老化现象；如何指导老化销售人员自我激励。

1. 销售人员老化的迹象

要防治销售人员的老化现象，必须及早发现老化问题的存在。销售人员老化最常见的迹象主要有：

（1）业务报表、报告常常晚交或不交，内容不完整或没有深度。老化销售人员往往认为这些东西不值得花时间去写，没有什么价值。

（2）业绩平平或大幅下降。导致销售人员的业绩平平或大幅下降的原因有很多，要多加分析。有些老化销售人员常找许多借口作为业绩下滑理由。

（3）拜访客户次数减少，甚至拜访新客户的数目也在减少。如有的主管发现同一客户的名字每周都出现在拜访表上。

（4）没有创新意识。经常处理一些与销售无关的事，把更多的时间花在办公室内而不是出门找客户做生意，有时甚至连企业的新产品都忘记介绍给老客户。

（5）热情不足，懒散有余。开始缺勤、迟到、早退，吃顿午餐耗半天。对什么事都缺乏兴趣。

（6）客户抱怨增加。如平时服务态度好、服务水平高的销售人员，突然遭到客户的多次投诉。

（7）计划准备不周。辅助销售工具、产品介绍、价目表未准备妥当，与客户约会迟到或失约，反应迟钝。

（8）不修边幅，抱怨增加。由原来的注重仪表变成不修边幅。经常抱怨企业、产品、后勤、其他同事，甚至对客户也有抱怨。

2. 销售人员出现老化现象的原因

销售人员出现老化现象的原因主要有以下几点：

（1）经济收入已满足。有些销售人员认为自己已挣够了钱，缺乏进一步提高业绩的动力，所以销售业绩开始下降。由此可见，一味地对销售人员实施物质激励并不能保证长期有效。

（2）缺乏明确的事业发展前途。许多销售人员都觉得自己的工作及职位的发展潜力极为有限。在相同的业务工作岗位上干得太久了，如果没有其他因素的特别激励，销售人员就越干越没劲。

（3）未被公司提升而感到失望。没有被公司提升，从而致使许多销售人员对公司不满，从而不积极工作，出现老化症状。

（4）缺乏毅力和吃苦耐劳的精神。有些销售人员宁愿少赚些钱过苦日子，也不愿意辛苦拼命地多赚钱来过舒服日子。这些人往往缺乏意志，也不想在工作上有所提升。

（5）对公司政策及其执行不满意。如公司制度不健全，公司政策不确定，额外工作要求过多，执行政策不一视同仁，只拿佣金不领底薪的报酬制度等。

3. 销售主管对老化现象的防治

任何一支销售队伍在任何时候都有可能由于某种原因而出现老化现象，关键在于防治老化现象。有些销售主管对销售人员的老化现象不能做任何改善，可以说毫无办法。有些销售主管则一味用提高佣金或薪水的办法来激励队伍士气，但也只能在短期内起作用，有的甚至因此而带来更多的问题。那么，到底应该如何防治销售人员老化现象呢？下面介绍的方法对是实践经验的总结，相信对销售主管会有所帮助。

（1）物质与精神奖励。要经常运用奖金、奖杯、内部刊物发表消息及其他物质与精神奖励，对表现好的成功销售人员用肯定积极的方式予以保护。

（2）指导和鼓励。精心指导销售人员制定未来的事业发展规划，帮助他根据企业目标来制定个人发展目标。对已经努力但不成功的销售人员多予以鼓励。

（3）提倡公平竞争。可在企业设立一个正式的事业前途计划部门，成立测定及评估中心，对所有销售人员的表现加以测定，作为奖赏及升迁的参考。提升有成就且成熟的销售人员作为领导者或给予高级别的薪金待遇。考核必须公开。

（4）提倡团队精神。为接近老化或正在老化的资深销售人员成立资深销售人员俱乐部，或进行其他类似性质的表扬。就企业的长期计划与目标多与销售人员沟通，多征求他们的意见与看法，这样能激发他们的团队参与意识。

（5）定期召开销售会议。每年至少举行三次分区的销售会议，以表扬先进、推广经验，并特别为老销售人员举办一次销售研习会以引起他们的注意。

（6）定期培训。对销售人员进行定期培训，提高他们的销售技巧，增强他们对企业及对本人的信心，不断予以刺激，提高士气。培训应尽量针对个人需要，并要求每个销售人员在某些方面的知识与技巧达到相当的水平。不要重复使用大家都已有的教材，要准备一些新的教材。多举办产品知识培训,并增加一些富有鼓励性的产品使用课程。

(7) 缓解生活压力。尽量给予一定的底薪,但底薪和佣金必须与销售业绩及工作表现相关联。

(8) 同甘共苦。与销售人员同甘共苦,打成一片,同他们一起追求更高的业绩,攀登更高的目标。

(9) 提出新挑战。不断给予销售人员以新的工作或任务,使其感受到挑战与刺激,创造竞争的动力。

(10) 适当调换岗位。允许销售人员在企业内部调换工作。如有的资深销售人员可调到培训或研发部门。他们在开发新产品的工作中可能会贡献比其他人更多的价值。调换工作会激发出资深老化销售人员新的活力。

★情景体验9-6

科技公司的员工创新激励

在竞争日趋激烈的科技圈,创新无疑成了各企业不断发展的根本动力。囊中羞涩的索尼甚至要建众筹网站,为员工的新点子筹钱。快穷哭的索尼都在拼了命的创新,其他财大气粗的科技公司们自然对激励员工创新不会手软。

1. 日暮西山的索尼:筹钱也要创新

由于长期亏损,索尼资金十分紧张,科技创新研发的投入也相对不足,进而引发了内部一些工程师的不满。为此,索尼建设了名为"首飞"的众筹网站,为索尼员工的创新项目提供融资支持,希望通过创新摆脱颓势,除此之外,索尼还将此网站作为销售员工创新产品的网络商店。

2. 三星放长线:为员工提供"充电"假

近日,三星公布了两项有关员工福利待遇的新政,除了将时限提高到2年的"带薪育儿假",还推出了"自我启发休假"制度,入职3年以上的职员可以进行最高1年的语言进修或长期海外旅行。三星认为,虽然短期上会因此产生人力损失,但长期来看,职员们进行充电后再回来,会给组织带来活力。

3. 谷歌:给员工20%自由创新时间

为了鼓励创新,谷歌曾允许工程师用"20%的时间"开发他们自己感兴趣的项目,但是因为担心绩效,2013年谷歌的部门经理们已经剥夺了这"20%的时间"。不过,谷歌仍然注重创新,神秘的Google Labs研发了无人驾驶汽车、谷歌眼镜等各种创新产品。

4. 苹果:"蓝天计划"让员工做自己感兴趣的事

除了提供冷冻卵子等福利,苹果还鼓励员工创新。早在2012年,苹果就推出了"蓝天计划",某些苹果员工可以最多花费两周时间研发自己感兴趣的项目,这与之前谷歌推出的"20%自由创新时间"十分相似。

5. Facebook:各种角色互换激发创新

与谷歌、苹果相比,很少有人能想象出Facebook内部的创新文化。Facebook的创新氛围非常浓厚,不仅拥有专门的移动设计智囊团,员工们还经常有规律的"角色互换",工程师、管理层和其他团队经常变换工位,从而更好地进行讨论并激发创意。

6. 百度：最高奖激励基层创新团队

2010年，为了提高员工积极性，鼓励创新，百度CEO李彦宏提出了"百度最高奖"，针对公司总监以下的对公司产生卓越贡献的基层员工进行高达百万美元的股票奖励。不仅如此，奖励对象还都是10人以下的小团队，这也是迄今为止国内互联网企业中给予普通员工的最高奖励。

——腾讯科技：《为激励员工创新，这些科技公司也是拼了》，http://www.cyzone.cn/a/20150702/276864.html，2015年7月2日

4. 指导老化销售人员自我激励

解铃还须系铃人，老化销售人员还须自我再生。老化销售人员应如何激励自己东山再起呢？销售经理应指导他们做到如下几点：

（1）首先要承认老化问题的存在。这并不容易做到，许多老化的销售人员无法认识到状况的复杂性及严重性。最可怕的是老化销售人员并不认为自己已经老化或开始老化。销售经理应当直截了当地给予指明。

（2）建立一套老化趋势评估制度。对销售人员进行全年的业绩评估并辅以一年之中多次小型评估，使销售经理及销售人员有机会或理由相聚在一起，相互讨论每位销售人员的表现。一旦有业绩下降或出现低潮的问题，销售人员就可以借自我发现或由销售经理提醒的方式，自己采取改善措施。

（3）老化销售人员可以或者说应该去参加一些销售培训课程。有时，年资越久，在销售做法上偏离基本做法可能会越远，如不加注意，很快就会疏略所有的推销基本技巧和方法。

（4）让销售人员多阅读。销售人员可以多看书、报、杂志，通过学习来不断提高销售技艺。

（5）销售人员要多参加与销售有关的活动及聚会等。看到别人怎么做后，再把自己过去的作风和目前自己的表现相比较，就会发现自己的颓丧程度。

（6）当销售人员发现自己有老化现象即应重估自己的现况。年轻的销售人员也许会发现自己不适合做销售工作，那就该改换职业了。评估后，所有不同年龄的老化销售人员应开始做个人目标及个人在工作上的发展计划，年轻的销售人员可作2年、5年及10年的事业发展计划，年老的销售人员只拟2~5年的个人发展计划即可。

（7）销售人员要设定个人计划。销售人员作计划时，内容除了事业及收入的目标外，也应该列入其他事业性的目标，如设法在一年内学会如何使用电脑等。

（8）负债经营，如分期付款买房子、车子等，鞭策自己努力工作，赚更多的钱来支付这些费用。

（9）把自己的销售区域当作自己的事业，生意的好坏完全取决于自己努力与否，要不断地提醒自己需有个固定工作且不能表现太差。

（10）列出自己的喜好。把自己对公司及产品的喜欢与不喜欢的地方都列出来，然后努力设法排除那些自己不喜欢的地方。

在指导老化销售人员自我激励时，最重要的是要知道如何注意老化的迹象或警戒信号，以便及时给予适当的协助。在帮助老化销售人员的过程中，销售经理的角色至关重要，要语重心长地与老化销售人员进行沟通。销售经理及销售人员如能认识到老化问题的存在，共同努力设

法寻求解决问题的方案，必然会克服老化现象，共建一支工作效率不断提高的销售队伍。

本章小结

激励的关键是要与被激励者的期望相符，否则再好的激励也是没有作用的，而每个人的期望又都是不同的，在每个阶段的期望也是不同的。所以，在实施激励措施时，特别是在销售管理中对销售人员激励时，首先要清楚销售人员的期望。销售人员的期望主要有物质回报、工作愉快、不断进步、适当减压、提供帮助。

本章案例

很多企业在销售人员的激励问题上认识不清，措施不到位，导致销售人员流失率居高不下。激励销售人员可以从不同的角度出发，采取不同的方式，通过环境激励、目标激励、物质激励和精神激励等方式来提高销售人员的积极性。同时在激励时把握以下原则：因人而异、奖惩适度、公平公正、奖励正确的事情。

任何一个销售群体都是由各种类型的销售人员组成的，他们中的一部分人会有各种各样的问题。销售主管应密切注意下属的动向，及时了解销售人员的问题，这样才可以在心理上有所准备，并在实际行动中有正确的应对措施。本章主要是对明星销售人员、问题销售人员和老化销售人员激励问题。

本章习题

一、复习思考题
1. 企业可以选择哪些激励方式来提高销售人员的工作积极性？
2. 销售竞赛激励设计的原则是什么？
3. 问题销售人员可以分为哪几类？
4. 如何激励明星销售人员？
5. 如何对销售人员老化现象进行防治？

二、实训题
实训项目：主管对下属的激励情景案例。
实训目标：
1. 培养学生运用管理激励理论的意识与能力。
2. 通过角色扮演完成对学生的行为调整和心理训练。
实训内容与要求：
1. 以小组为单位设计一个销售主管激励不同类型下属的剧情。
2. 根据所学相关知识，提出解决问题的方案。
3. 请两位同学代表本小组完成剧情的表演。

第10章

销售人员的考评与薪酬

★学习目标

通过本章的学习,了解销售人员业绩考核的特点、作用和原则;了解绩效考核的程序和方法;熟悉销售薪酬的激励作用和设计原则;掌握选择薪酬制度的方法。

★教学要求

通过实际案例讲解销售人员薪酬考评的要点,注重课堂的活跃度;采用启发式、探讨式教学,鼓励学生多思考;加强课堂案例的讨论,注重对案例和知识点的总结。

★导入案例

BOV公司销售人员的绩效

北京京东方真空电器有限责任公司(BOV),是由京东方科技集团股份有限公司和北京京能能源投资有限公司等共同出资,于1998年组建的专业生产真空灭弧室的企业。

BOV公司自1999年成立至今虽然成长比较稳定,但是在销售人员的绩效管理方面不断面临新的挑战。2008年BOV公司的绩效管理工作主要为:年初根据上一年度的情况为销售人员制定年度销售任务,发布新的绩效考核办法,设置新的考核指标。2008年BOV公司销售人员的绩效考核业绩指标为销售额、回款、任务完成率和回款率。同时,还增加了其他一些指标,如出差计划、合同管理、客户管理、业务管理、出勤守纪、预测分析、退货追回和临时任务。依据这些指标设置了绩效考核方法,到年底对销售人员进行考核。BOV公司每个月召开营销部销售总结会议,对每个月的销售情况进行总结。在此会议上会讨论绩效方面的内容,但不会记录,不会影响年终考核结果。年底公司根据销售人员一年的绩效管理指标完成情况,对销售人员进行绩效考核总结,并根据此结果制定激励措施。

BOV公司在对销售人员进行绩效管理的过程中混淆了绩效管理和绩效考核的概念,错误地认为绩效管理就是绩效考核,公司做了绩效考核表,量化了考核指标,年终实施了考核,以为就是做了绩效管理了。绩效管理是一个完整的系统,不是一个简单的步骤。BOV公司在制定销售人员的绩效管理指标时并没有围绕公司战略来进行,导致个人目标、部门目标、公司战略目标不能有效地相互促进。该公司对销售人员绩效管理考核指标的设置不够合理,考核方法不够透明,使销售人员对绩效考核的公正性产生了质疑,严重影响了销售人员的积极性。在绩效管理过程中缺乏沟通,考核周期过长,常常出现销售人员工作目标偏离公司战略目标的现象。该公司在结束对销售人员的考核后没有很好的反馈机制,未能及时了解销售人员的意见,未能及时完善下一考核周期的绩效管理办法。

——豆丁网:《BOV公司销售人员绩效管理研究》,http://www.docin.com/p-661017128.html,2017年5月4日

★引导任务

谈谈企业应该如何合理进行销售人员的绩效考评工作。

绩效考评是销售经理对销售人员进行管理的基本内容之一。绩效考评是一种正式的员工评估制度,它是通过系统的方法、原理来评定和测量员工在职务上的工作行为和工作效果。绩效考评也是企业管理者与员工之间的一项管理沟通活动。绩效考评的结果直接影响到薪酬的调整、奖金的发放及职务的升降等诸多员工的切身利益。

10.1 销售人员业绩考评

10.1.1 销售绩效考评概述

绩效考评是指组织中的各级管理者,通过某种手段对其下属的工作完成情况进行定性和定量的评价过程。

销售人员的绩效考评是销售管理的一个重要环节,通过考评可以对员工的工作进行评价,同时考评也是给予销售人员报酬及其获得提升的依据。绩效考评是一种正式的员工评估制度,是用既定的标准来衡量工作绩效以及将绩效结果反馈给员工的过程。绩效考评的有效实施,有助于激发销售人员的工作热情,提高其工作效率,通过不断地改善销售人员个人的业绩来提升企业的整体效益。

1. 销售人员绩效考核的特点

销售人员面对的是竞争激烈、瞬息万变的市场,工作性质要求他们具有灵活应变和不断创新的能力,因此他们是追求自主性、个体化、多样性和创新精神的员工群体。与企业其他员工相比,销售人员的工作有其自身的特点:为适应市场竞争的要求,销售人员须具备强烈的创新精神和创新能力;为满足客户日益增长的需求,销售人员必须善于学习,因为销售人员的工作内容以客户为主体,其必须深谙社会文化心理、善于文化经营;成功的销售人员需具备全面的知识和丰富的阅历,不仅要懂产品,还要懂技术,懂市场营销,学习心理学、社会学、公共关系等人文科学,需要更高的人力投资成本;工作性质决定销售人员要承受较大的工作压力,须具备较好的身体条件和心理素质;因具有明确的业绩指标和衡量标准,销售

人员很容易被区分出优劣；销售人员的工作个体化、自主性比较强，销售人员既可以一天24小时都在工作，也可能因为头天晚上和客户洽谈、吃饭到很晚，第二天休息，没有上班，工作时间的弹性很大，用一般的考勤制度来约束他们不是很适合；因其工作需要与人打交道，销售人员一般性格比较外向，善于交际和沟通，容易接受新鲜事物，个性活跃，有时容易冲动；从工作职责讲，销售人员除了完成量化的业绩指标，还包括一些定性的指标，在一定程度上掌握着公司的商业秘密，需要具备一定的商业道德和做人原则。

与上述销售人员的工作特点配套，其绩效考核与其他岗位的员工相比也有一些不同的特点，主要有以下特征：

（1）量化的业绩指标一般要占到整体考核的60%以上，而且这种业绩指标是与公司整体战略目标挂钩的。但是，单纯的业绩指标会造成销售人员的短视行为，甚至为完成业绩不惜牺牲公司利益，因此，需要加入定性的指标来约束其日常行为。

（2）从团体角度出发，其考核体系里一定要加上内部沟通与协调的考核指标，包括团队协调能力、信息系统建立情况、工作态度等。

2. 销售绩效考评的意义

销售人员绩效考评的基本目的是确定各销售人员工作表现的优良程度。考评在销售管理过程中的作用，具体来说表现在以下几个方面：

（1）保障销售目标的完成。销售目标是销售管理过程的起点，它对销售组织、销售区域的设计及销售定额的制定起着指导作用。这些工作完成之后，销售经理开始招聘、配置、培训和激励销售人员，促使他们朝着销售目标努力。同时，销售经理还应当定期收集、整理和分析有关销售计划执行情况的信息。这样做一方面有利于对计划的不合理处进行修改，另一方面则有利于发现实际情况与计划的差异，以便找出原因并寻求对策。可见，有效的绩效考评方案如同指南针，能够保证销售人员实现企业的销售目标。

（2）为销售人员的奖酬提供依据。科学的考核、公平的奖酬对激励销售人员有着重要的影响。有效的绩效考评方案是对销售人员的行为、态度、业绩等多方面进行全面而公正地考评，考评的结果不论是描述性的还是数量化的，都可以为销售人员薪酬的调整、奖金的发放提供重要的依据。而且，企业能够在客观评价的基础上给予销售人员合理的报酬或待遇，激励销售人员继续努力。

（3）通过考评发掘销售人才。通过绩效考评能够查明销售人员的实际销售能力及效果，绩效考评的结果能够对销售人员是否适合销售岗位做出客观、明确的评判。如果发现他们缺乏某一方面的能力，可以通过培训进行补充和加强；如果发现他们在某方面的能力没有得到充分的发挥，可以给予他们更具挑战性的任务，为他们提供尽展才华的机会。另外，一个具有敏锐观察力的销售管理者，通过绩效考评也可能会发现具有某方面潜能的销售人才，从而采取措施发掘和培养他们。

（4）加强对销售活动的管理。在销售管理过程中，销售经理一般每月对销售人员进行一次考评。有了每月的考评，各销售区域的业务量会有所增加，因为销售人员都希望获得较好的考评成绩。同时，销售活动的效率也会提高，因为绩效考评会让销售人员周密思考和谨慎行动，他们会用更理智的方式做事。绩效考评还能让销售经理监控销售人员的行动计划，及时发现问题。

（5）让销售人员清楚企业对自己的评价和期望，引导销售人员的发展。虽然销售经理和销售人员会经常见面，经常谈论一些工作上的计划和任务，但是销售人员还是很难明确企业对自己的评价和期望。绩效考评是一种正规的、周期性的销售评价系统，绩效考评的结果是向员工公开的，员工有机会了解企业对他们的评价，从而正确地估计自己在组织中的位置和作用，减少不必要的抱怨。

每位员工都希望自己在企业有所发展，企业对员工的职业生涯规划就是为了满足员工自我发展的需要。绩效考评是一个导航器，它可以让员工清楚自己需要改进的地方，指明员工前进的方向，为员工的自我发展铺平道路。

这些不同的目的影响着企业的整个绩效评估过程。例如，确定物质奖励及奖励进步者的绩效评估应该把重点放在销售人员当前的工作及与销售相关的活动上；把销售人员提升到管理职位的绩效评估，应侧重于他作为销售经理的潜在效率之上，而不只是看他当前的工作绩效。所以，必须谨慎地开发与实施销售人员绩效评估系统，以便为完成既定目标提供必要的信息。

★ 情景体验 10-1

年度业绩考核

马克·鲍尔斯准备着手做那些他不喜欢的工作之一——年度业绩考核，这是他作为马丁纸业公司（一家办公表格和其他各种商业用纸的生产商）的地区经理第三年工作的结束。他所管辖的地区包括亚利桑那州、新墨西哥州、科罗拉多州和内华达州。他负责管理 12 位销售代表。

马克·鲍尔斯不喜欢这个工作的一个原因是它看起来经常变化。例如，当他接任地区经理之职后，他需要安排考评过程。因此，他就得坐下来和离职的经理——盖尔·杰克逊一起实施这个过程。那是去年的"老程序"，它事实上只统计销售数字和销售成本，并根据这些安排确定业绩。然后，他们确定定额和下一年的指标。这个过程共用了 4 个小时。杰克逊告诉他，人力资源管理人员正在为明年的评价过程做一些改变，并让他充分信任他们。

"这些改变"等于对该系统的全面改进，明年他虽然仍需要考虑销售量和销售成本，但他同时还要注意销售组合和盈利能力。此外，他还得计算各种指标并归纳它们的比较结果，今年，人力资源管理部门已经增加了完整的需要评价的"定性"指标。例如，他不得不在客户服务、专业性和时间管理以及各种其他领域，对他的下属进行排序。他感到烦恼，因为定性的指标是"软的"，并且很难评价。他知道这更富主观性，同时也受到偏见的影响。最后，他觉得沮丧还因为以前仅用 4 小时即可完成的评价活动，现在却需要耗费整整一周时间，在这段时间里，他得坐下来和他的每一个销售代表一起讨论评价工作，并为下一年确定目标。

——安贺新：《销售管理实务》，清华大学出版社，2009

3. 销售人员绩效考评的原则

（1）实事求是原则。实事求是就要求绩效考核的标准、数据的记录等要建立在客观实际的基础之上，对销售人员进行客观考核，用事实说话，切忌主观武断。若缺乏事实依据，宁可不作评论，或注上"无从考察""待深入调查"等意见。按客观的标准进行考核，可引导成员不断改进工作，避免员工之间的摩擦，防止破坏组织团结。

（2）重点突出原则。为了提高考核效率，降低考核成本，并且让员工清楚工作的重点，考核内容应该选择岗位工作的主要方面进行评价，突出重点。同时，考核内容不可能涵盖岗位工作的所有内容。考核的主要内容以影响销售利润和效率的因素为主，其他方面为辅。

（3）公平公开原则。绩效考核应该最大限度地减少考核者和被考核者双方对考核工作的神秘感，绩效标准的制定应通过协商来进行。考核结果公开，使企业的考核工作制度化、规范化。

（4）重视反馈原则。在绩效考核之后，企业要组织有关人员进行面谈讨论，把结果反馈给被考核者。同时，考核者应注意听取被考核者的意见及自我评价。存在问题不要紧，应及时修改，建立起考核者与被考核者之间的互相信赖关系。

（5）工作相关原则。绩效考核是对销售人员的工作评价，对不影响工作的其他任何事情都不要进行考核。如员工的生活习惯、行为举行、个人癖好等内容，都不宜作为考核内容，更不可涉及销售人员的隐私。在现实的绩效考核中，往往分不清哪些内容和工作有直接联系，结果将许多有关人格的判断掺进评判的结论，这是不恰当的，考核过程应就事论事。

（6）重视时效原则。绩效考核是对考核期内的所有成果形成综合的评价，而不是将本考核期之前的行为强加于当期的考核结果中，也不能取近期的业绩或比较突出的业绩来代替整个考核期的绩效，这就要求绩效数据与考核时段相吻合。

10.1.2 销售人员绩效考评的程序

销售人员的绩效考评工作应严格按照一定的程序进行，具体包括以下几个步骤：收集考评资料、建立绩效标准、选择考评方法、实施绩效考评、反馈考评结果，如图10-1所示。只有这样，才能对销售人员的业绩做出合理的、全面的、科学的评定。

图 10-1　销售人员绩效考评程序

1. 收集考评资料

考评时必须全面、充分地收集销售人员的资料。资料的主要来源有：

（1）销售人员销售报告。销售报告是最重要的资料来源，可分为销售活动计划报告和销售活动业绩报告。销售活动计划报告包括地区年度市场营销计划和日常工作计划等。许多企业已开始要求销售人员制定销售区域的年度市场营销计划，在计划中提出发展新客户和增加与现有客户交易的方案。各企业的要求也不尽相同，有的要求对销售区域的发展提出一般性意见，有的则要求列出详细的预计销售量和利润估计。企业的销售经理将对计划进行研究，提出建议，并以此作为制定销售定额的依据。

日常工作计划由销售人员提前一周或一月提交，说明计划安排的访问和巡回路线。管理部门收到销售代表的行动计划后，有时会与他们沟通，提出改进意见。行动计划可指导销售人员合理安排工作，为管理部门评估其制定和执行计划的能力提供依据。

销售活动业绩报告主要提供已完成的工作业绩，如销售情况报告、费用开支报告、新业务的报告、流失业务的报告、当地市场状况的报告等。

（2）企业销售记录。企业内部的有关销售记录（如客户记录、区域的销售记录、销售费用的支出等）是开展评估的基本资料。利用这些资料可计算出某一销售人员所接订单的毛利，或某一规模订单的毛利等，对于评估绩效有很大的帮助。

（3）客户意见。评估销售人员应该听取客户的意见。有些销售人员业绩很好，但在客户服务方面做得并不理想，在商品紧俏时更是如此。如某公司一位销售人员负责某地区的销售业务，经常以货源紧张为由对其客户提出诸如用车等非分要求，对公司形象造成很不好的影响。收集客户意见的途径有两个，一是客户的信件和投诉；二是定期进行客户调查。

（4）企业内部其他员工意见。这一资料主要来自企业内部其他有关人员的意见，比如营销经理、销售经理、其他销售人员或其他人员的意见。这些资料可以提供一些有关销售人员的合作态度和人际关系技能方面的信息。

2. 建立绩效标准

要评估销售人员的绩效，一定要有科学合理的标准。所谓绩效标准，是指企业希望销售人员所能达到的绩效水平和标准，以及如何对具体的标准进行衡量。无论是销售人员的工作结果，还是他们实际的工作行为，都应该作为绩效标准的组成部分。绩效考核的标准分为客观性绩效标准和主观性绩效标准。

（1）客观性绩效标准。在绩效标准中，客观性绩效标准因为是按职务标准进行的量化考核，因而也称职务考核。职务考核能够最有效地对销售人员的业绩进行评价。客观性绩效标准一般包括以下几个方面：

①销售量。大多数销售经理考核销售人员绩效的第一个标准就是销售量，抛开其他因素，销售最多的就是最好的。但是，销售量不能完全说明企业销售人员对企业利润和客户关系贡献的多少。为了使销售量评估更有价值，在实际考核时，一般将销售人员的总销售量按产品、客户或订单规模分类研究，并与产品、客户的分类定额指标相对比。

②毛利。除了考核销售量外，销售经理应该更多地关心销售人员创造的毛利。毛利是销售人员工作效率的一个更好的考核标准，因为它在某种程度上显示了销售人员销售高利润产品的能力。个人对利润的直接贡献理所当然是考核销售人员绩效的重要标准。

③订单的数量和订单平均规模。销售人员获得的订单数量和订单平均规模也是销售人员绩效考核的重要标准。这一分析按客户类型划分，更能了解销售人员的客户销售效率。有的销售人员得到了太多的小批量、非营利的订单，尽管总销售量因为几个大的订单而令人满意。也有的销售人员很难从某些类型的客户得到订单，只能从其他客户那里取得订单来弥补。

④平均每天访问客户的次数（日访问率）。销售绩效的一个关键因素是访问客户的数量，销售人员如果不访问客户，就无法销售产品。通常，访问次数越多，产品卖得越好。如果某销售人员每天访问三次客户，而合理的企业销售人员日访问客户的平均次数是四次，那么有足够的理由相信，销售人员将日访问率提高到平均水平上，其销售业绩一定会上升。

⑤平均访问成功率。访问成功率即收到的订单数与访问次数的比率。作为绩效标准，访

问的平均成功率表示了销售人员选择和访问潜在客户的能力和成交能力。将平均成功率和日访问率进行结合分析更有意义。如果访问率高于平均水平，但是订单数量低于平均水平，那么可以推断销售人员可能没有在每个客户身上花足够的时间；如果访问率和访问成功率都高于平均水平，而平均订单很小，说明销售人员的销售技术有待提高，应学会如何有效地访问客户。

⑥直接销售成本。直接销售成本是销售人员所发生的销售费用之和，如出差费用、其他业务费用、奖酬等。绩效考核的成本标准一般采用销售费用率或访问费用率。如果销售人员的销售费用率或访问费用率高于平均水平，可能表示该销售人员的工作表现差，或者销售地区缺乏潜力，或者面对的是新的销售区域。平均成功率低的销售人员，通常单位访问成本也高；日访问率低的销售人员，单位访问成本也高。

⑦路线效率。路线效率即访问客户的单位平均里程，是出差里程与访问次数的比率。路线效率可以显示销售人员所在地区的客户密度或者衡量出差的效率。如果销售人员服务的市场规模和客户密度都大致相同，那么单位访问里程就是显示路线效率的重要标准；如果销售人员的单位访问里程相差较大，销售经理就应该考虑控制那些较差人员的拜访路线。

（2）主观性绩效标准。主观绩效考核也称职能考核，是销售经理使用定性因素对销售人员的销售能力进行的评价。职务标准对应于"工作"，职能标准对应于"能力"。对一个组织来说，不仅要追求现实的效率，还要追求未来可能的效率，把有能力的人提到更重要的岗位，使现有岗位上的人都能发挥其能力。主观性绩效标准主要有：

①销售技巧标准，包括发现卖点、产品知识、倾听技巧、获得客户参与、克服客户异议、达成交易等。

②区域管理标准，包括销售计划、销售记录、客户服务、客户信息的收集与跟踪等。

③个人特点，包括工作态度、人际关系、团队精神、自我提高等。

需要注意的是，在主观绩效考核中，考核者的主观因素得到了最大的发挥，考核者成了关键角色，因此在考核中使用行为等级表是非常必要的，通过对个体行为的详尽描述，从而指导考核者对被考核者做出尽可能客观的等级评价（表10-1）。

表10-1 销售人员行为等级考评表

行为等级	等级分值	行为描述
出色	10	能够做到比一般期望的更好，帮助团队更好地实现销售目标
比较出色	8	总是能够如期望的那样合作，并为团队目标作出贡献
一般	5	通常愿意合作，并参与团队销售努力之中
比较差	2	只能在一定程度上参与团队努力，对团队活动没有主动性
很差	0	不愿参与，有时甚至与团队目标背道而驰

3. 选择考核方法

根据考核内容的不同，考核方法也可以采用多种形式，从而有效地减少考核误差，提高考核的准确度。常用的考核方法主要有以下几种：

（1）横向比较法。这是一种对各位销售人员的销售业绩进行比较和排队的方法。这里不仅要对销售人员完成的销售额进行对比，而且还应考虑到销售人员的销售成本、销售利润、客户对其服务的满意程度等。

第10章 销售人员的考评与薪酬

下面假定以销售额、订单平均批量和每周平均访问次数三个因素来分别对销售人员 A，B，C 三人进行业绩考核，见表 10-2。

表 10-2 销售人员业绩考评表 I

考评因素		销售人员 A	B	C
销售额	1. 权重	5	5	5
	2. 目标/万元	80	90	60
	3. 完成/万元	72	72	54
	4. 达成率/%	90	80	90
订单平均批量	1. 权重	3	3	3
	2. 目标/万元	900	800	600
	3. 完成/万元	720	720	540
	4. 达成率/%	80	90	90
	5. 绩效水平（1×4）	2.4	2.7	2.7
每周平均访问次数	1. 权重	2	2	2
	2. 目标/次	25	20	30
	3. 完成/次	20	17	24
	4. 达成率/%	80	85	80
	5. 绩效水平（1×4）	1.6	1.7	1.6
绩效合计		8.5	8.4	8.8
综合绩效（绩效合计除以总权重）		85%	84%	88%

由于销售额是最主要的因素，所以把权数定为 5，另外订单平均批量和每周平均访问次数的权数分别定为 3 和 2。用三个因素分别建立目标，由于存在地区差异，所以每个因素对不同地区的销售人员建立的目标是不一样的。如销售人员 B 的销售额核定为 90 万元，高于销售人员 A 的 80 万元和 C 的 60 万元。这是考虑到他所在地区的潜在客户较多，竞争对手较弱而决定的，由于销售人员 A 所在地区内有大批量的客户，所以其订单平均批量也相对较高。每个销售人员每项指标的达成率等于他所完成的工作量与目标的比率，随后将达成率与权数相乘，就得出了各个销售人员的综合效率。可以看出，销售人员 A，B，C 的综合效率分别为 85%，84% 和 88%，销售人员 C 的综合绩效最好。

（2）纵向分析法。这是将同一销售人员的现在和过去的工作实绩进行比较，包括对销售额、毛利、销售费用、新增客户数、流失客户数、每个客户平均销售额、每个客户平均毛利等数量指标进行分析的方法。例如，对销售人员 H 的绩效考核见表 10-3。

表 10-3 销售人员绩效考评表 II

考评因素	年份	2013	2014	2015	2016
1. 产品 A 的销售额/元		376 000	378 000	410 000	395 000
2. 产品 B 的销售额/元		635 000	660 000	802 000	825 000

续表

年份 考评因素	2013	2014	2015	2016
3. 销售总额/元（3 = 1 + 2）	1 011 000	1 038 000	1 212 000	1 220 000
4. 产品 A 的定额达成率/%	96	93	89	85
5. 产品 B 的定额达成率/%	118	121	133	130
6. 产品 A 的毛利/元	75 200	75 600	82 000	79 000
7. 产品 B 的毛利/元	63 500	66 000	80 200	82 500
8. 毛利总额/元（8 = 6 + 7）	138 700	141 600	162 200	161 500
9. 销售费用/元	16 378	18 476	18 665	21 716
10. 销售费用率/%（10 = 9/3）	2	2	2	2
11. 销售访问次数	1 650	1 720	1 690	1 630
12. 每次访问成本/元	10	11	11	13
13. 平均客户数	161	165	169	176
14. 新客户数	16	18	22	27
15. 失去客户数	12	14	15	17
16. 每个客户平均购买额/元（16 = 3/13）	6 280	6 219	7 172	6 932
17. 每个客户平均毛利/元（17 = 8/13）	861	858	960	918

销售经理可以从表 10-3 中了解到有关销售人员 H 的许多情况。H 的总销售量每年都在增长，但并不一定说明 H 的工作有多出色。对不同产品的分析表明，H 销售产品 B 的销售量大于销售产品 A 的销售量，对照 A 和 B 的定额达成率，H 在销售产品 B 上所取得的成绩很可能是以减少产品 A 的销售量为代价的。根据毛利额可以看出，销售产品 A 的平均利润要高于产品 B，H 可能以牺牲毛利率较高的产品 A 为代价，销售了销量较大、毛利率较低的产品 B。销售员 H 虽然在 2016 年比 2015 年增加了 8 000 元的总销售量，但其销售毛利总额实际减少了 700 元。

H 的销售费用率基本得到了控制，但销售费用是不断增长的。销售费用上升的趋势无法以访问次数的增加予以说明，因为总访问次数还有下降的趋势，这可能与取得新客户的成果有关。但是，H 在寻找新客户时，很可能忽略了现有客户，这可从每年失去客户数的上升趋势上得到说明。最后，每个客户平均购买额和每个客户平均毛利在与整个企业的数据进行对比时更有意义。如果 H 的这些数值低于企业的平均数据，也许是他的客户存在地区差异性，也许是他对每个客户的访问时间不够。也可用他的年访问次数与企业销售人员的平均访问次数相比较，如果他的平均访问次数比较少，而他所在销售区域的距离与其他销售人员的平均距离并无多大差别，则说明他没有在整个工作日内工作，也许是他的访问路线计划不周。

（3）尺度考评法。这是将考评的各个项目都配以考评尺度，制作出一份考核比例表加以评核的方法。在考核中，可以将每项考评因素划分出不同的等级考评标准，然后根据每个销售人员的表现按依据评分，并对不同的考评因素按照其重要程度赋予不同的权重，最后计算出得分（表 10-4）。

表10-4 销售人员业绩考评表Ⅲ

等级\项目	甲 (90分以上)	乙 (80~89分)	丙 (70~79分)	丁 (60~69分)	戊 (59分以下)	记分	权重/%	评分
工作实绩	超额完成工作任务，贡献比别人多	工作成绩超过一般人所能达到的水平	工作成果符合要求，基本如期完成	工作成果大致符合要求，有时需要帮助	一般不能完成所要求的工作任务			
工作能力	具有高超的工作技能，开发新客户能力强	具有较强的工作技能，时有建设性意见	具有完成分内工作的能力，开发新客户有效果	工作技能一般，须多加指点，很少有创见	工作技能不能应付日常工作			
工作态度	积极性很高，责任感强，协调能力较强	态度积极，总能自动负起责任	日常工作不拖延，欣然接受工作	对难度大的工作积极性不高，责任感一般	缺乏积极性，工作需要不断监督			

（4）360度考核法。传统的绩效考核方法仅仅从一个角度对销售人员进行考核，这容易导致考核不够全面，甚至不够公平，在一定程度上失去了绩效考核原有的意义。如果由直接上级、其他部门上级、下级、同事和客户对销售人员进行多层次、多维度的评价，则可以综合不同评价者的意见，得出一个全面、公正的评价结果，这就是360度考核体系，也叫全视角考核法。

360度考核体系，除了传统的上级评价以外，还包括自评、同事评价、委员会评价、客户评价和下级评定。360度考核体系如图10-2所示。

图10-2 360度考评体系示意图

360度考核体系的特点如下：
①企业销售工作越来越多的是由团队而不是个人完成的，个体更多地服从领导小组的管理，而不是单个领导的管理。这样，员工的工作表现就不应只由一名上级来评价，凡是了解销售员工作表现的领导，都可能参与销售员的绩效考核。
②360度绩效考核可以使销售人员对管理者施加一定的压力，而不是完全处于被动。

③360度考核更为全面、客观地反映了销售员的贡献、长处和发展的需要。

实施360度考核的注意事项如下：

①上级担心员工利用360度考核体系发泄对其不满，而下级则担心如实反映情况会被上级报复。因此，360度考核体系最为关键的是建立考核者和被考核者之间的相互信任，且要做好考核结果的保密工作。

②样本的大小。为了保证考核的全面性，而且为了避免透露考核结果来源于哪个个体，考核最少需要4~5名下级。

③上级、下级、同事和客户对销售人员的各个方面不可能有同样准确的观察，所以不同评价者的评价表格是不同的，而且在综合整理各方面的评价结果时，要特别注意以事实为依据。

★情景体验10-2

华为人才评估体系：拒绝360度评估要奋斗者 而不是老好人

1. 通过360度评估来找人是要完蛋的

每到一个考核期，企业管理者和HR会绞尽脑汁设计出各种奇葩问题，对大家进行全方位扫描，开始做360度评估，上级、下级、平级，滴水不漏！这样的做法理论上不错，对员工全面翔实地考察，发现优势与不足，找出优势与发展路径，克服不足与短板，perfect！

然而华为老板任正非却对此say NO！

因为，360做出来的结论是：老好人得分最高！最后的结果是，引导全公司的人都做老好人！

2. 华为老板任正非怎么理解，怎么用360度

（1）想通过360度来找完人是要完蛋的。你别指望公司有完人，什么叫完人，"刚出生的小孩就是完人，无所作为的人就是完人，我们认为这个社会，我们的公司不需要完人，我们需要能做出贡献的人。"

（2）360度应该理解为是一个调查方法，该叫360度调查。按任正非的话说，360度调查是寻找每一个人的成绩，每一个人的贡献。也包括寻找英雄，寻找将军。

（3）企业老板很喜欢把加班放在360度来评估，认为加班多的人就是好，就应该给高分。这一点任正非是这么看的，"他不加班，但他绩效很好，说明他潜力大，应该多给他加担子，而不是打击他"。

（4）360度不是为了找缺点，找问题。很多企业的HR认为找到缺点和问题是360度的成功，唯其如此才没有白做，甚至把缺点和问题放大，然后把这个人打倒。

也就是说，360度不是拿来考核的，而是用来寻找人才，发现某些方面特别有贡献的人。恰恰很多优秀的人，缺点也是很鲜明的。这部分人很容易被360度伤害，甚至被干掉。任正非的原则是，任何一种管理办法都不能伤害到"优秀的奋斗者"，即便是那些调皮捣蛋不听话的奋斗者，只要有贡献他就应该得到激励。

在华为，这样的案例数不胜数。

迄今在终端消费业务单元呼风唤雨的余承东，如果按照360全方位评估的话，在任何时

候估计都不能得到高分,都不能"被提拔重用",因为他是一个出名的"大嘴巴":善于把企业中的问题和毛病用大喇叭的方式喊出来,让很多人颜面无存;善于"吹牛",把别人根本不敢想的事情吹得天花乱坠,让人向往;敢于把责任揽到自己身上,敢于骂人,敢于叫板老板,敢于得罪一切人……

但华为坚决使用这样的人才,哪怕在余承东上台后针对运营商的一系列举措让业绩短时间下滑,也没有听从一些人的"风言风语"把他拿下,而是坚持相信,最终华为手机实现成功逆袭,成为今天的全球前三,中国第一。

——财经国家周刊:《华为人才评估体系:拒绝360度评估要奋斗者 而不是老好人》,http://news.10jqka.com.cn/20160610/c590860003.shtml,2016年6月10日,有删减

(5) 关键绩效指标考核法。关键绩效指标考核(Key process Indicator,KPI)是通过对销售人员工作绩效特征的分析,提炼出最能代表绩效的若干关键绩效指标,并以此为基础进行绩效考核。确定一些关键绩效指标十分重要,这些指标必须与企业的目标之间紧密结合,并能突出强调那些在吸引、扩张和保留客户方面最有效的做法。如果企业跟踪的数据过多,必然造成考核成本的上升,影响考核工作的效率。对销售人员进行的关键绩效考核通常有以下几种指标:客户满意度,如客户满意度提高或客户投诉量减少;平均销售订单数额,如平均销售订单额或销售订单额增长率;货款回收,如货款回收额或货款回收目标完成率;销售费用,如直接销售费用率或直接销售费用率降低。

除此之外,依据销售人员的业务现状,还可加入团队合作、市场分析、客户关系等定性关键绩效指标。因此,关键绩效指标应具有以下特征:

①将销售人员的工作与公司的远景、战略相连接,层层分解,层层支持,使每一个销售人员的个人绩效与部门绩效、公司的整体效益直接挂钩。

②保证销售人员的绩效与内、外部客户的价值相连接,共同为实现客户的价值服务。

③销售人员绩效考核指标的设计是基于企业的发展战略与流程,而非依据岗位的职能。

关键绩效指标与一般绩效指标相比,把个人和部门的目标与公司整体的成败联系起来,更具长远的战略意义。关键绩效指标体系集中测量企业需要的行为,而且其简单明了,容易控制与管理。对于销售人员而言,关键绩效指标体系使得销售人员按照绩效的测量标准和奖励标准去工作,真正发挥绩效考核指标的牵引和导向作用。

4. 绩效考核的实施

对销售人员的绩效进行具体的考核,一般包括以下内容:日活动情况考核、月度业绩考核、服务能力考核、工作能力考核等。

(1) 日活动情况考核。我国许多企业还没有推行销售人员日报管理,其实销售日报表的作用和用途是很明显的,它能提供有关客户、市场和竞争者等许多方面的信息,销售经理可从中了解销售人员的工作情况及目标的达成情况,并发现问题和不足。而且,销售日报表可以为销售经理加强业务指导、提高销售效率提供依据。

要让销售人员填好销售日报表,首先必须让销售人员认识到销售日报表的重要作用;其次要设计容易填写的日报表。日报表的格式应该比较固定,形式简单但内容全面。(表10-5)

表 10-5 销售日报表

日期:				天气:					姓名:
访问顺序	访问对象	访问目的						记事	访问费用
		开拓	估价	订货	收款	服务			
访问费用合计:									

来访	来客	来访目的				来访结果			

时间记录	行动类别	8~9点	9~10点	10~11点	11~12点	1~2点	2~3点	3~4点	4~5点	合计
	准备									
	交通									
	等待									
	洽谈									
	服务									

（2）月度业绩考核。此项考核将主要考核销售人员月度和年度销售业绩，包括各类财务指标，如销售额、利润率、回款率等。销售月报见表10-6。

表 10-6 销售月报

日期	星期	销售金额	毛利	折扣额	折让额	收款金额	访问户数	洽谈时间	交通时间	等待时间	成交户数	新客户数	访问费用
合计		2	3	4	5	6	9	10	11	12	13	15	16
1. 本月销售目标			7. 本月工作日数				8. 本月工作时数				14. 辖区内总户数		

（3）服务能力考核。当今各企业间销售的竞争从某种意义上说是服务的竞争，包括售前、售中和售后的服务。因此，所有的销售人员都必须做好对客户的服务工作，销售人员服务能力的考核取决于客户当月和全年投诉率，所有销售人员的投诉率不应高于5%。销售人员的服务不仅在客户投诉率上得到体现，还应在为其他部门提供的服务上得到反映，此项考核由各部门分别完成。

（4）工作能力考核。通过对销售人员工作行为的观察和分析，评价其所具备的工作能力。此项考核可结合销售人员职业生涯规划和当月工作计划，从其工作的计划性及目标完成的情况考核销售人员的工作效率和工作质量。工作能力考核主要有以下几项：第一是沟通能力。作为销售人员，将经常与客户进行沟通和交流。可以说，销售人员的交流和沟通能力在一定程度上将决定销售人员的销售业绩。第二是创新能力。销售人员应该经常进行自我启发，对自己的销售方法、工作方式进行创新。第三是信息能力。作为销售人员，必须具备极强的信息收集和利用能力，对客户的相关情况都应有所了解和掌握，如客户的生日等。

5. 考核结果的反馈

对销售人员的绩效考核结束后,销售经理应该将考核结果反馈给销售人员,并从每个考核因素向他们解释绩效考核的结果,指出与标准的差距。然后,销售经理与销售人员一起分析绩效优于或低于标准的原因,为下一期销售目标的设定和规划提供指导。

因为人们不喜欢批评,所以当面指出个人的缺点并不适当。为了达到考核的目的,在防止销售人员的弱点损害企业利益的同时,应最大限度地发挥销售人员的优点和特长,所以在考评反馈时应注意以下几点:

(1) 试探性地反馈。销售经理可以提出建设性的意见,但最好不要是指令性的。

(2) 乐于倾听。销售人员对自己的工作最有经验,对于自己的能力和工作表观方面的不足也最清楚,所以最好让销售人员自己发表意见。销售人员在工作中可能会有一些意见和抱怨,最好能让他们表达出来,否则带着情绪很难完全投入工作。

(3) 尊重销售人员。销售经理要尽量对销售人员的意见表现出理解和接受,不要轻易否定他们的人格和价值。

(4) 全面反馈。销售经理应明确指出销售人员的优点和缺点,而不能只强调一个方面。

(5) 提出建设性的意见。向销售人员提供能解决问题的建议比批评和指责有效得多。

(6) 不要过多地强调缺点。过多地强调缺点只会导致销售人员的抵触情绪,使销售人员处于一种自我保护的状态而不愿表达自己的观点。

★ 情景体验 10-3

亚马逊员工不堪重负跳楼轻生 神秘的"绩效提升计划"到底是什么?

美国当地时间 11 月 28 日上午,一名亚马逊员工在给包括 CEO 杰夫·贝索斯在内的几百名同事群发邮件后纵身跃下亚马逊位于西雅图市第九大道北与汤姆斯街交汇处的办公大楼。该楼约有四层楼高,这名男子掉落在了 20 英尺(约 6 米)下的阳台上,很快被送往华盛顿大学港景医疗中心,所幸并无生命危险。

邮件内容并未对外公布。一名匿名线人告诉彭博社,这名员工在要求更换部门后被经理要求参加员工改进计划。在亚马逊,员工如果不能在该计划中改进表现就面临被解雇的危险。

这名华人员工轻生的原因:他今年年中入职亚马逊,但工作三个月就被直线经理威胁要给 PIP,且经理还威胁其他组员给他差评——根据亚马逊的末位淘汰考核制度,员工之间需要相互打分评级,彼此在残酷的环境中比拼。

什么是 PIP?PIP 的全称是"绩效提升计划"(Performance Improvement Plans),当经理认为员工的表现不佳时就有可能要求员工参与。该计划的本意是为绩效表现无法跟上亚马逊快速发展节奏的员工提供培训,然而诸多亚马逊员工指出收到 PIP 通知基本上就意味着你在亚马逊时日不多了。

"PIP 就是被用来解雇员工的。一旦你进入 PIP,可以确定的是不到三个月你就会被迫离开。"一位亚马逊前员工告诉 Gawker。据她透露,当员工被要求签署 PIP 协议时,他们不得与同事讨论此事,如果被经理发现会因违反保密协议而被直接开除。在进入 PIP 之前,表现不佳的员工往往会先接受 2 个月左右的"指导计划"(Coaching Plan),在此期间哪怕是犯微小的错误也会导致他被经理送进 PIP。另外，虽然这段观察期美其名曰"指导计划"，员工并不会接受任何指导或培训。

——界面新闻：《亚马逊员工不堪重负跳楼轻生 神秘的"绩效提升计划"到底是什么？》，http：//hr. hr369. com/performance/201612/189295. html，2016 年 12 月 2 日，有删减

10.1.3 销售人员绩效考核应注意的问题

绩效考核的根本目的是充分发挥积极意义，对销售人员的过去进行总结和评价，激励销售人员不断提高自己的销售效率，并以加薪、升职的形式，对那些表现良好的销售人员予以奖励。在实际考核工作中，销售经理需要进行充分的思考和分析，以及书写大量的文字，清晰、明确和公正地组织考核，并把考核结果作为一种管理工具。这就需要在考核中注意诸多问题：考核要客观、公正，要有真诚的交流，考核过程要始终如一地保持认真，建立相应的考核档案。

1. 考核要客观、公正

尽管在日常生活与工作中，人们会经常用个人观点去评价别人，但是在绩效考核中，销售经理却不能用个人的观点取代客观标准。对销售人员考核要想做到客观、公正，就必须做到以下几点：

（1）以共同的利益、共同的理想与道德标准为基础，强调管理的科学性与人性化的结合、科学管理和全员管理的结合。

（2）业绩考核与素质考核相结合，既考察销售人员现有的工作业绩，又着眼于销售人员的发展，强调企业产出与人才造就的结合、销售业绩与企业文化的结合。

（3）在考核环节上，实行长短结合，强调过程控制与目标控制的结合。如果只顾目标考核，比如说只是年终集中考核一次，考核就会流于形式，得不到人们的重视。

（4）在考核过程中实行上下结合、纵横结合，上级评议、下级评议、同级评议、内部评议、客户评议等多种评议方法相结合。

（5）在考核方法上，定性考核与定量考核相结合，并最大限度地量化各项考核指标，使之易于把握和衡量，从而使考核结果准确。

（6）考核结果与工资、奖金的分配及人员的任用挂钩，强调奖罚兑现。否则，考核就不会引起人们的重视，导致考核名存实亡。

2. 科学设计绩效考核指标

在对销售人员进行考核以前，销售经理必须给他们设定目标和期望，并制定标准来衡量他们的绩效。所以，绩效考核指标的设计在企业绩效考核中具有十分重要的位置。

（1）绩效标准必须具有战略导向性。绩效考核不坚持战略导向，就很难保证其能有效地支持公司战略。而绩效考核的导向性是通过绩效指标来实现的，绩效考核能否实现导向战略，实际上就是通过战略导向的绩效指标的设计来实现的。使绩效指标具有战略导向性，就要抓住关键绩效指标（KPI），每个销售人员都可能承担很多的工作目标与任务，有的重要，有的不重要，如果对销售人员所有的方面都进行考核，面面俱到，势必造成销售人员把握不住工作的重点与关键，从而也就无法实现绩效指标对其工作行为的导向作用。绩效考核必须从销售人员的绩效特征中定性出关键成功因素，然后再去发现哪些指标能有效监测这些定性

因素，从而确立量化的关键绩效指标。

（2）绩效考核标准的水平要适度。考核标准要达到这样一种水平，即大多数人经过努力是可以达到的。这样的标准所形成的压力，会使销售人员更好地挖掘自己的潜能，更有效地完成任务。事实表明，在这样的绩效标准的驱使下，他们比没有标准、没有压力的情况下干得更多、更好。但同时，考核标准又不能定得太高，令人感到遥不可及。如果这样，销售人员很可能产生沮丧、自暴自弃的情绪。压力太大，精神始终处于过度紧张，导致思维迟钝，效率下降。因此，考核标准的水平要适度，标准产生的压力以能提高工作绩效为限。

（3）绩效标准要有一定的稳定性。绩效标准是考核销售人员工作绩效的标尺，因此需要有相当的稳定性，以保证标准的权威性。当然，由于时代的变迁，技术的进步，知识的更新，会对销售人员的考核标准提出新的要求。在这种情况下，有必要对标准做一定的修订。一部好的考核标准，这种修订往往只是部分的，而较少做大的改动。

3. 考核操作过程要规范化

绩效考核是企业对被考核者的工作行为和工作业绩做出的合理而正确的评价，并以此为依据，给予被考核者合理而公正的待遇。在绩效评价过程中，因为会受到许多因素的影响，加之操作过程不规范，使得考核结果与被考核者的实际工作绩效出现误差，如考核指标理解误差、首因效应误差、晕环效应误差、近因效应误差、暗示误定势误差、压力误差、对照误差等。要避免绩效考核过程中的误差，将绩效考核误差减少到最小程度，就必须规范绩效考核的过程：

（1）要确保考核者对业绩评价工作中容易出现的问题有清楚的了解，只有弄清楚问题才有助于考核者避免问题的出现。

（2）选择正确的绩效考核工具。每一种考核工具，不论是横向比较法，还是纵向分析法，不论是关键绩效指标法，还是全视角考核法，都有各自的优点和不足。

（3）避免居中趋势，但在所有员工的业绩确实都应该被评定为"好"的情况下，这种评价法会引起销售人员的不满。

（4）对考核人员进行如何避免绩效考核误差问题的培训。在培训中，为考核者设计一个关于销售人员实际工作情况的案例，要求他们对这些销售人员的工作业绩进行评价，并对不同考核者的考核结果进行分析，指出在绩效考核中容易出现的问题。

（5）减少外部因素对工作绩效考核带来的限制。在实际绩效考核过程中，外部因素也会对考核结果产生影响，如绩效考核结果在多大程度上与工资联系在一起，工作压力的大小等。

（6）注意员工流动率的高低、时间约束的强弱，以及对绩效评价的公正性要求的高低等。因此，应尽量减少外部因素对绩效考核带来的不利影响，使绩效考核工作力争公正、实际。

4. 建立绩效考核档案

为了减少在进行绩效考核时的矛盾和摩擦，需要企业建立绩效档案，以记录员工在绩效管理过程中的表现，为绩效考核提供依据和参考。销售经理要为每一名员工建立一份有效的绩效档案，记录销售人员的绩效目标、绩效能力、绩效表现、绩效考核结果，以及需要改进的绩效缺陷等。

这个工作做起来可能会耽误经理的一些时间，会比较麻烦。但这个工作又是必须做的，在批评、处罚、解雇或提升某一名销售人员时，如果没有相应历史材料的记录，就无法让其他人信服，一旦所采取的措施涉及争议、纠纷，这些记录和档案会成为有力的证据。没有完备的考核档案或档案记录混乱不清，都有可能给企业带来不必要的麻烦。

10.2　销售人员的薪酬管理

在激烈的市场竞争中，企业要生存并发展壮大，关键在于能否建立一支能征善战的销售队伍，这是企业综合实力的一个重要体现。销售队伍建设被大多数企业看作销售管理工作的首要问题，而对于销售薪酬制度的选择与确立，又是销售队伍建设中的关键，有人把销售薪酬制度视为销售管理工作之"纲"，只要善于抓住和利用这个"纲"，就能使复杂的管理问题易于解决，正因为如此，企业销售薪酬制度的确立，绝不是一个战术性的问题，而是一项长期的战略方针。

10.2.1　建立薪酬制度

销售人员的薪酬问题，是销售管理中的一个重要课题。从管理人员的角度来看，力求销售成本的降低；从销售人员的角度来看，希望获得较高的收入；从客户的角度看，则希望以较低的价格获得自己所需要的商品。这三者所追求目标的矛盾性，使得管理者想建立一套完整、有效的薪酬制度。销售经理在薪酬体系设计时要深入领会销售薪酬的组成部分，在遵循一定的原则的前提下，要通盘考虑影响销售人员薪酬的一些基本问题，销售薪酬制度必须兼具收入的稳定性，及促使销售员增加销售量、利润等的诱导性。每一种销售人员薪酬类型都各有利弊，销售经理一定要结合企业的经营战略选择适当的薪酬制度。任何新制定或修正的薪酬制度经过一年或一定支付期间的试行后，对该制度所产生的结果如何，必须详加分析与考察，以确定是否可以正式实施或有无修正或调整的必要。

1. 销售人员薪酬的含义

销售人员薪酬是指销售人员通过从事销售工作而取得的利益回报。企业销售人员的薪酬通常包括以下几个部分：

（1）基础工资。这是相对稳定的薪酬部分，通常由职务、岗位及工作年限决定，它是销售薪酬的基础，是确定退休金的主要依据。

（2）津贴。这是工资的政策性补充部分。如对高级销售职称的人员给予职称津贴、岗位津贴、工龄津贴、地区补贴、国家规定的价格补贴等。

（3）佣金。这是根据销售人员的销售业绩给予的薪酬，它有时又称销售提成。对销售人员来讲，佣金一般是销售薪酬的主体。

（4）福利。这通常是指销售人员均能享受，与其贡献关系不太大的利益，如企业的文化体育设施、托儿所、食堂、医疗保健、优惠住房等。福利一般是根据国家政策来给予的。

（5）保险。这是指企业在销售人员受到意外损失或失去劳动能力，以及失业时为其提供的补助，包括工伤保险、医疗保险、失业保险等。

（6）奖金。奖金是根据销售人员的业绩贡献或根据企业经济效益状况给予的奖励，有超额奖、节约奖、合理化建议奖、销售竞赛奖、年终综合奖、荣誉奖等。

由此可见，销售人员的薪酬不仅限于薪金，而且包括其他方面的回报。一个企业的销售薪酬的实施对其销售竞争优势有长远的影响。

★ 情景体验10-4

业务代表的薪酬设计

穿梭于大街小巷向终端老板、采购经理做推销；割箱、货架整理；做陈列、现场导购、费用发放；抄货，即期品处理等一系列琐碎的事情，都是由终端业务代表负责。业务代表的压力不断加大，久而久之，容易导致麻木而缺少积极性，业务代表的开心不开心，态度的积极与消极，直接决定了市场的开拓速度，客群关系质量的高低。

1. 业务代表基本薪资的设计

业务代表是快消品中进入门槛最低、待遇最差、稳定性最差的一个岗位。业务代表的来源，要么是刚入行的学生，要么是掌握着丰富的终端资源的老代表，但无论是哪种身份，他们共同的情况是，固定工资低、福利待遇保障差、最容易被忽视。

在快消品行业，业务代表的工资普遍低于2 000元。如果按照个人投入产出比去衡量，这个行业平均薪酬远远低于其他行业的销售人员。这是导致业务代表成了流动频繁、跳槽率最高、忠诚度最低的一个职业的重要原因。如果，经销商出于成本风险的考虑，或者承受力原因，不愿意提高业务人员的基本薪资，那就一定要从提成上进行激励。这样来增加业务人员的期待值，避免业务人员的价值感得不到认可、挫伤积极性，进而影响经销商对终端的掌控力。

2. 业务代表提成的设计

可以以任务为指标，完成后就奖励300～800元的提成，也可更高，这应根据经销商一个阶段的战略目标而定，铺货期按网点数量，销售期按销售数量，当然这个任务设计要体现出任务的可完成性，是一个业务员经过努力能够达成的。当然也可以以企业的纯利润来进行提成，前提是纯利润为正。对于业务不稳定的经销商而言，用纯利润提成，容易被业务代表看作老板画大饼，这反倒会起到负面效果。如果能够盈利，利用纯利润提成，提成点相对要高，在业务代表完成任务利润的30%左右是合理的。

但是，对于业务代表来讲，信息不透明，基层业务人员很难掌握经销商的利润情况，所以这种设计多数不被业务员看好，积极性发挥有限。当然对于业务员来讲，采取计件提成或按销售额提成也是行得通的，计件提成比例根据产品价格情况和周转速度设计，价格低的提成低，快的要低，反之则高。尤其是中小型经销商，采取计件制，是最容易操作的。

3. 业务代表的福利设计

业务代表的福利设计主要体现在对日常业务积极性的激励上，除了常规的社保、通信、午餐补助、差旅补助、招待费外，还可以增加一些竞赛性奖励，比如销售明星、月度冠军、优秀员工、企业先进等。

4. 业务代表的年终奖设计

主要以红包、年度提成来体现，尤其对于队伍稳定、发展势头良好的企业来讲，设置一定的入股分红机会，可以进一步激励业务代表的积极性。但是对于许多中小型经销商来讲，这点可能遥不可及，但是从这些福利待遇上也基本能看出一个经销商的实力。

——路胜贞:《设置一个好的薪酬，员工累死不抱怨》，http: //www.bosidata.com/news/167198KPVU.html，2017年2月19日，有删减

2. 销售薪酬的激励作用

销售薪酬是一种奖励，而受到奖励的行为对销售队伍的成功起着非常重要的作用，因

此，设计和实施一套有效的销售薪酬制度是非常重要的。

（1）激励员工。销售薪酬不仅是销售人员的物质生活条件，也是他们社会地位的决定性因素，是全面满足销售人员生理、安全、社交、自尊及自我实现需要的基础。薪酬是否公平合理对销售人员积极性的影响很大。适度的销售薪酬能激发销售人员的工作热情，使他们超额完成任务，从而保证企业利润目标的顺利实现。因此，适度薪酬成为许多企业制定薪酬制度的出发点。

（2）保证销售人员和企业利益的共同实现。一般来讲，销售人员利益的实现主要依靠销售薪酬。销售人员的薪酬追求动机是比较复杂的，他们既要获得物质利益，保障生活稳定，又要获得事业的发展、职位的升迁和人际关系的改善。

（3）简化销售管理。合理的销售薪酬制度能大大简化销售管理工作。销售活动是一种复杂的经营活动，涉及的管理方式也比较复杂。如果没有一个适度的薪酬制度，势必会使销售费用和销售人员薪金的管理复杂化，管理难度也会增大，有了薪酬制度，可以使这些复杂的管理工作变得简单，销售经理能腾出更多的时间去加强对销售活动的指导与控制，以提高工作效率。

销售薪酬是否合理是关系到一个企业能否吸引、保持高素质销售员工队伍，能否有效调动销售员工积极性的重大问题。销售薪酬不合理可引起一系列不良后果（图10-3）。因此，企业管理人员必须高度重视销售薪酬工作，力争把它做好。

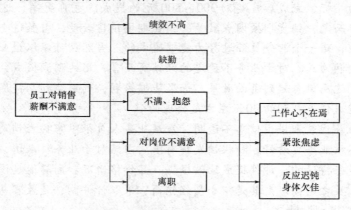

图10-3　销售薪酬不合理产生的结果

3. 销售人员薪酬设计的原则

一个企业建立了一套比较好的薪酬制度后，经过一段时间之后又会发生变化。也就是说，目前情况下令人满意的薪酬制度，一年或两年之后可能就变成无效的了。但是如果经常加以调整，不但实施起来比较困难，费用较高，而且也会令销售人员感到无所适从，因此销售人员薪酬制度的建立必须遵循一定的原则。一个理想的销售人员薪酬制度应体现以下原则：

（1）公平性原则。销售人员薪酬制度应建立在比较客观现实的基础上，使销售人员感到他们所获得的薪酬公平合理，而企业的销售成本也不至于过大。也就是说既不让销售人员感觉到吝啬，又要不给企业造成浪费。

（2）激励性原则。销售人员薪酬制度必须能给销售人员一种强烈的激励作用，以便促使其取得最佳销售业绩，又能引导销售人员尽可能地努力工作，对公司各项工作的开展起到积极作用。当销售表现良好时，销售人员期望获得特别的薪酬。企业除了赋予销售人员稳定的岗位收入以外，还要善于依据其贡献的大小，在总体薪酬上进行区分，并给予数额不同的额外薪酬，这是销售人员薪酬制度真正实现激励作用的关键。

（3）灵活性原则。销售人员薪酬制度的建立应既能满足各种销售工作的需要，又能比较灵活地加以运用。即理想的销售人员薪酬制度应该具有变通性，能够结合不同的情况进行调整。

（4）稳定性原则。优良的销售人员薪酬制度能够保证销售人员有稳定的收入，这样才不至于影响其正常的工作和生活。因为销售量常受一些外界因素的影响，销售人员通常期望自己的收入不会因这些因素的变动而下降至低于维持生计的水平，企业要尽可能解决销售人员的后顾之忧。除了正常的福利之外，还要为其提供一笔稳定的收入，而这笔收入主要与销售人员的销售岗位有关，而与其销售业绩不发生直接联系。

（5）控制性原则。销售人员的薪酬制度应体现工作的倾向性，并能对销售人员的工作指引方向，能使销售人员发挥潜能，提高其工作效率。同时，薪酬制度的设立应能实现企业对销售人员的有效控制。

4. 销售人员薪酬设计的程序

一套优良的薪酬制度，在理论上能够兼顾企业和销售人员双方的利益，但在实务上很难完全顾及。虽然如此，只要在设计薪酬制度时从实际出发，遵循一定的程序，还是可以建立一套令人满意的薪酬制度的。建立销售人员薪酬体系的程序如图10-4所示。

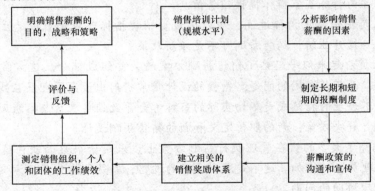

图10-4　建立销售人员薪酬体系的程序

（1）明确销售薪酬设计的目的、战略和策略。即根据销售目标决定需要多少销售人员，设立什么样的销售组织，完成什么样的销售任务。即确定销售薪酬制度要达到什么目的，采取什么战略与策略。

（2）分析影响销售薪酬的主要因素。即分析工资水平、工资结构、销售人员的要求和管理程序等主要因素对销售报酬制度的影响。

（3）制定长期和短期的薪酬制度。长期的薪酬包括工资和福利，如基本工资、退休金、养老金和医疗保险等；短期的薪酬包括红利和奖金。薪酬制度制定后，要与销售人员进行薪酬政策的沟通与宣传。

（4）建立销售的奖励体系。即工资的升降、相关的奖励政策等。

（5）测定销售组织、个人和团体的工作绩效。即了解这样的报酬制度是否有利于销售工作绩效的提高。

（6）评价与反馈。即通过销售工作绩效的测定看现行薪酬制度是否有效，分析存在的问题与不足，提出改进建议。

★情景体验10-5

销售薪酬为何总不能让销售员满意？

如果销售薪酬方案如此有力，那为什么还充满争议——与公司的其他薪酬方案相比，销售薪酬方案带来了多得出乎意料的质疑和冲突。为什么会这样？原因有很多，但是有些问题是原本就会出现的，而有些则是设计不当和协调不力的结果。下面给出一些质疑和冲突的例子：

（1）首席执行官和首席财务官对于公司业绩低于预期目标但销售薪酬方案成本过高的情况感到不满意——这种情况并不少见。在得出销售薪酬过高的结论之前，你需要先了解一下销售的成本。销售的高昂成本可能来自人员过剩而不是个人的报酬过高。如果实际薪酬过高，那么首先应当检查指标体系，也有可能是指标定得过低。

（2）产品管理需要销售团队对产品给予更多的关注。产品经理希望在销售薪酬方案中加入更多激励来推广特定的产品。以产品为中心对销售薪酬的目的来讲是一项合理的要求。然而，在做出改变之前，产品经理必须首先确保履行好自己的职责，包括产品方案合理化、目标客户区划，并为特殊买家群体提供销售信息。

（3）销售人员抱怨销售指标过高，难以达成。销售指标理应是难以达成的，这就是它们的意义所在——提升业绩，销售薪酬可不是绥靖政策。

（4）销售人员看起来似乎忽略了销售薪酬方案的某些组成部分。这常常是糟糕的销售薪酬设计的结果，而不是激励的问题。糟糕的设计常常折射出最高管理层在战略和协调上的混乱。太多的、不合理的指标或是不切实际的目标都会导致销售人员忽略激励方案中的一个或多个组成部分。解决方案：新的职位定义和新的销售薪酬设计。

（5）公司花费了太多的钱在管理执行薪酬方案上。采用诸如桌面软件这样的低效能工具会导致项目管理员工的增加。这不是激励方案的过错，而是没能为项目方案提供合理的信息技术（IT）管理协助的问题。

销售薪酬确实充满了争议。有时问题出在销售薪酬设计本身，有时则是协调整合的问题，它甚至可能只是有效项目方案的一个副产品。作为销售薪酬的设计者，必须厘清哪些问题是切实存在的、哪些问题可以忽略，以及如何制定解决方案，如何做出正确的改变。

——搜狐财经：《给多少工资和提成？销售员才肯为你"卖命"》，http://business.sohu.com/20160727/n461497251.shtml，2016年7月27日，有删减

5. 选择薪酬类型

根据企业的实际经验，销售人员薪酬制度的类型大体有以下几种：

（1）纯粹薪金制度。是指无论销售人员的销售额是多少，其在一定的工作时间之内都获得固定数额的薪酬。

纯粹薪金制度的优点是：①易于操作，且计算简单；②销售人员的收入有保障，易使其

有安全感；③当有的地区进行全新的调整时，可以减少敌意；④适用于需要集体努力的销售工作。

纯粹薪金制度也有其不足：①缺乏激励作用，不能持续扩大销售业绩；②就薪酬多少而言，有薄待绩优者而厚待绩差者之嫌，显失公平；③若不公平的情形长期存在，则销售人员流动率将增高，而工作效率最高的人将首先离去。

（2）纯粹佣金制度。这是与一定期间的销售工作成果或数量直接关联的一种薪酬形式，即按一定比率给予佣金。这样做的目的是给销售人员以鼓励，其实质是奖金制度的一种。

纯粹佣金制度的优点主要有：①富有激励作用；②销售人员能获得较高的薪酬，能力越强的人赚的钱也越多；③销售人员容易了解自己薪金的计算方法；④控制销售成本较容易，可减少公司的营销费用。

纯粹佣金制度的缺点是：①销售人员的收入欠稳定，在销售波动的情况下其收入不易保证，如季节性波动、循环波动等；②销售人员容易兼差，同时在几个企业任职，以分散风险；③销售人员推销自身重于销售公司的产品，因为若销售成功，下次可以向客户销售其他企业产品，这类销售人员往往身带几种名片，代表几家公司，销售不同种类的产品；④公司营运状况不佳时，销售人员会纷纷离去。

（3）薪金加佣金制度。纯粹薪金制度缺乏弹性，对销售人员的激励作用不够明显。纯粹佣金制度令销售人员的收入波动较大，销售人员缺乏安全感。而薪金加佣金制度则避免了前两种制度的不足，它是一种混合薪酬制度。薪金加佣金制度是以单位销售或总销售金额的一定百分比作佣金，每月连同薪金一起支付，或年终时累积支付。

薪金加佣金制度的优点：与奖金制度相类似，销售人员既有稳定的收入，又可获得随销售额增加而增加的佣金。

薪金加佣金制度的缺点：佣金太少，激励效果不大。

（4）薪金加奖金制度。该制度是指销售人员除了可以按时收到一定的薪金外，如果销售业绩好还可获得奖金。奖金是按销售人员对企业做出的贡献发放的。

薪金加奖金制度的优点：可鼓励销售人员兼做若干涉及非销售和销售管理的工作。

薪金加奖金制度的缺点：销售人员不重视销售额的多少。

（5）薪金加佣金再加奖金制度。它兼顾了薪金、佣金、奖金的优点，是一种比较理想的薪酬制度。薪金用来稳定销售人员，而利用佣金及奖金可以加大对销售人员的激励程度，以促进工作总体成效的提高。这种方法被许多企业所采用。

薪金加佣金再加奖金制度的优点是：①给销售人员提供了赚取更多收入的机会；②可以留住有能力的人员；③销售人员在取得佣金、奖金的同时领有固定薪金，生活较有保障；④奖励的范围加大，使目标容易依照计划达成。

薪金加佣金再加奖金制度的缺点：①计算方法过于复杂；②除非对渐增的销售量采用递减的佣金，否则会造成销售人员获利不成比例；③销售情况不好时，底薪太低，往往留不住有才能的人；④实行此制度需要较多有关的记录报告，因此提高了管理费用。

（6）特别奖励制度。它是规定薪酬以外的奖励，即额外给予的奖励。这种特别奖励在国外是以红利的形式出现的，它可以和前面任意一种基本薪酬制度结合使用。

企业给予的额外奖励分为经济奖励及非经济奖励两种。经济奖励包括直接增加薪金、佣金，或间接的福利，如假期加薪、保险制度、退休金制等。非经济奖励的方式很多，如通过销售竞争给予销售人员一定的荣誉,如记功、颁发奖章及纪念品等。额外奖励可根据销售人员超出销售配额的程度、控制销售费用的效果或所获得新客户的数量等来决定,它一般有三种形式:

①全面特别奖金。全面特别奖金是指企业在特殊的时间里,如圣诞节、春节,不计盈利发给所有销售人员的奖金。企业可以付给每名销售人员同样数额的奖金,也可以根据现在的工资和在本企业工作时间的长短来支付奖金。

②业绩特别奖励。这是一种与业绩相关的奖励,有很多种形式,按照奖励给个人还是奖励给集体,可以分为个人业绩特别奖和集体业绩特别奖两大类。奖金的发放不仅可以按销售额或销售数量,还可以按毛利率、销售业绩、开发的新客户数、公司或地区销售单位的收入或销售额,以及某种产品的销售额来计算。集体业绩特别奖的发放是为了培养团队销售精神,一般是按照销售区域来发放。发给一个销售地区的奖金数额,是把它的业绩同组织内其他销售地区的业绩相比较而确定的。然后,地区销售经理会按业绩再分给每个销售分区一定数额。分区经理则会把这份奖金平均分给全体销售人员,或是根据销售人员的个人业绩分发。

③销售竞争奖。这是一种特别的销售计划,通过给销售人员提供奖励,促使他们实现短期销售目标。这些奖励包括证书、现金、物品或旅游等。有时竞争时间会长达一年,这种奖励是除正常薪酬之外额外给予的。

特别奖励制度的优点:鼓励作用更为广泛有效,常常可以促进滞销产品的销售。

特别奖励制度的缺点:奖励标准或基础不易确定,有时会引起销售人员的不满意,并带来管理方面的困扰。

上述几种薪酬制度可供销售经理参考选用,具体选用哪一种要视企业的现实状况而定。

10.2.2 确定薪酬水准

确定薪酬水准是一个十分重要的问题,主管人员必须认真研究确定薪酬水准的影响因素及根据。

1. 确定薪酬水准应考虑的因素

薪酬制度不仅影响销售人员的工作意愿和流动倾向,也关系着企业的利润及竞争的强弱。因此,薪酬制度的拟定和调整常要同时考虑许多相关的因素,主要包括:

(1) 企业的特征。在考虑薪酬制度时,首先要了解企业产品的特征、行业销售方式、成本构成以及未来的发展方向等。

(2) 企业的经营政策和目标。在拟定薪酬时,要根据不同时机及发展的状况考虑企业的经营目标层次及优先次序。比如,追求合理稳定的企业利润;促使业绩快速成长;增加销售人员。而在调整薪酬时要考虑:时机及景气状况;其他同业竞争者状况;销售是在上升还是下降;销售费用和企业利润的变动情况;人员流动是否太频繁;销售人员对现行制度有何意见或抱怨。

(3) 财务及成本方面的考虑。现行薪酬是否合理;是否太高或太低;企业能否负担得起;分期付款及现金销售对企业收益及资金周转的影响,两者组合比例应为多少;佣金比例是否合理。

(4) 行政方面的考虑。薪酬计算的标准、方式是否易懂且易算;是否存在调整或拟定前先征询销售人员及管理者的看法及意见；是否会出现误解或遇到阻力；调整方案、原因、影响等是否事先考虑稳妥，并已做好完整的记录。

（5）管理方面的考虑。现行的薪酬对于吸收新人是否具有足够的吸引力；底薪是否重要；能否保证生活费用的支出；能否留住优秀人才；是否具有刺激挑战作用；收入是否有保障；能否要求为客户提供更好的服务；对不同年资、层级、职位的人员，是否应根据权责不同给予不同的待遇及奖励；管理者的来源是否欠缺；是否应鼓励业务人员向管理者层次发展。

（6）其他因素的考虑。是否只有高薪酬才能吸引人；企业知名度能否吸引人才加盟；销售技巧是否重要，是易学还是需要很多训练；产品知识的重要程度；培训的难易程度；广告促销花费的变动情况和薪酬制度的配合状况，是否有必要共同考虑；是定额支付薪酬还是超额加发，抑或阶梯式加发；开发新客户是否要支付特别薪酬；对新的销售观念及技巧是否要予以奖励，对提供市场情报是否要给予特殊奖励。

2. 确定薪酬水准的直接依据

（1）工作评价。工作评价是一种系统的方法，用来确定一个组织内各种工作的重要性及其相对价值或比较价值。工作评价旨在研究各种工作的组成部分，而不是判断各项工作的成效如何。工作评价是建立一种公平合理的薪酬制度的基础，而由工作分析得到的工作说明书又是工作评价的基础。

（2）同行业水准。如果薪酬水准比同行业类似工作的薪酬水准低，则难以吸引或留住可用的优秀销售人员。如果薪酬水准比同行业类似工作的薪酬水准高，则必将增加销售成本，导致产品售价提高，从而可能减少销售量。值得一提的是：参考同行业水准是有一定难度的，主要是因为同行业间各种销售工作仍有较大的差异，而且可靠的资料也不易获得。

（3）企业内其他工作薪酬。确定薪酬水准也要注意参考企业内其他工作的薪酬水准。如果有失公平，则容易影响员工的工作情绪和积极性。特别要注意的是销售部门内各种工作薪酬的一致性。有时能干的销售人员的薪金加上佣金或奖金，可能比地区销售经理或销售总经理的薪酬还要高，常常使上下级关系显得比较尴尬。

10.2.3 选择薪酬制度的方法

企业在选择薪酬制度时，可以借用经济学的边际效用的观点，即看每增加一元薪酬，销售人员带来的销售额增加多少。从销售人员的角度来看，每增加一元薪金与增加一元佣金或奖金，其边际效用往往是不同的，因为两者的收入稳定性不同。奖金或佣金占整个薪酬的比例可高可低，企业应根据销售人员不同的工作性质和不同的实际情况来决定。

此外，销售管理者也要注意在各种薪酬制度、不同收入水平之下，企业获得的边际收入是多少。从管理方的角度来看，每种方法支付一元薪酬所产生的边际收入必须与边际成本相等。如果多付一元奖金所增加的收入大于减少一元薪金所降低的收入，则奖金的比例可增加。但在此种情况之下，奖金对收入的影响仍比薪金对收入的影响要大。

再者，固定薪金与奖金（提成）的比例对销售人员的工作有很大的影响，因此，销售管理者应掌握决定奖金（提成）比例的依据。决定奖金（提成）比例所考虑的大致可参考表10-7。

表 10-7　销售人员奖金（提成）比例的决定

因素	奖金（提成）占全部薪酬的比例	
	较高	较低
销售人员所属企业在购买者心中的形象	一般	很好
企业对各种促销活动的信赖程度	小	大
企业产品质量与价格的竞争力	一般	强
提供客户服务的重要性	一般	强
技术或集体推销的影响范围	小	大
销售人员个人技能在推销中的重要性	强	一般
经济前景（整个市场环境）	一般	好
其他销售人员不可控制的影响销售因素	少	多

10.2.4　薪酬制度的实施及考察

1. 薪酬制度的实施

通常，薪酬制度一经确定，便应向全体销售人员详细说明，并确保他们完全了解，以免产生误解。凡薪酬中有固定薪金的，必须先行规定各销售人员的薪金高低，其高低标准应尽量依据企业所制定的一般薪金制度，不可有歧视或不公平的地方。为了避免产生误解，在实施销售薪酬制度的过程中，要做好以下几方面的工作：

（1）工作价值评估。工作价值评估是销售经理在对各个工作岗位进行工作描述和职责确认的基础上帮助企业确定不同工作的价值。在某些情况下，销售经理被邀请作为企业工作评价委员会的成员。

（2）协商起始薪水。在大多数情况下，企业在雇用销售人员时要协商起始薪水。销售经理应该重视新进销售人员的起薪问题，坚持公平和同工同酬的原则，根据同行业的情况和企业自身的发展战略确定合适的起始薪水。

（3）建议加薪和提升。销售经理通常会对加薪和提升提出建议，此时，科学、公正的绩效评估非常重要。带有偏见和不准确的绩效评估将会导致不公平的薪酬决策，从而打击销售人员的积极性，导致销售业绩下降，甚至会引发跳槽和有关法律争端问题。

（4）把销售人员工作变动情况及时通知人力资源管理部门。销售经理在调整销售人员工作的内容和职责时要及时地通知人力资源管理部门，人力资源管理部门须根据最新的工作状况重新评价薪金水平。

（5）帮助销售人员获得应得津贴。销售经理应该对企业的津贴政策非常熟悉，并将这些政策规定传达给销售人员。销售经理有责任帮助销售人员得到应得的津贴，即使是对即将离职的销售人员。

2. 薪酬制度的考察

考察薪酬制度的目的是检验经过试行的制度或固有的制度是否有效。任何新制定或修正的薪酬制度经过一年或一定支付期间的试行后，都必须详细分析并考察该制度所产生的结果，以确定是否可以正式实施或有无修正、调整的必要。考察的标准包括：

（1）销售人员的绩效。薪酬制度不同，销售人员的绩效自然有显著的差异。

（2）预算、销售费用比率及毛利情况。将拟定薪酬制度时的预计数字与实际发生值进行比较。

（3）对客户的影响。如果薪酬制度不是很合理，则常常会出现销售人员怠慢客户的现象。

3. 明确薪酬设计的目标模式

薪酬制度是影响销售人员流动率的最主要因素之一，要想留住销售人员，并使其创造良好的销售业绩，除了企业内要有发展远景规划外，还要通过"薪金"与奖励的巧妙搭配建立适当的薪酬目标模式。当前企业销售的薪酬目标模式大体有四种类型，适用于不同的企业或企业的不同经营时期，企业可以根据实际情况或发展进展，选择不同的销售薪酬目标模式。

（1）高薪金与低奖励目标组合模式。这种模式比较适合实力较强的企业或有明显垄断优势的企业。采用这种目标模式通常是企业已经形成了良好的企业文化氛围，并为销售人员提供了良好的福利和各项保证，从而使销售人员在社会公平的比较中获得明显的优越感、归属感和荣誉感。

（2）高薪金与高奖励目标组合模式。这种模式通常适合于快速发展的企业。这种企业发展迅速，市场扩张快，需要不断加强对销售队伍的激励力度，以扩大对市场的占有，击败竞争对手。

（3）低薪金与高奖励目标组合模式。这种薪酬模式具有准佣金制的性质，销售人员的薪水不仅低于其他行业或企业，也可能低于公司内其他岗位的职工。这些薪金主要用于弥补正常的生活开支，甚至仅仅相当于部分促销补贴。

（4）低薪金与低奖励目标组合模式。推行这种薪酬模式的企业，其经营状况一般不是太好，或者正处于企业创业的困难时期，尽管从社会的角度来看，这种薪酬方式处于劣势，但由于该模式很可能是依据企业的实际而确定，因而如果做好宣传说明工作，也会得到销售人员的谅解。

总之，薪酬模式要处理好薪金与奖励的关系。因为薪金的作用在于保证销售人员的基本生活，使其无后顾之忧，因而它对销售额的增加作用不大。奖励的作用在于激励销售人员，它影响销售人员的销售业绩和销售额。所以销售经理应处理好薪金与奖励的关系，确定合理薪金与奖励比例。

4. 考察薪酬设计效果

考察薪酬制度的目的是检验经过试行的制度或固有的制度是否有效。任何新制定或修正的薪酬制度经过一年或一定支付期间的试行后，该制度所产生的结果如何，必须详加分析与考察，以确定是否可以正式实施，或有无修正或调整的必要。考察的标准包括：

（1）销售人员的绩效。销售人员奖酬制度不同，销售人员的绩效自然有显著的差异。应考察一项奖酬制度实施后，销售人员的销售绩效是提高了，还是降低了。

（2）预算销售费用比率及毛利情况。将拟定奖酬制度的预算数字与实际发生值加以比较。如果实际发生值比预算的要大，说明奖酬制度有问题。要分析原因所在，提出改进建议。

（3）对客户的影响。如果企业的奖酬制度不是很合理，则常常会出现销售人员怠慢客户的现象。一项新的奖酬制度实施后，如果客户投诉增加，说明新制度可能存在问题，要分析导致客户投诉增加的原因，并提出改进建议。

★情景体验 10-6

重点奖励好员工

决定何时开始实施绩效工资制度并不是件容易的事。事实上，薪酬专家承认，许多绩效工资方案并没有在恰当的时机启动，不管经营状况好坏，有一些绩效工资方案并没有发挥作用，即使曾经是最好的薪酬制度也需要经常检查。

电信巨头朗讯公司（Lucent Technologies）在20世纪90年代电信行业的繁荣时期里，实施了一套销售薪酬系统，给顶尖的销售人员支付巨额报酬，但是，到了2001年中期，朗讯的市场急剧萎缩，销售人员的薪酬与公司的收入严重不协调。于是，原来的系统被停止执行。管理者发现公司有多种不同的销售薪酬制度存在，于是提出一个简单的方案，在小型会议和一对一的面谈中向员工解释说明，希望赢得员工的支持。

通常，任何一项新的绩效薪酬方案的实施，最好是这样开始向员工做好解释工作，争取赢得员工的支持与合作。但不要把薪酬制度换来换去，一项薪酬制度必须保持一贯性，如果变来变去，员工就无所适从了。

绩效薪酬制度失败的标志是非常明显的。如果公司付了钱，但是没有看到任何结果，那这个制度可能就是失败的。

不管企业经营状况好坏，都要建立一套行之有效的薪酬制度，不要奖励那些没有做出贡献的员工，从而使制度遭到破坏。

——世界经济人：《重点奖励好员工》，http：//www.yanedu.com/info-detail/info13769.htm，2013年6月18日，有删减

10.2.5 薪酬管理发展趋势

薪酬制度对于企业来说是一把"双刃剑"，使用得当能够吸引、留住和激励人才，而使用不当就可能给企业带来危机。建立全新的、科学的、系统的薪酬管理系统，对于企业在知识经济时代的生存和竞争具有重要意义。而改革和完善薪酬制度，也是当前企业面临的一项紧迫任务，与传统薪酬管理相比较，现代薪酬管理有以下发展趋势：

1. 全面薪酬制度

薪酬既不是单一的工资，也不是纯粹的货币形式报酬，还包括精神方面的激励，如优越的工作条件，良好的工作氛围，培训机会，晋升机会等，这些方面也应该很好地融入薪酬体系中，内在薪酬和外在薪酬应该完美结合，偏重任何一方都是跛脚走路，物质和精神并重是目前提倡的全面薪酬制度。

2. 薪酬与绩效挂钩

单纯高薪并不能起到激励作用，只有与绩效紧密结合的薪酬，才能够充分调动员工的积极性。单一僵死的薪酬制度已经越来越少，取而代之的是与个人绩效和团队绩效紧密挂钩的灵活薪酬体系。增加薪酬中的激励部分，常用方法包括：加大绩效工资（奖金）和福利的比例，加大涨幅工资（浮动工资）的比例，灵活的弹性工资制度，把员工作为企业经营的

合作者，以技能和绩效作为计酬的基础而不是工作量。

3. 宽带型薪酬结构

工资等级减少，各种职位等级的工资之间可以交叉，宽带的薪酬结构可以说是为了配合组织扁平化而量身定做的，它打破了传统薪酬结构所维护的等级制度，有利于企业引导员工将注意力从职位晋升或薪酬等级的晋升转移到个人发展和能力提高方面，给予绩效优秀者比较大的薪酬上升空间。

4. 雇员激励长期化

薪酬股权化的目的是留住关键的人才和技术，稳定员工队伍。其方式主要有员工股票选择计划、股票增值税、虚拟股票计划、股票期权等。

5. 重视薪酬与团队的关系

以团队为基础开展项目，强调团队内协作的方式已越来越流行，与之相适应，应该针对团队设计专门的激励方案和薪酬计划，其激励效果比简单的单人激励效果好。团队奖励计划尤其适合人数较少，强调协作的组织。

6. 薪酬的细化

首先是薪酬结构的细化，多元化、多层次、灵活的薪酬构成。专门人员薪酬设计专门化，此外，在一些指标制定过程中，也应当细化，尽量避免"一刀切"做法。例如，职务评价、绩效考评系统，不同职位层和不同性质岗位的考评应该分别制定标准。

7. 薪酬制度的透明化

企业在薪酬支付方式公开还是保密的问题上存在很大争议，但支持透明化的呼声越来越高，保密的薪酬制度使薪酬应有的激励作用大打折扣，而且，保密制度使员工的好奇心加强，通过各种渠道打探员工工资，影响制度的实行。透明化的薪酬制传达了一个信息：公司的薪酬制度没有必要隐瞒，薪酬高的人有其高的道理，低的人有其不足之处；欢迎所有员工监督其公正性。透明化实际是建立在公平、公正和公开的基础上的。

具体包括以下几个做法：让员工参与薪酬制定时，除各部门领导外，还有一定数量的员工代表；职务评价时，尽量采用简单方法，使之容易理解；发布文件，向员工详细说明工资制定过程；评定后制定的工资制度，描述务必详细，尽可能不让员工产生误解；设立员工信箱，随时解答员工在薪酬方面的疑问，处理员工的投诉。

8. 有弹性、可选择的福利制度

公司在福利方面的投入在总成本里所占比例是比较高的，但这部分支出往往被员工忽视，认为不如货币形式的薪酬实在，有一种吃力不讨好的感觉。而且，员工在福利方面的偏好也是因人而异的，解决这个问题目前最常用的方法是采用选择型福利，即让员工在规定范围选择自己喜欢的福利组合。

9. 薪酬信息日益得到重视

外部信息，指相同行业、相似规模和性质的企业的薪酬水平、薪酬结构和薪酬价值取向等，外部信息能够使企业在制定和调查薪酬方案时，有可以参考的资料。内部信息，主要指员工满意度调查和员工合理化建议。满意度调查不在于了解有多少员工对薪酬满意，而是要了解员工对薪酬制度和结构的不满到底在哪里，进而为制定薪酬制度打下基础。

本章小结

良好的报酬与激励制度一方面能稳定销售队伍，另一方面能提高管理效率，调动销售人员的积极性，从而达成公司的销售目标。报酬有纯粹薪金制度、纯粹佣金制度、薪金加佣金制度、薪金加奖金制度、薪金加佣金再加奖金制度、特别奖励制度六种形式。

本章案例

报酬制度的建立要遵循公平性、激励性、灵活性、稳定性和控制性等原则。销售报酬有高薪金与低奖励、高薪金与高奖励、低薪金与高奖励、低薪金与低奖励四种模式。应根据边际效用准则处理好薪金与奖励的关系。

激励在销售管理中被界定为一种精神力量或状态，起加强、激发和推动的作用，并指导和引导销售队伍的行为。我们要了解激励的实质与方法，要学会采用多种激励组合模式，特别是要进行综合激励。销售文化激励在激励中有重要作用，因此在销售管理中要强调销售文化定位与运作。对企业来讲，重要的不是满足现状，激励的目的是提升销售人员的素质与经营水平，这正是销售文化激励管理的本质所在。

本章习题

一、复习思考题

1. 请分析销售绩效考评的作用。
2. 请简单描述销售人员绩效考评的程序。
3. 请分析销售人员薪酬设计的程序？
4. 销售人员薪酬设计的原则是什么？
5. 确定薪酬水准应考虑的因素有哪些？

二、实训题

实训项目：绩效管核体系设计。

实训目标：

1. 掌握绩效考核的方法和流程。
2. 提升学生对KPI考核指标的提炼和设计能力。

实训内容与要求：

1. 选择某销售公司的其中一类岗位，为该岗位设计考核指标。
2. 作业内容包括绩效考核指标设计的流程，指标的内容与权重，并撰写薪酬设计报告。

实战篇

销售过程管理实务

第11章

销售准备

★ 学习目标

通过本章的学习，了解销售活动的基本步骤，重点掌握如何做好销售准备，了解销售前的自我塑造，掌握寻找潜在客户的方法，重点掌握如何审查客户资料和销售前的资料准备。

★ 教学要求

注重讲授客户方格和销售方格理论及其关系；采用启发式、探讨式教学，加强课堂案例讨论，注重对做好销售准备各项工作的应用和实践。

★ 导入案例

销售代表和客户刚见面时如何打招呼？

现在小唐进了办公室，正式和刘处打招呼：刘处，您好，我是芬迪的唐晨。

注意，对客户的称呼看似简单，其实有很多讲究。

第一，千万别叫错了。一般情况下，销售人员当然不会犯这样的低级错误，但如果头脑里还在想着刚才会见客户的事，或者想着等一下对刘处要重点说产品的哪个方面，一疏忽叫成"李处"，那可就糟糕，刘处心里可不会高兴。

第二，正确地称呼了刘处，然后刘处介绍了办公室的另外两个人：赵副处、孙科长。这时最好能一一记住，下次再来时，就要直接称呼了："您好，赵处，忙着呢？"一回生，第二回一定要熟。过两天你可能还要请客户总务处、后勤处的人一起吃饭，饭桌上更要记住大家各自的名字，这是一个基本功。如果当时没有都记住，那就回家后拿出一张张名片，努力回忆一张张脸。每个人最看重的名字就是自己的名字，谁一下子记住了自己的名字，就说明他对自己格外尊重；谁尊重我我就尊重谁、我就喜欢谁。销售代表就是要这样让自己被别人喜欢。

第三，称呼别人的头衔记得省掉"副"字，别较真地叫："您好，赵副处，忙着呢？"

有意无意地在称呼上给对方提高级别,自己不用付出,对方心里还高兴。

第四,在和对方接触的过程中,有时会有特殊情况,留个心眼,看看怎么叫合适。如果客户姓付,称呼付处长(副处长?)有点别扭,接触一两次后就要看看是不是要调整叫法:老付处长或者老付,看他的表情反应。如果一个客户姓范,称呼范总(饭桶?)容易引起误会,你也要看看是不是调整称呼,看看他们公司里的员工是怎么称呼的,可以跟着叫范老师、范先生。

第五,称呼一开始强调的是尊重,但尊重也有缺点:显得距离远。随着交往的增加,和客户熟络了,可以适当强调亲密,如赵哥、李姐、王姨之类;如果对方接受,那就这么叫了,当然也要注意公私场合的分别。

第六,最坏的做法就是称呼对方的姓名,即使对客户公司的普通员工,也要称呼余司机、张秘书、杨出纳,就是不能直呼全名。

总之,不要小看称呼的事,一笔生意的失败经常是从叫错人开始的,这样的例子比比皆是,而且销售代表本人还浑然不知。

——资料来源于:中国营销传播网,2017-03-13,作者:张晓群,有删改

★ 引导任务

销售前应该做好哪些准备工作?

销售经理要带好销售队伍,就必须对整个销售活动过程有一个全面的认识,这样有利于对销售活动和销售人员进行有效的指导和调控。从销售人员与客户接触和交往的时间顺序来看,销售流程包括销售准备、销售接洽(包括约见客户和接近客户)、销售展示、处理客户异议、促成交易、销售服务与跟踪等6个步骤,如图11-1所示。在销售实践中,虽然会有很多因素影响销售人员的销售步骤,但是确实存在着一系列有逻辑顺序的行为。如果销售人员能够按照这些步骤去做,那将会大大提高销售业绩。不过,销售过程的各个步骤又是相互联系、相互转化的,任何一个环节的得失都会影响销售工作的成败。因此,认真做好销售各个环节的管理就显得十分重要。

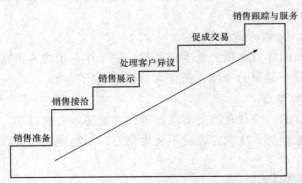

图11-1 销售流程的6个步骤

销售前的准备工作是必要的,一般来说,销售准备包括自我礼仪准备、产品知识准备、收集并整理目标客户资料、竞争者情况准备、销售工具准备以及拟订拜访计划等。下面将分

别从自我礼仪准备、产品信息研究、寻找潜在客户、审查客户资格、准备客户资料、拟订拜访计划等方面介绍。

11.1 自我礼仪准备

11.1.1 成功销售人员的外在特征

事实表明，成功的销售人员在个性、外貌等外在特征方面没有十分明显的特点，但是他们都会注意以下几点：

1. 端庄整洁的仪表

销售人员只有给客户留下良好的第一印象，才有利于销售工作的进一步展开。第一印象多来自销售人员良好的外部形象和得体的行为举止，因此，销售人员必须仪表整洁，举止大方得体，表现出奋发向上的精神风貌。

2. 谈吐清晰，有良好的语言表达能力

语言是销售人员说服客户的主要手段。在任何一次销售过程中，销售人员在介绍产品、解答疑问等各个环节都要运用语言技巧。因此，没有良好的语言表达能力，很难说服客户购买。

3. 待人接物真诚、热情

销售人员在向客户推销产品时要热情周到，使客户感到销售人员确实在设身处地为自己的利益着想，能够感受到销售人员的诚意。

4. 不急不躁、处变不惊

在销售过程中，可能发生各种情况，客户也会提出各种异议来考验销售人员，这就要求销售人员处事稳重、不急不躁，妥善处理销售过程中的种种突发情况。

5. 有广泛的兴趣和爱好

销售人员往往会接触各种各样的客户，而共同的兴趣和爱好是拉近人与人之间距离的有效手段，可收到事半功倍的效果。因此，销售人员应多注意培养多方面的爱好和兴趣，以有效地与各种各样的客户打交道。

6. 有健康的体魄、充沛的精力

销售是对销售人员的体力和精力要求很高的一项工作。销售人员在销售中要时刻保持头脑清醒、思维敏捷。没有健康的身体，销售人员很难胜任工作。

7. 保持开朗乐观的心态

销售工作是很艰难的，往往在遭受多次挫折后才能迎来一次成功。因此，销售人员只有保持乐观的心态，才能经历一次次打击后不丧失信心，不断地继续尝试和努力。

★情景体验 11-1

销售代表和客户刚见面时的得体举止

现在我们去拜访客户。在刚见面的很短时间内，举止得体，能为下面的谈话营造一个轻松、融洽的气氛。

不要在客户单位一上班的时候就去，那时客户单位的人要泡茶、喝水、吃早餐等。如果在电话里约定了时间，如下午两点半，那么不要迟到，遇到雨天更要早些出门；但也不要太早到达，提前五分钟进门即可，不要显得很急，那样会被客户看轻的。进办公室前，掏出手机调到静音，然后敲门，后退一步，因为敲门时是紧靠门口的，里面一开门突然看到一人堵在门口，印象不好。门开后走进去，发现办公室里有其他人在和刘处谈事，那就先退出来，等别人谈完了再进去。里面其他拜访刘处的人知道又来了拜访者，一般会加快谈话速度，快些结束谈话；千万别在领导办公室里坐着听别人谈话，那样每个人都不自在。

小唐一见到刘处，要不要主动上前握手？回答是否定的。虽然握手很常见，但具体到每个人想法又是不一样的。有的人爽朗外向，见人就握手；有的人矜持含蓄，不愿和人进行身体接触。小唐要尊重客户意愿。进门前，如果天热手心有汗就先用纸巾擦干，如果天冷四肢冰凉就先捂捂暖。准备好了进门，如果刘处热情伸出手来当然以手相迎，如果刘处只是点头示意，就微笑致意。

握手也是个技术活，不能只握住刘处半个手掌或者软弱无力地握，那样显得没自信也没诚意。抓住刘处的手，用一点力道，微微摇动，而且稍稍拉向自己，这才是一种自信、热情、有诚意的握法。注意握手时间，太快松手显得好像不愿和对方深入建立关系，老不松手又显得好像要和对方建立不恰当的友好关系。最后，如果客户是个热情似火的人，握住销售人员的手就不松开了，那销售人员还是顺从一点，不要主动松开。

小唐还要注意自己的身体姿势。一些销售人员太想客户买了，不自觉地就有了一种腰直不起来的感觉。这种感觉可是要不得。你越是显得没自信、想求着客户买，客户就越是看不起你，不想买这种卖不出去的产品。所以，为了能顺利地卖，你就要显出自信，透着不买可别后悔的意思。虽然还没说什么话，但你要通过自己的姿势，把这种气息散发出去，步履坚定，抬头挺胸，笑容亲切。

身体保持笔直，脑袋肩膀稍稍往后；有的销售人员是退伍军人，站在客户面前就像在阅兵一样，效果很好。和客户交谈时，脑袋基本不要动，如果频繁点头或摇头，会显得自己过分紧张或想极力讨好对方。腹部收紧，以显示自己的力量，别松松垮垮的。决不可弯腰驼背，也不要让大公文包遮在身体前面，这会显得自己怯懦可欺。

和客户刚见面时，坦然自信地和对方进行目光接触，显露出自己的真诚和专注；别躲对方的目光，好像自己心虚或者想藏着掖着什么，君子坦荡荡。当然，也不要老是看着对方眼睛，那会把对方看毛的；看个两三秒，眼光就往下，落在对方眉毛之下下巴之上，这是一种专注、随和乃至略显顺从的表情。不要左右看，那是心不在焉；不要往上看，那是目中无人。

面带淡淡、友善的微笑。日本著名销售代表原一平说：最好的微笑是婴儿般的微笑，以显示自己是个坦诚的、不设防的人；他的话不可不信，也不可全信；销售人员可以偶一为之，以展现纯真，但大多数时候还是要像个大人。大人微笑，含义有二：亲切和善，自信坦然；这里的自信，当然来自所销售的软件、手术衣、文件柜等，产品好啊。自信很好，但也不要太自信；第一次见客户时，一般不要大笑，那样就显得太自信、太放松，客户会感到受到轻视。

表示一下感谢：刘处，您这么忙还抽出宝贵的时间来接待我，真是非常感谢啊！虽然是简简单单一句话，但一个谦逊礼貌的印象已经留在了刘处心上。这时对方用一次性水杯倒了杯水递过来，销售人员要用双手去接，还要记得离开时自己把纸杯带走扔到垃圾桶。如果可能,做到客户左手斜45°的位置。坐正对面,会在潜意识里给客户一种双方是针锋相对的对手的感觉;坐客户右手边,按照传统文化会在无形中显得比客户地位高,这两种情况都应该避免。

——资料来源于:中国营销传播网,2017-03-13,作者:张晓群,有删改

11.1.2 成功销售人员的内在特质

1. 高度自信

销售员销售的第一产品是什么?是销售员自己。把自己成功地推销出去,销售就成功了一半。很难想象,一个对自己都没有信心的人,又怎么可以把自己、把公司的产品成功地销售给客户。

下面是三个提升信心的方法:

(1)想象成功。信心是可以通过对成功影像的想象来重建的。想象一下曾经成功地通过一次考验,想象曾经有过的一次成功恋爱经历,想象以前曾经成功地说服客户达成交易的经历。让成功的影像牢牢地印在脑海里,不断刺激神经,你就会发现你已经充满活力,以旺盛的斗志迎接新的一天。

(2)总结过去失败的经验。失败不是成功之母,总结才是成功之母。通过总结,人们在失败的经验上学习得到的更多。世界上从来就没有一帆风顺的成功者,成功者都是在不断地总结失败的经验上获得最后的成功。当贝尔发明电话时,有成千上万的人失败了,放弃了,只有贝尔和爱迪生离成功最近,最后法院把专利权判给了贝尔。为什么?就是因为贝尔比爱迪生多一"点",他把电话机上的一颗螺钉旋转了90°,从而改变了电话的音质。贝尔的成功就在于他不断失败和在失败后的总结。成功其实就是比失败多那么一"点"。

(3)集中注意力。把注意力集中到正面、积极的思维上来,充分调动所有积极的心态,不要让消极的情绪影响自己。消极的情绪会在人们的思想内扩散,如果不把它从自己的体内清除,那么,它最终会毁了人们的事业和前途。

2. 勇往直前,不放弃

销售人员最恐惧的是什么?是被拒绝。下面是几个问题:A. 你对被拒绝的定义是什么?什么事发生了,才算是被客户拒绝了?B. 客户用怎样的语气对你说,你才感觉被拒绝?C. 你的客户的面部表情怎样时,你才感觉被拒绝?

设想一下,你到商场去买衣服。当你迈进商场时,马上就会有一位笑容可掬的导购小姐来到你的面前,不厌其烦地向你介绍各种款式、面料的服装。这时,你神情严肃,板着面孔,目光挑剔,时不时还和她讨价还价。可是,有经验的导购小姐会怎样?最后,她一定要想方设法促成这笔交易。

想一想,当你鼓足勇气迈进客户的门槛,面对客户冷冰冰的表情和语气,或者是毫不顾忌你的成本、你的感受地砍价,你是否感到了恐惧?你是否还有勇气再踏入那道门?你是否会落荒而逃?

成功的人不断找方法突破,失败的人不断找借口抱怨。在销售管理中,越是销售做得差的销售员,他的抱怨和理由就越多,成功的销售员总是对自己的结果负责,他们总是在不断地寻找成功的方法。

3. 强烈的企图心

强烈的企图心就是对成功的强烈欲望，没有强烈的企图心就不会有足够的决心。强烈的企图心有四个特征：

(1) 强烈的企图心是销售人员对产品无比信心的动力。

(2) 企图心强度的大小受环境影响。

(3) 企图心可以通过对视觉的成功影像的刺激而培养。

(4) 通过经常和成功者在一起，可以培养强烈的企图心。

成功的销售员都有必胜的决心，都有强烈的成功欲望。成功的欲望源自对财富的渴望、对家庭的责任、对自我价值实现的追求。

4. 对产品的十足信心与知识

成功的销售员都是他所在领域的专家，做好销售就一定要专业，具备专业的知识。在美国，曾经有一家电厂的发电机坏了，请了一位电机专家来检修。专家来了以后，这里看看，那里听听，最后，在电机上用粉笔画了一个圈，说："毛病在这里。"工人们把那里打开，很快就修好了电机。最后，厂家付报酬时，专家要了10 000美元。工人们很不服气："就用粉笔画了一个圈，就要10 000美元？"专家说："用粉笔画圈收1美元，知道在哪里画圈收9 999美元。"这就是专业。专业应该得到专业的报酬。

销售人员除了应娴熟掌握销售的技巧以外，还应该具备自己产品的专业知识。不仅对自己的产品知识要专业，还要熟悉竞争对手的产品，熟悉行业的标准，熟悉市场的分布和前景，了解价格和促销等的变化。这样，才可以知己知彼，百战不殆。

记住，客户不会比你更相信产品，客户是靠你对产品的信心和你对产品的专业而说服的。说服本身是一种信心的转移，你把你的信心传递给了你的客户，从而，你和客户一起共建了你成功的桥梁。

5. 注重个人成长

学习的最大好处就是：通过学习别人的经验和知识，可以大幅度地缩短一个人犯错和摸索的时间，更快速地走向成功。

顶尖的销售员都是注重学习的高手，通过学习培养自己的能力，让学习成为自己的习惯，因为，成功本身是一种习惯和能力（思考和行为习惯）。成功的销售人员都是在不断地通过学习超越自己，并且在销售的团队里形成学习的氛围，有利于自我的提升和组织素质的提升。

6. 高度的热忱和服务心

21世纪是个营销的时代，营销最重要的一个内容就是服务营销。成功的销售员不是为了完成一次交易而接近客户，而是把客户当成自己的终身朋友，建立长期的服务关系，并且借助客户的成功帮助自己成功。他们关心客户需求，表现为随时随地地关心他们，提供给客户最好的服务和产品，保持长久的联系。成功的销售员总是以诚相待，以信取人，以谦和的态度面对每一个客户和潜在的客户。

在销售过程中，投机取巧，急功近利，甚至不惜杀鸡取卵，自断后路的行为，都是旧时奸商的做派，是现代营销的大忌。

7. 非凡的亲和力

销售人员销售的第一件产品是销售人员自己，销售人员在销售服务和产品时，如何给人良好的第一印象，是相当关键的事。这时，销售人员人格魅力、信心、微笑、热情都必须全部调动起来，利用最初的几秒钟尽可能地打动客户。这就需要销售人员具备非凡的亲和力。亲和力是销售人员无形的杀伤武器，它可以化干戈为玉帛，起到四两拨千斤的作用，给销售人员带来更多的收获。

11.2 产品信息研究

11.2.1 分析产品或服务

在销售之前，销售人员需要认真了解自己公司产品的名称、性能、特点等。销售人员只有了解自己的产品，才能详细地说明产品能够带给客户什么利益，产品能满足客户的哪些需求；只有了解自己的产品，才能圆满地回答客户提出的疑问，从而消除客户的异议；只有了解自己的产品，才能指导客户更好地使用、保管产品，以便客户重复购买。一般而言，销售人员应分析产品以下方面的知识：该产品能给客户带来什么好处；产品的生产方法；产品的用途和使用方法；产品与其他企业同类产品之间、不用类型产品之间的优缺点比较；产品的市场状况如何；企业的交易条件、售后服务规定、财务结算条件等。

11.2.2 掌握产品或服务相关政策

销售人员应该掌握公司的产品销售政策、价格政策和促销政策。尤其是在企业推出新的产品销售政策、价格政策和促销政策时，更要了解这些政策的详细内容，特别是和以往政策相比的变动之处。当企业推出新产品时，销售人员要了解新产品的特点，卖点是什么。不了解新的销售政策，就无法用新的政策去吸引客户；不了解新产品，就无法向客户销售新产品。

11.2.3 将产品或服务销售给自己

销售人员首先要说服自己。一些销售人员喜欢抱怨自己业绩不好，抱怨客户有多挑剔，可是有没有试过问问自己，如果你是客户，你会被自己的解说打动、购买自己的产品吗？例如，一家公司曾举行了一次换位思考的调查，结果90%以上的销售人员都认为如果自己是客户，不会购买自己的产品。既然自己都不能说服自己，又如何能说服客户呢？所以，问题的根源还是在销售人员自己身上。

在产品销售的过程中，确实有一些客户对产品的要求比较高，会对销售人员提出各种问题，有时让销售人员难以招架。为了更好地完成销售解说，销售人员可以事先让自己扮演最刁钻的客户，设想客户可能会提出什么问题、有什么要求、自己应该怎么回答，找出和客户沟通最有效的途径等。通过自己扮演最刁钻的客户，销售人员可以更清楚地了解客户的心理，找到最好的解说方式，也有助于消除销售人员临场发挥的紧张情绪，在面对客户的发问时从容不迫地对产品做出完美的解说。

11.3 寻找潜在客户

寻找潜在客户是指寻找潜在的准客户。准客户是指既有购买所销售的商品或服务的欲望，又有支付能力的个人或组织。销售人员的主要任务之一就是采用各种有效的方法与途径来寻找与识别潜在客户，并实施成功的销售。

11.3.1 寻找潜在客户的原则

寻找潜在客户看起来简单，其实并非易事。要科学准确地找到符合条件的准客户，销售人员必须遵循一定的规律，把握科学的原则。只有这样，才能确保寻找潜在客户的准确化、高效化。

1. 确定好销售对象的范围

销售人员在寻找潜在客户之前，首先要确定好销售对象的范围，避免漫无边际地东奔西跑。销售对象的范围包括两个方面：

（1）地理范围，即确定销售品的销售区域。主要应考虑该地区的政治、经济及社会文化环境是否适合自己的销售产品。例如，人均收入低的地方就不宜销售高档消费品。

（2）交易对象的范围，即确定准客户群体的范围。这要视产品特征而定。不同的产品，由于性能、用途不同，销售对象的范围也就不尽一致。例如，高等教育书籍，其销售对象应为大中专院校的师生、图书馆；电工产品，其销售对象就应为各装饰公司的负责人、设计院的设计师、房产公司的负责人、设计人、各电工电器商店；保险的销售对象则几乎是每个有购买能力的个人；等等。即使是同类产品，由于品种、规格、型号、价格等方面的差异，其交易对象的范围也有差别。

2. 寻找客户途径和方法的多样性和灵活性

在实际销售工作中，寻找销售对象的途径是多种多样的，选择合适的寻找途径，是提高寻找效率的一项重要措施。科学地选择途径或渠道，除了要考虑销售品的特点、销售对象的范围等因素外，还要根据实际情况善于发现、勇于创新。销售人员不能抄袭其他公司的做法，但是改进、模仿其他公司的做法，能使其适合自己的企业、自己的产品是可行的。总之，销售人员学会设计或选择一个能满足自己公司具体需要的寻找方法，对于成功地寻找潜在客户是至关重要的。

3. 建立准客户档案

为了进一步挖掘客户和管理客户，销售人员必须建立准客户档案。根据客户的实际情况及变化，对准客户按一定的规律进行分类，然后列出重点销售对象和访问路线，使销售工作标准化、程序化、规范化。日本销售大师原一平从事保险工作50年，积累的准客户有2.8万个之多。他把这些准客户依照成交的可能性，从A到F分级归类，建立了准客户档案，从而为发现和寻找合适的客户提供了很大的帮助。

4. 养成随时寻找客户的习惯

在实际工作中，销售人员要树立随时随地寻找客户的意识，注意培养敏锐的观察力和正确的判断力，养成一种随时随地寻找客户的习惯，要学会眼观六路，耳听八方，决不放过任何一次捕捉潜在客户的机会。因为要想在日益激烈的竞争中为企业发掘更多的客户，就必须时刻做好寻找客户的准备。如果平时毫无用心，那么，许多潜在的客户将擦肩而过，进而丧失销售机会，影响销售业绩的提高。

11.3.2 寻找潜在客户的方法

不同行业的销售人员寻找潜在客户的方法有所不同。例如，寻找房地产、汽车、机械设备等产品的客户,显然要比寻找冰激凌、服装、食品的客户困难得多。没有任何一种方法能够普遍适用,只有通过不断总结,销售人员才能摸索出一套适合自己的方法。

由于行业的不同,销售人员寻找潜在客户的方法也多种多样,其中常用的方法如下:

1. 逐户访问法

逐户访问法又称"地毯"式访问法、普通寻找法等,是指销售人员挨家挨户直接访问估计可能成为客户的某些个人或组织,从中寻找自己的客户的方法。这种方法是最古老的方法之一,也是每个销售人员都曾经使用过的最基本的方法。逐户访问法所依据的原理是"平均法则",即认为在被访问的所有对象中,必定有销售员所要寻找的客户,而且分布均匀,客户的数量与被访问的对象的数量成正比关系。比如,如果过去的经验表明,20人中有1人会买产品,那么200次访问会产生20笔交易。因此,只要对特定范围内所有对象无一遗漏地寻找查访,就一定可以找到足够数量的客户。

逐户访问有两种不同的方式:一种是毫无选择地一家一户的走访,这种方式有较大的盲目性;另一种是预先找出成交可能性较大的几家去访问,这种方式有一定的针对性,寻找到客户的可能性较大。在日本的公司里,销售人员被正式介绍给潜在客户后,往往用上一年的时间去建立关系,然后才向客户介绍产品。日本人用80%的时间建立关系,20%的时间销售产品,而美国人正好相反。我国在这方面与美国人相似。

逐户访问法的优点在于:

(1)销售人员可借机进行市场调查,能够客观全面地了解客户的需求情况。因为这种访问方法使销售人员能够广泛地与客户接触,同时,大多数情况下被访问者与销售人员不相识,不会碍于情面而说一些违心的话。

(2)有利于扩大企业和销售商品的影响。销售人员寻找客户的过程,也是传播销售信息的过程。逐户访问使销售人员能够与客户一一接触,广泛地将企业及其产品的信息传递给客户,从而扩大企业和产品的影响。

(3)有利于锻炼销售人员的意志,积累和丰富销售工作的经验。面对众多的被访问者,可以培养销售人员坚忍不拔、吃苦耐劳和经受挫折的意志和精神,也有利于销售人员了解和研究各种类型、各个阶层客户的消费心理和购买特点,从而使销售人员逐步积累和丰富自己的销售经验。

逐户访问法的缺点在于:

(1)盲目性较大。因为这种方法是在销售人员不太了解或完全不了解被访问者情况下进行的,尽管销售人员可以在事先做一些必要的准备工作,但仍然避免不了其盲目性,并因此浪费大量的时间、精力和人力、财力。

(2)容易遭拒绝。由于运用逐户访问法寻找客户,销售人员一般不会提前通知被访问者,客户通常毫无准备,许多人不太愿意被销售人员贸然访问,因此销售人员难以接近被访问者,甚至常常遭到拒绝,从而给销售工作带来困难,影响销售工作的顺利进行。

逐户访问法比较适合于日常生活用品及服务,如小家电、化妆品、保险、家政服务等;也适用于工矿企业对中间商的销售或某些行业的上门销售。此法若能与其他方法匹配,开展立体攻势,效果将会更好。目前不少企业采取的所谓"敲门进户"做调查就是逐户访问法的具体运用。

2. 连锁介绍法

连锁介绍法是指销售人员请求现有客户介绍未来可能的准客户的方法。实践表明，此方法比其他方法更有效，是运用得较多的一种方法。运用这种方法寻找潜在客户的理论依据是事物间普遍联系的法则，即世界上的万物都按一定的方式和其他事物发生联系。例如，同一个社交圈的人、需要同一种原料的企业、生产相同产品的工厂等。有着普遍联系的个人或组织有时会存在着相同的需求或者彼此了解。因此，销售人员找到一个客户后，就可以通过这个客户找到与之有联系的、可能具有相同需求特点的其他客户。连锁介绍可以使销售人员的客户迅速增加。有一个研究表明，在耐用消费品领域，有50%以上的客户是通过朋友的引荐而购买商品的，有62%的购买者是通过其他消费者得到新产品信息的。连锁介绍法如图11-2所示。

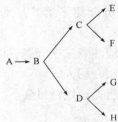

图11-2　连锁介绍法

连锁介绍法又分很多类型，主要有口头介绍、信函介绍、电话介绍、名片介绍、电子邮件介绍等。

连锁介绍法的主要运用途径有三方面：一是通过现有客户去寻找潜在客户。这是最佳的途径。因为老客户介绍的新客户大多是其较为熟悉的个人与组织，他们之间可能平时就有较为密切的联系，有时甚至具有共同的利益，加之老客户已经购买并使用了某种产品，新客户对其介绍的信息特别能够接受，所以，容易发现潜在客户。通过现有的客户介绍寻找潜在客户几乎被销售界认为是最好的方法，实际上也是最常用的方法之一。二是通过朋友的交情去寻找潜在客户。在诸多寻找新的潜在客户的方法中，建立关系网方式可以称得上是最可靠、最有效的。人们往往愿意与他们了解、喜欢、信任的人做生意。建立关系网关键是定位，而不是被动接触。建立关系网的目标是在每个熟人的心目中划出一个稳固的适当位置，这样当其中的某个人或是他认识的人需要你销售的产品或服务时，你是唯一能让他们想到的能提供帮助的人。你的许多朋友都可能成为商业伙伴。如果你和朋友之间能找到相同的利益结合点，许多朋友都会乐意去帮你寻找客户。三是通过其他销售人员去寻找潜在客户。大家知道，每个企业的各个事业部销售的产品不同，但有些客户是相同的。销售人员应该充分利用其他事业部的销售人员，请他们为自己介绍一些新客户。其他销售人员也知道，如果能为你提供客户线索，你也会给予他们回报和感激，为他们提供一定的客户线索。其实，有时只要销售人员留意一些，许多竞争对手会无意将客户信息透露出来。例如，参加竞争对手的产品展示会、竞争对手组织的各项活动或与竞争对手闲聊等。

连锁介绍可分为间接介绍和直接介绍两种方式。间接介绍，就是销售人员在现有客户的交际范围内寻找新客户。这种介绍方式是基于人际交往和联系总是以某种共同的兴趣爱好或共同利益、需要为纽带的,因为某一交际圈的所有人可能具有某种共同的消费需求。因此,销售人员从现有客户的各种交际活动和社会联系中可以间接地寻找自己的客户。直接介绍,就是通过现有客户的关系,直接介绍与其有联系的新客户。这是最常见的一种连锁介绍法。不过,无论采用哪一种介绍方法,其基本线索都是一致的,都是通过现有客户来连锁介绍未来的客户。

采用连锁介绍法寻找客户,其优点在于:不仅针对性强,可避免一些盲目性,而且容易赢得信任,取得良好的效果。

连锁介绍法的不足之处在于:因介绍人一般都不愿增加麻烦,更不愿因介绍不当而给朋友或熟人造成不好影响,所以难以形成得力的介绍,如果访问失败,不但会牵连介绍人,还有可能失去不少客户。同时,由于销售人员无法预料介绍人介绍的情况,有时介绍人为了顾及情面给销售人员介绍了客户,但对销售人员评价却并不理想,以致销售人员陷入被动。

基于上述情况,利用连锁介绍法应注意三个问题,即必须建立良好的人际关系;必须让介绍人感觉轻松愉快;必须感谢或回报介绍人。

连锁介绍法适用于任何产品的销售,适用性最强。

3. 中心人物法

中心人物法又称中心开花法、名人介绍法、中心辐射法、权威介绍法,是指销售人员在特定的范围内发展一些具有较大影响力的中心人物或组织来帮助销售人员寻找潜在客户的方法。此法实际上是连锁介绍法的延伸。在一般情况下,中心人物或组织是具有较大影响力、具有特殊社会地位的,他们往往是消费者的崇拜者。诸如政界要人、企业界名人、文体界巨星或者著名学者、专家、教授等。由于他们知名度极高,因此其消费行为容易在崇拜者心目中形成示范作用或先导作用,这就是心理学中的"光环效应"法则。不仅如此,他们见多识广,还能给销售人员提供识别理想潜在客户的信息。例如,"篮球飞人"迈克尔·乔丹是 NBA 历史上最耀眼的明星,他在美国拥有的崇拜者是任何一位明星都无法比拟的,凡印有乔丹肖像的产品销路都极好,所有与之合作的公司无不获得数以亿计美元的盈利。

运用中心人物法寻找潜在客户的优点是:便于集中精力,有利于促成交易。但其缺点也很明显,那就是中心人物难以寻找与确定。

利用中心人物法寻找潜在客户的关键有两点:一是一定要取得中心人物或组织的信任和合作,使他们相信销售人员和销售的产品;二是要选准消费者心目中的崇拜者或组织,否则,很有可能弄巧成拙,难以获得预期的效果。

中心人物法比较适合新产品、高级消费品或为企业创造名望的产品。

4. 广告开拓法

广告开拓法是指销售人员利用各种广告媒介寻找客户的方法。即通过大众宣传媒介,把有关产品的销售信息传递给广大的消费者,以刺激消费者的购买欲望,诱导消费者的购买行为,并借以树立企业的形象及提高产品的知名度,从而达到增加客户的目的。

广告开拓法的优点是信息量大,传递速度快,且覆盖面广。如果一则广告能让 100 万人看到或听到,就等于对 100 万人做了地毯式的访问,这是其他任何销售手段都无法比拟的。不仅如此,广告形象、生动、逼真,易于被受众接受,说服力较强,易于提高销售效率。因此,被喻为"印在纸上的销售术"。再者,现代广告可以大大节省时间和精力,所以,此法是销售人员寻找客户销售产品的理想、有效的现代化手段。

广告开拓法的缺点是单向沟通,有些媒体的费用也很高,不一定能够起到"立竿见影"的作用,甚至有时还会起反作用。

利用广告开拓法寻找客户,关键在于正确选择广告媒介。而选择广告媒介的基本原则是:以较少的广告费用取得较好的广告效果,最大限度地影响潜在客户。比如销售生活消费品、营养保健品等,选择老少皆宜的电视、广播和通俗性报纸杂志作为广告媒介,而对于生产资料、机器设备等工业品,选择报纸目录、专业杂志等广告手段效果会更好些。此外,选择广告媒介也要结合不同的销售对象、销售区域、产品特征等方面来进行。

广告开拓法适合于任何产品的销售,但不得与法律规定相抵触。

★情景体验11-2

浙江杭州的"胡庆余堂"药店,试制成功一种新药品"复方抗结核片",经过5年的床观察,确认对肺结核病疗效显著,但"养在深闺人未识",打不开销路,结果积压34万瓶之多。后来,该药店在中央人民广播电台做了"复方抗结核片"的广告。仅仅两个月的时间,就收到来自全国各地29个省市自治区要求订货的信函5 700多件,不仅售出了全部的存货,还打开了新的销路,赢得了众多的客户。

5. 委托助手法

委托助手法是指销售人员通过委托聘请有关人员寻找客户的方法。这些接受雇佣、被委托寻找客户的有关人员通常被称为"猎犬"。他们往往采用市场调研或提供免费服务等措施,对某些可能性比较大的销售地区进行地毯式访问,一旦发现潜在客户,便会立即通知委托人,安排销售访问。例如,有一销售住宅篱笆的销售人员,雇用其区域内的公用事业抄表员,请他们记下那些有小孩或狗,但还没有装篱笆的住宅的地址和主人姓名,因为这些住户可能就是将来购买篱笆的客户。这就是委托助手法的具体应用。

运用委托助手法的理论依据是经济学中的最小最大化原则,即销售人员花费最少的销售费用和销售时间,取得最大的销售效果。大家知道,我国是一个地域辽阔,市场分布面广的国家,有些地方交通事业至今尚不发达,市场供求信息较为封闭。因此,销售人员如果单凭自己走南闯北,开展销售工作,不仅会贻误市场机会,而且必将大大增加销售成本。相反,假若委托助手来发掘潜在客户,既能使销售人员及时获取有效的销售情报,开拓新的销售区域,发展大批新客户,又可以节约大量的销售费用,降低销售成本,提高销售效益。另外,行业间与企业间都存在着一定的关联性,使用委托助手法还可以较早地发现销售市场先行指标的变化,从而增强参与市场竞争的能力。

运用委托助手法寻找潜在客户的优点在于:避免了陌生拜访的压力,有利于提高工作效率,便于节约销售费用和时间,提高销售的经济效益。其最大的困难在于:理想的"猎犬"在实践中往往难以找到,再加上销售人员的销售业绩在很大程度上取决于销售助手的配合。因此,如果双方合作不利,或者助手在几家企业兼职,势必会使销售人员处于被动状态,甚至有时还可能会泄露商业秘密,从而不利于企业产品的市场竞争。

6. 会议寻找法

会议寻找法是指利用参加会议的机会，与其他与会者建立联系，寻找客户的方法。如新产品洽谈订货会、产品展销会、贸易年度洽谈会，以及其他类型的展览，如汽车科技产品等展览，营销人员都可以从中获得有关目标客户的信息。

会议寻找的方法：

（1）通过博览会与商业展览寻找。公司或政府部门经常举办新产品洽谈订货会、产品展销会、贸易年度洽谈会以及其他类型的展览（如游艇展、家具展等），销售员都可以从中获得有关新客户的信息。展览时，有关的公司经常在展览会上出资设一个摊位，再配上一个或几个销售员。当人们走到摊位前仔细观看产品时，销售员有几分钟的时间观察、询问客户，然后记下他们的名字和地址，以便日后与他们在家里或办公室里接触并做示范。虽然销售员与买主的接触时间短暂，却能与大量新客户广泛接触。每年各个地方都有不少交易会或者展会，如广交会、高交会、中小企业博览会等，只要是符合自身行业属性、产品属性的展会，都可以去光顾，在会展上可以搜集到大量的客户资料，甚至现场寻找客户、联络感情、沟通了解。

（2）通过行业协会寻找。如果客户主要集中在某一行业，应设法进入它们的团体组织和行业协会。销售人员要想寻找更多新客户，必须重视客户的组织。销售人员加入行业协会，能从协会成员那里得到更多信息。基本上每个行业都有自己的行业协会，如软件行业协会、电子元件行业协会、仪器仪表行业协会、汽车协会、美容保健协会等。虽然行业协会只是一种民间组织，但恐怕没有人能比行业协会更了解行业内的情况了。如果潜在客户恰好是某协会的成员，能得到协会的帮助是直接接触到潜在客户的有效方法。

（3）通过聚会寻找。聚会是指在公司或销售人员家中、饭店、酒楼等场所举办邀请新客户参加的，利用联欢会形式举办的产品销售活动。这也是寻找潜在客户的理想场合。

7. 资料查阅法

资料查阅法是指销售人员通过查阅各种现有资料来寻找潜在客户的方法。在西方一些市场经济发达的国家，各种资料门类齐全，内容丰富，为销售人员查阅各种信息资料提供了极大的方便，于是资料查阅法也就成了销售人员寻找客户的一种常用方法。我国情况有所不同，目前，各类信息资料的收集、整理和汇编还比较欠缺，现阶段较为系统的情报资料网络尚未真正形成，可供查阅的各种信息资料还比较有限，因此，资料查阅法的运用也就受到了限制。

使用此法查阅资料的主要途径有：工商企业名录、各级政府的统计资料、产品目录、工商管理公告、信息书报杂志、专业团体会员名册、电话簿、同学会名册、同乡会名册、职业名录等。

利用资料查阅法寻找客户，可以减少寻找客户的盲目性，节省寻找的时间和费用，同时还可以通过资料对潜在客户或客户进行了解，为销售访问做准备，为拟订销售计划奠定基础。但是，当今市场瞬息万变，一些资料的时效性较差、针对性也不强，加之有些资料内容简略，信息量不大，使这种寻找客户方法的运用具有一定局限性。

8. 电话寻找法

电话寻找法是指销售人员在掌握了客户的名称和电话号码后，用打电话的方式与客户联系而寻找目标购买者的方法。

电话寻找法的优点：寻找速度快，信息反馈快，不会被拒绝。一般情况下，接电话的人肯定是全神贯注地听电话，只要掌握好讲话的内容与顺序，会收到很好的效果。因为打电话属"单线联系"，不受外人干扰。因此，电话寻找客户的方法被称为销售人员的"金矿"。

电话寻找法的缺点：在电话尚不普及的地方，电话寻找法的应用还受到限制；费用仍较高，沟通困难，个别地区通信设施落后，电话接通率低，有时会导致较多的错漏现象；一些销售人员的方言经过电话传递后更难以沟通。

9. 市场咨询法

市场咨询法是指销售人员利用社会上各种专门的市场信息服务部门或国家行政管理部门所提供的咨询信息来寻找客户的一种方法。这些专门的市场信息咨询服务公司专门从事市场调查和市场预测工作，收集各方面的市场供求信息，为社会上各行各业的销售人员提供市场咨询服务，便于销售员利用咨询信息寻找客户。例如，服装销售人员可以通过咨询业者来寻找客户，婴儿用品销售员可以通过育儿咨询业者寻找客户等。此外，国家有关行政管理部门，如工商局、统计局、财政局、税务局及各行业协会或商会等，也是理想的信息咨询单位。

10. 个人观察法

个人观察法是指销售员根据自己对所接触的个人或组织的直接观察寻找潜在客户的方法。利用个人观察法寻找潜在客户，要求销售人员具有良好的职业意识，即随时随地挖掘潜在客户的习惯和敏锐的观察能力。有了这种意识，销售人员能在别人不注意的时间和地点找到客户。

11. 设立代理法

设立代理法是指选择恰当的企业，与之签订代理合同，确定代理业务关系，使其成为本企业的销售点，从而寻找客户的方法。采用该方法可获得较稳定的潜在客户。

12. 代理寻找法

代理寻找法是指利用代理人来销售商品、寻找客户的方法。具体来说，代理寻找法的要点是由代理人代理销售主体寻找客户、销售商品，并从中提取中介费用。

13. 行业突击法

行业突击法是指选择一些容易触发购买动机的行业作为销售访问的对象，进行集中性销售访问来寻找客户的方法。

采用该方法要求销售人员关注经济发展的态势，对资金动向予以注意，关心国民经济产业结构的现状及其未来的发展趋势。使用该方法，若选择得当，销售得法，能够挖掘出大批的潜在客户。

14. 竞争插足法

竞争插足法是指渗透到竞争对手的销售市场中与之争夺客户的方法。该方法容易引起竞争者的报复。

15. 邮件寻找法

邮件寻找法是指以邮寄信函或发送电子邮件的方式来寻找目标客户的方法。这种方法覆盖的范围比较广，涉及的客户数量较多，但成本较高，时间较长，除非商品有特殊的吸引力，否则一般回复率较低。

总之，在实际销售工作中，寻找潜在客户的各种方法互有利弊，销售人员在实际运用过程中，一定要结合实际，勇于创新，灵活运用，大胆地摸索出一套高效率寻找客户的方法为己所用。

★情景体验 11-3

枫林健身俱乐部提供保龄球、羽毛球、网球、高尔夫和台球场地，设备齐全的健身房，游泳池、蒸汽桑拿浴、更衣室、餐厅酒吧、停车场、购物中心等多种服务。会员证每人每年 1 000 元，双人每年 1 600 元，家庭每年 2 500 元。你希望通过暑假工来增加自己的社会实践经验，并挣些下学期的学费。从而开始了下面你与俱乐部经理朱利有关这份工作的谈话。

朱利：我已经把有关俱乐部以及会员证的情况都告诉你了。我给你足够的会员表格和俱乐部简介。你的报酬是从会员证的销售中提取 10% 的佣金。如果你每天卖出一个会员卡的话，那么你一个月就可以挣 3 000 元。

你：我自己负担自己的开销吗？

朱利：对，你自己负担各种开销。不过你可以使用俱乐部的设备，包括我们的电话和计算机。

你：那么我的工作从哪儿开始呢？

朱利：这是你自己的事。不过，最重要的是与尽可能多的人进行联系。10 个人中可能有 8 个人对健身不感兴趣，一个人已经参加了其他健身俱乐部。所以真正属于你的潜在客户也许 10 个人中只有一个。

11.4　审查客户资格

★情景体验 11-4

情景一：一位工业品销售员来到某个单位的供应科，见到大家吞云吐雾，说闲话。销售人员觉得来得时机不错，并且自己也抽烟，准备了香烟。自我介绍之后，把香烟猛撒一圈。在一位女职员面前，犹豫了一下，没有递出。撒完之后，看到大家脸上有些异样。销售员也感到奇怪。这时，见那位女职员打开抽屉，拿出了自己的香烟，点上火自己抽了起来。销售员感到坏事了，得罪了这位女职员。更坏的是，女职员说："我们要开会，请您先到外边等一下。"把销售员给请了出来。原来，销售人员没有递烟的这位女职员正是供应科长。

情景二：销售设备的销售新手小王，与设备科的刘科长联系了 6 个月，客户还是没有下订单。最后弄清楚，与他洽谈的刘科长，只是一个副科长，采购大权握在公司副总和正科长手中。

11.4.1　审查客户购买力

客户的购买力就是客户购买产品或接受服务时的货币支付能力。货币支付能力是判断一个准客户能否成为目标客户的首要条件。许多人对产品或服务都有需要，但可惜的是没有支付能力。因此，如果没有一定的货币支付能力，也就不可能形成现实的需求。在现实的销售活动中，正是有些销售人员由于事先未对客户购买力进行深入的调查分析，最终导致产品销售出去了，结果货款得不到及时回收，从而严重影响企业的正常运转。

以下是几种审查客户支付能力的方法。

（1）通过主管部门了解。主管部门指的是政府、司法及各业务职能部门，例如工商管理部门、税务部门、财政部门及审计部门，这些机构都能够提供具有决定性意义的信息。

（2）向注册会计师事务所了解。销售人员可以向注册会计师事务所了解潜在客户企业的资产负债情况表、经营损益情况表、审计结果与公布的内容等，从中可以看出企业整体经营状况。

（3）从销售对象内部了解。销售人员可以通过自己的人际关系或其他方法进行了解。

（4）通过其他同行了解。销售人员可以通过其他行业的销售人员，尤其是互补产品的销售人员，了解同一销售对象的支付能力与偿还货款信用。

（5）通过银行了解。销售人员通过银行可以了解到金融部门对客户企业付款信用等级的评定结果。

（6）通过大众传播媒体了解。销售人员可以通过对大众传媒中有关资料追踪了解，随时分析客户的信用状况。

（7）销售人员自我观察。销售人员可以亲自到潜在客户所在地，通过亲眼所见、亲耳所闻进行分析判断。

★情景体验 11-5

一位女销售人员在被拉去凑数与人打麻将的过程中，得知其中的一位男士就是向本企业订购大批产品的一个公司的经理，于是立即通知本企业不要发货。不久，那位经理因涉嫌多项罪名被逮捕，后来又得知那家公司其实早已负债累累。当其他债权人追债无门时，都纷纷赞扬女销售人员有先见之明。女销售人员说其实很简单：打麻将时看到这位经理手带大粒钻石戒指，脖子上有手指粗的项链，全身穿的全是名牌，花钱出手很大方；听他们谈话的内容，可以看出他整天与人打麻将。所以，女销售人员认为他根本没有时间与心思做生意，也不可能对公司实施精心管理。那么他为什么会有那么多钱呢？这不说明有问题吗？销售人员只要处处留心，事事留意，总能发现一些说明潜在客户支付能力的蛛丝马迹。

11.4.2 审查客户购买需求

产品销售是否成功还要看客户对产品是否有购买的需要，这就要求销售人员必须奉行以客户需要为中心的指导原则，对客户现实的或潜在的需要进行审查。如果客户根本就不需要销售人员销售的产品，那么对其展开强大的销售攻势肯定是徒劳的。要想准确把握客户的购买需求，并非一件容易的事情，它取决于销售人员的销售经验以及对产品的特性和客户需求的认识，在此基础上，进行大量的市场调研才能准确把握。有时，仅凭个别销售人员还不够，需要借助集体的力量甚至需要邀请有关专家来确定。

客户需求是多种多样、千变万化的，销售人员不应简单地以客户使用或不使用销售的产品为标准来审查客户的需求，而应仔细识别客户目前不使用其销售的产品的真正原因，既可能是客户尚未认识到销售品的真正用途，又可能是受传统习惯或传统观念的影响；既可能是暂无购买的财力，也可能是对新产品了解不够，尚处于等待、观望阶段；等等。总之，销售人员应充分认识到客户现在不需要，不等于将来不需要；表面上不需要，不等于内心不需要。

销售人员通过市场调查与分析，如果确认某客户真正不具有购买需求，或发现自己所销售的产品无益于客户，不能适应其实际需要，就不应该向其销售；相反，一旦确认该客户存在购买产品的可能性与倾向性，自己所销售的产品有益于客户，有助于解决客户的某些实际问题，就应该努力去说服、引导其购买。

客户需求审查，不仅要审查是否需要、何时需要，还要审查客户需要的数量。因为有些客户虽然对所销售的产品需求可能性很大，但需求数量很少。如果这样，那就得不偿失，这些客户不应该成为合格的目标客户。

总之，客户需求审查，要运用全面、系统、发展的观点对其进行动态的、综合的分析，只有这样，才能对客户的需求做出全面、正确的评价。

11.4.3　审查客户购买决策权

有些潜在客户既有货币支付能力，也有购买的需求，最终却无法达成交易，究其原因主要是其没有购买的决策权。销售人员在向客户销售产品时，一定要清楚谁是购买的决策者，如果事先不对潜在客户的购买决策权进行鉴定，就有可能事倍功半。

客户购买权力的审查对于以家庭或个人为消费单位和以企业或组织为消费单位是有区别的。所以购买人资格审查的主要内容，就是审查以家庭为主的购买者和以法人资格进行购买的角色和影响因素。

1. 家庭及个人的购买权力审查

（1）家庭购买决策类型。对于购买生活资料的家庭或者个人，资格审查是比较容易的，可以从以下几个方面进行考虑。

①家庭的开放程度。例如，比较开放的家庭一般采取协商决策型，往往以掌握信息最多的人的意见为准。

②家庭生命周期。处于不同阶段的家庭购买决策者是不同的。

③家庭收入水平。例如，家庭收入很高，其中对家庭收入做出较大贡献的一方，往往拥有对购买大宗产品的决策权。

④家庭稳定性。稳定的家庭中，夫妻俩的气质类型多为相反的人。比较外向的一方或比较有控制欲的一方，往往处于主动地位，因而在购买决策中起决策拍板作用。

⑤家庭的心理重心倾向性。例如，典型的小家庭是一对夫妇一个孩子。小孩成为家庭的心理重心，因而对家庭的购买决策有较大影响。

⑥产品类型。例如，大件商品以丈夫做主较多，日用小商品的购买主要表现为妻子做主型。

除此之外，还有很多因素决定了家庭购买决策类型，如文化水平、居住地、信仰、价值观念、性格等。

（2）购买角色。在家庭或者个人的购买行为决策过程中，共有5个角色参与其中，他们是购买行为的提议者、影响者、决策者、协议者和使用者。研究在不同家庭阶段、不同家庭收入水平、不同商品的购买行为中5个角色的不同扮演者，对销售活动很有好处。例如，购买计算机的倡议者往往是孩子，影响者是母亲或其他对计算机比较有研究的亲朋好友，决策者和执行者是父亲和孩子,而使用者往往以孩子为多。所以,在更大的范围内向孩子进行关于计算机的促销宣传,在现场向父亲和孩子进行销售,向已经购买计算机的孩子进行计算机的升级和销售,都可能获得成功。

2. 法人购买的决策者资格审查

在法人法律资格审查通过后,大量的审查工作是对客户内部各种"购买决策角色扮演者"的资格审查。审查的主要方法如下:

(1) 按照购买行为类型进行审查。主要分以下三种:①重复购买类,一般由具体的办事人员按常规惯例进行购买决策,只需要进行人事变化审查。②部分重新购买类,一般需要由企业相应的中层职能部门负责人进行决策,销售人员需要对新加入的购买者进行审查。③全新购买类,因为属于新客户,购买的决策过程最复杂,应该进行规范而详细的客户资格审查工作。

(2) 对不同性质的企业决策者的审查。销售人员应根据潜在客户的性质类型进行分析,从而确定对购买拥有决策资格的权力人。

(3) 不同购买组织和制度的审查。不同的企业和机构有不同的购买组织,也有不同的购买制度。例如,有的地方政府组织了采购中心,有的只是机构内部进行简单的分工。一般情况下,采购中心都有严格的购买程序和审批制度;进行简单分工的机构,可能是通过会议的形式对购买行为的决策权进行确定,而有的机构或者地区采取所谓的"一支笔批钱"的制度。销售人员必须认真了解和具体分析。

(4) 不同购买程序阶段决策人的审查。为了防止购买发生错误,各企业,尤其是各种购买中心,都制定了购买的批准程序与制度。销售人员应了解企业的购买程序,并按程序进行审查,从而确认有购买决策权力的具体人。销售人员还应具体了解客户单位的规章制度与办事程序,确认在客户购买行为决策的各个阶段中拥有各种权力资格的决策人。

★ 情景体验 11-6

美国有位汽车销售员应一个家庭电话的约请前往销售汽车,销售员进门后只见这个家里坐着一位老太太和一位小姐,便认定是小姐要买汽车,销售员根本不理会那位老太太。经过半天时间的销售面谈,小姐答应可以考虑购买这位销售员所销售的汽车,只是还要最后请示那位老太太,让她做出最后的决定,因为是老太太购买汽车赠送给小姐。结果老太太横眉怒目,打发这位汽车销售员赶快离开。后来又有一位汽车销售员应约上门销售,这位销售员善于察言观色,同时向老太太和小姐展开攻势,很快就达成交易。

11.5　准备客户资料

在寻找与客户资格审查阶段要调查了解潜在客户的基本情况,但对潜在客户主要情况的了解,其目的主要是淘汰没有购买可能的潜在客户。然而,要制订科学的访问计划,仅仅了解有无需求和购买力、有无购买决策权还不够,还必须了解更详细的资料。不过,销售人员要注意,要力求降低潜在客户背景材料准备的成本。因为如果用于背景材料准备的成本超过可能获得的利润,背景材料准备就失去了应有的意义,除非这种努力能换来多次重复购买。

那么，要准备潜在客户哪些背景材料呢？

在销售实践中，对于不同性质的客户所进行的背景材料准备的内容和着重点应该有所不同。

11.5.1 对个体准客户的背景调查

个体客户是指该客户仅代表个人或家庭，而不代表企业或团体组织。对个体客户的背景调查应从以下几个方面着手：

（1）个人基本情况。如姓名、年龄、性别、民族、出生地、文化程度、性格、信仰、居住地、邮政编码、电话号码等。尤其是在爱好和忌讳等有关方面，更应注意，不要冒犯了客户。

（2）家庭及其成员情况。如所属单位、职业、职务、收入情况和家庭成员的价值观念、特殊偏好、购买与消费的参考群体等。尤其要把对该家庭最有影响的人物的好恶情况调查清楚。

（3）需求内容。如购买的主要动机、需求详细内容和需求特点、需求的排列顺序、可能购买的能力、购买决策权限范围、购买行为规律等。

对个体客户调查的重点应放在需求内容和客户的爱好与忌讳上，其调查手段可采取个体客户资料卡（表 11-1）。

表 11-1 个体客户资料卡

姓名			性别		年龄	
住址			邮编		电话	
工作单位			职务		民族	
家属	姓名	关系	年龄		职业	备注
特长爱好						
性格						
销售方法						
访问记录						
备注						

11.5.2 对团体或组织购买者的背景调查

对团体或组织购买者的背景调查要从以下几个方面进行：

（1）团体或组织基本情况。如法人全称、所属产业、所有制形式、经营体制、隶属关系、所在地及交通、生产经营规模、成立时间与演变经历、法定代表人及主要决策人的姓名与电话号码、通信传真号码等。

（2）团体或组织的组织机构情况。如管理风格与水平、组织的规章制度、办事程序、主要领导人的作风特点、组织机构及职权范围的划分、人事状态及人际关系等。

（3）生产经营及财产情况。如近期及远期的组织目标、生产经营规模、生产的具体产品类型、品种与数量、生产能力及发挥的水平、设备技术水平和改造的方向、产品结构及市场反应、市场占有率与增长率、竞争与定价策略等。

（4）购买行为情况。如一般由哪些部门发现需求或提出购买申请；由哪个部门对需求进行核准与说明;由哪个部门对购买进行描述及选择供应商,以及决定选择的标准;目前有哪些供应渠道以及相互之间的关系和发展前景等。

对组织客户购买情况的调查重点应放在购买行为情况和关键部门或人物情况方面。

常见的团体或组织客户资料卡见表11-2。

表11-2　团体或组织客户资料卡

单位名称		地址		邮编、电话	
成交时间		生产规模		职工人数	
经营范围		开户银行		资金信用	
负责人	姓名		年龄		职务	
	性格		爱好		性别	
	住址		民族		电话	
采购人员	姓名		年龄		性别	
	性格		爱好		电话	
	住址		与我单位交情			
使用人员	姓名		年龄		性别	
	性格		爱好		电话	
	住址		与我单位交情			
单位名称		地址		邮编、电话	
访问记录	1				
	2				
	3				
	4				
	5				
备注					

11.5.3　对老客户的背景调查

由于销售人员对老客户的背景材料相对来说比较熟悉,但也应继续做好背景材料的调查工作。其主要内容可以从基本情况的补充与更正以及老客户对从前购买活动的评价等方面进行,其重点应放在对以前购买的评价上。因为客户一旦对该产品有好的评价,就会做出积极的反应。相反,如果对该产品评价较差,就难以与销售人员维持长久的合作关系。这时,销售人员就应想方设法改进工作,消除不良影响。

11.6　拟订拜访计划

11.6.1　制订销售访问计划

销售成功的关键在于制订切实可行的销售访问计划。因为这不但有助于销售人员合理安排利用时间，建立信心，而且还可以帮助销售人员营造销售氛围，节省时间，扩大销售业绩。

一个有效的销售拜访计划应包括以下几个方面的内容：

1. 确定销售访问目标

只有目标明确，访问工作才能有的放矢。在销售实践中，客户拜访目标分为销售目标和行政目标。销售目标也会因访问对象的不同而不同：一是现有客户，其访问的目标是保持现有客户，使其成为回头客，不至于流失，其访问的手段可采取产品跟踪服务、定期维修，了解他们的进一步需求，向其介绍新产品，等等。二是潜在客户，其访问的目标应该是，通过销售人员的努力，使其转化为准客户，再从准客户转化为真正客户，使用的手段可以是了解其需求，引导其购买行为，介绍自己的产品，进而促使其做出购买决策。行政目标包括收回账款、处理投诉、传达政策、建立客情关系等。

2. 合理安排访问时间和访问路线

拖延不会给销售人员带来任何好处，销售经理要帮助销售人员合理安排访问时间，科学地确定访问路线。销售人员应该每天抽出一定时间用于对客户的访问工作，以便更好地与客户保持联系，促进销售业绩的不断增长。此外，销售人员还应该对访问路线进行安排，只有这样，才能在最短的时间里访问尽可能多的客户。一般来说，访问时间能够预约安排将有助于成功，而访问地点与环境应具有不易受外界干扰的特点。

3. 确定销售策略与模式

为确保销售的成功，销售人员在制订销售访问计划时，应当在认真分析访问客户，了解客户的购买行为和需求，搞清客户为什么要购买这种产品和接受这种服务的基础上，选择并确定好销售模式。此外，对不同类型的客户要制定不同的销售策略，决不允许千篇一律。

4. 制定销售工具清单

在销售时，除了要带上自己精心准备好的产品介绍资料和各种资料（如样品、照片、鉴定书、光盘等）之外，还要带上介绍自我身份的材料，如介绍信、工作证、法人委托书、项目委托证明等。带上证明企业合法性的证件或其复印件也是非常必要的。如果公司为客户准备了纪念品也不要忘记带。最后，还应放上一些达成交易所需要的材料，如订单、合同文本、预收定金凭证等。

如果面对的是一项较为复杂的销售任务或开发新的市场，可以成立销售小组。销售小组可以将对手的注意力分散，给每人留下一段思考的时间，有利于观察客户做出正确的反应。小组成员可以在知识、经验上相互弥补，相互促进。如果准备组织销售小组来进行销售，那么必须制定小组销售的规划。

11.6.2　科学分配时间

时间的浪费代表着销售成本增长、销售效率下降等一系列问题。在实际销售工作中，销售人员用于业务洽谈的时间正在减少，花在路途上以及寻找客户、撰写文书等的时间正在增加。因此对销售人员的销售时间进行有计划的管理很有必要。为了更好地管理销售人员的时间，应该做到以下几点：

1. 制订时间计划

销售人员要制订出每一天、每一周和每个月的访问计划，按照计划事先与客户们预约时间、安排食宿。月计划是一个月的总体安排，包括需要访问客户的数量计划和根据重要性安排的访问顺序。周计划较为特别，包括访问客户的特定日期。日计划是在前一天晚上做出的，销售人员挑出第二天即将访问的客户，确定同客户见面的时间，并准备销售演示用的材料。

2. 对客户进行分析

首先，销售人员应当确定所有的现有客户和潜在客户。其次，销售人员应当估计现有客户和潜在客户的购买潜力。根据客户的购买潜力确定销售频度模型，制订自己的销售计划，其中包括销售次数、销售时限和间隔时间。

销售人员在工作时间的安排上，需要考虑在现有客户和目标客户之间分配工作时间的比例。管理层应该根据与现有客户的业务往来的稳定程度，适当地要求销售人员将时间和精力较多地安排在目标客户的业务开拓上。但如果销售额在现有客户的采购中所占的比例不高，那么销售人员在开拓新客户的同时，也应该将时间和精力用于增加对这些现有客户的销售数量。

3. 管理层对销售人员提供帮助

管理层对销售人员的销售工作的具体指导包括搜集销售情报、识别决策人、安排销售宣传等方面。这样可以节约销售人员宝贵的时间，自然而然地也就提高了工作效率，还能使他们的工作更富成效，其结果不仅会使销售人员满意，而且也会使客户更加满意。

4. 充分利用计算机，节省时间

销售路线的确定、销售频度模型的制定、客户购买潜力分析和销售目标的确定等工作都可以由计算机来进行分析和计算。此外，还可以将计算机应用于时间管理方面和销售人员的区域管理方面，借助计算机进行系统分析和计算。如利用计算机对销售人员的"时间和工作分析表"进行分析，可以帮助销售人员了解当前利用时间的状况，以提高销售效率。

管理层还要指导销售人员安排销售拜访的日程，确定在销售区域中的行程。日程安排是指确定访问客户、洽谈生意的具体时间。行程安排是指在销售区域内工作时采用的访问路线。管理层必须要设计出对企业和销售人员而言，既可行、灵活、有利，又能令客户满意的销售拜访计划。

11.6.3 确定拜访频率

客户采购人员的工作一般都很忙，过于频繁的拜访可能会浪费他们的时间，影响他们的工作，但过少的接触又可能给竞争对手乘虚而入的机会，因此拜访频率一定要适度。在确定拜访频率时必须考虑如下因素：

（1）是否有工作需要。想要留住客户，最关键的是满足对方的需求，既包括产品质量、交货安排、价格、服务等因素，也包括销售人员的拜访次数要恰当，能够满足对方采购工作的需要。

（2）与客户的熟识程度。双方熟识、关系稳固的客户，通过电话的联系也能够解决工作上的需要。通过电话的接触，既可以节省双方的时间，又可以节约销售人员的交通费用。但销售人员仍然需要主动地保持与客户的接触，询问客户是否有销售上或服务上的工作需要协助处理。而且，在间隔一段时间之后，销售人员应该安排时间对客户进行拜访，以维护相互之间的交情。

（3）客户的订货周期。这就需要销售人员与客户建立良好的关系，对客户的生产经营活动有一个比较全面的了解，从而可以准确地判断出客户什么时候会订货，等等。

11.7 销售模式介绍

11.7.1 爱达销售模式

★情景体验 11-7

老太太买李子
之一

一位老太太每天去某菜市场买水果。一天早晨，她提着篮子，刚到菜市场，遇上了第一个卖水果的小贩。

小贩问："您要不要买些水果？"

老太太说："你有什么水果？"

小贩说："我这里有李子，您要李子吗？"

老太太说："我看看。"

小贩赶紧介绍：李子又红、又大、又甜，特别好吃。老太太仔细一看，果然如此。但老太太摇摇头，没买，走了。

之二

老太太继续在菜市场转悠，遇到第二个小贩。

小贩问："老太太买什么水果？"

老太太说："买李子。"

小贩："我这里有大的、小的、甜的、酸的，您要什么样的呢？"

老太太："要买酸李子。"

小贩："我这堆李子特别酸，您尝尝？"

老太太一咬，果然很酸，满口的酸水有点受不了，但很高兴，马上买了一斤。

之三

老太太没急于回家，继续在市场转。碰到第三位小贩。

小贩："您想买点什么？"

老太太："买李子。"

小贩："要买什么样的李子？"

老太太："酸李子。"

小贩好奇："别人都要买甜李子，您为什么要买酸的？"

老太太："我儿媳妇怀孕了，想吃酸的。"

小贩马上说："老太太您对儿媳妇真好！想吃酸的就说明她会给您生个孙子！"

老太太很高兴。

小贩又问:"那您知不知道孕妇最需要什么样的营养吗?"

老太太如实相告:"不知道。"

"孕妇最需要维生素,因为她需要供给胎儿维生素。"小贩接着说,"那您知道什么水果维生素最高吗?"

老太太继续摇头。

小贩:"水果中,猕猴桃含维生素最丰富,您要是天天给儿媳妇买猕猴桃补充维生素,肯定能给您生个大胖孙子。"

老太太一听乐了,又高兴地买了一斤猕猴桃。

小贩送别老太太时,又强调说:"我每天都在这里摆摊,每天进的水果都是最新鲜的,下次到我这里,我给您优惠。"

——尹彬:《现代推销技术》,高等教育出版社,2007

1. 爱达销售模式的含义

销售模式,就是根据销售活动的特点及对客户购买活动各阶段的心理演变所采取的策略,归纳出一套程序化的标准销售形式。

爱达销售模式是世界销售专家海因兹·姆·戈德曼于1958年在其专著《销售技巧——怎样赢得客户》中提出的。"爱达"是AIDA的译音,分别取自Attention(注意)、Interest(兴趣)、Desire(欲望)、Action(行动)这四个英文单词的首写字母。

爱达销售模式是最具代表性的销售模式之一,它被认为是国际成功的销售模式。它的主要内容可简要概括为:一个成功的销售员必须把客户的注意力吸引或者转移到所销售的产品上,使客户对所销售的产品产生兴趣,这样,客户的购买欲望也就随之产生,然后促使客户采取购买行动。

2. 爱达模式的具体步骤

爱达销售模式具体包括四个步骤:引起客户注意;诱发客户兴趣;激发客户购买欲望;促成客户购买行为。

(1) 引起客户注意。引起客户注意,是指销售人员通过销售活动刺激客户的感觉器官,使客户对其所销售的产品有一个良好的感觉,促使客户对销售活动及产品有一个正确的认识,并产生有利于销售的正确态度。

在销售活动中,唤起客户注意常常受到时间、空间和销售现场特殊环境的限制。心理学的研究也表明,人们只注意与自己密切相关的事物或自己感兴趣的事物;客户注意力集中的时间、程序与刺激的强度有关,越是新奇的事物或刺激的对比度越大,越能引起客户的注意。因此,销售人员要学会抓住客户心理,把客户放在销售活动的中心位置上,了解客户的兴趣,从客户关心的问题入手,重视销售给予客户的第一印象,在突出客户地位的同时宣传自己,争取在较短的时间内,用最有效的手段达到吸引客户的目的。

引起客户注意的常用方法有:①产品吸引法。即直接利用销售品的特殊功能、设计、商标、包装等具有的魅力来吸引客户注意的方法。这种方法一般适合特色明显的有形产品。②语言吸引法。即利用新奇、生动、简洁、通俗和针对客户主要需求的语言来引起客户注意的方法。如有的销售员在刚接近客户时,用巧妙提问制造悬念:"刘总,我有一个能让你的营业额增加20%以上的方案,不知有没有兴趣?"③形象吸引法。即利用销售员的仪表形象、神态形象及刻意设计的特殊形象来吸引客户注意的方法。④动作吸引法。即销售员利用自己的熟练利落、潇洒得体的操作动作或富有戏剧意味的现场表演来引起客户注意的方法。⑤环境吸引法。即利用空间环境、气味、照明、音响等外界刺激条件创造出一个适合销售的气氛以引起客户注意的方法。比如,有一家餐馆取名"知青食堂",从餐馆的外观设计到店堂的环境布局都具有浓郁的知青时代气息,置身其间,仿佛又回到那个火热的时代,给昔日的知青以强烈的归属感和认同感,以至食客如潮。

(2) 诱发客户的兴趣。兴趣是一个人对某一事物所抱有的积极态度。只有客户对销售品产生了兴趣,销售活动才算真正开始。在购买过程中,客户的兴趣与注意有密切的联系,兴趣是在注意的基础上发展起来的,反过来又强化注意。人们不可能对没有注意到的事物发生兴趣,也不可能对不感兴趣的事物保持稳定的注意。这就要求销售人员必须在唤起客户注意的同时,不失时机地诱导和不断强化客户的购买兴趣。需要是产生客户兴趣的来源,利益是促成客户兴趣的动力。所以,诱导客户产生购买兴趣的关键是让客户充分了解购买销售品能给他带来哪些好处,认识到销售品正是他所需要的。

针对客户的不同需求和动机,诱导客户购买兴趣的方法主要有以下几种:

第一,示范表演法。诱导客户产生购买兴趣的最基本、最有效的方法就是示范表演。示范表演法是销售人员通过对销售品功能、性质、特点等的展示以及使用效果的表演等使客户看到购买销售品后所能获得的好处和利益,从而对销售品产生购买兴趣的一种方法。示范表演可起到加深认识与记忆的作用。心理试验调查结果也表明,人们对亲身实地参加的活动能记住90%;对看到的东西能记住50%;对听到的事情只能记住10%。可见有效的示范表演更能唤起客户的注意和记忆,极大地引起客户的购买兴趣。

示范表演的主要方法有:①对比法:就是将两个以上具有可比性的产品进行综合比较以供客户进行考察的方法;②展示参观法:就是通过展现销售品实体特点或请客户亲临销售品生产经营现场观察了解销售品,以诱导客户产生购买兴趣的方法;③道具表演法:就是利用图片、模型、文字材料,或者借助事先准备好的背景材料与舞台道具、戏剧性情节等展示销售品,以引发客户购买兴趣的方法;④亲身体验法:就是让客户亲自接触销售品或置身于能亲自感受到销售品所带来利益的环境,以引发客户购买兴趣的方法。

★情景体验11-8

通过示范诱发客户兴趣三例

一个钢化玻璃销售员身边总是带着一把榔头。在向客户作示范时,他用榔头猛力敲打钢化玻璃。

一家跨国公司的销售员,为了向客户证明他们公司生产的计算器的按键富有弹性,灵敏度高,用一根香烟触摸按键。

一个实心轮胎销售员,总是让客户用锤子把一颗铁钉钉进轮胎中。

——郭奉元,黄金火:《现代推销技术》,高等教育出版社,2014

第二,情感沟通法。销售过程同时也应该是销售员与客户的情感交流过程。情感沟通法是指销售人员通过与客户的感情联络,缩短彼此间的心理距离,赢得客户的信任,进而使客户"爱屋及乌"对销售品产生兴趣的一种方法。通常情况下，在销售活动开始时，客户总是处于一种消极情感状态中。对销售的防卫心理、冷漠心理、歧视及厌烦心理等不仅使他们对销售品不感兴趣，甚至对销售人员也拒于千里之外。此时要想促使客户改变既有态度，必须从情感角度开始，引导客户的情感变化，改变客户的消极情感，唤起客户的积极情感。情感沟通的主要方法有：①坦诚相见法。就是销售人员通过如实客观地向客户介绍销售品，真心诚意对待客户，以自己朴实的品格赢得客户的信任，诱发客户产生购买兴趣的方法。②投其所好法。即销售人员先从客户的爱好和感兴趣的话题入手开始销售活动，顺应客户的意思使客户在感情上得到满足后，再逐步引导客户对销售品产生兴趣的方法。③换位思考法。即销售人员应设身处地为客户利益着想，体谅客户的困难和处境，使客户在情感上受到触动而诱发购买兴趣的方法。

★ 情景体验11-9

假如要你销售一种电暖热水袋。该商品的主要特点是：加热快，只需3～5分钟；安全可靠，有特制充电接口，不会伤到人；承压性好，不会发生破损；不需换水，方便省事。

训练方式：

（1）同桌同学分别扮演客户和销售员进行模拟示范演习，然后请两位同学上台演练。

（2）分组讨论如何通过示范让客户对销售品感兴趣？示范应突出的重点是什么？

（3）激发客户购买欲望。购买欲望，是指客户打算购买某种商品或服务以给自己带来某种特定利益的愿望。通常情况下，当客户对销售品发生兴趣后，他就会权衡买与不买的利害与得失，内心常充满矛盾和疑虑，想得到又怕因考虑不周、买了后悔，对购买犹豫不决。这时，销售员如果不能有效消除客户疑虑，强化客户对销售的积极心态，就不能激起客户对销售品的购买欲望。因此，在这一阶段，销售员必须找到有效的方法，努力使客户的心理活动产生不平衡，使客户产生对销售品的积极肯定的心理和强烈拥有的愿望，把对销售品的需要和欲望排在重要位置，从而导致客户产生购买欲望。

激发客户的购买欲望具体可用到以下方法：①共同语言法。即销售人员先就双方一致的观点或利益加以强调，形成共同语言以建立客户对销售的信心，再激发客户购买欲望的方法。②以情感人法。即销售人员运用自己的真情和热情打动客户，使客户在情感和心理上对销售品产生好感，激发购买欲望的方法。③多方诱导法。即销售人员用精心设计的系列问题从多方面给客户一定程度的提示，诱导客户逐步悟出某些道理，以激发客户购买欲望的方法。④充分说理法。即销售人员运用客户的亲身经验、销售事实或销售例证等摆事实讲道理，在理智上为客户提供充足的购买理由以激发客户购买欲望的方法。⑤突出优势法。即销售人员在遭遇各种竞争对手时，为谋求竞争挑战的优势，针对销售品的优势、特点进行重点销售以激发客户购买欲望的方法。

★ 情景体验11-10

刺激客户购买欲望三例

一位钢琴调音器销售员如此对客户说："既然您的两个孩子都在上钢琴课，我想他们的音乐水平一定在不断提高。鉴于这种情况,您一定觉得很有必要把钢琴的音调调得纯正点儿吧?眼看圣诞节就要到了,您和家人及朋友们一定想要欣赏一下即将举行的音乐晚会吧?您家里不是还有两位很有前途的钢琴演奏家吗?"

一个体育用品销售员这样对客户说:"假如您开设一个旅行的滑雪用品商品部,您的商店可成为本市拥有各种各样旅行用品的唯一商店。另外,销售旺季也可延长。秋天终归是比较萧条的季节,对吧?如果您开始销售冬季体育用品,就会把那些正在安排滑雪度假的人们吸引到您的商店里来。只要他们光临您的商店,那就有可能使他们对其他一些旅行用品发生兴趣。再想想附近学校里的那些小学生,他们也会来这里买东西,他们可是家庭的小皇帝啊。"

一位传真机销售员这样做客户的工作:"刘总:请想想看,使用我们这种普通纸传真机可以给您带来哪些好处?第一,可以省去购买传真机专用纸的麻烦;第二,能节省您的办公成本,普通A4纸比传真专用纸可降低材料成本20%以上;第三,使用普通A4纸传真机,可以解决文件纸张大小不一致的问题,便于规范贵公司的档案管理。当然,您的意见很正确,这种传真机比其他传真机体积是要稍微大一些,不过,我想刘总的办公桌这么气派,放上这种传真机是绰绰有余的,就当多放了一台计算机吧……"

(4)促成客户购买行为。促成购买,是指销售人员运用一定成交技巧来敦促客户采取购买行动。促成客户购买行为意味着在完成前面三个销售步骤后进行最后的冲刺。促成客户购买行为不是坐等其成,它要求销售人员要善于识别客户的各种成交信号,抓住机会,不失时机地拍板,坚定客户的购买信心和行动。否则,极容易失去成交机会,前功尽弃。

促成客户购买行为应注意的问题:①认真观察客户的言行举止变化,把握成交时机。通常情况下,即使客户对交易条件感到满意并已在心中考虑购买了,他也不愿意主动表态。但客户的购买意向,总会无形中以各种方式流露出来。因此,销售人员只要密切注意客户的言行举行变化,就可以把握有利的销售时机,促使客户达成交易,提高销售活动的效率。②心态稳定、神情自然。在成交阶段,客户十分敏感,其心理状态很容易受销售人员不良情绪的影响。销售人员任何神情举止上的突然变化都会引起客户的猜疑。所以,在成交过程中,销售人员应保持自然的神态,沉着镇静,以平稳的心态从容迎接成交的到来。③坚定客户的购买信心。在接受成交的一瞬间,客户极容易因突然的犹豫而发生动摇。所以,销售人员切不可粗心大意,而应继续坚定客户的购买信心,打消客户的疑虑,使客户采取购买行为。

爱达销售模式从消费者心理活动的角度来具体研究销售的不同阶段,对具体的销售实践具有一定的指导意义。这种模式较适合于店堂销售,如柜台销售、展销会销售,适用于一些易于携带的生活用品和办公用品的销售,适用于新销售人员进行的销售以及面对的是陌生对象的销售。

11.7.2 迪伯达销售模式

1. 迪伯达销售模式的含义

迪伯达销售模式是世界销售专家海因兹·姆·戈德曼根据自身销售经验总结出来的一种行之有效的销售模式,与传统的爱达模式比较,该模式被认为是一种创造性的销售模式。它的要诀在于:先谈客户的问题,后谈所销售的商品,即销售人员在销售过程中必须先准确地发现客户的需要和愿望,然后把它们与自己所销售的商品联系起来。这一模式是以需求为核心的现代销售理念在实践中的具体运用。

第 11 章 销售准备

"迪伯达"是 DIPADA 的译音。DIPADA 则是由 Definition（发现）、Identification（结合）、Proof（证实）、Acceptance（接受）、Desire（愿望）、Action（行动）这六个英文单词的首写字母拼成的。

2. 迪伯达销售模式的具体步骤

迪伯达销售模式包括 6 个步骤：准确地发现（Definition）客户有哪些需要与愿望；把客户的需要与要销售的商品结合（Identification）起来；证实（Proof）所销售的商品符合客户的需要和愿望；促使客户接受（Acceptance）所销售的商品；刺激客户的购买欲望（Desire）；促使客户采取购买行动（Action）。

（1）发现客户的需求与愿望。需要是客户购买行为的动力源，客户只有需要才会产生购买动机并导致购买行为。因此，销售人员要善于了解客户需求变化的信息，利用多种手段寻找和发现客户现实和潜在的需求和愿望，帮助客户明确自己的需要，并通过说服启发，刺激与引导客户，为销售创造成功机会。

销售人员常用于发现客户需求的方法有提问了解法、市场调查与预测法、销售洽谈法、现场观察法等。比如，通过提问"贵公司认为目前使用的产品有哪些优点？还希望在哪些方面得到加强？"一方面可以知道客户看重产品哪些性能；另一方面又知道对现有产品客户有哪些不满意的地方，从而对症下药为自己争取销售机会。

（2）把客户的需要与销售商品结合起来。这一步骤是由探讨需求的过程向开展实质性销售过程的转移，是迪伯达模式的关键环节。当销售人员在简单、准确地总结出客户的愿望和需求之后，便应转向下一步：简明扼要地向客户介绍所销售的商品，重点突出商品的优点和性能作用，并把商品与客户的需求与愿望有机地结合起来。由于结合是一个转折的过程，结合的方法一定要巧妙、自然，必须从客户的利益出发，用事实说明两者之间存在的内在联系，善于从不同角度寻找两者的结合者。否则，牵强附会的结合必定使客户反感，最终葬送销售机会。实际结合时要注意区别不同情况，分别采取不同策略。具体可分以下 4 种情况，采取不同的方法：

①适合需求结合法。"我所要的正是这个。"当确认客户的需求合理，而销售人员也有能力满足时，就应果断承诺，迎合客户需求使其满意。

②调整需求结合法。"我所要的不是你这样的。"当客户提出的需求存在着明显的不合理性、不现实性，属于过分苛求，甚至是无理与无益需求时，则销售人员应以诚挚的态度与真实的信息沟通方式劝说客户，使其重新审视自己的心理期望，调整原有需求，实现客户需求与销售品的顺利结合。

③教育与引导需求结合法。"我不知道这个对我有没有用。"当客户因各种原因而缺乏对所销售商品的了解而未产生需求时，销售人员可以科学理论为依据，以价值分析方法为手段，从客户的购买利益着想去引导客户，使客户认识销售品所具备的优点及利益差别，从而实现客户需求与销售品的结合。

④否定结合法。"我不需要这个。"当客户很清楚自己的需要，而销售人员所销售的商品又无法满足而产生否定需求时，销售人员就不要再浪费时间和精力，应该放弃结合，果断撤退。在这种情况下，销售人员如果继续死磨硬缠，不但达不到"金石为开"的效果，反而事与愿违，招致客户反感。

（3）证实所销售的产品符合客户需求。当销售人员把客户需求与销售品结合起来后，客户对商品有了一定的认知和了解，但可能还存在疑虑，客户还不能确定自己的购买选择是否明智，这时就需要销售人员拿出足够的证据向客户证明他的购买选择是正确的，销售品正是他所需要的。为此，一方面，销售人员平时要注意收集相关信息资料，事先精心准备好有关证据素材；另一方面，要反复实践，不断创新方法，不断总结提高，使自己熟练掌握展示证据和证实销售的各种技巧。

销售实战中所用到的证据，一般可分为人证、物证、例证三类。

①人证。通常是指知名度高且具有较大影响力的人士对销售商品在购买与消费后所提供的证据。这些权威人士号召力强，他们对商品的推荐比一般人的劝说更容易使人改变态度。人证应是来自专业领域的权威、知名人士、主管部门的负责人、领导人物、有声望的新闻界人士等。当然，另外一类人也可考虑，即虽然知名度不高，却是客户熟悉的人，或者是对客户有较大影响力的人，比如，客户的同乡、同学、战友、老师等。实际操作时可灵活处理。

②物证。主要指有关职能部门或权威机构出具的证据。比如有关的获奖证书、奖章、奖杯、照片、新闻报道、标准认证、验证报告、鉴定测试报告、消费者来信等。

③例证。指消费者对销售品经消费体验感到满意的典型事例。有销售行家忠告说：没有实例的销售谈话一点也不精彩。因此，销售人员在平时销售实践中要注意积累素材，并精选好自己的"实例库"以备所需。为了使所选的实例更加具有说服力，要注意遵守四项原则：要诚实，千万不可捏造故事；要具体，千万不要笼统；要生动，能打动人心；要相关，例子针对性强。

★情景体验11-11

某保险销售人员去拜访一位寡妇。谈话间，她忽然说："我要让你看看全世界价值最贵的冰箱！"说着，便带这位销售员到厨房去。他看到的是一个普通的、价值约300美元的电冰箱。

"这冰箱花掉我一万美元。"那寡妇说道，"本来，我丈夫打算向你们公司多买一万美元的保险，我却坚持要先买这个冰箱。结果，就在我们买下这个冰箱的当天下午，我丈夫因车祸不幸丧生……"

(4) 促使客户接受所销售的商品。促使接受，是指销售人员经过努力，让客户承认商品符合客户的需要与愿望。客户接受商品是销售成功的重要前提，因为除非在物质十分短缺的年代，客户一般不会勉强自己购买不接受的商品。促使客户接受商品的方法主要有：

①试用促进法。现代销售学认为，人们从未拥有过某个产品时不会觉得没有它是一种遗憾，但当人们拥有过这个产品后，尽管可能认为它不是十全十美的，却总是不愿意失去已经拥有的产品。百闻不如一见，百见不如一试。另外，从心理上讲，客户试过商品后一般会产生一定的心理压力，觉得"我已试过，不买不好意思"。所以，经客户试用过的商品最终一般都会被客户接受。

②诱导促进法。指销售人员通过向客户提出一系列问题并请求客户做出回答，从而达到让客户逐步接受商品的方法。使用这种方法，要求销售人员事先必须深思熟虑，精心设计好问题，环环相扣，由浅入深，注意问题之间的逻辑性，让客户在轻松的交谈中接受商品。

③询问促进法。指销售人员在介绍商品、证实商品符合客户需求的过程中，不断询问客

户是否赞成或理解自己的观点,以此促使客户集中注意力,保持和增进对商品的兴趣,试探客户对商品的接受程度,并及时调整思路和方法,最终促使客户接受商品。

④等待促进法。这是采取以退为进的策略。在销售实践中,有时会碰到一些无法立即给你明确答复的客户,可能是客户在做重要决策时有点优柔寡断,也可能是客户的决策权限不足,需要与相关决策人物沟通或请示才能表态。这时就要有足够的耐心等待,否则就会欲速则不达,断送销售成功的机会。

迪伯达模式的第五、第六个步骤的内容与爱达模式的第三、第四个步骤相同,不再重复。

与爱达模式比较,迪伯达模式内容复杂、层次多、步骤繁,但因其销售效果好,受到销售界好评。迪伯达模式主要适用于以下情况:①针对老客户或熟悉客户的销售;②生产资料或无形产品的销售;③针对单位(集团)购买者的销售。

11.7.3 埃德帕销售模式

1. 埃德帕模式的含义

"埃德帕"是 5 个英文单词第一个字母 IDEPA 的译音。IDEPA 是由五个英文单词 Identification(结合)、Demonstration(示范)、Elimination(淘汰)、Proof(证实)、Acceptance(接受)的首写字母组成的。这 5 个单词概括了埃德帕模式的 5 个阶段:即把销售品与客户的愿望结合(Identification)起来;向客户示范(Demonstration)销售品;淘汰(Elimination)不合适的产品;证实(Proof)客户的选择是正确的;促使客户接受(Acceptance)销售品。

埃德帕模式与迪伯达模式很相近,主要适用于有明确购买愿望和购买目的的客户,对零售中主动上门购买的客户进行销售比较合适,也可用于向熟悉的中间商进行销售。

2. 埃德帕销售模式的具体步骤

(1) 把销售品与客户的愿望结合起来。主动上门购买的客户都是带有明确需求而来的,因此销售人员在热情接待的同时,应按照客户的要求尽量多提供客户选择的销售品,并注意发现客户的潜在需要和愿望,揣摩客户的心理,把销售品与客户的愿望结合起来。

(2) 向客户示范销售品。向客户示范销售品既可以使客户更好地了解销售品,同时也有助于销售人员了解客户的需求,使销售工作更有的放矢。因此,按照客户的需要进行产品示范,不仅能够吸引客户的注意力,而且使客户清晰地看到了购买之后所获得的好处,迅速激发客户的购买欲望。

(3) 淘汰不宜销售的产品。在前两个阶段中,由于销售人员向客户提供的销售品较多,其中一部分可能与客户的需要标准差距较大,因此需要把这部分不合适的产品淘汰,把销售的重点放在适合客户需要的销售品上。在决定是否要淘汰某种销售品之前,销售人员应认真了解和分析客户需求的真实原因,不轻易淘汰销售品。

(4) 证实客户的选择是正确的。证实有助于坚定客户的购买信心,因此销售人员应注意针对客户需求的不同类型,用具有说服力的例证去证明客户选择的正确性,并及时对客户的正确选择予以赞扬。注意,在销售过程中,销售员运用一定方法和策略,诱导客户做出合适的购买决策是必要的。但是,千万不能让客户感觉到"这个决定是你做的,而不是我!",应达到的效果是:客户在你的帮助下做出了正确的决策,尽管有你的作用,但决定一定是由客户自己做出的,这一点很重要。

(5) 促使客户接受销售品。这一步骤的主要工作是针对客户的具体特点促使客户接受销售品,做出购买决定。此时,影响客户购买的主要因素不是销售品本身,而是购买后的一系列问题,如运输、结算、手续办理、货物退赔等。销售人员若能对上述问题尽力予以解决,就会坚定客户的购买信心,使其迅速做出购买决定。

11.7.4 吉姆销售模式

"吉姆"(GEM)是3个英文单词推销品(Goods)、企业(Enterprise)、销售人员(Man)的第一个字母GEM的泽音,也称销售三角理论。吉姆模式强调的是:作为一名销售员,必须具有说服客户的能力,销售员的销售活动应建立在相信自己所销售的产品、相信自己所代表的公司、相信自己的基础上。可见,吉姆模式的核心是自信,包括对销售品自信、对自己所代表的公司自信、对销售人员自己自信。

本章小结

销售准备即销售人员在拜访客户之前所做的准备工作。一般来说,销售准备包括自我礼仪准备、产品知识准备,收集并整理目标客户资料、竞争者情况准备、销售工具准备以及拟订拜访计划等。

自我礼仪准备包括成功的销售人员的外在特征,成功的销售人员的内在特质以及塑造自我的方法。

本章案例

在销售之前,销售人员需要认真了解自己公司产品的名称、性能、特点等。销售人员只有了解自己的产品,才能详细地向客户说明产品能够带给客户什么利益,产品能满足客户的哪些需求;只有了解自己的产品,才能圆满地回答客户提出的疑问,从而消除客户的异议;只有了解自己的产品,才能指导客户更好地使用、保管产品,以便客户重复购买。

寻找潜在客户是指寻找潜在可能的准客户。准客户是指既有购买所销售的商品或服务的欲望,又有支付能力的个人或组织。销售人员的主要任务之一就是采用各种有效的方法与途径来寻找与识别潜在客户,并实施成功的销售。

在寻找到潜在客户以后,销售人员不要急于求成,而应运用一定理论,按照一定的标准,对潜在客户进行一系列的分析,把那些不符合目标客户条件的予以剔除,筛选出重点客户,然后将主要精力集中在这些重点客户上,进行有针对性的销售工作,以便提高销售工作的成功率。

常用的几种销售模式包括爱达模式、迪伯达模式、埃德帕销售模式、吉姆模式。

本章习题

一、复习思考题

1. 销售人员在拜访客户之前应该做哪些方面的准备工作?
2. 销售人员的自我礼仪准备有哪些?
3. 寻找潜在客户的方法有哪些?

4. 客户资格审查和潜在客户背景调查的内容是什么？

5. 论述几种经典的销售模式。

二、实训题

实训项目：要求学生在查找资料或访问调查的基础上，以小组为单位开展讨论，明确销售人员在正式进行销售活动前应该准备好哪些物品，并简要说明理由。

实训目标：

1. 掌握销售前的物品准备工作。

2. 了解学生的细致程度。

实训内容和要求：

1. 最好以5~7人为小组单位开展活动。

2. 建议在一学时内完成，调查及资料查找环节利用课余时间完成。

3. 活动结束后，以小组为单位递交总结报告。

4. 老师可安排适当时间组织同学课内交流。

第 12 章

销售过程指导

★ 学习目标

通过本章的学习，认识销售过程的步骤；理解销售过程的概念；了解销售异议产生的原因及类型；掌握寻找潜在客户、销售展示、促成交易、销售服务和跟踪的方法；培养处理客户异议，有效进行销售过程管理的能力。

★ 教学要求

注重通过理论讲授销售管理与营销管理的区别和联系；采用启发式、探讨式教学，加强课堂案例讨论，注重对销售管理案例的总结。

★ 导入案例

销售可以很精彩

源城酱油第一品牌是味士达，占市场份额35%，第二品牌是海天，占25%，第三品牌是厨邦，占15%，第四品牌是李锦记，占10%，其他占15%，而味鲜酱油，就是那15%里面的一部分。

味鲜酱油的老板老秦向销售人员杨光介绍了味鲜酱油的一些情况：除了品牌知名度不强外，味鲜酱油也有优势的方面，第一是质量过硬，味鲜酱油的原料是经高活性微生物发酵酿造成的纯天然"酿造酱油"，具有味道醇厚，香气纯正，脂香气十足等特点，各项理化指标完全符合《酿造酱油》（GB 18186—2000）标准，长期食用还有益于健康。第二是味鲜酱油属于本地产品，相比味士达、海天能节省运输成本。第三，老秦一开始的目标是收支平衡，所以能拿出较多的费用来投入市场。

除了在城区调研，杨光还到乡镇市集，最远到了距离源城市区100多千米外的村落里，询问了几百个购买酱油的家庭妇女，每天工作14小时以上，通过这几天的努力，基本上了解了源城酱油市场的特性，也看到了一些机会。

第一个机会，对于酱油的购买点，源城市民第一选择是方便，所以销量最大的渠道是市场和便利店。而味士达、海天的费用投入基本是在重点客户（KA），假如避开在KA的正面竞争，对这个通路采取措施做有效投入，定能得到较大的回报。

第二个机会，源城的城区市场已形成了一些品牌购买习惯，而乡镇消费者对于酱油品牌还没形成固定偏好，年轻的家庭主妇更是随意购买居多。按照市场惯性分析，消费者会对本地品牌有所偏爱。以地方品牌抵消国内大品牌的影响，虽然不能控制各大品牌的不断发展，却可以打造地方品牌来获得支持。

第三个机会，源城是乡镇包围城区的二三线市场，而竞争品牌不管是从包装，还是宣传，都是以城市为主，对乡镇的宣传活动根本没有，源城乡镇恰恰是一村一店的封闭式销售，可以作为一个基地市场来打造，成功后根基会牢不可破。

在经过和老秦几个小时的探讨，反复斟酌，杨光给味鲜酱油设置了一个推进方向。首先是在剩下的几天招聘了6个销售代表和10多个女导购员，并从广州聘请了一位有多年一线管理经验的销售好手来带队，确保杨光的销售目标不偏移。

在人员培训和实习的过程中，味鲜酱油生产也全面展开，说明了老秦对杨光的绝对信任和信心。杨光的销售目标就是将味鲜酱油做成源城乡镇的第一品牌，然后从乡镇辐射到城郊区一带，最后才碰城区市场。

对于做成乡镇第一品牌，杨光只安排老秦做好两件事：

第一，因为源城是山区市场，这里的居民，尤其是老人，都是苦日子里熬过来的人，购买物品讲究的是性价比，要的是花最少的钱买到最好的东西，所以杨光在"超值"二字上做文章，每一种规格都比竞争对手加赠30%，让消费者感觉到花一样的钱买到更多的物品而产生购买动机。

第二，针对乡镇一村一店销售模式，除了让农家妇女们觉得超值外，还每购买两瓶酱油即送围裙一条，同时把女导购员安排到乡村店铺里现场导购宣传。

杨光对老秦说，乡镇酱油是个蓝海市场，是一个可以轻松占领的阵地，只要付出很少就能轻松获得高的回报。

很快，三个月过去了，在源城的乡镇，不管是再偏僻的山村，都有味鲜酱油的导购人员出现，由于民风淳朴，导购人员还很受村民们的欢迎，所以，销售进展得很顺利，甚至还让一些从来不用酱油的人开始使用酱油，当然，用的肯定是味鲜酱油！

——资料来源：中国营销传播网，2012-11-14，作者：黄增，有删改

★引导任务

如何来提高销售的成功率？

销售准备工作完成后，就进入销售活动过程的第二个阶段——访问客户（也称销售洽谈）。访问客户主要包括约见客户、接近客户等环节。

★情景体验12-1

成功的约见模式

电话："丁零！丁零！"客户："喂，您好！"销售人员："您好，麻烦您，能请尤根·克

拉莫布先生亲自接电话吗？"

客户："我就是！您有什么事吗？"

销售人员："您好，克拉莫布先生！我叫格拉索……海尔曼·格拉索！是'宝卡'公司的专业咨询师，我们的公司位于富里达，是专门从事办公室以及仓库资源合理化业务的。克拉莫布先生……有关您扩大卡塞尔仓库面积的计划，我们'宝卡'公司早有耳闻了。所以我想给您看一些东西，这也许能够帮助您在新仓库里节省空间和人力消耗！您觉得咱们的这次见面安排在什么时候最合适？是下周二上午10：20好，还是周三下午好？"

客户："那好吧，您星期二上午过来吧！"

销售人员："我记一下时间，克拉莫布先生。您记住我的名字了吗？我叫格拉索（Glasow）！拼写是G，L，A，S，O，W！那咱们下星期二上午10：20见了，克拉莫布先生！真高兴能有机会和您见面！"

12.1 约见客户

12.1.1 约见客户的作用

约见也叫作商业约见，是销售人员请求客户同意会面的行动。约见客户是整个销售活动过程的一个重要环节，它是正式接近客户的开始。约见实际上既是接近准备的延续，又是接近过程的开始。只有通过约见，销售人员才能成功地接近准客户，顺利开展销售洽谈。通过约见，销售人员还可以根据约见的情况进行进一步的销售预测，为制订洽谈计划提供依据。此外，约见还有助于销售人员合理地利用时间，提高销售效率。当然，在某些情况下，约见客户这个环节是可以省略的，这要视具体情况而定。约见的意义主要表现在以下几个方面。

1. 约见有助于接近客户

事先约见客户，请求客户的允许，既表示尊重客户，又可以赢得客户的信任和支持。若客户借口推托或婉言拒见，销售人员则应说明情况，取得客户的认可，争取销售的机会，也可约定改日再见。若客户答应在百忙之中挤出时间会见销售人员，这既可以节省销售人员的时间，又使客户本人免受销售人员突然来访的干扰，良好的心境有利于双方的合作，进而形成融洽的销售气氛。

2. 约见有助于开展销售面谈

通过事先约见，可以使客户就约会的时间和地点做出适当的安排；经过约见，销售人员可以扼要说明访问意图，使客户事先了解洽谈内容，做出必要的安排；事先约见客户，可以让客户积极参与销售谈判，可以形成双向沟通，有助于宾主双方的相互了解，增强说服力，提高准客户购买决策的认可程度。

3. 约见有助于销售预测

销售预测，就是要根据客观事实，以及客户的初步反应，来预测未来销售活动中可能发生的各种情况。事先约见，可以帮助销售人员更准确、客观地预测客户可能产生的异议，并据此来制定相应的销售方案，消除异议，促成交易。

4. 约见有助于提高销售效率

通过约见，制定一个节奏合理的销售日程表，可增加销售工作的计划性。若销售人员不事先约见客户，盲目制订访问计划，就完全可能与被访问准客户的工作计划发生冲突，若销售人员事先约见客户，然后根据客户的会见时间、地点等制订销售访问计划，就可以合理安排销售时间，紧紧抓住每一个销售机会，大大提高销售工作的效率。

5. 约见有助于进一步了解与补充客户资料

在接近前有一个约见的过程，销售人员可以通过与准客户的初步接触，了解准客户更多的情况，有时甚至可以做到投其所好，增加销售洽谈的机会。

6. 争取约见本身就是一种销售活动

在争取获得约见的过程中，主要是处理各种复杂的人际关系，争取获得约见是与客户直接打交道的第一个环节，对整个销售有极其重要的意义。

总之，约见等于销售人员的战前火力侦探。假如把销售看作一场"双赢战争"的游戏，则约见就是把前一段的销售准备与后一阶段的销售面谈结合起来的战前试探性接火。约见能起到承先启后的作用。

12.1.2 约见客户的内容

约见客户的内容主要取决于正式接近客户和销售洽谈的需要。概括起来，通常有以下几方面：

1. 确定约见对象

要进行销售约见，首先要确定约见对象。这里的约见对象指的是对购买行为具有决策权或对购买活动具有重大影响的人。如果销售的是生产用品，那么首选约见的是拥有较大决策权力的董事长、总经理、厂长等要员，但在实际的销售工作中，销售人员一般无法直接约见决策者，那么决策者的助手如总经理秘书、办公室主任等人虽无直接决策权，但他们最接近决策层，可以在公司里行使较大的权力，对决策人的决策活动有着极其重要的影响。如果销售的是个人用品，约见对象也要认真观察，寻找机会找到家庭中具有决策影响力的人。对于一般业务而言，销售人员可以直接约见企业或有关组织的部门负责人，他们往往被赋予该部门、该领域的购买决策权。成功地约见部门负责人，不仅可以使有些交易直接成交，而且也可以为约见企业决策者奠定良好的基础。最后，为了能顺利地约见到主要人物，销售人员也应尊重有关的接待人员，设法取得他们的合作与支持，使其乐于帮助，不至于为难和阻挠。

2. 明确约见事由

既然要约见客户，就必须有明确的、充分的约见事由。这是约见客户的重要内容。一般来说，客户是根据约见事由决定是否接见。虽然任何销售约见的目的都是最终销售产品或劳务，但每次约见的目标是不一样的。可以是销售产品或劳务、市场调查、提供服务、联络感情，也可以是签订合同、收取货款等。

销售人员要根据约见客户事由的不同和具体情况，例如，销售人员是新手，客户是技术专家，销售人员可以以求教的方法约见客户；若客户是公司的老客户，而销售人员不认识客户，销售人员可以选择节假日送贺礼或服务调查等方法约见客户，创造各种机会约见、接近客户，扩大自身影响，提高企业信誉，树立企业形象，并最终达到销售目标。

3. 安排约见时间

约见时间是否恰当，关系到整个销售工作的成败。一般来说，销售人员约见客户，在确定时间时要考虑以下几个方面的问题：根据客户的特点来确定约见时间；根据访问的目的来确定约见时间；根据访问的地点和路线来确定约见时间；当客户的时间与销售人员的时间有矛盾时，应尽量迁就与尊重客户的意图；合理利用访问时间，提高销售的效率。约见时间一旦确定，销售人员应立即用笔记录在案，并严守信用，克服困难，准时到达约见地点，如果销售人员与另外客户有约在先而发生时间上的冲突时，应如实向当前的约见对象说清楚。

★ 情景体验12-2

下面举出的两种有关约定时间的问话，由于表达方式和用语的差异，其效果完全不同。

问话一："王先生，我现在可以来看您吗？"

问话二："王先生，我是下星期三下午4点来拜访您呢？还是下星期四上午9点来呢？"

十分明显，问话一的约见使销售人员完全处于被动的地位，易遭客户的推辞。问话二则相反，销售人员对于会面时间已主动排定，客户对销售人员提出的"选择题"若是一时反应不过来，便只好随销售人员的意志，做"二选其一"的选择，而没法推托了。

4. 选择约见地点

约见地点的选择要以方便客户和满足客户要求为原则。最经常使用、也是最主要的约见地点是客户的工作单位，使用这种方式选择约见的地点，要看客户是否愿意，主要适用于多人参加的约见或会谈，尤其适用于生产资料产品的销售约见或洽谈。但是，对于较为紧缺的或具有垄断性质的产品却比较适宜以销售人员的工作单位作为约见的地点。如果销售的是日常消费品，则通常以客户居住地为约见地点，既方便，又显得亲切、自然。销售人员还可以根据具体情况充分利用社交场合和公共场所，如歌舞厅、酒会、座谈会、公园、广场、展览厅、订货会、公共娱乐场所等作为约见的地点。

★ 情景体验12-3

销售人员："钟总：您好！冒昧打扰了。"

钟总："你好，你是谁？有什么事？"

销售人员："请问王新华教授，您还记不记得？"

钟总："当然记得，他是我大学时的论文指导老师，你怎么会认识他？"

销售人员："恰好他也是我的导师，我为有您这样一位有成就的师兄感到十分自豪！我现在是一家公司的业务员，正是王老师为我提供了您的电话，他说您可以帮助我。"

钟总："原来是这样，王老师的面子我不敢不给，何况我们是校友。"

销售人员："十分感谢！那请问钟总：我是星期二还是星期三来拜访您比较方便呢？"

钟总："星期二有个重要会议，这样吧，星期三下午3点来我办公室找我好了，我会提前与秘书打声招呼。"

销售人员："很好，就按您的意见办。再次感谢！再见。"

12.1.3 约见客户的方式

销售人员要达到约见客户的目的，不仅要考虑约见的对象、时间和地点，而且还必须认真地研究约见的方式和技巧。在现代销售活动中常见的约见方式有：

1. 电话约见

电话约见目前已经成为销售人员约见客户的主要方式之一。电话约见具有方便、经济、快速等优点，使客户能够免受突然来访的干扰，也使销售人员免受奔波之苦。但电约也存在明显的不足，那就是只闻其声，不见其人，客户往往处于主动地位，而销售人员则处于被动地位，因而容易遭到客户的推脱或拒绝，所以销售人员要精心设计开场白，激发对方继续听下去的兴趣；约见事由要充分，用词简明扼要、长话短说、突出重点；态度也要诚恳，口齿清晰，要训练自己的声线，但不能成为快嘴接线员。还需注意的是：电话约见应避开电话高峰和对方忙碌的时间，一般上午10时以后和下午较为合适。在大家共用一个办公室或共用一部电话时，应取得大家的相互配合，保持必要的安静。

★ 情景体验12-4

陈树：你好，捷迅彩印中心的李主管吗？（声音自信，语速合适）

李主管（忙着别的事情）：是，你哪里？

陈树（富有感染力的声音说）：我是奥迅打印机公司。现在我们公司研制出了一种打印速度和效果都比市场上同类产品要好的打印机。为了搞好新产品宣传，我们开展了一个活动，就是以八折价优惠，并且还可以实行分期付款。

李主管（停下手里的工作，表示感兴趣）：是这样啊，我们正需要打印机，但是我们有固定的供应商。

陈树：那没有关系，我可以把打印样品带给你看看，买不买都没有关系，我们希望更多的人知道我们的产品。

李主管：那……好吧，明天下午3点可以吗？

陈树（脸上露出笑容）：当然好，明天见。

2. 当面约见

当面约见即销售人员与客户当面约定见面的时间、地点、方式等事宜。这是一种较为理想的约见方式。销售人员通过这一约见方式不仅对客户有所了解，便于充分地做好下次约见前的准备工作，而且便于信息、情感的双向沟通，缩短彼此的距离，易达成有关约见的时间、地点等事宜。但是当面约见也常常要受到地理因素所限制，不能对所有的客户实行当面约见，尤其当销售人员与客户素不相识时，更容易遭到客户的拒绝，使销售人员陷入被动的局面，从而影响销售工作的顺利进行。特别是当面约见团体客户的关键人士时，事前必须成功地突破客户的一些"关口"。因此，销售人员在具体使用当面约见客户这一方式时，须察言观色、随机应变，灵活运用一些技巧，以保证约见工作的顺利开展。

3. 信函约见

信函约见是指通过约见信函的寄出与反馈达到预先约定客户的目的。常见的信函有个人信件、单位公函、会议通知、请帖、便条等。

信函约见不仅具有简便、费用低等优点，还可以避免当面约见客户时的层层人为阻碍。但这种方式也有一定的局限，如信函约见的时间较长，不适于快速约见；许多客户对销售约见信函不感兴趣，甚至不去拆阅。这样，销售人员花费了较多时间和精力撰写的约见信函却杳如黄鹤，一去不复返。另外，若双方素不相识，突然函约，往往使双方感到莫名其妙，不愿接受约见。因此，销售人员运用信函约见时，一定要讲究信函的内容，注意信函的书写技巧和诱导阅信技巧，尤其不要在信封上加盖"邮资已付"的标志。此外，最好不要使用公司统一的印制信封。

4. 委托约见

委托约见是指销售人员委托第三方来约见客户。销售人员若能通过客户的亲友的推荐、介绍进行约见，可以消除客户心理上的顾虑，使约见顺利完成。由于这种约见是建立在受托人与销售对象之间有一定的社会联系或社会关系基础之上，容易取得销售对象的信任与合作。甚至还可以克服客户对陌生销售人员的戒备心理，便于排除销售障碍，获得销售对象的真实信息，有利于进一步开展销售工作。但是相对于销售人员亲自约见客户，委托他人约见有可能不太可靠，若受托人不负责任，常常会引起误约；由于不是销售人员亲自约见，委托约见易使客户产生非正式商谈的感受，导致客户对此不够重视。另外，受委托人的数量和范围也限制了这一方式的运用。

5. 广告约见

广告约见是指销售员利用各种广告媒体约见客户的方式。常见的广告媒体有广播、电视、报纸、杂志、邮寄、路牌等。利用广告进行约见可以把约见的目的、对象、内容、要求、时间、地点等准确地告诉广告受众。在约见对象不具体、不明确或者约见客户太多的情况下，采用这一方式来广泛地约见客户比较有效，也可在约见对象十分明确的情况下，进行集体约见。

6. 网上约见

网上约见是指销售人员利用互联网与客户在网上进行约见和商谈的一种方式。网络业的迅速发展，为网上交谈、约见、购物、联络情感提供了便捷的条件，加快了进行有效的网上销售的进程。这种约见方式具有快捷、便利、费用低、范围广的优点；但网上约见受到销售人员对网络技术和客户的网址或电子信箱等信息的掌握程度等方面的局限。因此，销售人员要努力学习并掌握有关网络知识，利用现代化的高科技工具开发自己有效销售的潜能，提高销售的科技含量。

★情景体验12-5

王强是飞达公司的销售人员，主要销售客户管理软件。该软件能为销售人员和销售经理提供工作上的便利，所以很受企业销售部的欢迎，这同时意味着由于销售部喜欢使用，公司老板就会借机获得存入计算机中的所有客户信息。

宏业公司是一家国外办公设备的代理公司，王强曾经打电话给宏业公司的行政管理部，主管采购的马先生说他们没有采购计划，拒绝约见。但通过电话，王强得知凯悦公司目前还采用纸质文档的方式管理客户信息，根据王强的经验，一家以销售为主的公司用这种方式管理客户信息非常不方便，因此，他觉得有必要和凯悦公司谈一谈。

12.2 接近客户

★情景体验12-6

加德纳正准备把他的汽车开进库房。由于近来天气很冷，斜坡道结了厚厚的一层冰，给行车驾驶带来了一定的困难。这时候，一位过路行人顺势走过来帮助，他又是打手势又是指方向，在他的帮助下，汽车顺利地绕过了门柱。他凑过来问加德纳："您有拖缆吗？"加德纳回答说："没有。"然后加德纳又补充道，"可能没有。不过，我一直想买一条，但总是没有时间。怎么啦？是否您的汽车坏了？"过路人回答说："不是的，我的车没有坏，但我可以给您提供一条尼龙拖缆。经试验，它的拉力是5吨。"这个过路人的问话立即引起加德纳的注意，并且使他意识到他确实需要一条拖缆。这个过路人采用这种方法销售了很多拖缆。

当销售人员已经寻找到合格的客户，并且做好了约见客户以及其他一系列销售的准备工作之后，就要想尽办法去接近客户。接近客户，是指在实质性洽谈之前，销售人员运用技巧和智慧与客户接近并互相了解，以拉近彼此之间空间距离和心理距离的过程。

12.2.1 接近客户的任务

作为整个销售过程的一个阶段，接近客户有其特定的任务。它的主要任务是：

1. 验证事先所得的各种信息

经过寻找与评估阶段和制订洽谈计划阶段，销售人员掌握了有关客户的各种信息，并据此准备了相应的销售方法。但是，信息是否全面、准确、有效，还是未知数。销售人员应在最初接近客户时，运用观察、提问、倾听等方法，验证事先收集的信息是否准确。如果发现原有的信息错误，就应迅速予以纠正。尤为重要的是，要及时修正根据原有信息所制定的销售方法。

2. 吸引客户的注意，消除客户的心理隔阂

在接近阶段，许多客户的注意力由于种种原因分散于不同事物之中。对于这类客户，是很难开展有效说服工作的。因此，作为销售人员必须在洽谈一开始就设法使其注意力集中于洽谈过程。能否吸引客户注意力，是决定销售洽谈能否深入进行下去的关键所在。假如能够成功地吸引客户的注意，就可以使客户更快地了解产品的特征与优势，可以使客户更好地理解销售人员的陈述，为激发客户的购买欲望奠定基础。

能否吸引客户的注意，取决于多种因素。销售人员必须重视客户的第一印象。第一印象可以产生"晕轮效应"，即客户对销售人员某一方面的行为印象好坏，影响对销售人员其他行为的认识和评价。因此，销售人员一定要注意自己的言行举止，给客户留下良好的第一印象。

3. 培养客户的兴趣

有些销售人员善于吸引客户的注意，但不善于培养客户的兴趣。其实，培养客户的兴趣更为重要。如果在引起客户的注意之后，不能很快使客户对产品产生兴趣，不仅会使客户的注意力重新分散，更难以激发客户的购买欲望。因此，在接近客户的过程中，一定要想方设

法培养起客户的兴趣。

4. 顺利转入实质性洽谈

引起客户的注意和兴趣,并不是接近客户的最终目标。从销售过程的发展来看,接近的主要目的是引导客户自然而然地转入实质性的洽谈,以便促成交易。不过话题的转换不能太突然,否则,可能引起客户的不安,给实质性洽谈造成障碍。

12.2.2 接近客户的基本策略

销售人员正确设计和运用好接近策略是确保销售展示顺利进行的重要保证。

1. 投其所好策略

销售人员应以不同的方式、身份去接近不同类型的客户,并依据事先收集的信息或接触瞬间的判断,选择合适的接近方法。销售人员应该改变自己的外在特征,扮演客户乐于接近的角色。销售人员的语言风格、服装仪表、情绪都应随之做出一定的改变。例如,玩具销售人员针对孩子销售时可以用各种戏剧性的方式接近客户,有时甚至带上小猴子效果会更好。但是针对某百货公司总经理销售,也以同样的方法效果就不会好,或许销售人员换一套正式的职业装,带齐所有的销售资料效果会更佳。

2. 调整心态策略

在与陌生客户的接近过程中,销售人员以各种形式表现出的紧张是很普遍的。许多人害怕接近,以种种借口避免接近,这就是"销售恐惧症"。其实有时客户的冷漠和拒绝是多方面原因造成的,应该对客户充分理解并坦然接受。成功的销售人员应学会放松和专注的技巧,它能让自己设法克服压力。销售人员应该想象可能发生的最坏情况,然后做好如何反应的准备,如果必要的话甚至接受它。对可能发生的最好的事也应想象一下。总之,积极的心态能够带来成功。

3. 减轻客户的心理压力策略

销售人员必须尽快减轻客户的心理压力。在接近过程中,有一种独特的心理现象,即当销售人员接近时,客户会产生一种无形的压力,似乎一旦接受销售人员就承担了购买的义务。正是如此,一般客户害怕接近销售人员,冷淡对待或拒绝销售人员接近。这种心理压力实际上是销售人员接近客户的阻力。销售人员只要能够减轻或消除客户的心理压力,就可以减少接近的困难,顺利转入后面的展示。减轻客户压力的方法有很多,销售人员要善于研究并灵活运用。

4. 控制时间策略

销售人员必须善于控制接近时间,不失时机地转入正式洽谈。接近的最终目的是进一步的洽谈,而不仅仅是引起客户的注意和兴趣。有些缺乏经验的销售人员,总不好意思谈论自己的销售话题,等到客户要走了还没开始谈论正题,这种接近其效果是可想而知的。如何把握时间的长短,销售人员应视具体情况而定,通常不能太长。

12.2.3 接近客户的方法

在销售实践中,接近客户的方法有很多,但概括起来主要有以下几点:

1. 商品接近法

商品接近法又称实物接近法,是指销售人员直接利用所销售的产品引起客户的注意和兴趣，从而顺利转入销售洽谈的接近方法。这种方法主要是通过产品自身的魅力与特性来刺激客户的感官，如视觉、听觉、嗅觉、触觉等，通过产品无声的自我销售，来引起客户的注意和兴趣，以达到接近客户的目的。

但是，这种方法的运用也存在一定的不足，它不仅要求产品必须是有形的实物产品，而且要求产品具有独特的魅力和明显的差别优势，质量优良，不易损坏，精美轻巧，便于携带的特点。只有这样，才能刺激客户的感官，引起客户的注意和兴趣。

★情景体验 12-7

2016年，小于进了一批验钞笔，最初几天，毫无战果，一支验钞笔也没卖出去。一双腿却快跑断了。想想当时销售的情形，客户那无动于衷的表情，甚至粗暴的言行，她真想放弃！

这一天，小于改变了策略，她背着装验钞笔的包出了家门，来到了一个烟酒小卖部。一位四十来岁的中年男人向她打招呼，问小于买啥，她说是来请他帮忙的。小于拿出两张100元人民币，请他鉴别哪一张是假的。他接过两张100元人民币，左看看，右看看，无奈地摇了摇头。小于问他："真假人民币不易分辨，您收到假人民币怎么办？"他说："我也没办法。"小于说："这里有一种验钞笔，可以分辨出真假人民币。"说着，她拿出准备好的验钞笔，在两张人民币上各划一下，一张人民币上出现了淡黄色，另一张出现了黑色。小于趁机递给他说明书，微笑着说："出现淡黄色的人民币是真的，出现黑色的人民币是假的。"中年男人流露出浓厚的兴趣，问："多少钱一支？""10元一支""好，我要10支。"小于简直不敢相信自己的耳朵，多少次的拒绝才换回这一次肯定的接受呀！

2. 赞美接近法

赞美接近法是指销售人员利用客户的求荣心理，通过赞美客户来达到接近客户的一种方法。喜欢被人赞美是人之共性，在他人的称赞中可树立自尊和自信，获得被别人承认和接纳的满足感。卡耐基曾经说过："人性的弱点之一，就是喜欢被别人赞美。"每一个人都有值得夸耀的地方，销售人员在了解客户的基础上，若能适时、巧妙地利用夸耀、恭维的语言真诚地赞美客户，就可以达到缩短双方心理距离，调动客户积极心态，融洽面谈气氛，成功接近客户的目的。

销售人员既可以赞美客户周围的环境，如办公室、居住环境等，也可以赞美客户的外表、知识、修养、品质等。但不论赞美客户的哪一个方面，都应本着尊重客户的原则，讲究赞美的方法，真心实意、态度诚恳、语气真挚、切合实际地对客户值得赞美的方面加以赞美，使客户在一种自然亲切的气氛中接受赞美。切勿将赞美歪曲为巴结、玩弄、溜须拍马等不良的做法。

★情景体验 12-8

有一次，一个保险销售人员向一位律师销售保险。律师很年轻，对保险没有兴趣。但销售人员离开时的一句话却引起了他的兴趣。

销售人员说："安德森先生，如果允许的话，我愿继续与您保持联络，我深信您前程远大。"

"前程远大，何以见得？"听口气，好像是怀疑销售人员在讨好他。

几周前，我听了您在州长会议上的演讲，那是我听过的最好的演讲。这不是我一个人的意见，很多人都这么说。

听了这番话，他竟有点喜形于色了。销售人员请教他如何学会当众演讲，他的话匣子就打开了，说得眉飞色舞。临别时，他说："欢迎您随时来访。"

没过几年，他成为当地非常成功的一位律师。销售人员和他保持联系，最后成了好朋友，保险生意自然也越来越多。

3. 利益接近法

利益接近法是指销售人员利用客户的求利心理，强调销售的产品能给客户带来某些实质性利益而引起客户的注意和兴趣，以达到接近客户目的的一种方法。在一般情况下，客户之所以购买产品，是因为它能给自己带来某些实质性的利益，如增加收入、降低成本、提高效率、延年益寿等。而在实际销售活动中，许多客户并不太了解销售的产品所蕴藏的各种利益，又不愿主动询问这方面的问题，从而阻碍了客户对产品利益的正确认识。因此，销售人员如能及时解决这些问题，将有助于客户正确认识产品的利益，引起客户的注意和兴趣，增强购买欲望，达到接近客户的目的。

销售人员在运用这一方法接近客户时，要坚持实事求是的陈述，不可夸大其词，更不可无中生有，欺骗客户，否则会失去客户的信任，带来不良的后果。另外，销售的产品必须具有可比性，使客户认识到它比市场上同类产品具有明显的优势，能给自己带来更多、更好、更实际的利益。

★ 情景体验 12-9

销售人员向客户销售产品一般是为了解决问题或者提供某种利益，利益接近法就是从这一点出发而设计的——描述客户所能获得的利益。通常情况下，只有一种或两种购买刺激特别能影响购买决策。这种购买刺激必须明确地界定，并且无论如何要将这种刺激付诸实施。如：

李经理，你是否发现我们的控制器使你在一年中节省了25%的能源？

李经理，你是否在昨天的报纸上看到一家独立的调研公司断言，有越来越多的消费者更喜欢我们的产品而非其他产品？

李经理，你是否知道通过我们的服务，你们公司可以比其他公司更快地将产品从青岛航运到广州。

4. 介绍接近法

介绍接近法是指销售人员通过自我介绍或由第三者推荐介绍而接近客户的一种方法。介绍接近法通常有以下形式：

（1）自我介绍。是指销售人员通过自我介绍的方法达到接近客户的目的。在实际销售活动中，一般采用口头形式或书面形式进行自我介绍。

（2）他人介绍。指销售人员通过与客户熟悉的第三者的介绍来达到接近客户的一种方法。介绍人的介绍可以缩短销售人员与客户的心理距离，比较容易引起客户的注意与信任。接近客户时，销售人员只需递上介绍人的便条、信函或一张名片，或者只需介绍人的一个电话或者介绍人当面的一句话,便可以接近客户。一般情况下,介绍人与客户之间的关系越密切,介绍的作用就越大。因此,运用这一方法来接近客户,关键在于销售人员能否找到与客户关系较为密切的第三者充当自己的介绍人。

(3)实体介绍法。是直接将产品实体摆在客户面前,使客户对产品产生极大的兴趣,从而让产品做无声介绍的一种方法。这一方法最适合于销售那些十分独特的产品,因为这种产品很容易吸引人的目光和诱发人的询问。

5. 馈赠接近法

馈赠接近法是指销售人员通过赠送礼品来引起客户的注意,进而达到接近客户目的的一种方法。把礼品作为销售人员和客户之间传递感情、沟通思想的媒介,对于拉近彼此的距离,形成融洽的商谈气氛具有重要的作用。销售人员运用这种方法接近客户,必须注意:其一,通过调查,了解客户的嗜好和需求,按照投其所好的原则来选择赠品,确定赠送礼品的内容和方式;其二,明确赠品的性质,赠品只能当作接近客户的见面礼,而不能当作恩赐客户的手段;其三,礼品的内容和金额必须符合国家有关法律、法规和纪律的规定,价值不宜太大,否则,属违法行为;其四,赠品最好是与销售品或本企业有联系的产品。

另外,赠品最好经久耐用,以便留给客户深刻的印象。

★情景体验12-10

一位销售人员到某公司销售产品,被拒之门外。女秘书给他提供了一个信息:经理的宝贝女儿正在集邮。

第二天销售人员快速翻阅有关集邮的书刊,充实自己的集邮知识,然后带上几枚精美的邮票又去找经理,告诉他是专门为其女儿送邮票的。一听说有精美的邮票,经理热情相迎,还把女儿的照片拿给销售人员看,销售人员趁机夸其女儿漂亮可爱,于是两人大谈育儿经和集邮知识,非常投机,一下子熟识起来。

6. 问题接近法

问题接近法也称询问接近法,是指销售人员直接向客户提出有关问题,以引起客户注意和兴趣,从而达到接近客户的一种方法。现代销售是销售人员不断帮助客户发现需求方面的问题,进而分析问题,寻找最终解决问题的办法的过程。运用这一方法的关键是要发现并适时提出问题。问题要明确具体,有的放矢,切中要害,针对性强。所以,这种方法与其他方法结合起来,融会贯通,灵活运用,才能取得满意的接近效果。

7. 请教接近法

请教接近法是指销售人员利用拜访或求教客户的理由来达到接近客户目的的一种方法。例如,"听说您在该领域是专家,我刚接手此项工作,您能给予指点吗?"这种方法体现了以尊重客户、满足客户自尊的心理需求为原则的销售思想,在实际工作中加以运用效果较好,尤其是对那些个性较强,有一定学识、身份和地位的专家型客户,这种方法更为奏效。

求教的问题可以是销售品经营方面的问题,也可以是人品修养、个人情趣等方面的问题。但不论请教什么问题,销售人员务必应本着谦虚诚恳,多听少说;赞美在前,请教在后;请教在前,销售在后的思想。

★情景体验12-11

格林先生是一家杂货店的老板，他顽固保守，非常讨厌别人向他销售。这次，香皂销售人员彼得来到店铺前，还未开口，他就大声喝道："你来干什么？"但这位销售人员并未被吓倒，而是满脸笑容地说："先生，您猜我今天是来干什么的？"

杂货店老板毫不客气地回敬他："你不说我也知道，还不是向我销售你们那些破玩意儿的！"

彼得听后不仅没有生气，反而哈哈大笑起来，他微笑地说道："您老人家聪明一世，糊涂一时，我今天可不是向您销售的，而是求您老向我销售的啊。"

杂货店老板愣住了，"你要我向你销售什么？"

彼得颇为认真地回答："我听说您是这一地区最会做生意的，香皂的销量最大，我今天是来讨教一下您老的销售方法？"

杂货店老板活了一辈子，其中大半生的时间都是在这间小杂货店中度过的，还从来没有人登门向他求教过，今天看到眼前这位年轻的销售人员对他是如此崇敬有加，心中不免得意万分。

于是，杂货店的老板便兴致勃勃地向彼得大谈其生意经，谈他的杂货店，从他小的时候跟随父亲做生意，谈到后来自己接过这间小店，最后一直说到现在："人都已经老了，但我仍然每天守着这个杂货店，舍不得离开它。在这里我可以每天都能见到那些老朋友、老客户，为他们提供服务，同他们一起聊聊天，我过得非常愉快。"

老人家与销售人员聊了整整一个下午，而且聊得非常开心，直到销售人员起身告辞，刚到门口，老头子突然想起什么来了，大声说："喂，请等一等，听说你们公司的香皂很受欢迎，给我订30箱。"

8. 调查接近法

调查接近法，是指销售人员假借调查研究的机会接近客户的方法。销售员在实际应用中，可直接向客户提出调查要求，并说明调查的目的是了解所销售的产品是否符合客户的愿望、是否能解决客户的问题。

由于调查接近法能使客户看到销售人员认真负责的工作态度，看到销售人员热忱为客户服务的精神，因而较易获得客户的信任与支持，能成功地接近客户。调查接近法一般适用于对大型生产资料的销售。

★情景体验12-12

"张厂长，听说贵厂准备利用电子计算机进行科学管理，这是企业管理现代化的必然趋势，您可是先走一步了！我公司经营各类电子计算机，品种多，性能好，但不知贵厂适用哪一种型号的。您知道，如果不适用，再好的设备也是废物。为了提供最佳服务，我想先做一些实际调查，您看怎样？"

"李院长，您认为贵院一些实验室里应该安装空气调节机，这一点我已经知道。不过，我想就有关情况做进一步了解，您是否能花几分钟时间介绍一下？"这位销售人员在事先已经做好充分接近准备的基础上提出进一步调查的要求，使客户不好拒绝。

9. 好奇接近法

好奇接近法是指营销人员利用准客户的好奇心理达到接近客户目的的方法。在实际营销工作中，与准客户见面之初，营销人员可通过各种巧妙的方法唤起客户的好奇心，引起其注意和兴趣，然后说出销售产品的利益，转入营销面谈。唤起好奇心的方法多种多样，但营销人员应做到得心应手，运用自如。

★情景体验12-13

一位英国皮鞋厂的销售人员曾几次拜访伦敦一家鞋店，并提出要拜会鞋店老板，但都遭到了对方拒绝。这次他又来到这家鞋店，口袋里揣着一份报纸，报纸上刊登了一则关于变更鞋业税收管理办法的消息，他认为店家可以利用这一决定节省许多费用。于是，他大声对鞋店的一位售货员说："请转告您的老板，就说我有路子让他发财，不但可以大大减少订货费用，而且还可以本利双收赚大钱。"销售人员向老板提赚钱发财的建议，老板怎能不动心呢？他肯定立刻答应接见这位远道而来的销售人员。

国外一位科普书籍销售人员见到客户时说："这本书可以告诉你，丈夫的寿命与妻子有关。"客户立即好奇地拿起书来翻阅，销售人员达到接近的目的。现代心理学表明，好奇是人类行为的基本动机之一，人们的许多行为都是好奇心驱使的结果。好奇接近法正是利用了人们的好奇心理，引起买方对销售品的关注和兴趣，促使销售面谈顺利进行。

10. 震惊接近法

震惊接近法是指销售人员设计一个令人吃惊或震撼人心的事物来引起客户的兴趣，进而转入正式洽谈的接近方法。利用震惊接近法的关键在于销售人员要收集大量的事实材料，并且对材料进行分析，提炼出一些具有危害性、严重性的问题，并且刚好自身产品可以采取防范措施杜绝或减小上述危害问题的发生。因此，如何选择好震惊的问题是重中之重。当然，震惊问题也要适可而止，要尊重事实，不可信口开河。

11. 提问接近法

提问接近法，也叫问答接近法或讨论接近法，是指销售人员利用提问方式或与客户讨论问题的方式接近客户的方法。

在实际销售工作中，问题接近法可以单独使用，也可以和其他各种方法配合起来使用。例如，好奇接近法、利益接近法等都可以用提问打开局面。销售人员可以首先提出一个问题，然后根据客户的回答，再提出其他一些问题，或提出事先设计好的一组问题，引起客户的注意和兴趣，引导客户去思考，环环相扣，一步步达到接近的目的。

提问时，营销人员可以先提一个问题，然后根据客户的反应继续提出其他问题。例如："张经理，你认为企业目前的产品质量问题是由于什么原因造成的？"产品质量自然是经理最关心的问题，营销人员这一提问，可能会引起营销人员与张经理之间关于提高产品质量的讨论，无疑将引导客户逐步进入营销面谈。

营销人员也可以一开始就提出一连串的问题，使得客户无法回避。

★情景体验12-14

某图书公司的一位女销售人员，总是从容不迫、平心静气地提出下述问题来接近客户："如果我送您一套关于个人效率的书籍，您打开书后发现内容十分有趣，您能读一读吗？"

"若您读了以后非常喜欢这套书,您会买下吗?""若您没有发现其中的乐趣,您将书籍塞进这个包里给我寄回,行吗?"此销售人员的开场白简单明了,使客户几乎找不到说"不"的理由。

12. 搭讪与聊天接近法

搭讪与聊天接近法是指利用搭讪和聊天的形式接近陌生客户的方法。搭讪和聊天接近法不会很快进入聊天程序,有时要用很长时间追踪与寻找机会,因此要花费很多精力。在实际销售中,销售人员要选准接近客户的时机,面对一些非常重要的客户,在没有其他办法或者机会接近的情况下,搭讪和聊天是一种接近客户的方法,同时销售人员在了解客户生活习惯的情况下,要积极主动创造机会与之搭讪,聊天内容要紧扣主题。

13. 社交接近法

社交接近法又叫接近圈接近法,是指销售人员扮演客户所属社会阶层与接近圈的人参加客户的社交活动,从而与客户接近的方法。接近圈是指有一定范围的、有一定内容的社会联系。同一接近圈的人,以满足各自的需求为出发点建立起互相联系的关系。

★情景体验12-15

有一家机械设备制造企业的销售员到沈阳一家工厂去销售产品,销售员几次约见该厂的厂长都未果,始终没有机会和厂长接触。后来销售员通过厂长的一个钓友得知该厂长喜欢钓鱼,他便买来渔具学习钓鱼。

之后,通过钓鱼,销售员成了该厂长钓鱼圈里的一员,接触的次数多了,很快就和这位厂长成了朋友,后来厂长一次就购买了近100万元的设备。

14. 服务接近法

服务接近法是指销售人员通过为客户提供有效并符合需要的某项服务来博得客户的好感,赢得客户的信任来接近客户的方法。销售员通过为客户提供有价值并符合客户需求的某项服务来接近客户的具体方法包括维修服务、信息服务、免费试用服务、咨询服务等。

采用这种方法的关键在于服务应是客户所需要的,并与所销售的商品有关。例如,医药代表可以这样说,李老师,听王主任说,您最近正在研究××疾病的药物经济学问题,我这里带来了一些关于这方面的最新资料,我们花10分钟一起来探讨它,可以吗?

另外,在当客户没有看产品或者不知道客户的需求时,最有效的方法就是用友好而职业的微笑试探客户,如单刀直入地向客户询问"您好,您想看看什么产品?"若碰到不愿打扰和随便看看的客户,千万注意不要紧随客户或紧盯着他的一举一动,只需用视线的余光照顾到客户就行了;如果遇到脾气较暴躁的客户,最好随他自由选择,待对方发问时再上前介绍。

15. 反复接近法

反复接近法又称连续接近法,是指销售人员利用第一次或上一次接近时所掌握的有关情况实施第二次或下一次接近的接近方法,又称"重复接近法""多次接近法"或"回访接近法"。

在客户开发过程中,有些客户一次接近就可以成交,有些客户则需要多次接近才能转入实质性的洽谈。有些优秀的销售人员为了成交一笔生意,常常要花费几年时间进行接近准备,多次接近客户。由于现代客户开发环境复杂多变,一般的客户也往往需要反复接近,才能最后成交。因此,现代销售人员必须学会使用重复接近同一位客户的方法。

总之,销售人员接近客户的方法很多,各种方法之间并没有严格的区别,也没有统一的模式,销售人员在实际销售实践中,可以使用一种方法接近客户,也可以多种方法配合使用,还可以自创独特的方法来接近客户。

★情景体验 12-16

王力是兴发家具商城的沙发销售人员。一天,一名客户来了解沙发市场的行情。王力凭借自己多年的经验,认定该客户是非常好的潜在购买者。王力不失时机地对他说:"我们公司出品的沙发比其他公司的产品便宜三成,而且质量绝对有保证。"该客户果然对王力的介绍产生了兴趣。在做了一系列的努力引发客户的兴趣之后,他决定进一步激发客户的购买欲望。双方展开了一场心理战。客户抱怨沙发的颜色过时了。王力毫不紧张,答道:"您的记忆力的确很好,这种颜色几年前已经流行过了。如今,这种颜色又有了回潮的迹象。"客户想了想后,对王力的态度明显好转。王力抓住这一有利时机,对客户说:"先生,现在你如果花几分钟把购买手续办一下的话,这套沙发就是您的了。我们会在最短的时间内把它给您送到家里去。"客户犹豫了一下,便点了点头。

12.3 销售展示

销售人员在成功地接近客户之后,就应该迅速地转入销售展示阶段。销售展示,就是指销售人员利用语言陈述、可视辅助手段和各种方式,向客户传递产品信息,并说服客户购买的过程。销售展示主要通过两种方式实现:销售陈述(劝导性沟通)和销售演示(示范性沟通)。

12.3.1 销售展示的基本步骤

1. 销售展示步骤与组合

一般情况下,销售展示应该遵循下列三个基本步骤,如图 12-1 所示。

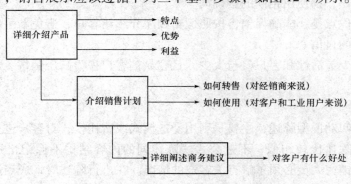

图 12-1 销售展示的三个基本步骤

(1)详细介绍所销售产品的特点、优势和利益。对此,销售人员应该做完整的描述,充分利用费比（FABE）模式进行展示。

（2）介绍销售计划。对批发商来说，这是对他们如何转售产品提出建议。对最终用户来说，则是对他们如何使用产品提出的建议。

（3）详细阐述商务建议。这一步涉及产品的价值与成本的关系。要告诉客户买这种产品比其他产品更合算。

2. 销售展示组合

销售展示组合是指各种展示方法的有效组合。销售展示组合的主要手段如图12-2 所示。其中销售陈述为一类，主要是依靠语言展示，其他为另一类，为非语言展示。

图 12-2　销售展示组合的主要手段

12.3.2　销售陈述的常用方法

销售陈述是销售人员通过语言向客户传递信息、沟通销售理念和思想的过程。销售陈述的方法很多，下面介绍几种常用的方法。

1. 记忆式陈述

记忆式陈述又叫套路型陈述，是指销售人员按照企业预先周密计划好的、结构固定的标准方案进行产品介绍。在记忆式销售陈述过程中，销售人员背诵事先准备好的产品解说词。销售人员的讲话占80%～90%，只是偶尔允许潜在客户回答一下事先拟定好的问题。无论面对什么类型的客户，都使用相同的解说词。

记忆式陈述的优点是：能确保销售按照逻辑顺序介绍给客户，避免新手销售时的词不达意，增强销售新手的自信心。

其缺点是：缺少灵活性和客户参与太少，且容易被客户视为高压销售，从而不利于交易达成。

2. 公式式陈述

公式式陈述又叫劝说型陈述，主要是利用爱达模式或费比模式对客户进行销售陈述。公式式陈述与记忆式陈述比较相似，不过公式式陈述词的内容结构不像记忆式陈述词那样固定。使用该法时，销售人员必须了解有关客户的情况。在进行陈述时，应当遵循结构化不强的陈述要点提纲进行陈述，充分利用费比模式和爱达模式，开场白可以用费比模式介绍产品的特点、优势和利益，然后用各种技巧引导买方发表意见，最后销售人员重新控制话题，处理异议并提出成交要求。

公式式陈述一方面保持了记忆式陈述的主要优点，同时又增加了灵活性。这种方法使得销售人员只要记住有关此次陈述的主要内容梗概就可以在现场进行具体的发挥创造，这就保证了销售陈述的要点不会被忽视，同时还能营造一种和谐、友好的交流气氛，使买卖双方有合理的时间进行相互交流。但公式式陈述相对于记忆式陈述，销售人员控制谈话的时间和强度都稍弱一些。

3. 满足需求式陈述

满足需求式陈述是一种灵活的相互交流式的销售陈述。这种陈述的陈述词并非是事先设计的。销售人员的第一个任务是先提出一个探究性的问题，来讨论潜在客户的需求，比如，"你在投资资产中寻找什么？"然后根据客户的需求来确定销售重点。由于每一位客户的需求不同，因此陈述的内容也没有固定的结构。

在满足需求式陈述中，通常谈话的前 50%～60% 的时间（开发需求阶段）都用在讨论买方的需求上。一旦意识到潜在客户的需求（认识需求阶段），销售人员就要重述对方的需求以弄清情况，从而开始控制谈话。在销售陈述的最后一个阶段，也就是满足需求阶段，销售人员说明产品将怎样满足双方的共同需要，从而达到成交的目的。

满足需求式陈述的内容虽然没有固定的结构，但具体步骤可采用迪伯达模式来进行。

4. 解决问题式

解决问题式陈述是指销售人员争取与客户一起分析问题，并提出解决方案的一种陈述方式。解决问题式陈述相当于根据客户的需要定制一个解决方案，特别适合销售高度复杂或技术性极强的产品，比如，企业财产保险、工业设备、办公设备、大型软件系统、各配套项目等。利用此法时，销售人员通常需要进行几次销售访问，进行潜在客户需要情况的详细分析，然后制定解决问题的方案。解决问题式陈述常常包括 6 步：

（1）说服潜在客户允许销售人员进行分析。
（2）进行认真的分析。
（3）就存在什么样的问题达成一致意见，确定买方想解决的问题。
（4）准备解决潜在客户需要的建议方案。
（5）根据分析和建议准备销售陈述。
（6）进行销售陈述。

解决问题式陈述的理论基础是合作销售理论，即合作双方如果能很好地配合，就能正确定客户的需要并最终实现购买。

5. 费比（FABE）介绍法

费比模式是由我国台湾地区中兴大学商学院院长郭昆漠教授总结出来的。"费比"是 FABE 的译音，它是由特征（Feature）、优点（Advantage）、利益（Benefit）、证据（Evidence）这 4 个英文单词的首个字母拼成的。费比模式的销售步骤如下：

（1）详细介绍销售商品的特征。销售人员在向客户进行销售活动时，要以准确的语言介绍销售品的性能、构造、作用、价格、外观、使用的简易及方便程度、耐久性、经济性等特征，加深客户对销售品的认识，引起购买兴趣。鉴于上述内容繁多难记，销售人员可以事先设计制作好富有特色的广告式宣传材料或卡片，以便在向客户介绍销售品特征时分发给对方。这也是费比模式的一个主要特色。

（2）充分展示销售商品的优点。销售人员在详细介绍销售品特征的基础上，应进一步挖掘出销售品的特殊作用、特殊功能以及与相关产品的差别优势，并把它们用精确、形象、简练的语言和熟练的示范表演介绍给客户，强化客户的购买兴趣，激发客户产生联想和购买欲望。

（3）告知销售商品给客户带来的利益。把销售品的特征和优点逐一转化为购买利益，并投其所好，用客户喜欢的方式把它们展示出来是打动客户购买的有效途径。因此，销售人员在充分了解客户需求的基础上，应把销售品能给客户带来的利益尽量多地列举出来。不仅要讲产品外表的、实体上的利益，更要讲产品给客户带来的内在的、实质的及附加的利益，使客户认识到购买销售品可以得到各种利益与满足。这是费比模式中最重要的步骤。

（4）用有力的证据说服客户购买。销售人员在前一段工作的基础上还需用真实的数字、实物、实例等证据进一步证实物有所值，同时证明销售人员的真诚人品，解除客户的各种疑虑，促成客户购买行动。

12.3.3　销售演示法的类型

销售演示法是指销售人员利用客户的视觉系统，通过操作示范或演示的途径介绍产品的一种方法。销售演示法主要有以下几种类型：

1. 产品演示

产品演示是指销售人员通过直接向客户展示产品本身来劝说客户购买的洽谈方法。产品的形象生动弥补了语言陈述的不足，刺激了客户的多种感觉器官。产品演示与前面讲的商品接近法类似，所不同的是商品接近法的目的主要是为了接近客户，而产品演示的目的是说服客户购买。

运用此法时应注意：选择适当时机演示产品，选择适当的地点和方法展示产品，吸引客户参与。有些产品不需携带过多，销售人员可用模型代替产品。

2. 戏剧表演演示

戏剧表演演示是指利用惹人注目的、夸张的方式介绍或展示产品的方法。例如，有一个著名的工业品销售人员，用演示法销售钢铁行业使用的润滑油。钢铁业中最愿使用的是抗高温油脂。销售人员所在企业用新型增稠剂开发了一种抗高温油脂，这种增稠剂使油的悬浮力比竞争产品更强。为了演示这个特点，该销售人员把一个装馅饼的罐倾斜45°放在点着的酒精灯上边，把一小块该企业油脂和几块知名品牌的竞争产品放在罐里。在饼罐被加热的过程中，油从每种竞争者的油脂中分离出来，沿着饼罐淌下来，却没有油从该企业产品中分离出来。这一戏剧性演示表明：与主要的竞争产品相比，这种钢厂使用的油脂具有抗高温性能。通过这样演示，最终引起了用户的购买欲望，打开了产品的销路。

3. 证明演示

证明演示是指利用证明材料来进行展示的方法。如产品的生产许可证、质量鉴定书、获奖证书、客户的表扬信、产品销量证明等都是证明演示的好材料。再比如，为了证明玻璃是防震的，销售展示时，可用一个圆头锤子锤玻璃，玻璃裂了，但并没有被打得碎落满地。

应用证明演示时应注意：销售前准备好有针对性的证明材料，一方面是注意收集有关证明资料，另一方面是每次销售前应准备好具有专业水平的、权威性的、足够的证明材料；所有证明材料必须是真实有效、合理科学的。

4. 客户参与演示

客户参与演示是指让客户参与销售展示的展示方法。通常有四种方法能诱使客户参与：①合理提问；②使用产品；③用可视辅助工具吸引；④参加示范表演。

当然，要成功地完成销售演示，销售人员还应注意：实体演示；演示的产品应完美无瑕；强调产品特色；演示应由浅入深，让客户做一些简单的事情，让客户参加与购买动机联系最密切的性能的演示。

12.4　处理客户异议

在销售过程中，客户对来自销售人员关于产品价格、质量、功能等方面的任何意见、观点、建议，都不可能毫无反对，完全接受。客户异议，就是指在销售过程中被客户用来作为拒绝购买理由的各种问题、意见和看法。美国有关机构的一项调查资料表明，几乎完全不拒绝的客户只占销售成功率的15%。可见，在销售过程中，客户提出异议是常见的，没有异议是极少的。作为销售人员应当学会正确对待客户异议，应当充分认识到，客户异议既是成交的障碍，也是成交的信号。只要认真分析，针对不同的异议类型运用不同的方法与策略予以处理，"坏事将会变为好事"。

12.4.1　客户异议产生的原因

客户异议的原因是指引起客户异议的根源及相关程度密切的影响因素。引起客户异议的原因是多方面的，但概括起来说主要有四个方面：

1. 客户对销售活动的警惕

（1）要求销售人员提供更多信息。有时潜在客户好像是提出异议，实际上是请求给予更多的信息。潜在客户可能已处在被激起购买兴趣阶段。他们想要产品，但又不相信你的产品好，或者不相信你是最好的供货商。对此，销售人员可以间接提供他需要的信息，证明销售产品的质量和企业的实力，让潜在客户放心购买。

（2）要求获得更好的有利条件。有时，潜在客户的异议是以销售条件的形式出现的。例如有些客户说："如果你满足了我的要求，我就买。""你降低10%，我就立即下订单。"如果销售人员感到异议是条件，那么，请尽快确定你是否设法帮助潜在客户满足它。若不能满足，就礼貌地结束会面。

（3）难以接受转换消费或使用产品。对许多客户来说，认为长期使用熟悉的产品，比使用新产品更好、更有效，某些新产品有时甚至被认为具有恐惧性或缺乏可预知性。因此，当销售人员向客户销售新产品时，客户往往一时难以接受，甚至以种种理由加以拒绝。因此，销售人员在每一次向客户说明购买新产品时，应着重强调新产品与客户熟悉产品的相似性，先谈客户熟悉产品的优点，再谈所销售的产品更好的优点，强调变化和改变并不太大。

（4）周围人的压力。有些客户害怕丢脸，虽然自己对某一产品或价格等均满意，但害怕自己决策失误，上当受骗，事后被朋友笑话和指责。还有些客户虽然自己很有主见，但害怕购买某些产品对周围人产生不良影响。例如，某单位主管不买豪华车的理由是"邻居们、同事们会怎么想呢？"对这类客户异议，销售人员应帮助客户解决这些忧虑。对前类客户应想办法证明你是个把客户利益放在心上的诚实的人，简单的自我展示是必要的。对后类客户异议，应先向他周围的人销售，或先让潜在客户帮助你向他周围的人销售。一旦他周围的人进行了购买，潜在客户就能很快购买。

2. 来自客户主观和客观的原因

（1）客户的消费偏见和购买习惯。客户的生活环境和长期的消费习惯会形成对某些东西的抵触和对某类东西"情有独钟"。因为这种消费偏见和习惯，客户很可能会提出异议。对这类客户异议，销售人员应该考虑客户的情感，针对客户的认识观，做好转换与耐心的解释工作，巧妙地宣传新的消费观念和消费方式，让客户接受你的观念后才能销售商品。

（2）客户未发现自己的需求。这主要是客户尚未意识到自己对某些东西的需要。这就需要销售人员去启发、引导和教育，也就是去创造客户的需求。

现代科技飞速发展，新产品层出不穷，对有些新产品，尤其是科技含量稍高的产品，许多客户不能充分认识到它的好处和给自己带来的方便，因此，销售人员应用深入浅出的语言，有效地与客户沟通，并说服客户。

（3）客户的支付能力。客户的支付能力是实现购买需求的重要的物质基础，如果客户缺乏支付能力，就会拒绝购买或希望按照延期付款、分期付款或赊销等结算方式作为购买的条件。常见的情况有：一是客户经济状况一直不好，没有足够资金支付货款。对此类客户，销售人员应慎重销售；二是客户暂时出现经济困难，一时难以筹措资金。在此情况下，销售人员可在客户有抵押、保证等条件下做好销售；三是客户以缺乏支付能力为借口，向销售人员施加压力，希望争得更多的交易利益；对这类客户，销售人员可在不损害己方利益的前提下，适当让步，以达成交易。

（4）客户的自我表现。有的客户由于个人性格方面的原因，经常会在销售人员产品介绍之后，提出一些似是而非的异议，借以显示自己的能言善辩、见多识广、消息灵通、反应敏捷、成熟老练等。出于这种客户异议一般是无效的异议，销售人员应以博大的胸怀与包容精神对待他们。

（5）客户有固定的采购渠道。大多数客户在长期的生产经营中，会形成较为固定的购销合作关系。当新接触的销售人员不能令客户相信他会得到更多的利益与更可靠的合作时，客户是不敢冒险随便丢掉原有的老关系的。

（6）客户的购买权力。一般来说，无论是一个家庭还是一个企业，都有购买权力的决策中心。如果销售的对象无权决定购买什么产品或者购买多少，他就可能借故对购买条件、购买时间等提出异议。例如，客户说："做不了主""领导不在"等。购买权力异议也有真实或虚假之分。营销人员在进行寻找目标客户时，就已经对客户的购买人格和决策权力状况进行过认真的分析，也已经找准了决策人。面对没有购买权力的客户极力销售商品是营销工作的严重失误，是无效营销。在决策人以无权作为借口拒绝营销人员及其产品时，放弃营销更是营销工作的失误，是无力营销。营销人员必须根据自己掌握的有关情况对权力异议进行认真分析和妥善处理。

（7）客户的私利与社会不正之风。一些存有私心的人在社会不正之风的影响下，企图为销售商品设置障碍，从中捞取好处费，导致一些交易商借机销售假冒伪劣的产品。这些违反市场经济规律和国家法律的行为，都会使客户对销售提出各种异议。对此类异议，销售人员一方面要遵守国家法律和政策；另一方面应在现行策略允许的范围内，灵活做好销售工作。

(8) 客户的偶然因素。在销售过程中,销售人员会遇到一些来自客户的因无法预知的偶然原因而造成的客户异议。如家庭失和、情感失落、晋升受挫、身体不适等原因造成客户心情不好,因客户的偏好与销售人员发生对立情绪等,都会导致异议的产生。对此,销售人员务必细致观察,及时判断可能会产生异议的时间、地点、情景和环境,必要时立即中断销售,选择适当时候从头开始。

3. 来自销售方面的原因

(1) 产品问题。由于产品问题而产生异议主要表现在两个方面:一是产品的用途与客户需要不相符;二是产品的质量、功能、品种、价格不适当等。因前一个原因产生的异议如果是真实的应立即停止销售,若是客户的误解、偏见造成的,销售人员应尽量解释清楚。对第二种原因,企业应做适当改进,销售时应该强调产品的实用性及带给客户的利益,不要过于强调质量。价格的高低都应该有一定的道理,过高或过低都易导致异议。

(2) 销售信息问题。在销售过程中,若销售人员没有向客户提供足够的、具有说服力的有关信息,会使客户感到信息不足或对销售证据半信半疑而难以做出购买决策,因而客户会提出各方面的异议。对此,销售人员必须掌握大量有关信息,并选择恰当的传递方式,向客户提供充分的销售信息和具有较强说服力的销售证据,克服因销售信息不足所带来的客户异议。

(3) 销售人员问题。有些销售人员素质不高、信誉不佳、销售技巧欠缺等,也很容易导致客户异议。对于这些异议,企业应加强销售人员的培训和教育工作,提高本企业销售人员的素质和技能。

(4) 服务质量问题。在日益激烈的市场竞争中,客户对销售服务的要求越来越高。服务作为附加产品,是买方市场条件下有效的竞争手段。如果生产经营企业及销售人员不能提供比竞争对手更多、更优质的服务,给客户更多的附加利益,客户提出服务异议也就在所难免。因此,销售人员只有向客户提供优良的销售服务,才能有效地预防和处理对销售活动的服务异议,才能赢得更多的客户。

4. 来自价格方面的原因

由于价格方面的原因导致客户提出异议的情况在销售中是比较常见的。价格异议是指客户以销售产品价格过高而拒绝购买的异议。无论产品的价格怎样,总有些人会说价格太高、不合理或者比竞争者的价格高。例如,"太贵了,我买不起。""我想买一种便宜点的型号。""我不打算投资那么多,我只使用很短时间。""在这些方面你们的价格不合理。"以及"我想等降价再买。"有时,客户提出价格异议表明他对销售产品有购买意向,只是对产品价格不满意,而进行讨价还价。当然,也不排除以价格高为拒绝购买的借口。在实际营销工作中,价格异议是最常见的,营销人员如果无法处理这类异议,营销就难以达成交易。

价格异议的处理技巧见表12-1。

表12-1 价格异议的处理技巧

异议成因	处理技巧	举例
客户支付能力	若经济状况差,则放弃;若暂时资金紧张,建议采取其他的支付方式	客户:"价格太贵" 销售员:"您能接受的价格是多少。"

续表

异议成因	处理技巧	举例
与同类产品或代用品价格比较	强调产品优势,强调一分钱一分货	客户:"这件衣服太贵了,我朋友买的比它便宜。" 销售员:"这是名牌,面料、做工都是国内一流的,您这身材穿上它更潇洒。"
与竞争者相比	强调本公司优质的服务和提供更多的承诺	客户:"别人的价格比你们低。" 销售员:"哦,这有可能,如果我们也不提供这种特殊功能的话,我们比他们更便宜。"
对销售品有误解,认为产品不值	强调物有所值	客户:"这种产品根本不值这么多钱。" 销售员:"是的,它用料不多,但很费工,让我们看看它的生产工艺吧。"

12.4.2 客户异议的类型

客户异议按不同的分类方法有不同的类型,主要有两类。如图12-3所示。

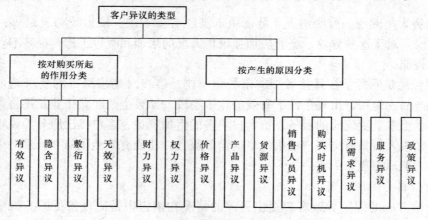

图12-3 客户异议的类型

1. 按对购买所起的作用分类

(1) 有效异议。有效异议是指客户对销售活动的真实意见和看法,因此,又称为真实异议。对于这种异议,销售人员要认真对待,正确理解,详细分析,消除异议,有效地促进客户做出购买行为。

(2) 隐含异议。隐含异议是指为了掩盖另一种真实异议而提出的异议。有时客户提出产品质量有问题,实际上是认为价格太高,希望降价。对于这类异议,销售人员必须用询问法将客户的真实异议挖掘出来,然后进行处理。

(3) 敷衍异议。敷衍异议是指为了打发销售人员离开而提出的异议。如,"让我想想。"或者"下次再说吧。"通常他们不谈对某一产品的真实异议,因为他们觉得自己与你无关。他们担心异议会触犯你,或者他们可能认为你的销售访问不值得重视,因此,采取了敷衍而过的行为。对这类异议,销售人员应该向处理隐含异议一样去挖掘客户的真实异议。

（4）无效异议。无效异议是指客户用来拒绝购买而故意编造的各种反对意见和看法，是客户对销售活动的一种虚假反应。无效异议并非客户的真实想法，因此，销售人员不需要处理。即使处理了也不会对购买行为产生促进作用。所以，无效异议又称为虚假异议。一般情况下，对客户的无效异议，销售人员可以采取不理睬或一带而过的方法进行处理。

2. 按产生的原因分类

（1）价格异议。价格异议是指客户认为销售的产品价格与自己估计的价格不一致而提出的异议。主要是指价格过高。如，"我没那么多钱！"或"这么一个小小东西卖那么多钱，太贵了！"由于价格与客户的利益密切相关，因而客户对此十分敏感。作为销售人员一定要给客户一个明确解释，以消除客户心中的疑虑，否则，极易引起误解，形成销售障碍。价格异议是客户异议中最常见、最普遍的异议，销售人员务必高度重视。

（2）产品异议。产品异议是指客户认为产品本身不能满足自己的需要而形成的一种反对意见。例如，"我不喜欢这种颜色。""这个产品造型太古板。""新产品质量都不太稳定。"还有的客户对产品的设计、功能、结构、样式、型号等提出异议。产品异议表明客户对产品有一定的认识，但了解还不够，担心这种产品能否真正满足自己的需要。虽然有比较充分的购买条件，但就是不愿意购买。为此，销售人员一定要充分掌握产品知识，能够准确、详细地向客户介绍产品的使用价值及其利益，从而消除客户的异议。

（3）财力异议。财力异议是指客户认为缺乏货币支付能力的异议。例如，"产品不错，可惜无钱购买。""近来资金周转困难，不能进货了"。一般来说，对于客户的支付能力，销售人员在寻找客户的阶段已进行过严格审查，因而在营销中能够准确辨认真伪。真实的财力异议处置较为复杂，销售人员可根据具体情况，或协助对方解决支付能力问题，如答应赊销、延期付款等，或通过说服使客户觉得购买机会难得而负债购买。对于作为借口的异议，销售人员应该在了解真实原因后做处理。

（4）货源异议。货源异议是指客户认为不应该向有关公司的销售人员购买产品的一种反对意见。例如，"我用的是某公司的产品。""我们有固定的进货渠道。""买国有企业的商品才放心。"客户提出货源异议，表明客户愿意购买产品，只是不愿向眼下这位销售人员及其所代表的公司购买。当然，有些客户是利用货源异议来与销售人员讨价还价，甚至利用货源异议来拒绝销售人员的接近。因此，销售人员应认真分析货源异议的真正原因，利用恰当的方法处理货源异议。

（5）销售人员异议。销售人员异议是指客户认为不应该向某个销售人员购买销售产品的异议。有些客户不肯买销售产品，只是因为对某个销售人员有异议，他不喜欢这个销售人员，不愿让其接近，也排斥此销售人员的建议。但客户肯接受自认为合适的其他销售人员。比如，"我要买老王的。""对不起，请贵公司另派一名销售人员来。"销售人员对客户应以诚相待，与客户多进行感情交流，做客户的知心朋友，消除异议，争取客户的谅解和合作。

（6）权力异议。权力异议是指客户以自己无权决定购买产品而提出的一种异议。如客户说"领导不在，我不能做主。"或者说"这个事情不属于我们管辖的范围"等。权力异议有两种情况：一是真实的异议；二是虚假的异议。销售人员对这种异议，同样要认真分析，有针对性地采取不同的方式予以处理。

（7）购买时机异议。购买时机异议是指客户对购买产品时机提出的不同看法。如客户会说"我想要，但不是现在购买。"或者说"我们现在还有货，等以后再说吧"等。购买时机异议有时是客户的一种拖延战术。产生购买时机异议的原因有很多,可能是客户一时拿不定主意;也可能是客户一时资金周转有困难;还可能是客户个性所决定,办事没主见。克服购买时机异议必须有耐心,有时不得不等待。

(8)无需求异议。无需求异议是指客户主观上认为自己不需要销售的产品而提出的一种异议。也是当前较为常见的客户异议。比如说:"我根本不需要这种产品""我们对现有的产品感到很满意"。产生无需求异议的原因很多,如客户安于现状而没认识到自己的需要;销售人员介绍不详细;客户对新产品缺乏较为全面的了解而拒绝购买;客户对本企业产品持有成见等。

(9)服务异议。服务异议是指客户对购买销售产品能否获得优良的售后服务表示不信任而提出的异议。如,"空调坏了怎么修呀?到哪里去找你们呀?""这种电视机有没有免费送货上门服务呢?"服务异议大多源于售后服务。

(10)政策异议。政策异议是指客户对自己的购买行为是否符合有关政策的规定而有所担忧而提出的一种异议,也称为责任异议。对于这种异议,要求销售人员在进行销售准备时,就应该对有关政策有所了解,进而在实际销售活动中能做到有的放矢地解决好客户的政策异议问题。

★情景体验 12-17

小黄为一家公司销售新型打印纸时,一般客户还没听说过这种产品,虽然该公司产品的质量人人信得过,但消费者用惯了其他品牌的打印纸,谁都没兴趣为买这点小东西而多跑几家厂,多比几家货。

小黄最初上门销售时,除了一个客户正巧旧打印纸用完,为了偷点懒不去商店才买下一批以外,其余的客户都摇摇头说:"我们不需要。"

"我可以用你的打印机吗"第二天,小黄来到客户办公室寒暄之后,第一句就这么问。

客户怔了怔,便点点头:"当然可以。"得到了允许,小黄就把自己带来的打印纸夹到打印机里,然后在计算机前坐了下来,在屏幕上输入这么一行字:"您用普通打印纸,能打出这么清晰的字吗?"

接着便发出打印命令。

小黄从打印机上取下打印纸拿给客户看:"您不妨把它跟您用的普通打印纸比较一下。不用多说,您就会相信我们的新型打印纸一定适合于您。"客户仔细地比较了一番,非常信服地看着小黄:"你们的打印纸质量的确一流。"说完后,爽快地向小黄订购了一批为数不少的新型打印纸。

以后几天,小黄满怀信心地来到前些天说不需要的客户那里,也用同样的办法销售,结果客户都纷纷愿意购买新型打印纸。

12.4.3 处理客户异议的技术

1. 处理客户异议的基本策略

处理客户异议的方法是多种多样的。但是,有些规律性的原则和策略是销售人员应该掌握的。

（1）欢迎并倾听客户异议。客户异议既是销售的障碍，也是成交的信号。若客户对产品毫无兴趣，根本不会提出任何异议，俗话说："喝彩的都是不买的。"客户的异议，有利于销售人员发现客户的真实需求和想法。如果能及时、准确地把握和有效地处理客户异议，往往能直接促成交易。认真倾听客户的异议，一方面是对客户的尊重，另一方面能够认真分析、了解客户的异议，从而对症下药。

（2）避免争论和冒犯客户。销售过程本质上是一个人际交往的过程。销售人员应该与客户保持良好的、融洽的关系，使客户觉得你是他们的助手和顾问，可以向他们提供许多帮助和建议。与客户争论或冒犯客户是销售洽谈的一大禁忌，争论往往会使双方不欢而散。一旦争吵，无论谁胜谁负都只能表明销售的失败。企业需要的是优秀销售人员而不是辩论家。

（3）预防和扼要处理客户异议。销售人员针对特定的销售环境，应该能预先了解或意识到某些特定的反对意见，然后在潜在客户尚未提出时，即领先一步适当予以回答；或者先想好答案，等合适的机会再给予回答。

对于客户的异议，销售人员不要夸大，或在某个异议上纠缠太长的时间，简明扼要地回答完异议后，继续正确展示或要求成交，对那些次要异议和无效异议可以策略性地不予处理。有时客户异议是随口说的，你越对它关注，他越认为有问题。

2. 处理客户异议的时机选择

选择好处理客户异议的最佳时机也是处理客户异议的技术之一。它与答复内容、答复技巧具有同等的重要性。

（1）预先处理客户异议。预先处理客户异议是指在客户提出异议之前，即先克服已知的异议。例如，在开始展示之前，你就知道王女士是一位有特殊需求的客户，她希望60天后才付款，而你公司的规定是付款期为30天。洽谈时，为了防止王女士提出付款期限的异议，销售人员可以这么说："王女士，我们的商品质量好，价格也相当合理，操作上还有其他的重要特点，以您的身份，你也知道我们之所以能够维持合理价格的方法之一，就是高效率的操作，以及采用同行业惯用的一般做法，如请求客户在30天之内付清货款。客户对此政策虽然略有抱怨，但是我们以较低廉的价格，来提供更好的商品，这将更有助于增加客户的实际利益。"

预先处理客户异议这种先发制人的处理技巧有许多好处：

①可以赢得信任。这样做会使客户认为你是个诚实的人，也很善解人意。

②有利于化解异议。自己主动提出异议，措辞慎重，有利于淡化异议。

③省时、高效。可以节省大量的时间，提高洽谈的效率。

（2）推迟处理客户异议。推迟处理客户异议是指在客户提出异议后，过一段时间再处理。其目的是避免销售人员立即回答可能造成客户强烈抗拒的结果。例如，"王先生，你是说价格吗？他远远超出你的意料，先让我告诉你它的特性，以及怎样帮助你降低经营成本。"

销售人员通常在以下5种情况下推迟处理客户异议：

①当即不能给出满意答复。不能立即给客户一个满意的答复，或者没有足够的资料做说服性的回答，应当暂时将客户异议搁下，等时间成熟时再具体答复。如此处理，说服销售人员对待客户异议持谨慎态度，不会影响客户对销售人员的信任。相反，客户会觉得该销售人员稳重、老练，值得信赖。

②马上答复对论点不利。如果立即答复客户异议，会对销售洽谈的说服工作产生不利影响，影响销售计划的稳步实施。

③异议的处理随后将涉及。如果客户异议会随着销售洽谈的不断深入而逐渐转化、淡化或消失，则没必要马上回答客户的异议。

④离题太远。如果客户异议远离销售主题，或者对这一异议的回答会涉及一些对客户来说没有任何实际意义的问题时，销售人员可以不马上答复。

⑤策略性的安排。如果销售人员预计推迟回答异议，可以降低客户的抵触情绪，或者客户会替销售人员回答时，可以不马上答复。

（3）不处理客户异议。对客户反对意见不太强烈或者不太显著的异议，可以不予处理。对无效的异议也同样不需要处理。当客户异议只是一种自我表现时，销售人员最好不予反驳，因为让客户感觉正确比否定客户更有利于产品销售。当客户情绪不佳时，提出异议是客户发泄的一种有效方法，此时客户需要的只是倾听。销售人员要勇于充当"受气包"，全神贯注地倾听客户诉说。当客户情绪平静下来时，就会产生歉意或内疚，在他们看来，购买产品是感情方面补偿销售人员的一种最佳选择。

（4）立即处理客户异议。一般说来，客户都希望销售人员能够尊重和听取自己的意见，并立即做出满意的答复。在产品销售过程中，对直接影响客户购买决策的异议，销售人员要及时予以答复，否则客户就会认为销售人员无法解决这些问题，就会对销售人员提供的产品信息的真实程度产生怀疑。

★情景体验12-18

欧洲某国的AC电话公司曾遇到过这么一件事情，公司的客户爱尔森初涉商界，可并不顺利，业务电话却用了许多，收到电话账单后见到话费数额很大，明显超过以前，于是打电话给AC电话公司，对接听电话的人大发脾气，指责该公司敲他的竹杠。爱尔森并扬言要把电话线连根拔掉，并要到法院告状，且真的一纸诉状告到当地法院。

AC公司接到这一电话，初期认为爱尔森是无理取闹，在知道他向法院告状时，经过分析之后，决定派一名干练的业务员充当"调解员"，去会见这位无事生非的客户。见面后，爱尔森仍滔滔不绝地又说又骂，业务员却始终洗耳恭听，连声说是，并不断对爱尔森所遇到的不顺利表示同情，就这样，在几个小时内，让爱尔森这位暴怒的客户痛快淋漓地发泄了一番。

如此这般，在一周内，业务员上门了3次，经历了3次相同的会面之后，爱尔森冷静了，并渐渐地友善了。最后，爱尔森照付了电话账单上的费用，撤回了诉状，甚至有些不好意思。

12.4.4 处理客户异议的方法

1. 询问处理法

询问处理法是利用客户异议来追问客户的一种方法。此法的目的是将客户的虚假异议（隐含异议和敷衍异议）转变成真实的异议（有效异议或无效异议），或者把客户的一般性客户异议转换成具体的客户异议。

客户异议复杂多样，真假难辨，销售人员搞不清客户的真实意图时，无法使用后面几种方法，只能利用询问法找出真实有效的主要问题，再配合其他方法进行处理。

为了尽己所能把问题弄清楚,可以考虑使用如下技巧:

(1) 用一个问题询问理由,"您这么说一定是有道理的,我可以问问是什么理由吗?"即使引出的是另一种虚假异议,仍然可以按照同样方式询问,然后要对方做出承诺:"如果我能解决这个问题,你就买我的产品吗?"客户要么同意购买,要么把真实的反对意见告诉销售人员。

(2) "怎么才能让你信服呢?"

(3) "请告诉我,你心里究竟有什么想法?"

(4) "你心目中理想的东西是什么样子呢?"可使一般性异议转化为具体异议。例如,当客户说:"这布料太粗糙了。"销售人员回答:"你认为就精致的布料而言,这种商品太粗糙了,是吗?"此时客户将考虑是否本人要求太苛刻或将更具体地陈述问题。

2. 转折处理法

转折处理法是指先表示理解客户异议,再用事实和理由来否定客户异议的一种方法。此法的目的是先表示理解客户以消除客户的敌对心理和疑问,然后转变到自己的立场上来。例如,"我同意原来那种儿童用的塑料游泳圈容易坏,使用一个夏天即破,就变成无用之物,但是我们现在所使用的制造方法,恰恰可以减少这些问题。"

转折词的使用要尽量婉转。心理学家研究表明,转折词"但是"的使用,会使客户感觉不柔和,销售人员最好选择"3F 法"。

"3F 法",是指利用感觉(Feel)、感受(Felt)、发觉(Found)3 个词组来转折处理客户异议的陈述方法。这种方法会是客户心理感觉更好,克服了用"但是"一词的生硬,容易获得客户的信任。例如,"许女士,我很了解你的感觉,以前我访问过的许多人也都有同样的感受,然后这就是他们试用之后所发觉的……"

转折处理法能够比较有效地处理客户异议,容易创造良好的销售气氛,适合武断性、陈述性等客户。该法不太适合客户探索性和疑问性异议。注意转折词后面的陈述一定要围绕新的销售重点,给客户提供大量信息。

★ 情景体验 12-19

销售员:"这种童装系列是专家针对儿童的特点专门设计的,您看这色彩、款式都很时尚。"

客户:"这种款式的童装我很喜欢,可惜布料太薄了,现在的孩子都很淘气,这种衣服恐怕穿不到两天就会破,一般人不会买的。"

销售员:"看到这套服装的客户都担心它不经穿,这种布料看上去很薄,其实它是用一种高级纤维织成的,穿在身上轻飘、凉爽,但耐磨力和抗拉力都相当好,客户知道了它的优点是会喜欢的。"

3. 补偿处理法

补偿处理法是指销售人员利用客户异议以外的该产品的其他优点或长处对客户异议涉及的短处进行补偿或抵消的一种方法。补偿法适用于客户的反对意见较有道理时,这时销售人员采取否认的态度和反驳的策略是不明智的。在销售实践中,当客户冷静地提出一些确实存在的购买异议时,销售人员应客观地对待,通过详细的产品介绍使客户既看到产品的缺点,也清楚地认识到产品的优点，并且确信优点大于缺点，该产品值得购买。例如，"让我们来比较一下商品的优点与缺点，我相信你会同意……"

当客户提出的异议是有效的认知异议时，例如："东西好，就是贵了一点。"销售人员只能用补偿法，不能用直接反驳、转折、利用等方法。

使用该法时，销售人员应该注意及时提出产品优点和带给客户的利益进行有效补偿，还应注意要对客户的主要购买动机进行补偿。销售人员对待异议和利益要采取不同态度，减轻、淡化异议，强调主要动机所对应的利益，调整客户的价值观。

★情景体验 12-20

销售员："您可以看一下这种饼干，老少皆宜，很受消费者喜欢的。"
客户："这批饼干还有两个月就过保质期了，我不要了。"
销售员："这批饼干是一个老客户订购出口的，由于客户方面出了一些问题，没有履行合约，所以挤压下来。这批货说明都好，就是保质时间短，所以现在打五折啊。"

4. 利用法

利用法是指利用客户异议本身的积极一面来处理异议的方法。此法的目的是把客户的异议转换成购买的理由。例如，"你说平时工作太忙，更需要听听各种设备为什么可以为你节省很多时间。"或者"是的，这产品又涨价了，下个月还会继续上涨，为什么不多买一点备用呢？"

使用该法时应注意不要引起客户的反感和抵触的情绪，语调、神态不要让客户感觉是对他的不尊重。

5. 直接否定法

直接否定法是指直接否定客户异议的一种方法。该法特别适合于回答客户用问句形式提出的客户异议或不明真相的揣测陈述。例如：

客户："这颜色在阳光下会褪色吗？"
销售人员："不，决不会，试验多次，我可担保。"

当客户对你公司提出不切实际的指责时，销售人员应该策略性地运用直接否定法。例如："恐怕别人提出的信息不准确吧，实际上我们……"

使用该法时应该自信而不失礼貌，反驳应该有理有据，令客户信服。该法不能用于无效异议，也不能用于太敏感和自我表现欲很强的客户。

★情景体验 12-21

销售员："现在好多家庭都装这种分体式空调机，噪声小、功能多。"
客户："这种分体式空调机只负责上门安装，又没说上门维修，坏了不知道怎么办。"
销售员："您只是害怕这一点吗？那么您尽可以放心，生产这种空调机的企业，在我市有特约维修服务部，随时可以上门维修、保养。您看商品说明书上都有维修服务部的地址和电话的。"

6. 举证法

举证法是指销售人员通过列举人证、物证、例证等来处理客户异议的方法。在现实生活中，大多数客户出于自尊、自信的需要，都喜欢自己对事物做出判断。但鉴于所掌握的知识、经验和判断能力等方面的限制，他们面对复杂的事物又显得手足无措，常常拖延做出购买的决策。那些被客户羡慕的看法或做法，以及那些被客户认为经营有方的企业的做法，常常被他们所推崇，或者认为值得借鉴，认为他们是证明自己的判断或选择正确的有利证据。

使用该法时要注意：他们购买或使用产品的例证对客户来说是可信的；例证要具体，并且可以考证，销售人员不能随意编造故事来欺骗客户，例证必须是真实的、已经发生了的。

★情景体验12-22

客户："你们公司生产的外墙涂料日晒雨淋后会出现褪色的情况吗？"

销售员："经理您请放心，我们公司的产品质量是一流的，中国平安保险公司给我们担保。另外，您是否注意到东方大厦，它采用的就是本公司的产品，已经过去10年了，还是那么光彩依旧。"

客户："东方大厦啊，我知道，不过听说你们公司交货不是很及时，如果真是这样的话，我们不能购买你们公司的产品，它会影响我们的工作。"

销售员："经理先生，这是我们公司的产品说明书、国际质检标准复印件、产品价目表，这些是我们曾经合作过的企业以及他们对我们公司、产品的评价，下面我将给您介绍一下我们的企业以及我们的产品情况……"

7. 冷处理法

对于客户一些不影响成交的反对意见，销售员最好不要反驳，采用不理睬的方法是最佳的。千万不能客户一有反对意见，就反驳或以其他方法处理，那样就会给客户造成你总在挑他毛病的印象。当客户抱怨你的公司或同行时，对于这类无关成交的问题，都不予理睬，转而谈你要说的问题。

国外的销售专家认为，在实际销售过程中80%的反对意见都应该冷处理。但这种方法也存在不足，不理睬客户的反对意见，会引起某些客户的注意，使客户产生反感。且有些反对意见与客户购买关系重大，销售员把握不准，不予理睬，有碍成交，甚至失去销售机会。因此，利用这种方法时必须谨慎。

8. 价格异议处理法

价格异议是最典型，也是最容易被客户涉及的异议，对其可以采取以下两种处理方法：

（1）搭配法。搭配法是指利用各种异议有效组合来处理异议的方法。通常，客户提出异议时销售人员并不清楚他们的异议的真实性。对此，可以首先使用询问法："您是拿我们的报价与什么比较？"这可使价格异议更具体化。然后问："若价格低一点你会用我们的产品吗？"等到搞清楚客户的真实异议后，再用但是、利用、补偿、反驳法等。如："价格是应考虑的因素，您是否认为价值也同样重要？请让我讲讲产品的价值……"（转折法）"您考虑的是价格还是成本？价格虽然低，但您多次购买，成本却不一定低。"（利用法）"我们的产品价格是全市最低的。"（直接否定法）"价格不便宜，可性能好。买东西要看它能为您做什么，而不在于花多少钱？"（补偿法）

（2）转化法。转化法是指将价格异议转化成其他异议的方法。也就是把客户对价格的定义除去，把问题置于客户的真实需要或利益的范围内。这样价格问题将转变为价值、成本、值不值、减少利益等。

★情景体验 12-23

一位中年女士来到化妆品柜台前，欲购护肤品，售货员向她推荐一种高级护肤霜。

客户："我这个年纪买这么高档的化妆品干什么？我只是想保护皮肤，可不像年轻人那样要漂亮。"

销售员："这种护肤霜的作用就是保护皮肤的。年轻人皮肤嫩，且生命力旺盛，用一些一般的护肤品即可。人一上了年纪皮肤不如年轻时，正需要这种高级一点的护肤霜。"

其他各种异议的处理与价格异议的处理一样，可以用各种综合或创新的技巧来处理。针对不同的异议特点制定出相关的处理异议的标准解说词，对销售人员的业绩会有一定的帮助。

12.5 促成交易

12.5.1 识别成交障碍

促进成交就是促使客户采取购买行动，是整个销售过程中具有决定意义的环节。成交是指客户接受销售人员的销售展示，并立即购买或签订正式协议的行动过程。因此，成交包含两层含义：一层是一种肯定和接受，另一层是一种行动过程。成交有广义和狭义之分。广义的成交包括客户产生成交意识和发出成交信号，也包括成交的行动；而狭义的成交是指达成交易的那一刻的行动。本书中的成交是指广义的成交。

许多销售人员害怕提出成交要求，并且提出的时机也难以把握，但这恰恰是非常重要的。

成交应该是很自然的事情，客户要买，销售人员要卖。许多时候成交有障碍，这些障碍有的来自客户方面，有的来自销售人员方面。来自客户方面的成交障碍主要是客户对购买决策的修正、推迟、避免等行为；来自销售人员方面的成交障碍主要是心理和技巧两方面。

1. 客户的修正、推迟、避免行为

在成交阶段，客户常常受风险意识的影响从而修正、推迟已做出的购买决策，或者避免做出购买决策，使销售人员的努力付诸东流。在客户的潜意识里，任何购买都有一定程度的风险，因为他们无法确定购买行动的后果如何。要降低客户的风险意识就要求销售人员具有极大的耐心，并谙熟客户的心理和促进成交的方法。

2. 销售人员的心理和技巧

（1）害怕失败。有时销售人员越想成交，越害怕提出成交要求，害怕客户说"不"，也有时是害怕促进成交时过于勉强而冒犯客户，故而面部表情过于紧张，让客户也觉得不舒服，造成成交失败。其实只要放松心态，往往会成为出色的成交者。小孩在向父母索要东西时，从没有过片刻的犹豫。若销售人员也不把它看成"成交"而是要求得到某种"需要"的东西时，心情就会轻松些。

其实心理上销售人员应该明白，客户一样需要成交，有一个恰当的结果。你不提出成交而他提出,像他求你买东西似的。再说,客户也希望再次得到保证,希望你说他们的决策是正确的。若把成交看成满足买主的需要和购买欲望,那成交就轻松了。

(2) 职业自卑感的心理障碍。有的销售人员总认为做销售低人一点,上门销售,形同乞讨,自己看不起自己,更看不清自己所从事职业的真正意义。因而,不热爱自己的职业,不把销售当作自己的事业全身心地投入。殊不知,销售并不是一些人所想象的那样,"我要把商品销售给你,目的是要赚你的钱"。正确的销售观应该是,销售员在了解客户需要的基础上,当好客户的参谋,让客户买到称心如意的商品。销售员通过提供良好的服务满足客户的需要,获得属于自己的正当利益,也是完全应该的。

(3) 成交期望过高的心理障碍。这是极不利于成交的心理障碍。如果销售人员对成交的期望值过高,就会在无形中产生巨大的成交压力,就会破坏良好的成交气氛,引起客户反感,结果事与愿违,容易导致成交失败。说到底,这是销售员不成熟的表现。有经验的销售员懂得这样一个道理,即使不能说服某个客户购买,一定还有其他客户购买。只要全力以赴,即使没有成交,也没有遗憾。

(4) 坐等客户主动成交的心理障碍。通常情况下,客户在交易活动中属于被动的一方,即使很想购买,也会一再拖延。如果销售员在时机成熟时,不积极主动地促成交易,就会失去交易成功的良机。

(5) 单向沟通。单向沟通是指销售人员像做广告一样一个人滔滔不绝,说个没完,没有试探性的询问问题,没有倾听,没有注意购买信号。双方缺乏交流,自然难于成交。

(6) 缺少训练。成交既需要丰富的知识,也需要严格训练,经常实践。盲目、仓促上阵,难免出问题,成交时需要掌握一定的技术与策略,只有经过大量的实践,销售人员才能把握成交工作中的方方面面。

(7) 计划不周。成交只是销售过程的一个环节,因此,促成力量的大小,将依据销售人员所拟订的销售活动计划的周密程度。若销售计划欠周到,就难于成交。拟订计划时要回答下列问题:你了解潜在客户吗?接触是否在合适的情况下进行?调查过客户的需求欲望及他们的问题吗?你所销售的产品能满足他们的要求吗?等等。

(8) 强迫销售。许多不称职的销售人员毫不在意客户的感受,总是强迫催促客户即刻购买,这无异于强迫客户向你说"再见"。有这样一个故事:有一个主人想把自家的小牛拉回家,主人越拉,牛越往后退,后来这家的主妇看见了,便用搅菜的手伸到小牛嘴里,小牛含着手指轻快地回家了。因此,销售人员要懂客户习性,要引导客户。通常所有的人都喜欢自己做决定,而不喜欢做他人强迫自己做的事。

12.5.2 促成交易的基本策略

★情景体验 12-24

一个业务员去拜访某公司负责人,"张总,我已经拜访过您好多次了,总经理对本公司的汽车性能也相当认同,汽车的价格也相当合理,您也听朋友夸赞过我们公司的售后服务。今天我们再次来拜访您,不是向您销售汽车的,我知道总经理是销售界的前辈,我在您面前销售东西实在压力很大,大概表现得很差,请总经理本着爱护晚辈的胸怀,给予指点,我哪些地方做得不好，以便我早日改善。"

总经理说："你不错嘛，又很勤快，对汽车的性能了解非常清楚，看你这么诚恳，我就坦白告诉你吧，这次我们要替公司的10位经理换车，当然换车一定要比他们现在的车子更高级，以激励他们的士气，但是价钱不能比现在贵，否则我短期内宁可不换。"

业务员马上说："报告总经理，您实在是一位好的经营者，购车也以激励士气为出发点，今天我又学到了新的东西。总经理我推荐的车是由美国装配直接进口的，成本偏高，因此价格不得不反映成本，但是我们公司月底将从墨西哥OEM进来的同级车，成本较低，并且总经理又是一次购买10部，我一定能成功地说服公司尽可能地达到您的预算目标。"

总经理说："喔，的确很多美国车都是在墨西哥OEM生产的，贵公司如果有这样的车的话，倒替我解决了换车的难题了。"

——宋素红：《推销理论与实务》，化学工业出版社，2007年版。

1. 敏锐捕捉成交信号促成交易

成交信号，是指客户通过语言或行为显示出来的，表明他可能采取购买行为的信息。如果客户已经产生购买意图，那么这种意图总会有意无意地通过语言、表情、行动流露出来。尽管成交信号并不必然导致成交，但可以把成交信号的出现当作促进成交的有利时机。

成交信号是多种多样的，一般可以分为三类：

（1）语言信号。当客户有采取购买行动的意向时，销售人员可以从客户的语言中发现。一般说来，客户的语言成交信号可以总结为以下几类：

①询问更多有关产品的细节，如运输、交货时间、地点、保管等。"如果更换这种设备，需要停机多长时间？"

②了解售后服务问题。"假如产品超过保修期出了问题怎么办？"

③询问产品的使用性能及注意事项和零配件供应问题。"这种墨盒可以打印标准A4纸文件多少张？"

④询问价格折扣问题，开始讨价还价。"这种产品现在有什么促销优惠？"

⑤对产品的一些次要方面，如包装、颜色、规格、款式等提出不同意见与要求。"这种衣服面料还行，不过我不喜欢V字领口，还有其他领子的吗？"

⑥给予一定程度的肯定或赞同。"这个自动水果机用起来倒是蛮方便的！"

⑦用假定的口吻与语气谈及购买。"我要是今天购买这种台空调，最迟哪天可帮我安装好？"

⑧提出一个购买异议。"这个组合柜做工、颜色还可以，但只怕油漆掉了就难看了。"

（2）动作、神态信号。销售人员也可以通过观察客户的动作、神态识别客户是否有成交的倾向。因为一旦客户拿定主意要购买产品时，他会出现与销售人员介绍产品时完全不同的动作和神态。

①由静变动。原先客户采取静止状态听销售人员讲解，这时会由静态转为动态，如动手操作产品，仔细触摸产品，翻动产品等。

②有签字倾向动作。如客户找笔，摸口袋，靠近订货单，拿订货单看等，这就是很明显的购买动作信号。

③神态由紧张变放松。原来倾听销售人员介绍，身体前倾并靠近销售人员及产品，这时

变为放松姿态。或者身体后仰，或者擦脸拢发，或者做其他舒展动作等。

④面部表情兴奋。如，眼睛发光，变得神采奕奕，眼球转动加快；腮部放松，由咬牙深思或托腮沉思变为明朗轻松，活泼友好；面部由冷漠、怀疑、深沉变为自然、大方、随和。

（3）事态信号。事态信号的表现包括客户主动提出转换洽谈环境地点，由门厅换到客厅，由大会议室换到小会议室，或者把销售人员带到具体办事员身边；客户主动要求改变洽谈程序，如要求销售人员住下来，让有关人员为销售人员安排吃住事宜；询问销售人员的日程安排，并与自己的日程对照，然后提出找个时间再谈；等等。

2. 选择成交环境促成交易

成交环境也是影响销售能否成功的重要因素，要予以高度重视。一般说来，合适的成交环境要符合3项原则：

（1）成交环境要安静舒适。洽谈场所的环境布局，包括室内墙壁的主色调、采光设计、装修风格等要给人以舒服、轻松的感觉；周围没有污染，特别不能有刺耳的噪声，对大型商务洽谈，室外最好有足够的空间，必要时可供代表休息。通常在成交阶段，应尽量远离电话、门口和其他人员，以免被外界干扰，分散双方的注意力。

（2）成交环境要适合单独洽谈。有时在洽谈的关键阶段，需要与对方重要代表单独沟通，这样，在安排洽谈场所时，应考虑能否满足需要。比如，一些商务宾馆就针对洽谈需要，专门设计了类似套间形式的商务会所，既有小型会议厅可以集体商谈，又设有单间以方便个别交流，还有娱乐室、茶室可以提供中途休息，十分周到、便利。

（3）成交环境要注意迎合客户心理。成交环境的选择要尽量考虑客户的需要，迎合其心理，投其所好，个别情况出于谈判策略的考虑例外。比如，同样是谈生意，有的人喜欢在办公室，有的喜欢在家里，还有的喜欢在其他社交场合；多数人喜欢白天谈生意，晚上休息，也有人刚好相反。有的人看到现场悬挂欢迎自己的条幅，心理上很满足，而有些人则做事低调，不喜欢这一套。通常，选择客户熟悉的场所，如客户工作单位的会议室、办公室或客户家中，能减轻客户的心理压力，增强客户的自信心。

3. 帮助客户权衡利弊促成交易

众所周知，世上没有十全十美的东西，作为销售人员同样也要利用到这一点，积极向客户介绍买与不买的利与弊，当销售人员确实能够清楚地向客户表明利远大于弊时，客户就不会无动于衷了。比如客户埋怨说："你的价格也太高了，像××这样的公司，它的产品和你的产品质量差不多，但价格便宜了一大半。"此时，销售人员可以说："确实如您所说，我们的价格是高了点，可能您也知道，××公司产品的使用期只有两年，而我们公司的产品的有效使用期是四年。实际上我们的产品比它的产品便宜多了。"客户在权衡比较利弊后，也会有所体会和改变。

4. 积极诱导、主动出击促成交易

成交的英文 close，去掉"c"，即 lose（失败）。也就是说销售人员一定要主动咬定成交不放松。通常客户为了保证自己提出的交易条件，往往不愿主动提出成交。这需要销售人员主动和自信地提出成交。有时销售人员的坚定和自信要求会使他人产生一种感觉，似乎他人应该去满足销售人员的要求，否则就是一个错误。通常第一次提出成交就成功的概率是10%左右。销售人员必须坚持多次要求成交，调查研究表明，4~5次的成交要求是比较合适的。

成功的成交步骤如图 12-4 所示。

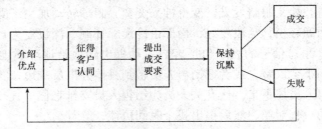

图 12-4　成交步骤

先向客户介绍产品的优点、特点，然后设法征得客户对优点的认同，再提出成交要求。一旦提出成交要求，销售人员要保持一段时间的沉默，至少 30 秒钟的时间。这需要销售人员的勇气，毕竟双方沉默时，销售人员的感觉是不舒服的，但这对成交有利。如果成交失败，销售人员就应该反馈到第一步，就新的优点和特点进行介绍。然后征得认同和提出成交直到成交为止。

5. 提前准备，充分利用最后的成交机会

大量研究表明，许多生意是在销售人员与客户即将告别时成交的，尤其是当这个销售人员给客户留下良好印象时。客户拒绝购买，销售人员反应得体，又准备告辞，客户一方面感觉轻松，另一方面又有些歉意，销售人员若把握好这最后的机会，成交的概率会有所提高。有一位销售保险的女孩，她经常带一些小丝巾等小礼物去销售，当客户不买时，她就起身告辞，临走时她就拿出一条小丝巾送给对方作为礼品，然后讲一些轻松的话题。这时有些客户会要求销售人员再等一等，让他与家人再商量一下，然后买下了保险。有些客户会说："下个月来，我一定买"或"以后我要买保险一定找你"。无论如何这对销售人员来说都是有利的。

6. 提示销售重点，保留一定的成交余地

保留一定的成交余地，也就是要保留一定的退让余地。任何交易的达成都必须经历一番讨价还价，很少有一项交易是按卖主的最初报价成交的。尤其是在买方市场的情况下，几乎所有的交易都是在卖方做出适当让步之后成交的。因此，销售人员在成交之前如果把所有的优惠条件全部告知客户，也就没有退让的余地了。所以，为了有效地促成交易，销售人员一定要保留适当的退让余地。

12.5.3　促成交易的方法

客户是否购买将受其自身的类型与特点、销售条件以及销售员所能给予的种种有益的暗示的影响。有经验的销售员能够灵活运用所掌握的促成交易的方法。一般来说，促进成交的方法有如下几种。

1. 假定（假设）成交法

假定成交法是销售人员在假定客户已经同意购买的基础上，通过讨论一些具体问题而促成交易的办法。例如销售人员认准一个客户有购买意图，就不失时机地问："你打算一次进多少货？""明天下午交货可以吗？"不要问要不要进货，而是假定客户肯定要进货，只是还不能最后确定进多少、何时进等。假定成交法适用于老客户、中间商、决策能力层次低的客户和主动表示要购买的客户，对于不太熟悉的客户要慎用。

假定成交法最大的优点就是节省销售时间，从而可以提高销售效率。这一优点表现在三个方面：一是它将洽谈直接带入实质性阶段；二是它逐步深入地进行提问，可提高客户的思考效率；三是它使客户不得不做出反应。

★情景体验 12-25

销售人员将一部汽车开出去给客户看过了，而且感到完成这笔交易的时机已经成熟。这时销售员趁热打铁对客户说："杨先生，现在你只要花几分钟工夫就可以领取牌照，把过户的手续办妥，再有半个小时，你就可以把这部新车开走了。如果你现在要去办公事，那么就把这一切交给我们吧，我们一定会在最短的时间内把它办好。"这时，如果客户根本没有决定要买，他自然会向销售人员说明。但如果他仅仅是因为觉得领取牌照与办理过户等手续相当麻烦而仍在犹豫，那么销售人员这番话肯定会打动他的心，成交是十拿九稳的事了。

2. 直接（请求）成交法

直接（请求）成交法就是用简单、明了的语言，直接要求潜在客户购买的方法。这是一种最简单、最基本的成交方法。例如，销售人员可以说："王经理，我们已经讨论了很长时间，我想你也同意我们企业的产品对于贵公司拓展市场是非常有利的。买下它吧，真不错。"在运用直接成交法时，销售人员切忌过于自信，以免客户产生反感而导致成交失败。

这种方法适用于客户已有明显购买倾向但仍在拖延时间的情况，也适用于一开始提出很多问题，经过销售人员解释，已提不出什么异议，但仍不愿主动开口说购买的客户。

直接（请求）成交法的优点是：可以有效地促成购买，借要求成交向客户进行提示并略施压力，从而节省时间，提高了销售工作效率。这是一种最基本和最常用的方法。

★情景体验 12-26

一位家庭主妇对销售人员推荐的家用电热水器很感兴趣，反复询问它的安全性能和价格，但又迟迟不做出购买决定。这时销售人员可以用请求成交法帮助她做出购买决定："这种电热水器既实用又美观，价格上可以给您九折优惠，买下它吧，您一定会感到满意的。"

3. 选择成交法

选择成交法即销售人员为客户设计出一个有效成交的选择范围，使客户只在有效成交范围内进行成交方案选择。这是假定成交法的一个具体应用。因而，也称缩小选择成交法。例如一个销售人员问一位客户："我给你送 20 打还是送 30 打？""是要小包装还是要大包装的？"这样问实际上是把客户可能不要的选择排除掉了。

选择成交法的优点是：具有假定成交法的全部优点，而且，由于提出几个很实际的方案让客户进行挑选，既可以使客户减轻心理压力，又使销售人员有回旋余地。同时，由于把客户的思维与选择限制在几个有效而又有限的成交方案中，无形中使客户无法拒绝成交。

★情景体验 12-27

销售人员对来店里挑选服装的客户说:"对,快过年了,都要给乖宝宝买新衣服的呀。店里品种齐全:有毛衣、棉衣,还有皮衣;有时尚的广州货,也有实惠的武汉货,请问比较喜欢哪一种?"

4. 总结利益成交法

总结利益成交法是指销售人员总结能引起潜在客户兴趣的主要特点、优势和利益,然后要求成交的方法。即以一种积极的态度来总结这些益处,使潜在客户能同意你的话,然后提出订货要求。

这里有一个例子,对潜在客户用的就是总结利益成交法。假定潜在客户在你做销售展示时表示喜欢你的边际利润、交货时间和信用条件。

销售人员:王小姐,你说你喜欢我们提供的毛利率、快速交货和信用政策。对吗?(总结,然后做试探性成交)

潜在客户:是的。

销售人员:根据你们商店的客户数量、按正常营业额推算的我们产品的预期销量以及我们的销售计划,我建议你买(说出产品和它们的数量)。这样可以满足你们客户下两个月的需求,同时也带来了你希望自己的产品赚得的利润。下一周早些时候我就能把货送给你。(现在等待回答)

总结利益成交法可能是要求订货时使用最普遍的方法。这种方法由三个基本步骤组成:在展示中明确能使潜在客户感兴趣的产品的主要益处;总结这些益处;提出建议。如果你需要的是一个简单的直接成交而不是针对某一具体潜在客户的性格而进行的成交,这时总结益处式成交是有用的。这种方法的优点是使客户处在兴奋和积极状态,易于成交。

5. 小点成交法

小点成交法也称为次要问题成交法或避重就轻成交法。如,"这件衣服你穿多合适,你看我给你包装好,带走吧。"而不去提价格、质量问题。

小点成交法的优点:首先,可减轻客户心理压力。在客户认为是次要的问题上达成协议,避免了就大的问题进行讨论而引起客户敏感。因为是小问题,客户会认为先同意也无大碍。于是会轻松地在无心理压力情况下达成协议。其次,在客户犹豫不决时不直接提出成交,避免给客户造成心理压力,而是通过一系列的试探性提问逐步消除客户心中的疑虑,循序渐进,积少成多,逐步接近目标。这样,既不会吓跑客户,又能帮助客户决策。最后,小点成交是销售人员合理利用与确认客户成交信号的机会。当销售人员提出一些很次要的问题要求客户同意时,如果客户答应较为爽快,销售人员就可以把小点成交看成整个成交的信号。多个小点成交可以转为大点成交的机会,从而确定大点成交信号。

★情景体验 12-28

客户来到摩托车店看了很久,拿不定主意具体买哪一台好。销售人员说:
"您需要的是女式摩托车吧?"

"喜欢白色，对不对？"

"要求省油一点，而且刹车性能要可靠，对吧？"……

"说到底就是这一款，最适合您了，请过来看看。"

6. T形成交法

T形成交法又称为"优点—缺点"成交法，是指通过对产品的优点和缺点进行分析促使客户购买的方法。销售人员应准备一个产品优缺点分析表（两栏），一栏是缺点，一栏是优点，如图12-5所示。通过罗列产品的缺点，可使潜在客户相信销售人员在陈述、展示产品没有任何偏见，然后列出更多的优点，最后加以总结。这种方法可以吸引潜在客户。例如，可以这样表述："田小姐，从这张表中我们可以看出，产品优点要远远多于缺点，所以购买这种产品你能得到更多的好处。我们现在就签约好吗？"

图12-5　T形图

7. 分段成交法

分段成交法一个把成交过程分为多个阶段的方法。一些重大的业务可能难以一下谈成，于是销售中可以根据事先了解的情况，做出洽谈计划，定出分段洽谈目标。通过实现分段目标，达到最后通盘成交的目的。如，"我们已谈妥培训问题，再谈服务问题，下次我们谈价格问题。"

分段成交法的优点是：把大的、难谈的问题放在后面，减轻了客户的心理压力，易于促成成交，有利于创造良好的洽谈气氛。

8. 克服异议成交法

克服异议成交法是销售人员利用处理客户异议的机会直接要求客户成交的方法，也可称为大点成交法。因为客户提出的异议，尤其是客户认为重要的异议，大多是购买的主要障碍。异议处理完毕如果立即请求成交，往往收到趁热打铁的效果。如，"我们已经提供了你所需要的折扣，现在让我们来签订合同吧！"

克服异议成交法的优点是：有利于销售人员抓住一切成交机会。在处理客户异议后立即提出成交，就不会失去任何一个成交的机会。

9. 最后机会成交法

机会成交法也称选择成交法、唯一成交法等，是销售人员直接向客户提示最后成交机会，促使客户立即实施购买的一种成交方法。如，"今天是最后一天降价，赶紧购买吧。"

机会成交法的优点是：利用了人们对机会限制的紧张心理，可以造成很有利的成交气氛；可以把客户的注意力集中到成交上，使客户有了一种内在的成交压力；可以限制成交内容及成交条件，可以达成一种成交的时间及心理紧迫感，使客户在一定范围内较快成交；可以形成交叉销售感染力，如告诉客户"这批货卖得很快，这是最后一批货"等，客户会产生这个企业不错等联想，有时会促成大笔交易。

10. 从众成交法

从众成交法是销售员利用客户的从众心理，促成客户立即决定购买的方法。从众成交法主要适合具有一定时尚程度的商品销售，且要求销售对象具有从众心理。如果商品流行度差，号召力不强，又遇到追求消费个性，自主意识较强的客户，就会起到相反作用。运用从众成交法时要注意三个问题：第一，谨慎判断目标客户是否具有从众心理，对独立意识强，自以为是的客户不用这种方法。第二，先期发动广告攻势，利用名人宣传品牌，造成从众声势。第三，寻找具有影响力的核心客户，在取得核心客户合作的基础上，利用他们的影响力和声望带动、号召大量具有从众心理的客户购买，这样可以起到以点带面，事半功倍的效果。如服装店营业员对一位正在试穿的年轻女士说："这位靓姐，您真是太有眼光了！您看这件衣服式样新颖、美观，是今年最流行的款式，大小正合适，您这么有气质，身材也特别好，穿上它一定很漂亮！我们昨天才进了5套，今天就只剩下2套了。"

11. 优惠成交法

优惠成交法是指销售人员通过向客户提供某种优惠条件而促成客户购买的一种成交方法，也称让步成交法。这种方法充分利用客户的求利心理动机，直接向客户提供一些优惠的交易条件或做出一些让步，以促使客户成交。优惠条件一般包括价格折扣、送货上门、延迟付款、赠品、人员培训、产品包装、设备安装等。销售人员使用这种成交方法时要慎重，一要充分考虑到可能因为让步破坏了惯有的交易规则而造成的负面影响；二要估计成本上升带来的影响。

12. 小狗（试用）成交法

小狗（试用）成交法是销售人员先把产品留给客户试用一段时间以促成交易的方法。国外有试验显示，产品留给10家试用，往往有3～6家购买，更何况客户在使用试用产品后，总觉得欠销售人员一份人情，若觉得产品确实不错，就会买下产品来还这份人情。试用成交法主要适用于客户确有需要，但疑心又较重、难下决心的情况。

13. 保证成交法

保证成交法是指销售人员通过向客户提供某种成交保证来促成交易的一种成交方法。这种方法是基于对客户成交心理障碍的正确认识，通过给客户提供某种保证来降低客户的购买风险，使客户消除疑虑，通过解决客户的心理障碍达成交易。如商品质量保证、"三包"保证等，给客户吃一颗"定心丸"，让客户放心购买。

14. 饥饿成交法

饥饿成交法是一种通过让商品处于一种供不应求的状态来促成交易的方法。使用这种方法时应注意两个问题：一是这种方法多用于名优产品；二是时间长短要控制好，避免客户因"饥饿"时间太长而"饥不择食"去购买其他替代产品。

15. 激将成交法

激将成交法是销售人员用激将语言刺激客户购买来促成交易的一种成交方法。例如，一位服装店老板对客户说："昨天正巧你们学校的一位姓刘的女老师也看上了这一款衣服，当时她简直是爱不释手，不过她嫌价格太高没有买。"使用这种方法的关键是要把握好尺度，不要伤了客户的面子，否则，会弄巧成拙。

12.6　售后跟踪

销售是一个连续、循环的过程,销售人员与客户成交签约后,并不意味着销售活动的结束,而是"关系销售"进程的开始,应及时做好售后服务和货款回收以及关系沟通。

12.6.1　维护商誉

凡与所销售商品有连带关系且有益于购买者的服务,均属于商品的售后服务。这包括商品信誉的维护和商品资料的提供两方面内容。

售后服务最主要的目的是维护商品的信誉。一件品质优良的商品,在销售时会总是强调售后服务,在类似或相同商品销售的竞争条件中,售后服务也常是客户决定取舍的重要因素。一般商品的维护工作有下列三种:

(1) 商品品质的保证。销售人员在出售商品之后,为了使客户充分获得"购买的利益",他必须常常做些售后服务,这不只是对客户道义上的责任,也是维护自身商誉的必要行动。

(2) 服务承诺的履行。任何销售人员在说服客户购买时,必须强调与商品有关,甚至没有直接关联的服务。这些服务的承诺,对能否成交是极重要的因素,而如何切实地履行销售人员所做的承诺则更为重要。

(3) 制定商品的赔偿制度。商品在销售过程中,由于生产与消费之间的矛盾以及生产方面的原因,必然会产生售后退货现象,对此,销售人员要妥善处理退货与不良品,帮助企业建立赔偿制度。

12.6.2　收回货款

出售产品或服务与收回货款是销售活动全过程中必不可少的两个部分,缺一不可。购销合同的签订只表明销售人员完成了销售的前期成交工作,但是企业不是单纯为了成交而活动,它的主要目的在于通过销售将产品或服务转化为货币,投入再生产。显然,从这一角度来看,收款同样是销售人员的一项重要工作。

1. 对付"强硬型"债务人的策略

这种债务人最突出的特点是态度傲慢,面对这种债务人,寄希望于对方的恩赐是枉费心机,要想得到较好的清债效果,需以策略为向导。总的指导思想是,避其锋芒,设法改变认识,以达到尽量保护自己利益的目的。具体运用形式为:

(1) 沉默策略。沉默是指在清债实践中,观看对方态度而不开口说。上乘的沉默策略会使对方受到心理打击而造成心理恐慌,不知所措,甚至乱了方寸,从而达到削弱对方力量的目的。沉默策略要注意审时度势、灵活运用,运用不当,效果会适得其反。如一直沉默不语,债务人会认为你是慑服于他的恐吓,反而增添了债务人拖欠的欲望。

(2) 软硬兼施策略。这个策略是指将清债班子分成两部分,其中一个成员扮演强硬性角色即鹰派,鹰派在清债的初期阶段起主导作用。另一个成员扮演温和的角色即鸽派。鸽派在清债某一阶段的结尾扮演主角。这种策略是清债中常见的策略,而且在多数情况下能够奏效。因为它利用了人们避免冲突的心理弱点。如何运用此项策略呢? 在与债务人刚接触并了解债务人心态后，担任强硬型角色的清债人员，毫不保留地果断地提出还款要求，并坚持不放，必要时带一点疯狂，酌量情势，表现一点吓唬式的情绪行为。此时，承担温和角色的清债人员则保持沉默，观察债务人的反应，寻找解决问题的办法。等到空气十分紧张时，鸽派角色出面缓和局面，一面劝阻自己伙伴，另一方面也平静而明确地指出，这种局面的形成与债务人也有关系，最后建议双方都做出让步，促成还款协议或只要求债务人还清欠款，而放弃利息、索款费用。

需要指出的是，在清债实践中，充当鹰派角色的人，在耍威风时应紧扣"无理拖欠"这份理，切忌无中生有，胡搅蛮缠。此外，鹰、鸽派角色配合要默契。

2. 对付"阴谋型"债务人的策略

企业之间经济往来应以相互信任、相互协作为基础进行公平交易。但在实践中，有些人为了满足自身的利益与欲望，常利用一些诡计或借口拖欠一方债务，甚至是"要钱没有，要命一条"的无赖样。下面介绍几种对付策略：

（1）反"车轮战"的策略。此处的"车轮战术"是指债务人一方采用不断更换接待人员的方法，达到使债权人精疲力竭，从而迫使其做出某种让步的目的。对付这种战术的策略是：

①及时揭穿债务人的诡计，敦促其停止车轮战术的运用。
②对更换后的工作人员置之不理，可听其陈述而不做表述，这可挫其锐气。
③对原经办人施加压力，采用各种手段使其不得安宁，以促其主动还款。
④紧随债务企业的负责人，不给其躲避的机会。

（2）"兵临城下"策略。这种策略是对债务人采取大胆的胁迫做法，看对方如何反应。这一策略虽然具冒险性，但对于"阴谋型"的债务人时常有效。因为债务人本身想占用资金，无故拖欠，一旦被识破反击，一般情况下会打击他们的士气，从而迫使其改变态度。例如，对一笔数额较大的贷款，债权人企业派出10多名清债要员到债务企业索款，使其办公室挤满了债权人企业的职工。这种做法会迫使债务人企业尽力还款。

3. 对于"合作型"债务人的策略

"合作型"债务人是清债实践中人们最愿接受的，因为他们的最突出特点是合作意识强，能给双方带来皆大欢喜的满足。所以对付"合作型"债务人的策略思想是互利互惠。

（1）假设条件策略。即在清债过程中，向债务人提出一些假设条件，用来探知对方的意向。由于这种做法比较灵活，使索款在轻松的气氛中进行，有利于双方在互利互惠基础上达成协作协议。例如，"假如我方再供货一倍，你们前面的欠款还多少？""每月还款十万元，再送货200箱怎样？"等。

需要指出的是，假设条件的提出要分清阶段，不能没听清债务人意见就过早假设。这会使债务人在没有商量之前就气馁或使其有机可乘。因此，假设条件的提出应在了解债务人打算和意见的基础上。

（2）私下接触策略。指债权企业的清债人员或业务员等有意识地利用空闲时间，主动与债务人一起聊天、娱乐，目的是增进了解、联系感情、建立友谊，从侧面促进清债的顺利进行。

4. 对待"感情型"债务人的策略

在国内企业中，大多数人属于"感情型"，这性格往往很容易被接受。其实在某种程度上，"感情型"的债务人比"强硬型"债务人要难对付。"强硬型"债务人容易引起债权人警惕，而"感情型"债务人则容易被人忽视。因为"感情型"性格的人在谈话中十分随和，能迎合对方的兴趣，能够在不知不觉中把人说服。

为了有效地对付"感情型"性格的债务人，必须利用他们的特点及弱点制定相应策略。"感情型"性格的人一般特点是与人友善、富有同情心，专注于单一的具体工作，不适应冲突气氛，对进攻和粗暴的态度一般是回避的。针对以上特点，可采用下面几种策略：

（1）以弱为强策略。商谈时，柔弱胜于刚强。因此，要训练自己，培养一种"谦虚"习惯，多说"我们企业很困难请你支持"，"我们面临停产的可能"，"拖欠货款时间太长了，请你考虑解决"，"能不能照顾我们厂一些"等。由于"感情型"的人性格特点，可能会考虑还款。

（2）恭维策略。"感情型"的债务人有时为了顾及"人缘"而不惜代价，希望得到债权人的承认，受到外界的认可，同时也希望债权方了解自身企业的困难。因此，债权企业清债人员要说出一些让债务人高兴的赞美话，这些对于具有"感情型"性格的人非常奏效。如，"现在各企业资金都困难，你们厂能搞得这么好，全在你们这些领导。""像你们这个行业垮掉不少了，你们还能挺过来，很不错。""你们对我们厂支持，我们厂领导是公认的。"

（3）在不失礼节的前提下保持进攻态度。在开始时索款就创造一种公事公办的气氛，不与对方打得火热，在感情方面保持适当的距离。与此同时，就对方的还款意见提出反问，以引起争论。如，"拖欠这么长时间，利息谁承担"等，这样就会使对方感到紧张。但不要激怒对方，因为债务人情绪不稳定，就会主动回击，他们一旦撕破脸面，债权人很难再指望商谈取得结果。

5. 对待"固执型"债务人的策略

"固执型"债务人很常见，这些人最突出的特点是坚持所认定的观点，有一种坚持到底的精神。这种人对新的主张、建议很反感，需要不断得到上级的认可、指示，喜欢照章办事。对这种人可采用以下策略：

（1）试探策略。这一策略是用以摸清"敌情"的常用手段，其目的是用来观察对方反应，以此分析其虚实真假和真正意图。如提出对双方都有利的还款计划，如果债务人反应尖锐对抗，那就可以采取其他方式清债（如起诉），如果反应温和，就说明有余地。

运用这一策略，还可以试探固执型接待或谈判人的权限范围。对权力有限的，可采取速战速决的方法，因为他是上司意图的忠实执行者，不会超越上级给予的权限。所以在清债商谈中，不要与这种人浪费时间，应越过他，直接找到其上级谈话。对权力较大的"固执型"企业负责人，则可经采取冷热战术。一方面以某种借口制造冲突，或是利用多种形式向对方施加压力，另一方面想方设法恢复常态。总之，通过软磨硬抗的方法达成让对方改变原来想法或观点的目的。

（2）先例策略。"固执型"债务人所坚持的观点不是不可改变，而是不易改变。要认识到这一点，不然提议就会被限制住。为了使债务人转向，不妨试用先例的力量影响他、触动他。例如，向债务人企业出示其他债务人已成为事实的还款协议，法院为其执行完毕的判决、调解书等。

6. 对待"虚荣型"债务人的策略

爱慕虚荣的人一般具有以下特点：自我意识较强，好表现自己，对别人的暗示非常敏感。面对这种性格的债务人，一方面要满足其虚荣的需要；另一方面要善于利用其本身的弱点作为跳板。具体策略举例如下：

（1）以熟悉的事物展开话题。与"虚荣型"债务人谈索款，以他熟悉的东西作为话题，效果往往比较好，这样做可以为对方提供自我表现的机会，同时还可能了解对手的爱好和有关资料，但要注意到虚荣者的种种表现可能有虚假性，切忌上当。

（2）顾全面子策略。索款可事先从侧面提出，在人多或公共场合尽可能不提要款，而满足其虚荣。不要相信激烈的人身攻击会使对方屈服。要多替对方设想，顾全他的面子，同时把顾全其面子的做法告知债务人。当然，如果债务人躲债、赖债，则可利用其要面子的特点，与其针锋相对而不顾情面。

（3）制约策略。"虚荣型"最大的一个弱点是浮夸，因此债权人应有戒心，为了免受浮夸之害，在清债谈话中，对"虚荣型"者的承诺要有记录，最好要他本人以企业的名义用书面的形式表示。对达成的还款协议等及时立字为据。要特别明确奖罚条款，预防他以种种借口否认。

12.6.3 销售跟踪

销售跟踪是指对客户的跟踪，实质上就是维持客户关系。跟踪客户的目的主要有以下两个方面。

1. 感情联络

由交易而产生的人际关系，是一种自然而融洽的关系。人们常常因为买东西而与卖方交上朋友，销售人员及其销售组织同样因为与客户的交易促成了深厚的友谊，于是客户不但成为商品的购买者、使用者，而且也变成销售组织的拥护者与销售人员的好朋友。因此，销售人员应该经常保持与客户联系。与客户进行感情联络的方法主要有以下几种：

（1）拜访。经常去拜访客户是很重要的事。拜访不一定非要销售商品，主要是让客户觉得销售人员关心他，也愿意对所销售的商品负责。销售人员的拜访不一定有任何目的，也许只是问好，也许是顺道而访。

（2）书信、电话联络。书信、电话都是销售人员用来联络客户感情的工具。当销售人员需要将有些新资料送给客户时，可以用书信方式附上便笺；当客户个人、家庭及工作上有喜忧婚丧变故时，致函示意，也可贺年、贺节、贺生日等，通常客户对销售人员的函件会感到意外和喜悦。以电话与客户联络所发挥的效果是不可忽视的，偶尔简短问候几句，会使客户觉得很高兴。

（3）赠送纪念品。赠送纪念品是一种常见的招徕手法，有些销售组织对其客户一直提供很周到的服务，经常赠送老客户一些纪念品。纪念品的价值不一定很贵。赠送纪念品主要发挥两种作用：一是满足普通客户喜欢贪小便宜的心理；二是可以使纪念品成为销售人员再次访问客户或探知有关情报的手段或借口，这是成功销售的捷径。

2. 追踪客户新需求

追踪客户新需求是售后服务的另一个不明显的目的。许多精明的销售人员利用各种售后服务增加与客户接触的机会，以实现搜集情报的目的。因此，销售人员应该把握任何一次售后服务的时机，尽量去发掘有价值的客户，搜集任何有益于商品销售的情报。

在跟踪调查中，销售人员能了解到不同类型客户对不同产品的满意程度及他们的其他喜好，能了解到商品的不足，还能了解这类客户的朋友的一些情况和竞争对手的情况。客户有时会有意无意告诉销售人员其他潜在客户的情况或者竞争对手的情况。

本章小结

作为专业的销售人员，除了做好销售拜访前的准备工作，还要熟悉约见客户和接近客户的方法。约见客户的内容包括确定销售访问对象、确定销售访问事由、确定销售访问时间、确定销售访问地点。约见客户的方法包括书信约见、电子邮件、委托约见、电话约见和当面约见。接近客户是销售流程中的难点，因为销售人员是带着销售的目的去接近一个陌生人。但是销售人员成功地完成接近工作，就为销售工作的顺利进行奠定了良好的基础。接下来，就要进行销售陈述和销售展示，以此来吸引客户注意并让客户产生兴趣。

本章案例

销售展示主要有两类：一类是销售陈述；另一类是销售演示。销售陈述主要是用语言去说服客户的展示方式。销售演示主要是利用客户的视觉系统，启发诱导客户的展示方式。销售展示的基本步骤包括详细介绍产品的特点、优势和利益；介绍销售计划；阐述商务建议等。

在销售展示过程中，客户会提出各种各样的问题和意见，这些问题和意见、看法都属于客户异议。客户异议产生的原因有三个方面：客户希望购买决策正确而对销售活动的关注；客户的主观和客观的情况；销售方面存在的不足。

客户异议的类型有两种：一是按对购买所起的作用分类；二是按异议产生的原因分类。处理客户异议的基本策略是欢迎并倾听客户异议，避免争论和冒犯客户，预防和扼要处理客户异议。

选择处理客户异议的时机包括预先处理、推迟处理、不处理、立即处理4个时机。处理客户异议的方法包括询问、转折、补偿、利用、直接否定、举证6种方法。销售人员要学会灵活机动地处理各种客户异议。客户异议处理结束，销售人员应立即提出成交的要求。

促进成交就是促使客户采取购买行动。成交的主要障碍来自客户和销售人员两个方面。销售人员妥善把握成交时机也非常重要，当客户发出购买信号时，就是提出成交的最好时机。

销售人员必须科学运用成交的基本策略、成交的技巧和方法，加强售后服务，做好销售跟踪工作，这是维系客户的主要保证。

本章习题

一、复习思考题

1. 什么是销售过程？它可分为哪几个步骤？
2. 销售访问计划的主要内容是什么？销售约见的内容和方法是什么？
3. 怎样理解接近的含义？其基本任务和策略是什么？接近的方法主要有哪几类？
4. 销售展示的步骤分哪些？销售展示分哪两大类？
5. 何谓客户异议？导致客户提出异议的原因有哪些？处理客户异议的策略是什么？

6. 处理客户异议有哪几种时机选择？处理客户异议的方法有哪些？

7. 什么是成交？成交的主要障碍有哪些？其基本策略有哪些？如何判断客户的成交信号？

8. 成交的步骤有那几步？成交可采取哪些方法？销售服务与跟踪对企业销售有何影响？

二、实训题

实训项目：要求学生实行上门销售，正确对待客户异议。

实训目标：通过实训，学生能够接触到各种类型的客户和客户异议，掌握正确处理客户异议的原则和方法。

实训内容与要求：

1. 将班级同学每6个人分成一个小组，每小组销售一种小商品（具体如圆珠笔、墨水以及生活小用品等，可以到当地批发市场上购买一些，量不要大，重点放在销售体验上）。

2. 销售地点可以选择在校园内、校门口或到附近的居民区实行上门销售。

3. 实训时间集中在某双休日，销售时间为一天左右。

4. 各小组完成项目后写出总结，全班交流经验。

参 考 文 献

[1] 张平淡. 销售管理 [M]. 北京：企业管理出版社, 1996.
[2] 李先国. 销售管理 [M]. 4版. 北京：中国人民大学出版社, 2016.
[3] 顾金兰, 肖萍, 尚德萍. 销售管理 [M]. 2版. 大连：东北财经大学出版社, 2016.
[4] 陈涛, 孙伟. 销售管理 [M]. 北京：机械工业出版社, 2016.
[5] 安贺新. 销售管理实务 [M]. 北京：清华大学出版社, 2009.
[6] [美] 卡尔文. 销售管理 [M]. 周洁如, 译. 北京：中国财政经济出版社, 2003.
[7] 万晓, 左莉, 李卫. 销售管理 [M]. 北京：清华大学出版社, 2009.
[8] 哈罗德·诺维克. 代理商销售 [M]. 上海：上海人民出版社, 2003.
[9] 张启杰, 田玉来. 销售管理实务 [M]. 2版. 北京：中国电力出版社, 2013.
[10] 王海滋, 赵霞. 销售管理 [M]. 2版. 武汉：武汉理工大学出版社, 2014.
[11] 小约翰·坦纳. 销售管理 [M]. 北京：中国人民大学出版社, 2010.
[12] 熊银解. 销售管理 [M]. 3版. 北京：高等教育出版社, 2010.
[13] 叶昱克. 销售管理实用必备全书 [M]. 石家庄：河北科学技术出版社, 2014.
[14] [英] 阿德里安·佩恩. 关系营销 [M]. 北京：中信出版社, 2002.
[15] 吴建安. 市场营销学 [M]. 3版. 北京：中国人民大学出版社, 2007.
[16] [美] 博恩·崔西. 销售中的心理学 [M]. 2版. 北京：中国人民大学出版社, 2015.
[17] 赵志江. 服务营销 [M]. 北京：首都经济贸易大学出版社, 2010.
[18] 王曼, 白玉苓. 消费者行为学 [M]. 2版. 北京：机械工业出版社, 2012.
[19] 郭方睿. 业务员教材 [M]. 北京：电子工业出版社, 2004.
[20] 张琳. 点心店的风波 [N]. 市场报, 2002-01-08.
[21] 武亚军, 张莹莹. 迈向"以人为本"的可持续型企业——海底捞模式及其理论启示 [J]. 管理案例研究与评论, 2015.
[22] 佚名. 如何赶走"错的客户" [J]. 董事会, 2016 (2)：14.
[23] 叶光森, 刘红强. 世界顶级 CEO 的商道智慧 [M]. 北京：华夏出版社, 2009.
[24] 栗建. 我们需要什么样的 CMR [J]. IT 经理世界, 2015 (16)：46-49.
[25] 关培兰. 组织行为学 [M]. 4版. 北京：中国人民大学出版社, 2015.
[26] 安贺新. 推销与谈判技巧 [M]. 北京：中国人民大学出版社, 2010.
[27] 龚荒, 杨雷. 商务谈判与推销技巧 [M]. 北京：清华大学出版社, 北京交通大学出版社, 2005.
[28] 中国就业培训指导中心. 营销师国家职业资格培训教程 [M]. 北京：中央广播电视大学出版社, 2006.
[29] 柳思维. 现代推销学 [M]. 北京：中国商业出版社, 1997.

［30］尹彬．现代推销技术［M］．北京：高等教育出版社，2007．
［31］钟立群．现代推销技术［M］．北京：电子工业出版社，2007．
［32］崔利群，苏巧娜．推销实务［M］．北京：高等教育出版社，2007．
［33］郭奉元，黄金火．现代推销技术［M］．北京：高等教育出版社，2005．
［34］［美］菲利普·科特勒，等．营销管理［M］．13版．卢泰宏，高辉，译．北京：中国人民大学出版社，2009．
［35］刘康，郭国庆，陈李翔．营销师国家职业资格培训教程［M］．北京：中央广播电视大学出版社，2006．
［36］李蔚，黄鹂．推销谋略与技巧［M］．成都：四川大学出版社，1997．
［37］姚书元．现代实用推销［M］．上海：复旦大学出版社，1998．
［38］潘肖钰．商务谈判与沟通技巧［M］．上海：复旦大学出版社，2000．
［39］张迺英．推销与谈判［M］．上海：同济大学出版社，2003．
［40］周宏，吴之为．现代推销学［M］．北京：首都经济贸易大学出版社，2004．
［41］易开刚．现代推销学［M］．上海：上海财经大学出版社，2004．
［42］梁敬贤．推销理论与技巧［M］．北京：机械工业出版社，2005．
［43］丁建忠．商务谈判［M］．北京：中国人民大学出版社，2006．
［44］于洁，杨顺勇．销售管理：理论与实训［M］．上海：复旦大学出版社，2010．
［45］刘圆．国际商务谈判［M］．北京：人民大学出版社，2008．